동아시아의 사회적 포섭과 배제

동아시아의 사회적 포섭과 배제

지 은 이　김용학, 김왕배, 김호기, 류석춘, 원재연, 한준 외
펴 낸 곳　연세대학교 출판부
주　　소　서울특별시 서대문구 성산로 262
전　　화　(02)2123-3380~2
팩　　스　(02)2123-8673
E-mail　ysup@yonsei.ac.kr
홈페이지　http://www.yonsei.ac.kr/press
인　　쇄　(주)태화북스

2008년 2월 29일 1판 1쇄
2008년 10월 30일 1판 3쇄
ISBN 978-89-7141-837-6 (93330)

값 27,000원

동아시아의 사회적 포섭과 배제

김용학, 김왕배, 김호기, 류석춘, 원재연, 한준 외 지음

연세대학교 출판부

책을 발간하며

연세대학교 사회학과 BK21사업단은 한국사회가 맞이한 '사회의 위기'와 '사회학의 위기'를 비교 연구와 교육을 통해 극복하려는 이유에서 '사회적 포섭과 배제'를 그 과제로 선택하였다. 이는 1997년 IMF 위기 이후 진행되고 있는 한국 사회에서의 사회적 양극화와 다양한 형태의 갈등 고조, 고령화와 출산율 저하로 인한 "사회적 위기"를 이해하고자 하는 의도에서 비롯된 것이다.

사회적 배제(exclusion)는 정상적인 사회관계가 단절된 상태를 의미하는 것으로 사회권, 공민권, 정치권의 결여를 포괄하는 개념이다. 이는 부, 소득, 자산 등의 물질적 자원의 부재와 함께 주택, 건강, 서비스, 교육 등에의 접근에서의 부당함, 나아가 의사결정에의 참여나 인격적인 대우, 존엄의 기회를 상실하거나 박탈당한 상태를 지칭한다. 한편, 포섭(subsumption)은 이러한 배제과정으로부터 이들에게 기회와 권리를 부여하는 사회적 과정을 의미하게 된다.

이에 본 사업단은 한국사회에서 다양하게 나타난 포섭과

배제의 기제를 이해하고 분석하며, 더 나아가서는 이를 극복하는 진정한 사회 통합의 방안을 찾아 지속가능한 사회발전 모델을 찾으려는 의도에서 BK21 사업의 지원을 받아온 지난 2년간의 연구 업적을 모아 이번에 "동아시아의 사회적 포섭과 배제"라는 제목으로 책으로 발간하게 되었다. 본 책에 포함된 논문들은 한국사회의 특수성과 보편성을 해명하고자 하는 시도임과 동시에 외국의 저명한 석학들도 참여하여 동아시아의 여러 국가들과 비교연구를 수행하였다. 대부분의 연세대학교 사회학과 교수들의 논문들은 사회발전연구소 발간 학술잡지 <현대사회와 문화> 2007년 1집 1호에 실린 논문들을 옮겨온 것이며, 외국 석학들의 논문은 지난 2007년 10월 연세대학교 사회학과 BK21 사업단이 중앙대 사회학과 BK21 사업팀과 공동으로 주최한 국제학술회의 "Asian Societies in Comparative Perspectives"에 참여한 중국, 일본, 홍콩, 싱가포르 등 동아시아 전문가들의 논문 가운데 우수한 논문을 우리말로 옮기어 출판한 것이다. 본 사업단은 이러한 연구의 결과를 교육에 직접 연결시키며 인력자원의 양성과 교육에 활용하기 위해서 우수한 대학원생들의 논문들도 이 책에 함께 포함하였다. 이는 본 사업단에서 추구하는 인력양성의 비전인 '사회통합을 위한 사회정책 및 지역전문가 양성'을 실현하고자 하는 의도에서 비롯된다.

본 책은 다음과 같이 구성된다. 먼저 I부에서는 시론적으로 한국사회의 사회적 포섭과 배제에 대한 거시적이고 체계적인 진단이 진행된다. 류석춘, 왕혜숙의 논문 「한국의 복지

현실, 사회자본 그리고 공동체 자유주의」에서는 시장이나 국가가 아닌 새로운 대안적 복지 주체로서 공동체의 가능성을 탐색하고 있다. 또한 한준은 「한국의 사회발전과 문화: 반성과 전망」에서 새로운 공동체의 가능성을 구체적으로 창의성에 기반한 매력있는 문화와 열린 공동체를 지향하는 격조 있는 문화에서 찾고자 한다. 그리고 김호기는 「사회갈등과 거버넌스」라는 논문에서 민주화 이후 한국사회에서의 사회갈등 해소를 위한 구체적인 대안을 제시한다.

다음 II부에서는 사회적 배제에 대한 보다 경험적 연구가 진행된다. 사회적 배제는 사회적 약자, 소수자에 대한 문화적·정치적·심리적 측면 등 다차원적 불이익을 포함하는 사회적 과정에 관한 개념인데, 먼저 김왕배와 박종식은 최근 크게 부각되고 있는 비정규직 노동자들의 열악한 상황을 「비정규노동과 노동과정: 사내 하청업체 노동자에 대한 이중적 경영전략을 중심으로」라는 논문에서 논의한다. 이어 김위정과 김왕배는 「세대 간 빈곤이행과 영향요인에 관한 연구」를 통해 가장 대표적인 사회적 배제라고 할 수 있는 빈곤의 세습문제를 경험적인 노동패널자료에 입각하여 분석한다.

이러한 사회적 배제를 넘어서는 사회통합은 어떻게 이룰 수 있으며, 지속가능한 사회발전의 모델은 가능한 것인가? III부에 실린 세 논문들은 구체적인 사회적 포섭의 가능성을 찾아보고자 한다. 먼저 김용학과 김영진은 「노인의 사회 연결망」 연구를 통하여 개인의 인간다운 삶을 보장하는 공동체의 모습을 '디딤돌 복지 연결망,' 즉, 단순한 기술적 영역과

제도적 영역에서의 지지뿐만 아니라 사회적 영역에서 개인들이 가지고 있는 연결망 자원의 효과적 공유를 통하여 확대된 연결망이 필요하다는 것을 지적한다. 또한 하재경은 「온라인 협동의 유형과 발생구조」를 통하여 정보화 시대의 새로운 협업의 성격과 모습을 제시한다. 비슷한 맥락에서 박희석은 참여 · 공유 · 개방으로 일컬어지는 새로운 능동적이고 적극적인 참여군중을 통한 집단지성의 가능성을 「Web 2.0을 이용한 e-learning 과정을 통해 살펴본 '집단지성' 형성에 대한 문화기술지」라는 논문을 통하여 모색한다.

마지막으로 IV부에서는 다섯 편의 논문을 통하여 한국사회에서 나타난 사회적 배제와 포섭의 양상을 다른 아시아 국가와 비교함으로써 한국 사회의 독특성과 보편성을 보다 심도 깊게 이해하고자 한다. 먼저 일본 내 한국전문가들인 사토 요시미치와 아리타 신은 「세계화, 지역제도, 그리고 중간계급: 중간계급의 사회적 이동성에 관한 한일 비교연구」를 통하여 두 나라 중간계급에 있어서의 세대 간, 세대 내 사회이동을 비교 검토한다. 한국과 일본의 경우, 신 중간계급은 안정적이며 이동성이 낮은 유사한 형태를 보이는 반면, 구 중간계급의 경우 한국에서는 높은 이동성이 나타나지만 일본의 경우 그 폐쇄성이 높은 차이를 보여준다. 둘째, 셜리 선은 사회적 배제를 시민권의 개념과 관련지우면서, 한국, 일본, 그리고 싱가포르에 있어서 외국인 노동자들의 사회적 권리의 부정이나 그 기회로부터 소외된 상태를 자세히 탐구한다. 셋째, 세이야마 카주오는 일본의 사회적 배제와 불평등문제를 「일본 계층화 구조논쟁의 경향과 실제」라는 논문을 통하여 분석한다. 이 논문을 통하여 그는 계층과 불평등 문제에 있어서의 주관적이며 상상된 우려와 객관적인 실재 사이의 괴리를 극복하며 사회적 진실에 다가갈 수 있는 새로운 연구의 필요성을 강조한다. 넷째, 궉 키안운은 「문화적 중추와 창조적 도시로서의 싱가포르」라는 논문을 통하여 싱가포르 정부의 야심찬 문화정책을 동아시아 전반과의 비교적 관점에서 비판적으로 검토한다. 마지막으로 원재연은 「사회학적 중국 연구방법의 모색」을 통하여 사회학과 지역학의 창조적 만남의 가능성을 탐구한다.

'사회적 포섭과 배제'를 화두로 한 연세대학교 사회학과 BK21 사업단의 연구 작업과 성과물들은 다양한 '사회적 위기'를 배경으로 이를 해결하기 위한 실천적, 실용적 지향성을 표방한다. 현재 우리 한국 사회의 위기가 규범의 혼란, 물질적 상징적 이해관계에 따른 상호배제의 결과라고 할 수 있다면, 이에 사회적 포섭과 배제의 원리를 규명하고 새로운 통합 방안을 제시할 필요가 있다. 이에 본 사업단은 앞으로도 상생적이고 지속가능한 사회 발전 모델을 추구하기 위해 한국 및 동아시아 사회를 운영하는 사회적 원리를 탐색하며 새로운 대안적 공동체를 모색하기 위해서 노력할 것이며, 본서는 그 출발점에 해당한다고 하겠다.

2008년 1월

연세대학교 ≪사회적 포섭과 배제≫ BK 21사업단

차례

I. 문제의 진단

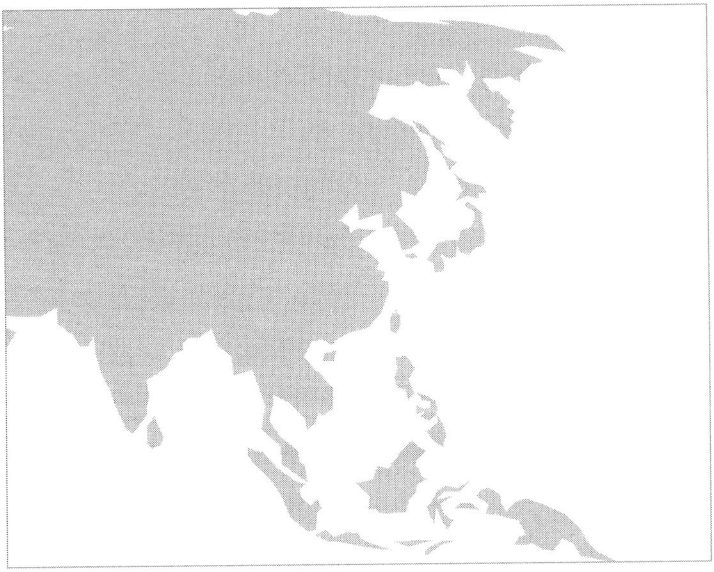

제 1 장

한국의 복지현실, 사회자본 그리고 공동체 자유주의*

류석춘**, 왕혜숙***

I. 서론

한국 복지체계의 취약성이 본격적으로 논의되기 시작한 것은 1997년의 외환위기 이후라고 할 수 있다. 고용 이외의 다른 대안적 복지제도가 부재했던 한국사회에서, 외환위기가 가져온 대량실업이라는 경제적 충격과 이어진 사회적 충격은 사회적 안전망의 확충을 초미의 관심사로 부각시켰다. 그러나 성장 위주의 산업화정책이 분배의 문제와 항상 모순을 보

* 이 논문은 안민포럼(http://www.thinknet.or.kr)이 2006년 5월 개최한 제7차 '공동체자유주의 세미나'에서 초고가 발표되었다.

** 연세대학교 사회학과 교수.

*** 연세대학교 사회학과 박사과정.

여 왔던 한국의 산업화 과정을 생각해 보면, 내부적인 차원에서 복지에 대한 논의는 이미 시작된 상태였다고 보아야 한다. 그러므로 경제위기 이후 복지에 대한 관심의 고조는 외부로부터의 충격과 내부로부터의 문제제기가 함께 만들어낸 결과라고 볼 수 있다.

IMF 구제금융이라는 위기 또는 기회를 동시에 안고 시작한 김대중 정부는 "생산적 복지"라는 개념을 내세우며 복지문제에 접근했다. 복지국가라는 개념이 구체적인 차원에서 논의의 대상이 된 것은 이때부터이다. 물론 생산적 복지정책을 펼치는 복지국가의 역할을 지향했던 김대중 정부에 대한 평가는 엇갈린다. 일부 학자들은 '국민의 정부'의 복지정책이 신자유주의적 복지이념을 강하게 수용하고 있다고 비판하면서, 오히려 복지국가로부터 후퇴하는 양상을 지적하고 있다(정무권, 2002; 조영훈, 2002; 신광영, 2002). 다른 진영은 국가의 복지에 대한 역할이 증대된 측면을 논하면서 복지국가적 측면을 강조하기도 하였다(성경륭, 2000; 김연명, 2002).

그러나 김대중 정부의 뒤를 이어 노무현 정부가 집권한 지도 이미 중반을 넘어선 지금, 빈곤은 오히려 심화되었고 소득불평등 역시 악화되었다는 지표만이 가득하다(중앙일보, 2006. 7. 3; 한겨레 2006. 3. 23). 신자유주의적 관점에서 접근하든, 복지국가의 관점에서 접근하든, 현재 전반적인 복지정책의 실패는 부인할 수 없는 현실이다. 외환위기 이후 복지정책의 실패는 이제까지 복지모델에 대한 논의를 원점으로 돌려놓았다. 이제 우리가 추구해야 할 올바른 복지모델은 과연 무엇인가를 새로이 고민해야 할 때이다.

II. 기존 복지 논의의 한계: 시장이냐 국가냐

복지국가라는 개념이 등장하게 된 배경에는 선진 자본주의 국가들의 시장실패라는 뼈아픈 경험이 자리잡고 있다. 여기서 시장실패란 두 가지 차원의 의미를 갖는다. 하나는 시장 질서에 배태되어 있는 사회적 낙오자에 대한 배려의 부족이다. 다른 하나는 "완전경쟁시장"이라는 개념의 비현실성 문제이다(김상균 · 홍경준, 1999; Offe, 1984). 그리하여 국가는 시장을 통한 생계의 조직화가 가지는 문제를 복지라는 사회서비스를 통해 해결해야 하는 당위적 주체로서 설정되었다.[1] 이러한 문제의식에서 시작된 서구의 복지국가는 각 사회가 처한 경제적, 역사적 맥락에 따라 제도화된다(Esping-Anderson, 1990).

에스핑-앤더슨(Esping-Anderson, 1990)의 연구는 복지국가의 유형화 논의 가운데 가장 체계적인 논의라고 할 수 있는데, 여기서는 복지국가를 세 가지 유형으로 구분하고 있다. 이러한 유형화의 기준은 개인의 복지가 시장에 의존하지 않고도 이루어질 수 있는 탈상품화의 정도, 복지국가정책에 의

1) 산업화와 자본주의화가 이전에 존재했던 공동체적 조직원리를 소멸시킨 상황에서 국가는 복지의 유일한 대안적 주체였다.

한 사회계층화의 정도 등이다([표 1] 참조). 첫 번째 유형은 자유주의적 복지국가이다. 자유주의적 복지국가 체제에서는 사회보험이 취약한 편이고, 소득 이전은 거의 이루어지지 않는다. 개인의 복지가 국가나 가족 등의 공동체보다는 시장을 통해 이루어진다는 점에서 탈상품화 정도가 약하다고 할 수 있다. 또한 국가의 복지부문의 개입은 매우 제한적인데, 저소득층과 생활보호대상자 등의 소수로 복지의 수혜자를 한정하며 수혜의 정도 역시 최소한도에 그친다.

두 번째 유형인 보수주의 복지 유형에서는 국가의 개입 정도가 크고 기업복지나 민간보험 등 시장의 역할이 최소화된다. 하지만 기여에 기초하여 보상을 제공하는 사회보험이 발달되어 있다는 점에서 탈상품화의 효과는 제한적이라고 볼 수 있다. 다시 말해 복지의 수혜가 시장에서의 지위의 차이에 따라 달라진다는 점에서 복지의 재분배 효과는 그리 크지 않다.

마지막 사회민주주의 유형에서는 국가의 개입 정도와 탈상품화의 효과가 크고, 시장과 민간보험의 역할이 작으며, 보편적인 공공서비스 프로그램이 발달해 있다. 이 유형은 고도의 탈상품화와 보편주의적 복지프로그램이 결합한 산물로서, 노동자들도 화이트칼라나 공무원과 동일한 권리를 가지며, 모든 계층이 하나의 보편주의적인 보험체계 속에 통합된다. 이 유형의 가장 큰 특징은 복지와 노동의 결합이며, 이것은 완전고용으로 구체화된다. 이러한 세 가지 유형을 주요한 특징별로 구분하여 도표화해 보면 아래의 표와 같다.

	자유주의	보수주의	사회민주주의
시장	장려	부분 억제	억제
국가 개입	최소화	최대화	최대화
사회보장지출	작음	큼	큼
민간보험 비중	큼	작음	작음
사회보장재원	일반조세	사회보험료	일반조세
사회보장제도	공공부조	사회보험	공공서비스
탈상품화	작음	중간	큼

자료원: 조영훈, 2002: 258.

[표 1] 복지 유형의 구분

	자유주의	보수주의	사회민주주의
가족의 역할	주변적	중심적	주변적
시장의 역할	중심적	주변적	주변적
국가의 역할	주변적	보조적	중심적
연대의 양식	개인주의적	친족중심적 조합주의적 국가주의적	보편주의적
연대의 근거	시장	가족	국가
전형적인 국가	미국	독일, 이탈리아	스웨덴

자료원: 남찬섭, 2001.

[표 2] 세 가지 복지체제의 특성

위와 같이 서구의 복지국가는 같은 용어를 같이 쓰고 있음에도 불구하고 각국의 역사적, 제도적 맥락에 따라 여러 가지 유형들이 공존하고 있는 것이 현실이다. 그러나 다양한 복지국가 유형에서 논의의 중심은 결국 복지의 주체가 국가냐 시장이냐의 문제로 귀결된다고 할 수 있다. 사실상 시장의 실패로 인해 복지국가의 개념이 등장한 것이 사실이지만, 1970년 이후 서구 경제의 장기적인 침체와 그에 따른 복지국가의 위기는 다시금 복지의 주체로 시장을 상정하는 일련의 흐름으로 논의를 변화시켜 나갔다. 최근 신자유주의의 등장 역시 이러한 맥락의 반영이다(Somers and Block. 2005).[2] 결국 서구의 복지 상황은 여전히 복지 주체의 자리를 놓고 국가와 시장이 경제적 효율성과 공동체적 연대라는 두 가지 기준을 서로의 우위를 저울질하고 있는 것이 현실이다.

그렇다면 한국의 복지 현실은 어떠한가. 서구의 복지국가 논의가 100년의 역사적 맥락을 축적해 온 것에 비해, 한국사회에서는 복지국가라는 개념은 비교적 최근에 논의되기 시작했다고 볼 수 있다. 이는 과거 분배를 외면한 성장 위주의 발전국가의 어두운 이면이라고 비판받기도 한다. 하지만 사실상 서구의 복지국가가 산업화와 자본주의화가 고도화됨에 따라 발생한 문제들을 해결하는 과정에서 대두된 개념이라는 점을 감안하면, 아직 산업화와 근대화의 역사적 축적이 고도화되지 않은 한국사회에서 복지국가를 논의하는 것 역시 성급한 주장일 수도 있다.

한국사회에서는 복지국가라는 개념이 생소한 것처럼, 복지

2) 신자유주의자들의 복지국가에 대한 비판은 다음과 같다. 복지국가의 성장이 공공부문의 성장으로 거대한 관료제화를 초래하고 조직의 경직성과 관료들의 이기적인 행동이 자원의 낭비를 가져옴으로써 궁극적으로 시장실패보다 더욱 심각한 국가의 실패를 가져왔다는 점이다. 또한 과도한 복지급여는 근로의욕을 저해하며 도덕적 해이를 가져와 시장의 효율성을 저해한다는 것이다(정무권, 2002).

제도의 도입 역시 오랜 역사를 가지지 못한다. 국가 부문에서 사회복지의 개념이 처음으로 등장한 것은 국가 주도의 산업화가 시작된 1960년대 이후부터이다.[3] 그 이후 40년의 짧은 기간 동안 제도의 체계적 측면에서 한국의 복지제도는 많은 발전을 거듭해 왔다. 주요 사회보험제도들이 모두 시작된 것은 물론, 복지의 영역이 지속적으로 확대되어 왔다. 그러나 이 역시 다른 국가들과 비교해 볼 때 제도 도입의 여부와 시기, 공공복지의 지출이 차지하는 비중 등의 기준에서 상대적으로 낙후되어 있다(김상균·홍경준, 1999; 조영훈, 2002: 331). 또한 국가에 의한 복지제도보다는 기업에 의한 복지가 큰 비중을 차지한다는 점 역시 제도로서의 '복지국가'가 한국사회의 복지현실에서는 요원한 개념이었다는 사실을 말해준다(Goodman, White, & Kwon, 1998).

이렇게 보면, 한국사회의 복지 현실은 역사적, 제도적 측면에서 불모지에 가깝다고 이야기할 수도 있다. 시장에 의해서건 국가에 의해서건 제도화된 복지의 수준이 상당히 열악하기 때문이다. 그러나 이는 서구 중심적 시각에서 한국의 복지 현실을 평가했기 때문이다. 이러한 관점에서 논의된 이제까지의 복지 논쟁은 결국, 프로크루스테스의 침대처럼 서구적 기준에 한국의 현실을 끼워 맞추어 해석함으로써 한국

3) 국가에 의한 사회복지의 발전의 6-70년대의 발전국가 시기에 집중적으로 이루어졌다는 점은 역설적이다. 권위주의 정부 시기에 사회복지의 확대가 이루어졌다는 사실은 여러 가지 해석이 가능한데, 국가의 자기 정당성 추구의 관점에서 해석될 수도 있고, 복지에 대한 시민사회적 요구의 증가로 해석될 수도 있다. 그러나 필자의 관점은 이 시기 실질적인 경제성장이 복지 확대의 가장 큰 요인이었다는 것이다.

의 복지현실의 실체를 제대로 파악하지 못하고 있다.

이러한 문제는 최근의 복지정책에 대한 논쟁에서도 마찬가지로 드러난다. 1997년 외환위기 이후 활성화된 복지국가에 대한 논의는 정부의 복지정책이 신자유주의적인가(정무권, 2002; 조영훈, 2002), 아니면 국가책임 확대의 방향인가(성경륭, 2000; 김연명, 2002)라는 상반된 두 견해로 수렴되어졌다. 결국 이 논의 역시 복지의 주체가 시장인가 국가인가라는 서구의 복지국가 논쟁의 핵심쟁점과 한 치도 다를 바 없다. 어떤 의미에서 이렇게 1997년 위기 이후 활성화된 논의와 관심 속에서도 정부의 복지정책이 결국 실패한 것은 서구의 관점에서 한국의 역사적, 문화적, 제도적 맥락을 무시한 채 복지정책을 논의해 온 필연적 결과일지도 모른다.

그렇다면 어떤 시각에서 접근하면 한국의 복지 현실을 있는 그대로 왜곡하지 않고 살펴볼 수 있는 것인가. 여기서 한국의 복지 현실을 제대로 포착해내기 위한 대안적 관점으로 '삼분 모델'을 적용하기로 한다(류석춘·장미혜, 2002). 이는 기존의 국가와 시장이라는 두 가지 영역에 한 가지 영역이 더 추가되는 분석틀인데, 여기서의 새로운 영역은 바로 비제도화된 영역의 공동체이다. 최근 공동체의 상호부조의 역할에 대한 관심이 급증하면서, 복지의 주체로서 기존에 논의되던 제도적 영역의 국가와 시장 외에 공동체라는 존재가 추가적으로 논의되기 시작했다.

복지의 주체로서 공동체를 도입한 논의는 폴라니의 경제통합방식에 대한 성찰에서 이론적 기원을 찾을 수 있다. 폴라니는 경제의 통합형식[4]을 호혜성(reciprocity), 재분배(redistribution), 교환(exchange)으로 나눈 바 있다(Polanyi, 1957). 재분배는 집단의 추장이나 지도자가 곡물이나 사냥감을 안전한 창고에 모아 저장했다가, 공동의 축제를 여는 동안 그 성원들에게 나눠주는 것을 말한다. 이를 요즘 식으로 말하면 행정의 중심부에 재화를 집중시켰다가 국민에게 재할당하는 것이다. 교환은 가격에 따라 생산량과 그 분배방식이 결정되는 시장 메커니즘을 말한다. 이렇게 보면, 재분배는 국가영역, 그리고 교환은 시장영역으로 나누어 볼 수 있다. 한편 호혜성은 국가의 행정적 위계질서를 통한 재분배도 아니고 시장을 통한 교환도 아닌, "도덕적 의무"에 바탕을 둔 교환의 유형을 말한다(최종렬, 2004). 다시 말해 국가나 시장에 의해서 제도화된 영역이 아닌 비제도화된 영역의 경제 통합방식이며, 이 영역의 주체는 가족을 포함한 다양한 공동체라고 볼 수 있다.

폴라니의 이론에 따라 복지의 주체를 위와 같이 국가, 시장, 공동체의 삼분 모델로 재구성하고, 복지의 논리를 각각 재분배, 교환, 호혜성으로 나누어 볼 때, 비로소 한국의 복지 현실은 서구의 이분법적 관점으로 포획될 수 없었던 거대한 역사적 실체를 드러낸다. 바로 국가와 시장의 역사를 압도하는 오랜 역사적, 문화적 맥락 속에 배태된 비제도화된 영역의 다양한 공동체에 기반한 복지이다. 우리나라의 복지가 국가의 위계적 배분이나 시장의 교환 원리가 아닌 강한 도덕적 연대감에 터한 호혜성의 원리에 기초해 있기 때문이다.

---

4) 이는 다시 말해 인간의 생계(the livelihood of man)가 조직화되는 통시적 방식을 말한다.

한국의 복지 현실에서는 다양한 공동체 가운데에서도 특히 가족이 사회복지의 재원 마련과 제공에 있어 중요한 역할을 해 온 것이 사실이다(홍경준, 2002). 이에 비해, 서구의 경우 일부 보수주의적 입장을 제외한다면[5] 가족은 복지의 수혜자이지 결코 복지의 시행 주체로 상정되지는 않는다(Esping-Anderson, 1990; 조영훈, 2002; 남찬섭, 2002). 이러한 가족을 중심으로 한 복지형태에 대해서는 최근 여러 가지 관점에서 연구된 바 있다.[6]

현재까지 논의된 가족을 주체(단위)로 한 한국의 복지 지형은 대략 다음과 같이 정리된다. 첫째 가족과 친족의 사회적 역할이 여전히 강력하며, 사회적 위기에 빠진 개인들(특히 노인)은 일차적으로 자신의 가족과 친족에 의존한다. 둘째, 사회적 규범으로 받아들여지고 있는 가족주의는 효 덕목에 입각하여 노인공경을 강조하는 유교적 가치관의 영향 아래 있다. 셋째, 사회적 차원에서 가족주의는 기업주로 하여금 자신의 종업원에 대해 관대한 기업복지 혜택을 제공하도록 하는 한편, 노동계층으로 하여금 국가와 기업주에 대해 순종하도록 한다. 넷째 이러한 전통적 가족주의가 강한 영향력을

5) 앞서 설명한 Esping-Anderson의 수정된 복지유형에서의 보수주의 복지유형을 말한다.

6) 복지에 있어서의 가족의 기능과 역할에 대한 연구는 크게 세 가지 부류로 나누어 볼 수 있다. 첫 번째는 동아시아의 경제발전과 궤를 같이 하여 "동아시아 복지모델"이라는 이름하에 다수 연구되었는데, 이는 서구와는 다른 동아시아만의 특수한 복지 모델을 상정한다(Goodman, White and Kwon, ed., 1998). 이와 달리 기존의 서구의 복지국가모델의 틀 안에서, "가족책임주의" 또는 "가족주의"라는 개념을 새로이 추가한 연구가 진행되기도 하였다. 국내에서는 연복지라는 개념을 통해 연결망 (연줄망)이론의 관점에서 연구되기도 하였다(홍경준, 2000).

발휘함으로써 복지정책 확대를 위한 사회적 요구가 미약하며, 그 결과 급속한 경제성장에도 불구하고 복지의 사회적(제도적) 수준은 매우 낮다. 마지막으로 복지 확대를 요구하는 사회 내적 힘이 미약하기 때문에 한국에서 복지제도의 도입과 확대는 외부 국가의 영향이나 국제적 압력 혹은 정치적 위기에 대한 정당화 과정의 결과로서 나타난다(조영훈, 2002; 류석춘 · 최우영 · 왕혜숙, 2005).

이상에서 개관해 본 한국의 복지 현실은 분명 일정한 문제점을 노정하고 있다. 가장 압축적으로 사회적 차원에서 제공되는 제도적 복지의 미비가 문제이다. 당연히 이에 대한 제도적, 정책적 실천이 있어야 할 것이다. 그럼에도 불구하고 한국의 가족복지는 역설적이게도 서구 복지모델의 취약점을 극복할 수 있는 새로운 대안 모델의 가능성을 함축하고 있다. 주지하다시피 서구의 복지 모델은 복지의 주체로서 국가와 시장을 번갈아 시험해 왔다. 물론 현재도 양 주체의 우선성 문제는 여전히 논쟁 중이다(김태성 · 성경륭, 2000).

문제는 주체를 어떻게 설정하건 간에 서구의 복지 모델이 공히 시장실패와 정부실패에 민감하게 종속될 수밖에 없다는 사실이다. 시장 실패와 정부 실패가 복지의 항상성 내지 예측가능성을 현저히 낮춤으로써 결과적으로 복지의 취약으로 이어질 수 있기 때문이다. 여기에는 시장(정부)실패에 따른 복지의 유동성이 근원적인 문제로 내재해 있다고 할 수 있다. 또한 현재 서구 복지모델의 논점은 여전히 공식 부문, 즉 국가와 시장, 정부와 기업이라는 제도화된 부문에 머물러 있다. 이들은 공식적, 제도적 부문에 집중한 나머지 제도화 되지 않은 비공식 부문의 복지 역할에 대해서는 그 중요성을 간과하고 있다.

우리는 이 부분에서 국가와 유기적으로 연계된 가족복지가 소위 제3의 복지모델이 될 수 있다고 믿는다. 즉 전통적 가족복지가 사적 영역의 활동이라 하여 간단히 폐기될 것이 아니라 오히려 국가나 시장과의 유기적 협조를 통해 발전적인 복지모델로 승화될 수 있다고 보는 것이다. 그렇다면 과연 어떠한 의미에서 한국의 가족복지가 유효한 사회적 복지기능을 담당하며 서구 복지제도의 대안이 될 수 있는 것일까? 이제 시장도 아니고 국가도 아닌 사적 제도로서 가족 영역의 복지 가능성을 살펴보도록 하자.

III. 사회자본과 한국의 경제 발전

사회자본이란 "지속적인 네트워크 혹은 상호 면식이나 인정이 제도화된 관계 즉 특정한 집단의 구성원이 됨으로써 획득되는 실제적인 혹은 잠재적인 자원의 총합"을 말한다(Bourdieu, 1986). 다시 말해, 개인이 다른 사람과의 관계를 통해 얻을 수 있는 정보, 재화 등과 같은 자본이라고 쉽게 정의할 수 있다. 사회자본 논의는 최근 경제학적 관점에서 특정한 개인이 접근가능하고 전용가능한 사회자본이 많을 수록 경제적 성취가 높다는 연구결과를 제시하고 있다.

그러나 우리가 사회자본 개념에 주목하는 까닭은 이러한 경제학적 관심에서만 비롯된 것은 아니다. 사회자본을 물질적 자원이 소통되는 연결망으로만 볼 경우 시장에서의 교환 그 이상의 의미를 부여할 수 없기 때문이다(류석춘 · 장미혜 · 정병은 · 배영, 2003). 대신 우리는 사회자본에 대한 경제적 관점을 넘어서, 사회자본을 통해 공유되는 도덕적 의무감과 일반화된 호혜성에 초점을 맞추고자 한다.

무엇이 사회자본을 구성하는가에 대한 논의는 여러 가지 차원에서 다양하게 진행되어 왔으나, 신뢰, 규범, 연결망이라는 세 가지 요소에 대해서는 공통적인 동의가 이루어지고 있다(류석춘 · 장미혜 · 배영, 2002). 그러나 어떤 신뢰이고, 어떤 규범이며 어떠한 형태의 연결망이 바람직한가에 대해서는 여전히 그 구체적 논의들이 진행 중이다. 이에 대해 필자는 사회자본이라는 개념이 성립하기 위해서는 폐쇄적인 연결망과 일반화된 호혜성에 기반한 공동체의 존재가 필수불가결하다고 주장한 바 있다(류석춘 · 장미혜, 2002: 160).

이러한 주장을 기반으로 한국사회의 사회자본의 역사적 실체에 대한 우리의 최근 연구 하나를 소개하고자 한다. 이 연구는 한국의 자본주의 발전을 '효'라는 규범을 공유하는 가족 공동체를 중심으로 접근하는 논문이다(류석춘 · 최우영 · 왕혜숙, 2005). 가족주의가 한국의 경제성장을 이끈 주된 동력이었음은 누구도 부인할 수 없거니와 가족주의의 기반에는 당위적 의무 관념이 깔려 있었다. 이러한 당위적 의무 관념은 가(家)를 중심으로 한 '효'라는 규범적 에토스라 할 수 있다. 또한 '효'는 다양한 실천 양식 가운데에서도 선대를 기억하고 재현하는 실천이 그 핵심이라 할 수 있다.

이 점에서 유교사회의 인간에게는 자신의 효행을 객관화하려는 강력한 동기가 제공되어 있음을 알 수 있다.[7] 관건은 관혼상제로 대변되는 객관화된 효행의 실천비용이다. 주지하다시피 전통사회의 조건에서 이 비용은 만만한 것이 아니었고, 상당한 경제적 기반을 필요로 했다(전상인, 2004). 특히 관례나 혼례, 상례와 같이 일회성 절차가 아니라 평생 주기적으로 반복되는 제례(제사)의 경제적 비용은 막대하였다.

바로 이 맥락에서 효는 검증을 넘어 '경쟁'의 차원으로 전이된다. 곧 기억과 재현은 경쟁의 과정으로 전화한다. '누가 선대를 더 잘 기억하는가', '누가 선대를 더 잘 재현하는가'의 화두가 성립하는 것이다. 우리는 조선 후기에 종법적 제례의 강화, 족보와 문집의 간행, 서원과 사우(祠宇)의 건립이 '경쟁적'으로 확산되었던 과정을 기억하고 있다(정진영, 1991; 미야지마, 1996; 전종한, 2002). 이렇듯 다양한 형식이 동원되고 있지만, 이들 모두의 본질은 예외 없이 선대의 기억과 재현이다. 이 확산의 과정이야말로 지금 말하는 경쟁의 맥락을 정확히 반영해 주고 있다.

이제 기억과 재현은 선조를 더 잘 기억하고 더 잘 재현하기 위한 물적 기반의 강화, 곧 경제적 차원으로 이전한다. 현

7) 이는 마치 베버의 개신교 테제에서 구원에 대한 불안을 극복하고 구원의 주관적 확신을 강화하려는 개신교도들이 부(富)라는 객관화된 증거에 연연하게 되는 과정과 유사하다 (Weber, 1987).

실적으로 기억과 재현의 수준은 어떤 식으로든 차이가 나기 마련이다. 당연히 차이의 일차적인 원천은 경제력이다. 여기에서 차이는 경제적 동기를 강렬하게 자극한다. 차이의 간극을 극복하고 앞서 나가는 것은 종교적 시민권은 물론이요 현실적 헤게모니를 위해서도 필수적이기 때문이다. 효의 객관화에 내재한 경제적 유인은 이처럼 현실의 경쟁과정 속에서 극적으로 강화된다. 기억과 재현의 경쟁과정이 조선 후기에 집중된 것은 위에서 지적하였거니와, 역사적으로 동 시기에 생산력이 급격히 증가한 사실은 우연치고는 너무나 공교롭다. 그것이 혹 기억과 재현의 경제적 효과는 아니었을까? 우리는 여기에서 효의 경제적 계기를 유추해 보게 된다.

바로 이러한 선대에 대한 기억에 근거하여 선대를 재현하려는 노력이 강력한 경제적 동기와 함께 궁극적으로 가족 차원의 자원 동원을 가능하게 했던 것이다. 필자는 이를 '재현의 경제 효과'라고 이해하는 바, 거기에는 다음의 세 가지 계기가 특히 주효하였다. 첫째는 '발전적(developmental) 재현'의 압력이다. 과연 부모를 이은 나의 삶이 선대를 잘 기억하고 있는 것인가, 과연 선대를 제대로 재현하고 있는 것인가? 이 의문은 결코 가볍지 않은 불안을 동반한다. 이 질문에 대한 가장 현실적인 기준은 선대보다 나아진 삶, 선대보다 발전된 삶이었다. 선대보다 나아지거나 최소한 선대의 수준을 유지해야지 그렇지 않을 경우 이를 제대로 된 재현으로 보기 힘들기 때문이다. 사람들은 최소한 발전적 재현을 통해서 그나마 의무의 불안에서 벗어날 수 있었다. 반면 퇴보하는 삶은 대신 삶이라는 견지에서 볼 때 재현의 실패이자 의무의 방기로 느껴질 수밖에 없었다. 그것은 곧 효의 실패였기 때문이다.

문제는 무엇이 발전이고 무엇이 나아진 삶인가 하는 점이다. 당연히 발전에는 여러 차원이 있을 수 있다. 하지만 사람들에게 일차적으로 지각되는 발전은 가장 먼저 경제적 차원에 모아지기 마련이다. 소위 입신양명의 지향은 정치적 권력이나 사회문화적 위세 등을 두루 포괄하지만, 그 중에서도 경제적 성공은 자체로서의 의미뿐 아니라 다른 발전의 기반이 된다는 점에서 가장 절실한 요청이었다. 더구나 너나없이 절대빈곤에 시달렸던 산업화의 초기 단계에서 경제적 향상은 지상의 과제임은 물론 발전적 재현의 가장 객관적인 척도일 수밖에 없었다. 여기에서 경제적 동기는 한껏 자극되었고 적극적인 노동 투입이 뒤따랐다. 한국의 산업화 과정에서 예외적인 노동의 헌신이 있었음은 주지하는 바이지만, 거기에는 자본주의 일반에서 발견되는 경제적 동기와 더불어 발전적 재현이라는 (유사)종교적 압력이 결정적으로 작용했다고 볼 수 있다. 적어도 이 요인을 고려하지 않는다면 유례없는 한국의 경제성장은 제대로 설명되기 어려워 보인다.

두 번째는 '계승적(successive) 재현'의 압력이다. 위에서 살펴본 발전적 재현의 논리는 결코 당대에 국한된 문제가 아니다. 기억과 재현은 누대에 걸쳐 지속적으로 이어져야 하는 당위적 실천이며, 그래야만 비로소 선대의 존재성이 확인될 수 있다. 개인은 면면히 이어져온 家統의 일부분으로서 선대를 기억하고 재현해야 할 뿐 아니라 그러한 기억과 재현이

후대에도 이어질 수 있도록 책임을 지고 있다. 모든 개인은 그러한 이어짐의 매개고리이기 때문이다. 여기에서 후손, 즉 자식의 의미가 중요하게 다가올 수밖에 없다. 자식은 단순히 나만을 기억하고 재현하는 존재가 아니라 나에게까지 이어져 온 선대 모두를 나를 대신하여 기억하고 재현하는 존재이다. 따라서 자식의 생산과 양육은 선택의 문제가 아니라 당위의 문제이며, 그는 나만의 자식이 아니라 선대 모두의 자식인 것이다.

여기서 자식은 개인에게 두 가지 의미로 다가온다. 하나는 나의 재현의 '수단'이라는 의미이고, 다른 하나는 나를 이은 새로운 재현의 '주체'라는 의미이다. 전자의 견지에서 보면, 내가 자식을 입신양명하도록 하는 것 자체가 나에게 맡겨진 재현 의무의 훌륭한 실천 방법이 된다. 비록 내가 매개가 되고 있지만, 자식의 입신양명 역시 선대의 발전적 재현이기는 마찬가지이기 때문이다. 반면 후자의 견지에서 보면, 자식은 현재 내가 맡고 있는 재현의 의무를 나를 대신해서 이어갈 새로운 주체이다. 자식은 내가 그랬던 것처럼 나를 더 발전적으로 재현해야 할 당위적 의무의 담당자이다. 자식은 내게 이 두 가지 의미 모두이다.

중요한 것은 이 두 가지 의미의 충족이 모두 경제적 기반에 의해 결정적으로 좌우된다는 사실이다. 우선 자식을 입신양명시키기 위해서는 경제적 기반이 필요하며, 자식이 나를 이어 충실히 선대를 재현하기 위해서도 경제적 기반이 필요하다. 특히 후자의 경우는 나의 사후에 자식이 나를 포함하여 선대를 제대로 재현할 수 있도록 하는 물적 기반의 마련을 요구한다. 물론 이는 당사자인 자식에게 맡겨진 과제이기도 하다. 하지만 그에 앞서 가통의 계승을 단절 없이 수행할 수 있도록 자식의 조건을 마련해 주는 것은 나에게도 할애된 중대한 책임이다. 즉 재현의 의무는 선대를 기준한 발전적 압력뿐 아니라 후대를 기준으로 한 계승적 압력으로도 나타나는 것이다.

한국사회에서 지난 반세기 동안 조금도 식지 않은 열기가 있다면 아마도 그것은 교육을 위주로 한 자식에의 막대한 투자일 것이다. 이 만연된 열기 가운데서 가족주의적 재현의 동기를 읽어 내는 것은 지금의 맥락에서 그리 어렵지 않다. 자식에의 투자는 다름 아닌 재현의 연속성을 보장하려는 보험행위인 것이다. 여기에서 경제적 기반의 중요성이 다시 한 번 확인된다. 결국 이 계승적 재현의 압력이 앞서 본 발전 압력과 더불어 강력한 경제적 동기화의 원천이 되고 있는 것이다. 한국의 지난 경제성장이 이러한 경제적 자극과 무관하지 않았음은 물론이다.

재현의 경제적 효과를 말해 주는 마지막 계기는 '집합적(collective) 재현'의 압력이다. 정확히 말해 선대를 재현하는 주체는 집합적으로 존재한다. 선대의 후손은 나만이 아니라 선대의 기억을 공유하는 이들, 즉 나의 형제자매 모두이기 때문이다. 그간 한국사회가 유난히 많은 자식을 선호한 것은 그것이 그만큼 기억과 재현의 가능성을 높여주기 때문이었다. 집합적 재현이란 선대의 재현이 나만의 재현이 아니라 우리 모두의 재현이 되어야 함을 의미한다. 여기서 우리는 재현의 의무가 후손으로 이어지는 종적 차원뿐 아니라 형제자매로 이어지는 횡적 차원에 동시에 걸쳐 있음을 알 수 있다. 물론 일단은 개별적 형제자매가 각자 부모를 발전적으로, 또 계승적으로 재현해야 하지만, 그것은 전체적으로 볼 때 결코 분리될 수 없는 집합성을 가진다.

재현의 집합성에는 중요한 함의가 들어 있다. 그 함의는 곧 재현에 대한 책임의 공유이다. 선대를 재현하는 것이 내 삶의 발전으로만 끝나는 문제가 아니라 우리(형제자매) 삶의 발전으로 증명되어야 하며, 모두가 이에 책임을 나눠가지고 있는 것이다. 이로부터 두 가지 효과가 발생한다. 첫째는 재현의 책임이 공유됨으로 해서 형제자매 상호 간에 발전을 촉구하는 암묵적 압력이 작용한다는 점이다. 있을 수 있는 개인적 재현 실패가 집합적 재현에 누가 된다는 점에서 이 압력은 결코 가벼운 것이 아니었다.

두 번째는 마찬가지로 책임이 공유됨으로 인해 형제자매 간의 상호 부조가 활성화된다는 점이다. 사실 형제자매 간의 재현의 수준은 각자에게 가해지는 발전적 재현의 압력에도 불구하고 현실적으로 차이가 날 수밖에 없다. 자신의 삶을 통해 선대를 성공적으로 재현하는 형제가 있는가 하면, 그렇지 못한 형제도 있을 수 있다. 이 차이에는 물론 능력의 요소도 작용하지만, 기본적으로 경제력이 문제가 될 소지가 크다. 이때 특정 형제의 경제력 결핍은 집합적 재현의 목적에 비추어볼 때 위기와 불안을 야기시킬 수밖에 없다. 본인은 물론이고 다른 형제 역시 마찬가지이다. 그래서 그것은 곧 다른 형제의 책임감을 불러일으킨다. 성공적 재현을 담보하려는 집합적 책임감인 것이다. 형제 간의 상호부조는 바로 이 책임감의 발로로 이해할 수 있다. 그것은 재현의 의무로부터 비롯된 바 결과적으로 가족 차원의 보험장치 역할을 하는 셈이다.

제대로 된 선대의 재현이란 기억을 공유하는 형제자매 모두가 공히 발전된 삶을 실현하는데 있다고 할 수 있다. 따라서 선대의 후손 모두는 이러한 견지에서 집합적 재현에 헌신적으로 몰입하기 마련이다. 이 과정은 개인이 다른 형제에게 도움을 줄 수 있도록, 혹은 반대로 다른 형제에게 도움을 받지 않아도 되도록 경제력 향상에 매진하는 과정이었다. 이 중첩된 압력이 강력한 경제화의 동력으로 전이되는 것은 어렵지 않게 짐작해볼 수 있다. 여기에서 우리는 집합적 재현의 압력이 앞선 계기들과 마찬가지로 경제적 동기화와 긴밀하게 연계되어 있음을 확인할 수 있다.

한국의 눈부신 경제성장 과정에서 가족주의적 자원 동원의 위력은 누구도 부인할 수 없을 것이다(박희, 1992). 범국민적 차원에서 보여준 예외적이리만치 높은 경제적 동기와 헌신적 노동 투입은 경제성장을 가능하게 한 결정적인 동력이었다. 하지만 이러한 경제적 동기와 경제적 투입을 자본주의 일반에서 목격되는 평범한 한 사례로 보기에는 분명 석연찮다. 경제 성장의 욕구는 사실상 보편적이라고 할 수 있고, 더구나 제3세계의 많은 국가들도 우리만큼 혹은 우리 이상으로 경제성장에 목말라한 것이 사실이다.

그럼에도 불구하고 결과는 달랐고 한국은 예외적인 경제적 성취를 이루었다. 여기에 줄곧 유교문화와 가족주의가 긍정적인 배경으로 지목되어 왔다(류석춘, 1997a; 1997b). 문제는 유교의 어떤 면이, 또 가족주의의 어떤 기제가 그것을 가능하게 했냐는 것이다. 여기에 효의 의미가 드러난다. 가장 전형적인 전통적 공동체라 할 수 있는 가족의 규범인 효가 선대의 기억과 재현의 의무감을 한국인 일반에게 내면화시켰고, 이것이 가족을 중심으로 한 사회자본을 바탕으로 경제적 성장으로 전화되었기 때문이다.

IV. 사회자본의 관점에서 본 한국의 가족 복지

앞서 살펴보았듯이, 한국사회에서의 가족이라는 사회자본을 바탕으로 한 경제발전 메커니즘은 동전의 양면처럼 이미 그 내부에 성장과 분배의 동력을 포괄하는 개념이다. 앞 절이 가족을 중심으로 한 경제 성장의 논리를 중점적으로 설명하였다면, 여기서는 가족에 기반한 복지의 논리를 사회자본의 개념에서 더욱 자세히 살펴보도록 하자.

1. 사회자본의 효율성 관점에서 본 가족 복지

한국사회에서 유교적 가족주의의 영향은 재론의 여지가 없거니와 그 기저에는 기억과 재현으로 대변되는 효의 실천이 중요한 동력으로 자리하고 있다. 중요한 것은 효의 실천이 혈연관계를 전제로 하고 또 그러한 혈연관계를 매개로 하여 이루어진다는 점이다. 이 점에서 효의 지향은 한국사회에서 광범위하게 나타나는 높은 혈연적 신뢰의 규범적 기반이라고 할 수 있다. 일반적으로 한국사회에서 시장과 국가 등 공적 제도에 대한 신뢰보다 혈연관계를 중심으로 한 사적 관계에 대한 신뢰가 높게 나타나는 것도 이와 무관하지 않을 것이다(류석춘 · 장미혜 · 배영, 2002).

이 높은 혈연적 신뢰는 단순한 도덕규범에 그치지 않고 가족주의를 매개로 한 경제성장의 동력이 되기도 하였다. 물론 가족주의가 어느 정도 집단 이기주의의 폐단을 노정한 것도 사실이지만, 가족 간의 신뢰가 결과적으로 경제적 성과로 나타났던 것은 결코 우연이 아니었다. 혈연적 신뢰는 상호간 강한 책임의식을 불러일으켰고, 이것이 경제적 동기화와 함께 상호부조로까지 이어졌기 때문이다. 지난 발전국가의 성취는 이처럼 강력한 혈연적 신뢰와 혈연적 응집이 있었기에 가능하였다. 물론 그 이면에는 가족복지를 통한 사회적 비용 절감의 효과가 개재되어 있었다.

가족복지는 재현의 집합성과 결정적으로 연계되어 있다. 구체적으로 재현에 대한 집합적 책임이 가족복지라는 기능적 결과를 산출했다고 볼 수 있다. 유교적 효 가치가 지배적인 사회에서 선대로부터 이어진 혈연의 공유는 필연적으로 기억과 재현에 대한 집합적 책임감을 불러일으킨다. 그리고 이 책임감은 주어진 혈연관계를 보다 긴밀한 규범적, 경제적 협조관계로 전화시킨다. 선대의 재현이 내 삶의 발전으로만 끝나는 문제가 아니라 우리 삶의 발전으로 증명되어야 했기 때문이다.

이러한 혈연관계를 바탕으로 한 규범적, 경제적 협조관계는 단지 성장의 차원에서만 동원되는 것이 아니다. 조상을 더 잘 기억하고 재현하는 데 필수적인 발전된 삶을 증명하지 못하는 성원은 그 자신은 물론이요 다른 성원들에게도 죄책감과 책임감을 유발하기 마련이다. 가족 내 상호부조는 바로 이 맥락에서 활성화된다. 그런 점에서 상호부조는 규범적 책임의 완수 행위이자 경제적 책임의 해소 행위라고 볼 수 있다. 그것은 재현의 의무로부터 비롯된 바 결과적으로 가족적 차원의 보험 장치 역할을 하게 되는 것이다. 여기서 혈연적 신뢰에 기초한 가족복지의 기능이 나타난다.

이러한 가족복지는 서구의 복지국가가 직면했던 여러 문제에 대한 대안을 제공한다. 먼저 가족복지에서는 복지라는 재화의 수혜자가 나의 가족 그리고 친족으로 명시됨으로써 공공재의 폐해로 나타나는 재화의 낭비, 비효율성, 도덕적 해이의 문제들을 자연스레 차단할 수가 있다. 당장 나의 무임승차가 나의 후대나 동시대의 가족에게 경제적 부담으로 돌아올 수 있다는 합리적 계산은, 재화의 낭비나 비효율적인 배분을 규범적으로 차단할 수 있다.

또한 조직의 경직성과 관료들의 이기적인 행동이 자원의 낭비를 가져옴으로써 궁극적으로 시장실패보다 더욱 심각한 국가의 실패를 가져왔던 복지국가와 달리, 강한 공동체적 규범은 개인의 이기적인 행동을 억누른다. 자신의 복지재정에 대한 기여가 직접적으로 자신과 자신의 친족 공동체를 위한 것이라는 연대감은 도덕적 해이를 미연에 방지한다. 이는 공공선과 개인의 선이 일치한다는 사실을 개인에게 규범적으로 내면화하는 역할을 한다. 결국 가족복지는 복지의 생산과 분배라는 양 측면에 있어서 높은 효율성을 보인다고 할 수 있다.

2. 사회자본의 호혜성 관점에서 본 가족복지

가족복지의 더욱 큰 강점은 공동체에 강한 규범으로 묶인 도덕적 연대감이 존재한다는 사실이다. 이는 일반화된 호혜성을 통한 공적 부조에서 찾아볼 수 있다. 일반화된 호혜성이란 긍정적 호혜성이라고도 불리는데, 그 이유는 예상된 보답의 즉각성과 등가성에 있어 그 의무가 긍정적으로 무한정이기 때문이다. 다시 말해, 시간, 양, 질이 정해져 있지는 않지만 되도록이면 빨리 더 좋은 것을 더 많이 되돌려 주려고 한다. 무엇보다 일반화된 호혜성의 가장 중요한 준거는 누구의 이해관계를 먼저 고려하는가의 문제인 셈이다. 바로 이 지점에서 사회자본은 개인 이익의 극대화를 위해 타인의 자본을 전용, 활용한다는 경제적 관점을 초월한다.

일반화된 호혜성에 터한 이러한 도덕적 규범은 개인적 이익과 사회적 선의 상충을 해결하는 시민사회의 토론광장의 기능[8]을 했다고 볼 수 있다. 더 정확히 말하면 개인적 이익

8) 시민사회는 가족과 국가 사이에 존재하는 광범위한 제도 집단을 뜻하며, 시민사회 내부와 시민사회를 통해서 토론광장은 필요한 경우에, "개인적 이익과 사회적 선의 상충되는 요구를 조정하려고 시도한다(Woolcok, 1998)."

과 사회적 선의 상충이 일어날 수 있는 상황을 미연에 방지하는데, 이는 개인 이익의 계산 자체를 불가능하게 하는 도덕적 규범에 의해서이다. 동일한 에토스를 담지하는 공동체는 개인에게 에토스의 재현에 대한 여러 압력을 주는데, 이러한 계승적, 발전적, 집합적 재현의 압력은 일반화된 호혜성의 규범으로 나타난다. 강한 일반화된 호혜성의 규범은 자신의 이익이 아닌 타인의, 공동체의 이익에 대한 헌신을 요구하며, 이를 내면화 시킨다.

가족복지에 있어서 복지의 생산과 분배가 바로 이러한 일반화된 호혜성에 터해 이루어졌다는 점은 중요하다. 이는 개인의 이익보다 타인, 그리고 공동체의 이익을 우선시하는 도덕적 규범이 공동체 내에 공유되고 있었기에 가능하기 때문이다. 집합적 재현의 압력은 복지의 대상을 동시대의 친족으로 범위를 넓혀감으로써 소득의 세대 내 재분배를 가능케 한다. 또한 계승적 재현의 압력은 후대를 위한 복지로 전이되면서, 소득의 세대 간 재분배 역시 이루어진다. 이러한 높은 재분배의 효과는 시장과 국가에 의한 복지에서는 발견하기 힘든 현상이다.

더욱 중요한 것은 이러한 과정이 자신의 이익을 극대화하고자 하는 계산합리적인 방식에 의해서가 아니라, 타인의 이익을 최우선시하는 호혜성이라는 도덕적 규범에 의해서라는 점이다. 공통된 도덕적 규범에 의해 증대된 집단의 통합성은 개인들에게 경제적 이익을 잊어버리도록 계속적으로 압력을 가하여, 대개의 경우 자기행동의 바닥에 깔려있는 이기심의 뜻을 이해하지 못하게까지 한다. 이러한 과정은 높은 호혜성의 규범에 의해 자신의 이익을 위한 것이 아닌, 타인의 그리고 공동체 전체의 이익을 위한 행위를 하도록 요구하며, 그것이 궁극적으로 자신의 이익을 위한 것이라는 계산적 합리성을 압도한다. 결국 개인의 이기심을 억제하는 행위의 결과가 공동체 전체에 이익이 되어 결국 개인에게도 이익이 되도록 만드는 의무감의 호혜적 실천이 중요하다. 이러한 호혜적 실천은 공동체 전체의 이익을 향하는 동시에, 궁극적으로 의도하지 않은 결과로서 사적 이익의 극대화로 귀결된다.

이런 점에서 가족복지는 시장에 기반 한 복지제도가 직면한 문제를 해결할 수 있는 단초를 제공한다. 먼저 시장의 불완전성으로 인해 필연적으로 생길 수밖에 없는 저소득층에 대한 최소한의 사회안전망의 역할을 제공한다. 또한 시장을 중심으로 한 복지가 자본주의와 마찬가지로 개인의 파편화, 연대의 상실로 이어졌던 데 반해, 사회자본이라는 강한 도덕적 규범에 터한 가족복지는 그 생산과 복지의 과정에서 구성원 간의 연대와 공동체성을 더욱 강화시켜 나갈 수 있다.

대부분의 동아시아 복지모델에 대한 이론화 작업에서 지적되는 부분은, 사회의 지배적인 유교문화로 인해 시장이나 국가를 대신하여 가족이 복지 욕구충족의 주요 담당자가 되고 있다는 점이다. 유사한 맥락에서 한국의 유교전통이 공동체복지 또는 가족 중심의 복지제도를 강화시킴에 따라 국가복지제도가 상대적으로 덜 발전되었다고 설명하기도 한다(홍경준, 1999). 그러나 필자는 이러한 해석에는 반대한다. 국가와 시장에 의한 복지제도가 없었기 때문에 가족 복지가 발전한 것은 아니다. 가족에 의한 복지 기능은 앞서 보았듯이 이미 한국의 뿌리 깊은 가족주의와 같이 역사적 축적을 이루어 왔다[9]. 또한 가족복지의 공고화가 국가와 시장에 의한 복지 발전을 저해한 것도 아니라고 본다. 가족복지는 이미 자체의 경제적 효율성과 도덕적 공동체성을 담지하는 대안이었기 때문에 아직도 존재하고 있는 것이다.

특히 동아시아 국가들의 산업화 수준이 높음에도 불구하고 서구 선진복지국가들에 비해 국가복지의 수준은 낮지만 복지지표는 더 높은 수준을 보이고 있다는 사실은 주목할 만하다(Rose & Shiratori, 1986; 정무권, 2002). 이는 서구의 이분법적 관점에서와 같이 시장이나 국가만이 복지의 주체가 될 수 있는 것은 아님을 암시한다. 바로 이러한 면에서 혈연적 신뢰와 유교적 가족주의에 터한 한국식 복지모델은 서구사회가 직면했던 시장 및 국가 실패에 대한 대안이 될 수 있는 것이다. 즉 공동체성과 경제적 효율성을 동시에 담아내는 대안적 모델로서 의의를 갖는다고 할 수 있다.

V. 사회자본과 공동체 자유주의

공동체적 연대라는 도덕적 규범과 호혜성에 주목하는 사

9) 물론 국가와 시장의 복지제도의 미비가 기존의 가족복지를 더욱 활성화시켰다는 주장에는 일면 동의하지만, 이에 대해서는 더욱 역사적이고 제도적인 분석이 필요하다.

회자본에 관한 논의는 "공동체 자유주의"의 문제의식과 맥을 같이 한다(박세일, 2006; 박효종, 2006). 먼저 두 이론의 등장 배경은 이들 논의가 각기 다른 상황에서 시작되었지만, 동일한 문제의식을 배태하고 있음을 알려준다. 사회자본 논의는 국가의 재분배도 아니고 시장의 교환 원리도 아닌 대안적 경제통합 방식의 원리로서 일반화된 호혜성에 주목하면서 시작된 논의이다. 이는 자본주의적 경제발전과 정치적 민주주의가 단순히 시장과 국가만으로 해결될 수 없다는 문제의식에서 비롯되었음을 알려준다. 더 나아가 사회자본은 시장실패와 정부실패의 대안적 개념으로 받아들여지고 있다.[10] 한편 공동체 자유주의 역시 파시즘이라는 전체주의의 경험과 그 이후 등장한 개인주의적 자유주의 경험을 바탕으로 서구 사회의 대안적 개념으로 등장하였다.

두 이론의 유사성은 단순히 시원적 배경에만 있는 것은 아니다. 먼저 공동체로부터 완전히 분리된 자율적 개인을 부

10) 서구 선진사회를 모델로 하여 제3세계 국가들에 이식된 발전 프로그램들이 해당 국가들에 따라 상이한 결과의 경제발전과 민주화로 나타났을 때, 비로소 사회제도적 프로그램 이외의 그 무언가가 발전의 이면에 존재하고 있음이 감지되었다(Leys, 1996). 이는 또한 서구와는 다른 형태의 발전을 성취해낸 동아시아 경제발전의 경험을 바탕으로 제3세계 상황에 맞는 제3세계 국가적 발전 프로그램들을 아프리카 사하라 사막 이남의 국가들과 남미 국가들에 실행했을 때에도 마찬가지였다(Putnam, 1993). 분명해진 것은 오직 국가를 기축으로 잘 준비된 위로부터의 근대화 계획만으로는 무언가 부족하다는 것이었다. 바로 부족한 그 무엇이 비제도화 된 영역의 시민사회 영역의 사회자본 논의로 연결된다(Putnam, 1993: 132-133). 그렇기에 토크빌이나 퍼트남이 보았던 시민적 덕목이나 신뢰의 수준을 넘어서, 다시 말해 민주주의나 시장 메커니즘이 더욱 잘 작동하게 만드는 그 무엇이 아니라, 오히려 그것이 가능하게 하는 전제조건으로서의 사회자본을 바라보아야 할 것이다. 민주주의나 시장이라는 제도 역시 사회적 배태성을 담지할 때만이 제대로 작동할 수 있기 때문이다. 그리고 이 배태성이 바로 사회자본을 의미한다(Myrdal, 1968; Woolcock, 1998[2002]).

정한다는 점에서 그렇다. 자유주의에 대한 공동체주의자들의 비판의 가장 주요한 논점은 자유주의가 가정하고 있는 자율적인, 공동체로부터 분리된 개인은 환상에 불과하다는 지적이다(MacIntyre, 1981: Sandel, 1982: Walzer, 1983). 이와 마찬가지로 관계적 개인을 상정하는 것은 사회자본의 시작이다. 이러한 관계성의 설정 없이는 '사회'자본이라는 개념은 성립조차 할 수 없다.

가족주의 문화 내지 가족주의 행위원리가 지배하는 한국사회에서 개인은 결코 자체로서 독립적이고 절대적이지 않다. 물론 이것은 유교문화의 고유한 인간 규정이기도 하다. 이 규정에 따르면 개인은 家라는 전체, 이른바 統體를 구성하는 部分子로서 존재하지[11] 결코 독립적인 個別子로 존재할 수 없다(최봉영, 1999; 함재봉, 1998). 마찬가지로 개인은 다른 사람과의 관계, 특히 지금의 맥락에서 家와의 관계 속에서 파악될 수 있는 '역할의 집합체(totality of roles)'이지 자체로서의 절대적 의미를 가지는 존재는 아니다(Rosemont, 1988).

또한 도덕이 개개인들에 의한 합리적 선택의 결과가 아니라 공동체 속에 내재된 공유된 가치로부터 파생될 뿐이라고 보는 관점 역시 일치한다고 볼 수 있다. 사회자본 논의 역시 개인의 합리적 선택에 대해 문제를 제기한다. 개인은 객관적으로 합리적인 존재일 수 없으며, 자신이 속한 공동체의 규

11) 여기에서 개인과 대비할 경우에는 家가 統體가 되지만, 天理라는 더 크고 궁극적인 원리(統體)를 기준으로 할 경우에는 개별 家가 部分子가 된다. 이처럼 유교의 세계관은 통체와 부분자의 연쇄과정으로 이루어져 있음을 알 수 있다. 어떤 경우에도 이러한 연쇄로부터 자유로운 존재, 이른바 개별자는 존재할 수 없다(최봉영, 1999).

범, 도덕, 가치로부터 강하게 영향을 받는 존재이기 때문이다. 이는 다른 의미에서, 서구 근대성의 핵심인 합리성이라는 개념에 대한 도전이기도 하다. 각각의 사회와 공동체는 나름의 합리성을 가지는데[12], 이는 객관적 의미의 시장적·계산적 합리성을 압도한다. 그런 점에서 공동체의 역사성을 강조하면서 도덕의 보편성을 비판한 왈저와 맥을 같이 한다 (Walzer, 1983).

이러한 기본 전제 외에도 샌들이 말하는 "강한 공동체" 그리고 "구성적 공동체"는 사회자본에서 상정하는 강한 신뢰와 도덕적 규범을 공유하는 연결망으로서의 공동체와 개념적 유사성을 보인다. "강한 공동체"의 구성원들은 자신들의 공동체에 대한 강한 소속감을 공유할 뿐만 아니라 의무감을 공유하는데, 이러한 집단에 대한 강한 소속감과 도덕적 의무감은 일반화된 호혜성의 터한 도덕적 의무감과 유사하다.

일반화된 호혜성에 의해 집단의 이익과 개인의 이익이 상충되지 않도록 조정하는 역할을 하는데, 이는 집단의 이익이 나의 개인적 이익과 결부된다는 개인의 계산적 합리성에 의해서가 아니라, 이미 이러한 계산을 압도하는 도덕적 규범의 내면화를 통해서이다. 공동체에 대한 강함 의무감은 집단의 이익보다 개인의 이익을 우선시하지 못하도록 할 뿐만 아니라, 대개의 경우 개인의 이익 자체가 사고의 범주에 침투하지 못하도록 한다. 일반화된 호혜성의 규범의 강한 공유와

12) 이는 "배태성(embeddedness)"이라는 사회적 개념으로 대체할 수 있을 것이다.

내면화를 통해 자신의 행위의 수혜자가 항상 타인 또는 공동체를 향하기 때문이다[13]. 이는 "구성적 공동체"에서는 공동체의 이익을 "확장된 자기 이해"로 받아들임으로써, 양자 사이에 상충되는 지점이 나타나지 않는 것과 유사하다.

박효종(2006) 교수의 글은 샌들의 이러한 공동체가 1) 파당주의나 부정적 외부효과 등의 문제를 가져올 수 있고, 2) 다른 집단이나 개인에 대해 배타성, 폐쇄성으로 나타날 수 있는 등의 위험이 있기 때문에, 이러한 강한 공동체 소속감에 터한 정체성의 정치보다 이익의 정치로 나아감이 올바른 공동체주의의 방향이라 논평한 바 있다. 박효종 교수의 관점에서 본다면, 앞서 말한 사회자본에 터한 연고주의적 공동체는 "부담이 있는 연고적 자아"를 형성하는 공동체 유형이다. 이러한 공동체는 내부의 개인을 공동체와 일정한 간격을 유지하지 못하도록 만든다는 점에서, "좋은 시민"의 형성에 전혀 기여하지 못하는 공동체로 평가된다.

그러나 박효종 교수의 비판은 필자의 견해는 물론 "혈연(가족)공동체의 망"을 시간적 연대를 터한 공동체로 파악하고 있는 박세일(2006) 교수의 견해와도 상반된다. 또한 공동체주의자들의 자유주의에 대한 비판을 인정한다면, 다시 말해 개인의 도덕성과 합리성의 기준이 이미 공동체로부터 자유로울 수 없으며 자신이 속해 있는 공동체의 역사적, 제도적 맥락에 배태됨을 인정한다면, 개인이 무엇이 자신의 이익인지를

13) 특히 개인의 경제적 이익의 추구가 소인배의 행위로 비하되며 도덕적 비난의 대상이 되는 유교적 전통에서 이러한 일반화된 호혜성의 규범은 더욱 강화된다.

판단할 근거가 여전히 공동체의 가치와 도덕이라는 사실은 부정할 수 없다. 아무리 객관적이고, 시장적 의미의 계산합리성에 의한 이익을 상정한다치더라도, 이미 개인은 전혀 합리적 존재이지 못함은 앞서도 지적한 서구의 근대성이 보여준 문제이다.

뿐만 아니라, 개인들의 합리적 계산이 항상 효율의 극대화를 가져오는 것도 아니라는 사실 역시 시장의 불완전성을 통해서도 확인된 바 있다. 그런 점에서 어떠한 공동체여야 하는 수준에서의 논의는 여전히 앞으로의 과제로 남지만, 공동체 자유주의와 사회자본 논의가 시장과 국가가 퇴거시킨 공동체의 원리를 다시 우리의 사회생활에 불러들여야 한다는 점에서는 이론적 지향을 같이한다고 볼 수 있을 것이다.

VI. 결론

한국사회는 서구에 비해 아직 유교적 가족주의와 효 개념과 같이 공동체성과 공동체적 가치가 상대적으로 강하게 남아 있는 것이 사실이다. 그렇지만 동시에 이러한 특성들이 최근 들어 급변하고 있는 것도 부인할 수 없다. 문제는 복지에 대한 공식적, 제도적 국가 역할이 증대되지 않는 상황에서, 그간 복지를 담당해 왔던 사적 가족의 기능이 결정적으로 퇴화하고 있다는데 있다. 이 시점에서 올바른 복지의 대안이 무엇보다 중요하지 않을 수 없다. 적극적인 국가의 개입을 요구하며 복지에 대한 국가의 책임을 확대해 나갈 것인가, 아니면 약화일로에 있는 사적 복지체계를 재활성화해야 할 것인가?

이 질문에 즈음하여 만약 가족복지의 후퇴를 현실로 인정해 버리고 국가 또는 시장에 이 기능을 맡긴다면 우리에게 주어지는 것은 아마도 서구가 앞서 경험한 개인주의적 파편화 아니면 공공재의 폐단 혹은 재화의 비효율적 배분이 아닐까 싶다. 물론 그 결과는 전반적인 복지 수준의 하향평준화일 것이다. 한국의 가족복지모델에 주목하면서 사회자본에 터한 가족의 복지 기능을 되살리는 데 주력해야 하는 이유도 바로 여기에서 찾을 수 있다. 문제는 구체적인 방법론이다.

이를 위해 하나의 정책적 제언을 해 보자면, 복지의 궁극적 목표는 비공식 부문, 즉 가족의 복지역할의 활성화이며, 이를 뒷받침하는 보완재로서 국가의 역할이 요구된다고 할 수 있다. 최근까지 복지에 대한 국가의 정책적 지향은 주로 개인에 대한 국가의 직접적 부조에 치우쳐 있었다. 하지만 개인을 가족이라는 단위로부터 분리시켜 국가가 직접 복지를 제공하겠다는 정책은 한국의 전통적 복지모델과 정면으로 배치되는 것이 사실이다. 따라서 가족이라는 공동체가 유지되면서 그에 따라 자연스레 약화된 가족의 복지기능이 재활성화 될 수 있도록 국가가 적극적으로 지원해야 한다는 것이다. 그런 의미에서 올바른 복지모델은 '국가-가족-개인' 즉 국가와 개인 사이에 가족이 매개역할을 하는 방식으로 접근하는 것이 바람직해 보인다. 이를 통해 우선 국가의 복지정책이 단순한 경제적 부조로 끝나는 문제를 보완할 수 있을 것이다. 또한 이것이 공동체에 대한 책임, 연대라는 도덕적 규범을 통해 공동체적 자유주의가 복지정책을 통해 현실화되는 구체적 방식이라 할 수 있을 것이다.

결국 국가가 복지에 필요한 재원을 마련하되 운영은 가족 단위가 되어야 하며, 그 포괄적인 수혜자는 가족인 동시에 직접적인 수혜자는 개인이 되는 것이 바람직하다고 할 수 있다. 그런 의미에서 발전국가가 보여주었던 금융지원(financial support)과 규율(discipline)의 특성을 복지정책에도 적용해 볼 필요가 있다. 그로부터 한국식 복지모델, 이른바 "발전복지국가(Developmental Welfare State)"의 모델이 발전적으로 재구축될 수 있을 것이기 때문이다(Goodman, White, and Kwon, 1998).

참고문헌

· 김상균 · 홍경준. 1999. "한국 사회복지의 현실: 낙후된 국가, 성장한 시장, 그리고 변형된 공동체." 『사회복지연구』 第13호. 1999 여름.

· 김연명. 2002. "'국가복지 강화론' 비판에 대한 재비판과 쟁점." 『한국복지국가 성격논쟁 I』. 인간과 복지.

· 김태성 · 성경륭. 2000. 『복지국가론』. 나남출판.

· 남찬섭. 2002. "한국 복지체제의 성격에 대한 경험적 연구: 에스핑앤더슨의 기준을 중심으로." 『한국복지국가성격논쟁 I』. 인간과 복지.

· 미야지마 히로시(宮島博史). 1996. 『양반: 역사적 실체를 찾아서』. 강.

· 박세일. 2006. "21세기 국가발전의 이념: 공동체 자유주의." 안민정책포럼/나라발전연구회 8차 공동심포지움 (10월 26일, 은행회관).

· 박효종. 2006. "공동체주의에 대한 비판적 고찰." 안민포럼 제3차 공동체자유주의 세미나 발표문.

· 박희. 1992. "한국 대기업의 조직관리와 노사관계에 관한 연구." 연세대학교 사회학과 대학원 박사학위논문.

· 성경륭. 2000. "논평." 『세계화와 신자유주의』. 나남.

· 신광영. 2002. "한국의 경제위기와 복지개혁." 『국가전략』 제8권 1호.

· 왕혜숙. 2004. “1997년 외환위기 이후 국가 자율성과 국가 역량의 변화.” 연세대학교 사회학과 석사논문.

· 류석춘. 1997a. “유교자본주의의 가능성과 한계.” 『전통과 현대』 여름호.

· ______. 1997b. “동아시아 ‘유교자본주의’ 재해석.” 『전통과 현대』 겨울호.

· ______. 2001. “한국의 사회자본: 연고집단.” 『현대 한국사회 성격논쟁: 식민지, 계급, 인격윤리』. 전통과현대.

· ______, 2002b. 『한국의 사회발전: 변혁운동과 지역주의』. 전통과현대.

· ______ · 장미혜. 2002. “제3장: 한국의 비영리/비정부 영역과 사회발전: 연고집단을 중심으로.” 『한국의 시민사회, 연고집단, 사회자본』. 자유기업원.

· ______ · 장미혜 · 배영. 2002. “제7장: 사회자본과 신뢰: 한국, 일본, 덴마크, 스웨덴 비교연구.” 『한국의 시민사회, 연고집단, 사회자본』. 자유기업원.

· ______ · 장미혜 · 정병은 · 배영. 2003. 『사회자본: 아론과 쟁점』. 그린출판사.

· ______ · 최우영 · 왕혜숙. 2005. “유교윤리와 한국 자본주의 정신.” 『한국사회학』 제39집 6호.

· 전상인. 2004. “조선시대의 사회자본: 양반의 연줄, 연계,

연대." 『한국의 사회자본: 전통사회와 현대사회의 비교』 연세대학교 사회발전연구소 특별 심포지엄 자료집.

· 전종한. 2002. "종족집단의 거주지 이동과 종족촌락의 기원에 관한 연구." 『사회와 역사』 61집. 한국사회사학회 편. 문학과지성사.

· 정진영. 1991. "조선후기 동성마을의 형성과 사회적 기능." 『한국사론 21: 조선후기의 향촌사회』. 국사편찬위원회.

· 정무권. 2002. "김대중 정부의 복지개혁과 한국 복지제도의 성격 논쟁에 대하여." 『한국복지국가 성격논쟁 I』. 인간과복지.

· 조영훈. 2002. "유교주의, 보수주의, 혹은 자유주의? 한국의 복지유형 검토." 『한국복지국가성격논쟁 I』. 인간과복지.

· 최봉영. 1999. "성리학적 인간관과 인본주의." 『동양사회사상』 2집.

· 최종렬. 2004. "신뢰와 호혜성의 통합의 관점에서 바라본 사회자본: 사회자본 개념의 이념형적 구성." 『한국사회학』 第38집 6호.

· 함재봉. 1998. "근대사상의 해체와 통일 한국의 정치이상." 『탈근대와 유교』. 나남출판.

· ______. 2000. 『유교 자본주의 민주주의』. 전통과현대.

· 홍경준. 2000. "연복지의 논리, 실태, 그리고 가능성의 탐색." 사회복지연구 第16호 겨울.

· ______. 2002. “복지국가의 유형에 관한 질적 비교분석: 개입주의, 자유주의, 그리고 유교주의 복지국가.” 『한국복지국가성격논쟁 I』. 인간과복지.
· 중앙일보. 2006. 7. 3.
· 한겨레신문. 2006. 3. 23.

· Bell, Daniel A. 1996. “The East Asian Challenge to Human Rights: Reflections on an East West Dialogue.” *Human Rights Quarterly* 18(3).
· Bourdieu, Pierre. 1986. “The Forms of Capital.” in Kohn G. Richardson(ed.). *Handbook of Theory and Research for Sociology of Education.* New York: Greenwood, 241-258.
· Burt, Ronald. 1992. *Structural Holes.* Harvard University Press.
· Coleman, James. 1990. *Foundations of Social Theory.* Harvard university Press.
· Esping-Anderson, Gosta. 1990. *The Three Worlds of Welfare Capitalism.* Princeton University Press.
· ______. 1999. *Social Foundations of Postindustrial Economies.* Oxford University.
· Fukuyama, F. 1995. “Confucianism and Democracy.” *Journal*

of Democracy 6(2).

· Goodman, White and Kwon(ed.). 1998. *The East Asian Welfare Model: Welfare Orientalism and the State,* Routledge.

· Granovetter, Mark. 1973. "Strength of Weak Tie." *American Journal of Sociology* 78(6): 1360-1380.

· Kenworthy, Lane. 2001. "Social Capital, Cooperation, and Economic Performance." *Beyond Tocqueville*. Tufts University. 125-135.

· Leys, Colin. 1996. *The Rise and Fall of Development Theory*. Indiana University Press.

· MacIntyre, Alasdair. 1981. *After Virtue*. Dukeworth.

· Myrdal, Gunnar. 1968. *Asian Drama: an Inquiry into the Poverty of Nations*. Penguin.

· Offe, Claus. 1984. *Contradictions of the Welfare State*. John Keane. ed. Mass. MIT Press.

· Polanyi, Karl. 1957. "The Economy as Instituted Process." *Trade and Market in the Early Empires*. The Free Press & The Falcon's Wing Press.

· Portes, Alejandro. 1995. "Economic Sociology and the Sociology Immigration: A Conceptual Overview." *The Economic Sociology of Immigration: Essays on Networks,*

Ethnicity and Entrepreneurship, edited by Alejandro Portes. Russell Sage Foundation.

· Putnam, Robert. 1993. "The Prosperous Community: Social Capital and Public Life." *The American Prospect* 13 (Spring), pp. 35-42.

· Rose, Richard and Rei Shiratori. 1986. *Welfare State: East and West*. Oxford University Press.

· Rosemont, H. 1988. "Why Take Rights Seriously?: A Confucian Critique." in *Human Rights and the World's Religions*, edited by Leroy S. Rouner. University of Notre Dame Press.

· Sandel, Michael. 1982. *Liberalism and the Limits of Justice*. Cambridge University Press.

· Somers, Margaret R. and Fred Block. 2005. "From Poverty to Perversity: Ideas, Markets, and Institutions over 200 Years of Welfare Debate," *American Sociological Review* 70: 260-287.

· Walzer, Michael. 1983. *Spheres of Justice: A Defense of Pluralism and Equality*. Princeton University Press.

· Weber, M. 1930[1920]. *The Protestant Ethic and the Spirit of Capitalism*. translated by T. Parsons. Scribner (박종선 역. 1987. 『프로테스탄티즘의 윤리와 자본주의 정신』. 세계).

· Woolcock, Michael. 1998. "Social Capital and Economic Development: Toward a Theoretical Synthesis and Policy Framework." *Theory and Society*, 27 pp. 151-208.

· Zucker, Lynne G. 1986. "The Production of Trust." *Research in Organizational Behavior*. Vol.8. JAI Press, pp. 53-111.

제 2 장

한국의 사회발전과 문화: 반성과 전망

한 준*

I. '문화의 시대'에 문화의 의미와 방향을 묻는다

요즘 주위에서 '문화의 시대'라는 말을 많이 듣게 된다. 학문적으로 사회과학에서 문화로의 전환(cultural turn)이 일어났다는 주장을 하기도 하고, 정책적으로 문화산업과 문화 경쟁력을 육성해야 한다는 발언도 심심치 않게 들린다. 정치적으로 문화적 정체성에 대한 강조의 목소리도 높고, 국제관계면에서 물리력(hard power)이 아닌 매력(soft power)을 키워야 할 필요성을 역설하기도 한다(Nye, 2004). 모두 문화의 중요성

* 연세대학교 사회학과 교수.

이 과거에 비해서 높아졌다는 말이다. 물질주의 가치를 앞세우던 과거에 부국강병이 국가적 목표가 되었다면, 탈물질주의 가치가 중요해진 오늘날에는 정신적 가치의 실현이 더욱 중요해졌다는 주장 역시 비슷한 맥락에서 이해될 수 있다.

그런데 문화의 중요성이 커졌다는 사실에는 대부분의 사람들이 동의하겠지만 바로 뒤이어 제기되는 질문, 그렇다면 문화에 대해 무엇을 어떻게 해야 할 것인가에 대해서는 뚜렷한 대답을 가진 사람들이 많지 않다. 문화를 육성해야 한다는 상투적 답변에는 '어떤' 문화를 육성해야 하며, 문화를 육성하려면 '어떻게' 해야 하는가라는 핵심적 요소들이 결여되어 있다. 그런 의미에서 문화에 대한 현재 우리 사회의 인식 수준은 그다지 높지 않다고 할 수 있을 것이다. 문화를 제대로 육성하려면 문화에 대해 올바른 인식을 가질 필요가 있다.

어찌 보면 문화라는 개념 자체가 매우 모호하고 다의적이기 때문에 문화에 대한 인식을 명확히 하기 어려운 면도 있다(Williams, 1983). 문화는 우리의 삶 전반에 걸친 '생활양식'이라는 차원 혹은 사회의 '상징적 질서'로 파악되는 폭넓은 문화의 개념이 있는가 하면, '심미적 가치'를 생산하고 '감성적 욕구'를 충족시켜주는 역할을 하는 사회의 특정 영역에 관련된 제한적 문화 개념 또한 있다. 그렇다면 우리에게 도래한 '문화의 시대'에 문화는 어떤 의미를 갖는가? 문화 개념은 어느 하나로 못 박기 힘든 다양한 의미들을 포괄한다.

문화에 대한 가장 폭넓은 개념 규정은 일상생활의 방식

즉 라이프스타일일 것이다. 이러한 폭넓은 의미에서 문화를 보면, '문화의 시대'라는 표현에는 삶의 기회와 사회의 기능적 질서에만 집중했던 과거로부터 벗어나 삶의 질과 사회의 상징적 질서에 관심을 기울여야 한다는 주장이 담겨 있다. 이러한 주장을 하버마스(Habermas, 1989)는 체계에 의해 식민화로부터 일상생활의 해방이라고 표현한다. 또한 잉글하트(Inglehart, 1990)는 물질주의적 가치가 아닌 탈물질주의 가치에 기초한 인지적 동원이 필요하다고 한다.

하지만 문화라는 개념은 동시에 진, 선, 미라는 인류 본연의 가치를 실현하고자 하는 인간의 자기실현을 향한 행위와 이를 뒷받침하는 제도, 그리고 그 성과물들을 동시에 지칭한다. 실용적, 물질적 가치의 생산과 이해관계를 중시하는 정치와 경제의 독주의 시대가 끝나고 심미적, 정신적 가치를 내세우는 사회, 문화의 중요성이 높아졌다는 주장 역시 '문화의 시대'라는 표현과 관련해서 중요하다.

이 글에서는 '문화의 시대'를 살고 있는 우리의 문화 현실을 우리 사회의 소망스러운 미래상의 비전에 비추어 평가해 보고, 그 문화적 모습은 어떤 것이며 또한 한국 사회의 발전 과정에서 문화는 어떤 역할을 할 수 있으며 해야 하는가를 살펴보고자 한다. 이 글은 먼저 미래 한국의 문화적 과제들을 살펴보는 것으로 시작한다. 이어서 지난 시기 동안의 문화정책의 기본방향과 그 문제점들에 대해서 비판적으로 살펴볼 것이다. 이어서 이러한 문제점들을 극복하고 '진정한' 문화의 시대를 맞이할 수 있는 방향을 모색해 보고자 한다.

II. 미래 한국의 문화적 과제

현재 한국 사회가 당면한 과제는 상대적 의미에서의 선진화보다는 훨씬 포괄적인 것이라고 할 수 있다. 그것은 경제적으로 앞서 있다는 개념의 선진에 비해 정치, 경제, 사회와 문화를 포괄해서 사회의 다양한 면에서 고르게 높은 수준의 발전을 보이는 것을 말한다. 한국의 경우처럼 불균등 발전 전략을 통해서 급속한 경제적 발전을 이룩한 사회에서는 그 동안의 발전의 대가라고 할 수 있는 불균등성을 해소하고 균형을 회복하는 것이 무엇보다 중요하다. 경제적 발전의 기초인 정치적 안정을 위해 희생되었던 민주주의를 회복하는 민주화가 그 예이다. 하지만 그밖에도 훨씬 많은 것들이 포함된다. 경제적 성장을 위해 파괴되었던 자연환경을 복원 및 보호, 강력한 리더십의 이름으로 양보를 강요당한 소수자들의 권리에 대한 인정, 그리고 다양한 문화와 가치의 포용 등이 그것들이다.

현재 우리 사회의 발전을 위한 과제들 중에서 문화적 요건은 어떤 것들이 있는가? 크게 세 가지, 통합과 격조, 매력을 들 수 있다.

우선 통합(integration)을 살펴보자. 통합은 가장 기본적으로는 국민국가 형성과 관련되는 것으로 가장 많이 알려져 있다. 경제적으로 통합은 시장에 의해 모든 경제활동이 연결되는 것에 의해 이루어진다면, 정치적으로 통합은 시민권의 부여와 동등한 권리의 인정을 통해서 이루어진다. 그렇다면 문화적으로 통합은 크게 공통의 언어로 대변되는 소통의 측면과 함께 단일한 국가적 표상(representation) 및 의례(ritual)의 공유에 의해 가능하다(Schudson, 1994). 문화를 통한 사회적 통합을 가장 강조한 고전적 사회학자 가운데 한 명이 뒤르께임 특히 후기의 뒤르께임이라고 할 수 있다. 그는 공통의 상징을 공유하고 의례에 참여하는 것이 한 사회의 성원임을 끊임없이 일깨운다고 주장하였다(Durkheim, 2001). 민족국가의 문화적 통합은 근래에 들어 그 이데올로기적 성격에 대한 도전과 비판이 많이 제기되었다. 이러한 도전은 특히 베네딕트 앤더슨(Anderson, 1991)의 '상상의 공동체'라는 주장이나, 홉스봄(Hobsbawm, 1992)의 '전통의 창조' 주장에서 볼 수 있듯이 20세기의 민족주의에 대해 강력하게 제기되었다. 하지만 여전히 문화적 통합은 20세기를 지나 21세기에도 중요하다. 단지 그 의미 면에서 과거와 다소 차이를 보인다고 할 수 있다. 과거 19세기에서 20세기로 넘어가는 시기에 문화적 통합이 단일한 문화적 표상과 의례의 수용 및 그에 따른 동화를 의미했다면, 20세기에서 21세기에 넘어가는 현재의 문화적 통합은 서로의 차이를 인정하는 속에서 공존의 질서를 의미한다고 할 수 있다. 하지만 이러한 관용과 공존에서도 역시 소통이 전제가 되어야 하기 때문에 상징 혹은 표상과 의례의 중요성은 여전히 중요하다.

두 번째 문화적 요건인 격조(integrity)는 사회 전체적으로 또한 사회 성원 개개인이 당장의 눈앞의 이해관계에 치중하여 원칙을 훼손하거나 규칙을 어기지 않는 것을 의미한다.

또한 개개인의 이익에만 매몰되지 않고 사회 전체의 공공선을 존중할 수 있는 태도 또한 격조의 면에서 중요하다. 이처럼 규칙과 원칙, 그리고 공공선에 대한 존중이 격조있는 사회의 기본이라면, 더 나아가서 사회적 격조를 위해 필요한 것이 성찰성(reflexivity)의 회복이다. 성찰성은 사회적 차원에서 또한 개개인의 차원에서 현재의 주어진 상황에서 판단과 의사결정과 행동을 할 때 좁은 시야에서 즉자적으로 반응하는 것이 아니라, 보다 폭넓게 사고하고 현재의 상황이 만들어진 배경이나 과정까지 고려해서 판단하고 행동하는 것을 의미한다. 격조 있는 사회에서는 판단과 행동이 일관성 있고, 또한 남들이 하는 것을 무턱대로 따르지 않으며, 현재 주체성을 갖고 자신의 판단과 행동의 결과와 의미에 대해 숙고한다. 울리히 벡이나 앤서니 기든스와 같은 학자들은 현대 사회의 근대성이 지나치게 도구적 합리성에 의해 지배당하고 있으며 기능적 연관만이 중요해졌기 때문에 사회적 위험에 대처하지 못한다고 진단하며 그 대안으로 성찰적 근대성을 제안하고 있다(Lasch, Beck, Giddens, 1994).

매력(attractiveness)은 사회가 자신만의 개성과 스타일을 갖춤으로써 다른 사회 혹은 사회의 성원들에게 멋있고 끌리는 사회로 인정받는 것을 의미한다. 근래 들어 문화의 중요성을 강조하는 배경에는 문화가 이른바 국가적 경쟁력의 원천이 된다는 인식이 강하게 작용하고 있다. 그것은 관광산업의 육성 혹은 문화상품의 수출이라는 이른바 문화산업 혹은 창조적 산업(creative industries)이 가져오는 경제적 이익에 기반하기도 하고, 다른 한편에서는 조지프 나이가 지적하듯이 국제 관계에서의 영향력이 과거 물리력이나 강제력에 기초한 하드파워로부터 문화적 매력에 기초한 소프트파워로 바뀐다는 정치적 측면에서의 고려에 기반하기도 한다. 문화적 매력이 현대 사회에서 일류국가의 요건이라는 사실은 단지 경쟁력이라는 측면에서만이 아니라 사회가 점점 더 물질적 이해에 기초한 필연성으로부터 가치의 실현이나 감성적 만족을 중시하는 자발성의 영역으로 바뀌어 가고 있다는 것을 반영하기도 한다.

III. '문화시대'의 문화정책의 득과 실

그렇다면 현재 우리 사회의 문화적 상황은 앞서 살펴본 발전방향에 비추어 볼 때 어떤 수준 혹은 상태인가? 지난 10년간 한국 사회에서 문화에 대한 관심은 과거에 비해 상당히 높아졌다고 할 수 있다. 이제 문화산업이라는 말은 누구나 즐겨 사용하는 일상용어가 되었으며, 중앙정부만이 아니라 각종 지방자치체에서도 문화축제를 통해서 주민들의 문화적 참여를 높이고 있다. 또한 문화생활을 위한 각종 인프라 역시 크게 개선되었다. 하지만 중요한 것은 외형이 아니라 내실이다. 과연 한국 사회의 문화적 상황은 얼마나 사회적으로 통합에 기여하며, 격조를 높이고, 대내적, 대외적으로 매력있게 되었는가? 그동안 정부에서 다양하게 추진한 문화정책의 내용과 결과를 살펴보면서 이 질문에 대한 답을 찾아보도록 하겠다.

지난 10년간 문화에 대한 국민의 정부와 참여정부의 정책적 방향은 크게 두 가지로 나누어 볼 수 있다. 하나는 신자유주의적 논리를 내세운 문화의 산업화 혹은 시장화이고, 또 하나는 개혁의 논리를 앞세운 문화의 이념화 혹은 정치화이다.

문화산업과 문화경쟁력은 최근 두 정부를 거치면서 전에 없이 그 역할과 중요성이 강조되었다. 우선 1999년 국민의 정부는 '문화산업진흥법'을 제정하는 한편 이 법을 바탕으로 하여 문화산업진흥기금을 마련하여 출판 · 인쇄물, 방송프로그램, 캐릭터 상품, 애니메이션, 디자인, 광고, 공연, 미술품, 전통 공예품, 멀티미디어 컨텐츠 등 문화상품의 생산 · 유통 · 소비와 관련된 문화산업 전반에 대한 지원을 강화해 나갔다. 또한 2001년에는 정보통신(IT), 나노기술(NT), 생명공학(BT), 환경공학(ET), 우주항공(ST)에 문화관광 컨텐츠(CT)를 합쳐 미래의 유망산업 6대 분야로 지정할 뿐 아니라 2003년도부터 5년간 총 13조의 예산을 투입하여 이들 분야를 육성하겠다는 계획을 발표하고 실행 중에 있다.

이러한 정부의 문화산업 진흥정책이 실시되면서 산업계와 교육계 모두 빠르게 대응했다. 대학교에는 130여 개 대학에 문화 관련 방송, 예술, 연예, 컨텐츠 학과들이 우후죽순처럼 생겨나게 되었다. 지난 10년 사이 전체산업의 사업체 수와 종사자 수의 증가율이 3%와 2% 정도에 머무는 것에 비해 문화산업의 경우 사업체 수와 종사자 수의 증가율이 모두

6%를 넘는 빠른 성장을 보였다.

문화산업에의 과감한 투자는 국내에서는 문화산업의 양적 성장을 가져왔으며, 국외적으로는 한류로 대표되는 한국 문화상품의 국제경쟁력 확보 및 수출증대를 가져왔다. 한류의 경우 특히 중국을 필두로 한 아시아의 경제발전과 그에 따른 문화적 수요의 증대와 맞물려 한국경제의 새로운 성장 동력으로까지 인정받기에 이르렀다. 한국의 영화 및 방송드라마, 음악 및 댄스 등 대중문화의 무대는 이제 아시아를 넘어 세계무대를 넘볼 정도에 이르렀다는 평가도 조심스럽게 등장하고 있는 실정이다.

하지만 이러한 문화산업의 발전과 한류의 등장이라는 득의 이면에는 실 또한 존재한다. 신자유주의적 논리에 입각한 문화의 산업화와 시장화는 문화에 대한 상업적 인식을 일방적으로 강화시키는 결과를 가져왔다. "문화가 돈이 된다"는 인식의 전환이 문화 발전을 가져올 수도 있겠지만 더 나아가 "돈 되는 것이 문화"라는 생각에까지 이르면 오히려 문화 발전을 저해하는 결과를 낳게 되는 것이다. 한국 사회의 쏠림 현상은 그동안 많이 지적되어온 바이지만 최근의 문화와 관련해서도 상업화된 이른바 "뜨는" 문화에 대한 쏠림이 지나치다. 물론 상업적 성공이 문화를 평가하는 하나의 잣대가 될 수 있지만 만약 그것이 유일한 잣대가 될 경우 문화의 획일화와 저변의 축소를 우려하지 않을 수 없다. 대중문화와 문화산업에서의 승자독점적 보상구조에 자극 받은 많은 젊은 이들이 문화산업 분야에 몰리면서 이러한 우려는 더욱 커진다. 문화는 다양한 분야가 함께 균형을 유지하면서 발전할 때 제대로 발전할 수 있다. 생태계의 다양성이 중요하듯 문화 역시 다양성이 생명인 것이다. 결국 상품적 매력에만 치중한 문화의 산업화는 피상적 매력에만 관심을 갖게 된 결과 문화적 저변과 깊이를 오히려 떨어뜨림으로써 장기적으로는 매력의 원천에 해로운 결과를 가져왔다고 볼 수 있다.

문화산업에 대한 집중적 투자가 낳은 또 하나의 문제는 자본이 들어오면서 이를 이용해서 사익을 챙기려는 사람들의 도덕적 해이로 인한 경제적 손실과 낭비 그리고 이들이 벌이는 문화의 이름을 빈 비윤리적 사업의 성행이다. 국민의 정부 말기 대통령의 아들까지 연루되었던 타이거 풀스와 같은 사행성이 강한 복권사업이 문화산업의 지원 하에서 성장했을 뿐 아니라, 참여정부 들어서도 바다이야기 등을 이용한 도박산업이 엄청난 규모로 성장하였다. 한국만이 이러한 문제가 있는 것은 아니다. 동아시아의 여러 나라들, 예컨대 홍콩이나 싱가폴, 대만 등이 모두 21세기 들어 주력산업으로 이른바 창조적 산업(creative industries)을 내세우며 이들 산업에 대한 투자를 확대하고 있다. 하지만 대부분의 경우 이들 창조적 산업은 사행성이 높거나 선정성이 높고 생산적이지 않은 산업들인 경우가 많다. 더 문제가 되는 것은 국민의 정부에서 정보통신산업 중심의 벤처기업들에 대한 대규모적 지원이 수많은 게이트를 낳은 것처럼 문화산업에 대한 대규모적 지원 역시 권력과 유착된 부정부패를 양산하였다. 경제적으로 불안정과 불평등이 심해지면서 국민들을 상대로 한탕주의를 부추기면서 급성장한 도박 산업이 문화산업이라는 미명으로 문화관광부를 통해 정당성을 얻고 정부의 지원까지 받았다. 인터넷의 여러 포르노사이트들이 문화콘텐츠산업으로 분류되고 역시 정부의 규제가 아닌 장려의 대상이 된 것 역시 유사한 사례라고 하겠다. 결국 문화의 산업화와 시장화는 문화적 매력을 높이지 못하였을 뿐 아니라 사회의 문화적 격조를 떨어뜨리고 사회적 윤리의식과 질서를 훼손하는 결과를 가져왔다고 해야 할 것이다.

지난 10년 동안 문화는 산업화, 시장화 되었을 뿐 아니라 민주화에도 불구하고 이념화, 정치화를 여전히 벗어나지 못하고 있다. 물론 과거의 권위주의 정부하에서 문화는 수많은 검열과 규제에 의해서 통제를 받았고 정부의 정당성을 제공하기 위해 동원되고 이용되었다. 그리고 정부의 정책에 협조하는 문화예술인들이 대접받는 반면, 순수문화를 지향하는 사람들은 지원에서 소외되는 경우가 많았으며 더 나아가 정부에 저항하는 문화예술인들은 탄압받는 경우가 많았다. 결국 권력에 의해 문화예술계는 자율성을 심각하게 훼손당하였다. 자율성의 결여는 문화예술계만이 아니라 국민들의 일반적 문화생활에서도 획일주의적이고 다양성이 결여된 문제점을 가져왔다. 민주화가 진행되면서 많은 사람들은 문화예술계를 권력으로 자율적인 영역으로 발전시키고 그럼으로써 일반 국민들의 문화생활에서도 자발성과 다양성이 보다 높아질 것을 기대하였다.

하지만 민주화 과정에서 실제로 일어난 일들은 그러한 기대와는 거리가 멀었다. 개혁 진영에 속한 인사들로 사람만 바뀌었을 뿐 문화예술계의 자율성은 여전히 권력에 의해 통제되는 면이 강하기 때문이다. 비근한 예가 문화예술위원회를 둘러싼 갈등과 논란이었다. 문화예술계의 자율성을 강화한다는 명분하에 과거의 문화예술진흥원으로부터 문화예술위원회로 바뀌었지만 이른바 코드에 의해 전횡되고 위원들 간의 내부 갈등에 의해 파행을 거듭하다 결국 위원장이 사퇴하는 등 분열을 드러내고 말았다. 문제의 핵심은 문화예술 지원금을 배분하는 과정에서의 이권의 다툼이었다. 갈등은 문화예술계 혹은 학문계에만 있지 않다. 이른바 과거사에 대한 재조명과 청산이라는 명분하에서 이루어진 역사적 기억을 둘러싼 갈등은 국민들의 문화적 통합과 공존을 지향한다기 보다는 분열과 갈등을 더욱 조장하는 결과를 가져온 것이다.

정치권력의 영향이 문화의 장에 직접 작용함으로써 일으킨 문제는 문화예술계의 내부적 분열만 있는 것이 아니다. 문화예술계 내에서의 평판이나 실력과 상관없이 정치권력의 후원에 의존해서 문화예술계에서 목소리를 내는 경우 또한 많았다. 참여정부와 함께 등장한 "주류 교체"의 주장이 문화예술계에서도 먹히기 시작한 것이다(박길성, 한 준 외, 2006). 특히 그 과정에서 기존의 문화예술계 혹은 학계의 권위구조를 보수적 권력과의 결탁으로 몰아붙여 정당성을 빼앗고 그 자리를 차지한 인사들 중에서 문제가 되는 경우도 많았다. 학계에서 황우석 교수 사태나 문화예술계에서의 신정아 사건 모두 이처럼 권력에 의해 문화예술계 혹은 학계가 놀아난 대표적 예가 아닐 수 없다. 더욱 심각한 문제는 이처럼 명백한 권력형 비리와 사기가 드러났음에도 불구하고 마치 그 원인이 기존 학계 혹은 문화예술계가 폐쇄적이고 학벌에만 의존하기 때문이라는 듯 문제의 본질을 흐리려는 시도들이 있다는 것이다. 그 결과 문화예술계에서 자율성은 더욱 훼손되고 또한 통합과 공존 역시 더욱 어려워졌다.

문화의 정치화는 문화적 분열을 가져왔을 뿐 아니라 문화적 격조의 훼손 또한 낳았다. 그동안 각종 지방자치체들이 주최하는 문화행사나 문화축제들이 난무했지만 이들 축제와 행사들이 지역정체성을 높이거나 지역의 문화적 역량을 높이는 긍정적 방향으로 이루어지기 보다는 지자체들 간에 경쟁적으로 유사한 형태의 획일적 레퍼토리와 프로그램을 갖고 주민들을 동원하다시피 해서 이루어지는 이른바 관제 축제적 성격이 강했다. 과거 권위주의 정부에서의 관제 동원행사를 방불케 하는 이러한 축제들의 범람은 문화적 격조와 질을 낮춤으로써 문화적으로 일류국가로부터 더욱 멀어지게 하는 결과를 가져왔다.

문화예술이 권력으로부터 전적으로 자율적일 것을 바라는 것은 환상이다. 어느 사회에서나 문화예술에 대한 공적 지원에 정치적 영향력이 작용하고 또한 권력을 장악한 사람들의 의향과 취향대로 문화예술의 방향을 이끌어가려는 시도가 이루어진다(Bourdieu, 1993). 문화예술의 장이 결국 문화자본의 불균등한 배분에 따른 권력다툼의 장이라는 주장은 분명 일리가 있다. 하지만 동시에 문화자본 혹은 문화 권력의 의미는 경제자본이나 정치권력과는 분명 구별되는 것이며 "문화"의 특수성과 자율성이 충분히 존재한다. 문화예술의 장에서 서로 다른 생각이나 취향이 주도권을 놓고 서로 경쟁하면서 문화의 발전이 이루어진다고 볼 수 있다. 국민의 정부와 참여정부의 문화정책이 개혁과 민주화의 기치를 내걸고 문화예술계의 자율성을 높이고자 하는 의도가 있었는지는 모르겠지만 그 결과는 전혀 그렇지 못했다. 아니 어쩌면 애초부터 지난 10년간 문화정책에는 문화의 자율성이란 허상일 뿐이고 문화는 정치적 목적의 실현을 위한 수단이요 방편일 뿐이라는 생각이 깔려있었다고 보아야 할 것이다.

지난 10년간 문화는 한국 사회의 변화 과정에서 중요한 자리를 차지했다. 국민의 정부와 참여정부는 이전의 권위주의 정권이 문화를 억압, 통제, 천시했던 반문화적 정권이라면 자신들은 문화를 진흥, 존중하는 친문화적 정권으로 내세우고자 했을지 모른다. 하지만 그 결과는 '절반에 못 미치는 성공'이었다. 성공인 이유는 자신들이 의도했던 문화의 산업화, 시장화와 이념화, 정치화가 제대로 이루어졌기 때문이다. 하지만 그 성공이 절반에 못 미치는 이유는 그 결과 막대한 예산이 들어갔음에도 불구하고 문화의 질적 수준은 전반적으로 높아지지 못하고 발전의 잠재력 또한 전혀 늘지 못하였기 때문이다.

IV. 창의성에 바탕을 둔 매력 있는 문화

시장과 정치에 의해 발목을 잡힌 문화를 이러한 족쇄에서 벗어나 미래의 새로운 발전의 기반으로 만들고 진정한 문화의 시대를 준비하려면 우리는 어떤 문화를 가져야 하고 그를 위해 무엇을 어떻게 해야 할까? 첫째로 과도한 시장화의 결과로 나타난 문화의 획일화와 불균형을 극복하고, 창의성에 바탕을 둔 생명력 있고 지속가능한 매력 있는 문화를 만들 필요가 있다.

문화적 매력이 중요한 이유는 그것이 소프트 파워의 핵심적 내용이 되기 때문이다. 국제사회에서의 영향력과 경쟁력이 물리적 강제력 즉 하드 파워에 의존하던 시대가 지나고 자발적 동의와 지지, 협력을 이끌어낼 수 있는 소프트 파워의 시대가 오면서 문화적 매력은 그 중요성이 더욱 높아졌다.

그렇다면 문화적 매력은 어디에서 오는가? 이 문제에 답하기는 결코 쉽지 않다. 하지만 문화적 매력을 갖추기 위해서 반드시 필요한 두 가지를 이야기 한다면 하나는 한국의 전통문화에 바탕을 두면서 역사적 경험을 창조적으로 승화시킨 독특한 개성과 정체성을 지니는 것이요, 또 하나는 다른 문화와의 소통 속에서 공감대를 이룰 수 있도록 보편성을 확보하는 것이다.

개성과 정체성을 먼저 생각해보자. 오늘날 세계에서는 정체성이 중요한 화두이며 또한 앞으로도 그럴 것이다. 글로벌리제이션의 거대한 물결 속에서 글로벌 스탠다드의 수용과 그에 따른 동질화와 수렴의 논리가 강조되어 왔지만 그와 동시에 이질적인 문화들이 만나고 서로의 차이를 확인하면서 자신들의 고유한 정체성을 자각하게 되기도 하였다. 로컬과 글로벌의 만남을 통해서 정체성은 더욱 강화된다. 그리고 자신만의 고유한 정체성은 문화적 진정성(authenticity)의 중요한 기반이다.

하지만 우리의 문화적 정체성은 자신에 고유한 것, 즉 전통의 뿌리를 찾음으로써 발견되지 않는다. 오히려 정체성은 과거의 전통과 현재의 상황, 역사적 경험을 창조적으로 결합시킴으로써 만들어지는 것이다. 그렇기 때문에 우리의 정체성에 기반 한 문화적 매력을 갖추려면 무엇보다 필요한 것이 창의성이다. 창의성은 지식기반경제에서 새로운 혁신과 지식의 창출을 위해서도 필요하지만 문화적 매력을 갖추기 위해서도 반드시 필요하다.

창의성은 어디에서 오는가? 창의성은 종종 천재적 개인의 타고난 자질로 이야기되지만 창의성은 사회적 관계와 분위기에 의존하는 측면 또한 크다. 창의성을 발견하고 키워줄 수 있는 사회적 여건이 있어야 창의성이 빛을 낼 수 있기 때문이다. 실험적 시도를 허용하지 않는 고정관념과 엄격한 규칙에 얽매인 사회, 다양성의 공존을 인정하지 못하고 획일적 기준에 따르기를 강요하는 사회, 창의성의 산물인 혁신의 가치를 존중하지 않고 제대로 보상을 제공하지 않는 사회에서는 창의성이 발전할 여지가 없다. 타고난 창의성이 사회적 조건에 의해 촉진 혹은 억제될 뿐 아니라, 창의성 자체가 사회적 관계로부터 발생하기도 한다. 창의성은 다양한 생각을 지닌 사람들이 만나서 감정적 에너지로 충만한 상호작용을 치열하게 가질 때 나타난다(Collins, 1998).

정체성이 있는 문화라도 다른 문화와의 소통이 결여되면 매력을 갖지 못한다. 다른 문화적 배경을 지닌 사람들이 우리 문화를 이해하고 공감하지 못한다면 정체성이 매력이 되지 못하기 때문이다. 정체성이 서로의 차이로부터 유래한다면, 소통은 서로의 공통기반을 확인하는 것에서 출발한다. 요컨대 소통은 보편성을 지향한다. 보편성을 지닌 문화를 우리는 세련되었다고 느끼게 된다. 문화의 세련됨은 외양이나 형식의 문제가 아니라 본질적 내용의 문제인 것이다.

문화적 소통을 가능케 하는 보편성은 어떻게 갖춰야 할까? 문화적 소통의 폭과 깊이를 넓고 깊게 하기 위해서 우선 필요한 것은 문화적 편견을 없애는 것이다. 특정 문화를 과도하게 숭상하거나 혹은 반대로 천시하는 문화적 편견이 없을 때 우리는 다양한 문화들에 진지한 관심을 갖고 이해하려 노력할 것이기 때문이다. 우리에게 문화적 편견의 위험을 가져오는 것은 우리의 문화만을 최고의 것으로 여기고 다른 문화를 무시하는 문화적 민족주의와 특정 외국문화만을 최고로 여기고 다른 문화나 우리의 문화를 경시하는 문화적 사대주의이다.

문화적 편견을 넘어서서 문화적 소통을 제대로 하려면 문화적 소통능력(literacy)의 개발과 문화자본의 축적이 필요하다(DiMaggio, 1982). 문화적 소통능력은 단지 언어만이 아니라 문화적 배경에 대한 폭넓은 이해가 전제된다. 문화적 소통능력의 기초가 되는 문화자본은 공식적 교육을 통해서 얻기도 하지만 그보다는 직접적 경험을 통해서 얻게 되는 경우가 많다. 그렇기 때문에 문화자본의 중요한 형성은 학교만이 아닌 가족이나 다른 사회적 제도를 통해서 이루어진다. 사회적으로 폭넓은 문화적 교류와 경험의 기회를 제공할 수 있는 가능성을 제공할 필요가 있는 것이다.

최근 들어 한류가 아시아에서 인기를 끌면서 아시아 여러 나라에서 한국에 대한 인식이 높아지고 있다. 이러한 한류의 인기는 한국 문화가 적어도 아시아권에서는 어느 정도 소통의 기반을 마련했다는 것을 의미하지만, 아직 한류의 보편성 및 문화적 매력은 미완의 상태이다. 한류의 상업적 성공에 의해 우리가 문화적 자신감을 갖는 것은 당연하겠지만 그 자신감이 충분히 근거가 있다거나 지속가능하다고 보기는 이르다. 한류의 인기가 빠르게 성장하는 아시아의 대중문화 시장과 그에 비해 상대적으로 덜 발달된 문화콘텐츠 간의 불균형에 의해 열린 제한적 기회의 창에 의한 일시적 현상이 될지 아니면 한국의 문화적 매력을 바탕으로 한 지속가능한 경쟁력의 원천이 될지는 두고 볼 일이다. 하지만 아직 한류의 실체, 혹은 한류에 나타난 한국 문화의 정체성을 분명하게 규정하기 쉽지 않다는 것은 아직 우리의 갈 길이 많이 남아 있다는 것을 의미한다.

20세기 초반 미국의 남부 흑인들의 하위문화로 처음 등장했던 재즈가 20세기 중반 전 세계적으로 보급되어 글로벌 문화의 중요한 일부가 되고 또한 동시에 대중문화로부터 지위가 격상되어 20세기 후반에 이르러 고급문화의 반열에 오르게 된 것은 우리에게 시사하는 바가 크다. 재즈를 애호하는 많은 사람들의 노력에 의해 재즈는 보편성을 획득하고 즉흥연주라는 새로운 음악언어를 통한 소통의 가능성을 제시하게 되었다(Lopes, 2002). 이제 재즈는 클래식 음악 및 각 나라의 민속음악과도 소통하고 결합될 수 있는 보편적 음악언어로 성장하였다. 그 과정에서 무엇보다 중요했던 것은 재즈라는 흑인의 정체성에 뿌리를 민속음악을 대중음악으로 더 나아가 예술음악으로 발전시키기 위해 작곡과 연주의 스타일을 혁신시켜 나간 재즈 음악가들의 창의적인 노력이었다. 우리의 한류 문화 역시 한국적 정체성의 뿌리를 유지하면서 보편성을 확보를 통해서 아시아인의 문화로 자리매김을 할 수 있을 때 우리는 한국의 문화적 매력에 기초한 소프트 파워를 누릴 수 있을 것이다.

V. 열린 공동체를 지향하는 격조 있는 문화

문화적 발전의 토대를 마련하고 문화의 시대를 준비하기 위해서 두 번째로 필요한 것은 공동체적 통합을 이룰 수 있는 문화를 만드는 것이다. 국가적 발전과 관련하여 문화의 중요한 역할은 대외적으로는 소프트 파워의 기초가 되는 매력을 제공하는 것이요, 대내적으로는 사회적 통합의 기초가 되는 소속감을 제공하는 것이기 때문이다.

근대 사회에서 통합은 다양한 기제를 통해서 이루어졌다. 정치적으로 통합은 민주주의 원리에 입각한 시민권의 부여와 이를 기초로 시민사회에의 참여를 통해 이루어졌다. 경제적으로는 시장교환의 확대 및 이를 통한 분업과 경제적 조정(coordination)을 통해 통합이 이루어졌다. 문화적인 통합은 권력이나 시장에 의존하지 않고 상징적 소속감에 입각해서 이루어졌다. 같은 언어를 사용하고, 동일한 역사적 기억을 공유하고, 또한 상징적 의례에 함께 참여하면서 국민들은 같은 사회에 함께 속해 있다는 유대감을 형성하게 되는 것이다. 대면접촉을 통한 직접적 상호작용이 불가능한 수많은 사람들이 공통의 상징을 공유함으로써 서로 연결되는 것이다.

그렇다면 여기에서 질문이 생긴다. 오늘날 우리 사회는 이미 국민국가 단위를 넘어선 글로벌 사회가 형성되었고 그 영향력이 점점 커지고 있다. 또한 사회 안에서도 다양한 인종이나 종교집단별로 자신들의 고유한 정체성에 입각한 문화를 내세우고 있다. 과연 이처럼 글로벌 문화, 민족적 문화, 집단적 문화가 중층적으로 공존하는 속에서 문화적 통합의 설득력과 정당성이 과연 얼마나 있는 것일까?

오늘날 우리가 살고 있는 사회가 중층적 문화가 공존하는 것은 분명하다. 대중매체나 인터넷을 통해 우리의 일상 속에 들어온 글로벌 문화 특히 미국 문화는 국민국가 단위를 넘어선 상위 단위로의 과대통합(over-integration)적 영향력을 미치고 있으며, 상이한 세대나 계층, 지역 혹은 인종집단별로 하위 단위로의 과소통합(under-integration)적 영향력을 행사한다. 글로벌 문화로의 과대통합은 서로 다른 국민국가 성원들 간의 문화적 소통의 기초를 제공하지만 그 자체가 강한 문화적 소속감의 원천이 되지는 못한다. 하위문화에 의한 집단별 과소통합은 강한 소속감을 제공하지만 이러한 하위집단의 강한 통합은 종종 국민국가 수준에서 경쟁과 갈등의 원천이 된다(Schudson, 1994).

이러한 중층적 문화질서를 생각해 볼 때 우리는 사회의 문화적 통합의 과제가 이전에 비해 훨씬 복잡하다는 것을 알 수 있다. 지난 20세기 초중반 민족주의의 전성기처럼 단일한 민족문화를 통한 통합과 동원에만 초점을 맞추어서는 안 되기 때문이다. 지난 1960~70년대에 유신정부는 민족문화의 창달을 강조했다. 우리 문화의 뿌리를 찾고 그 뿌리에 대한 자긍심을 바탕으로 해서 경제발전 및 정치안정과 더불어 문화적 통합을 이루고자 했던 것이다. 당시에는 민족문화에 대한 강조 속에서 국난 극복의 역사적 경험에 대한 기억을 부각시켜 경제건설과 반공안보로의 국민적 동원을 꾀하기도 했다. 하지만 이제는 이러한 일방적 문화통합의 시도가 바람직하지도 않고 또한 현실적으로 가능하지도 않다.

그렇다면 오늘날의 현실에 맞는 문화적 통합의 노력은 어떤 것인가? 그것은 협력과 신뢰가 가능한 사회적 관계와 규범, 분위기를 제공하는 문화적 기초로서 즉 사회 자본의 문화적 기초로서 역할을 할 수 있는 문화의 창출이다. 앞서 지난 10년간의 문화 정책이 정치화, 이념화된 문화, 폐쇄적 집단주의 문화를 낳은 경향이 있다는 지적을 하였다. 이제 이러한 간극과 격차를 넘어서서 서로의 존재를 인정하고 존중하며 소통할 수 있는 즉 신뢰와 관용이 충만한 문화를 지향해야 한다.

한국 사회의 문화적 다양성은 여러 차원에서 점점 높아지고 있다. 국내 거주하는 외국인들이 점점 늘어나고 출신 지역도 다양해지면서 인종 간, 민족 간 문화의 차이가 점점 두드러지고 있다. 세대 간에는 서로 다른 문화적 취향과 인식의 격차가 벌어지고 있으며, 지역 간, 계층 간에도 가치와 인식, 이해관심의 차이가 존재한다. 이러한 현실은 서로 다른 문화적 배경과 성향을 지닌 집단들 간에 갈등까지는 아니더라도 같은 사회에 속해 있다는 소속감을 약화시킬 가능성이 있음을 의미한다.

문화 다양성에 대한 존중과 서로 다른 사고방식이나 이념에 대한 관용에 기초해서 신뢰와 협력이 가능한 사회로 가고자 한다면 사회에 대한 소속감과 참여를 높일 수 있는 사회적 제도와 분위기가 마련되어야 한다. 현대의 복잡한 사회에서 소속감이나 참여의식이 사회와 개인 간에 직접적으로 형성되기는 매우 힘들다. 중간에 매개적 역할을 하는 존재가 필요하고 그 대표적인 예가 각종 자발적 단체들이다. 현재 과도하게 정치화되어 있는 시민단체들 이외에도 각종 자발적 단체들이 생겨나고 이들 단체에 다양한 사회적 배경을 지닌 다양한 사람들이 성원으로 참여해서 함께 어울릴 수 있을 때에 사회적 자본이 풍부하게 발생할 수 있을 것이다(강원택, 2007).

사회적 소속감과 참여의식을 높이고 그로부터 협력과 신뢰를 쌓아갈 수 있는 또 하나의 방법은 많은 국민들이 참여할 수 있는 대중적 의례를 만드는 것과 많은 사람들이 공유할 수 있는 집단적 기억을 창출해내는 것이다. 최근 들어 각종 지방자치단체들이 다양한 지역 축제를 실시하고 있다. 또한 월드컵 축구와 같은 범국민적 행사를 통해서 국민적 축제의 분위기가 자연스레 만들어지기도 한다. 이러한 축제의 의례는 사람들이 일상성에서 벗어나 자신과 주변 사람들 간의, 또한 자신과 사회 사이의 유대감을 새롭게 느끼는 계기가 된다. 이러한 대중적 의례와 집단적 경험 및 기억이 열린 공동체 문화의 토대가 되기 위해서는 폐쇄적이지 않고 모든 사람들에게 개방되어야 한다. 인종, 연령, 계층이나 어떤 구분도 넘어서서 어울릴 수 있는 기회를 제공할 수 있을 때 대중적 의례와 함께 나누는 경험들은 우리 사회를 제대로 묶어줄 수 있는 보이지 않는 끈이 될 수 있을 것이다.

VI. 21세기 창조적 한국 사회의 문화를 향하여

문화의 다의적 측면을 고려할 때 우리 사회의 미래 문화적 과제를 우리는 세 가지 측면 즉 자원(resource)으로서의 문화와 관계(relationship)로서의 문화, 그리고 성찰성(reflexivity)으로서의 문화를 동시에 생각하지 않을 수 없다.

“자원으로서의 문화”라는 관점은 이제까지 물질주의적 가치와 생산의 논리에만 매몰되어 왔던 산업화 단계의 경쟁력에 대한 사고를 과감하게 청산하고 새롭고 창의적인 사고와 시도들을 통해서 끊임없는 혁신을 가져올 수 있는 가능성을 문화가 제시해야 한다는 것을 의미한다. 요컨대 자원으로서의 문화라는 생각은 이제까지 지배적이었던 유형자본 중심의 사고로부터 무형자본 특히 지식자본이나 문화자본 중심의 사고로의 전환을 의미한다. 따라서 인적 자본에 대한 생각에서도 변화가 요구된다. 과거 산업화 시대 한국의 인적 자본에 대한 생각의 바탕에는 자연자원이 열악한 한국에서 성공적이고 빠른 산업화를 위해서는 산업인력의 양성이 필요하다는 논리가 깔려있었다. 이러한 산업인력은 높은 수준의 표준화를 바탕으로 하였다. 또한 빠른 산업화를 위한 정치적 질서로서 권위주의는 획일화의 논리를 강조하였다. 이처럼 산업화와 권위주의에 의해 길들여진 인적 자본은 이제 새로운 시대의 경쟁력의 기초가 될 수 없다. 과감한 변화가 요구되는 이유이다. 문화적 혁신과 창의성은 인적 자본에서도 창의적 인적 자본을 요구하기 때문이다. 문화적 매력을 갖추고 일류국가로 거듭나기 위해서 우리는 획일적이고 과거를 답습하는 문화가 아닌 창의성에 기반을 둔 문화자본과 이를 창출해낼 인적자본이 반드시 필요하다.

"관계로서의 문화"가 의미하는 것은 국민들 간의 관계가 신뢰와 관용의 가치에 기반을 둠으로써 사회적 합의와 협력이 원활하게 이루어질 수 있는 것을 의미한다. 이제까지 한국 사회를 유지해온 전통과 권위에 의한 사회적 질서 및 관계는 이제 더 이상 유지되기 힘들게 되었다. 또한 권위주의하에서 산업화를 이끌어온 도구적 합리성에 기초한 효율성의 문화 역시 더 이상 호소력을 갖기 힘들다. 이제는 경제적, 정치적 목적을 위한 효율적 동원의 논리가 아닌 자신들의 신념과 가치, 세계관의 자유로운 표현을 가능케 하는 소통적 합리성이 지배적인 사회로 바뀌어야 한다. 이러한 소통적 합리성은 무조건적 표현의 자유와 상대방에 대한 공격의 논리와는 구분된다. 소통의 전제는 독백이나 주장이 아닌 대화이기 때문이다. 소통적 합리성이 지향하는 것은 단일한 결론으로의 수렴을 강제하는 것이 아니라 다양한 의견과 가치들이 공존하면서 서로를 이해하고 그럼으로써 조화를 이룰 수 있는 것이다. 올바른 문화적 가치와 태도에 기반을 둔 관계를 통해서 자연스럽게 문화적 통합이 이루어질 것이다.

마지막으로 "성찰성으로의 문화"는 이제까지 목적이 수단을 정당화하는 방식의 편의주의적 사고로부터 벗어나 한국 사회의 맥락에 적합한 사회적 규칙과 제도를 모색하는 동시에 규칙과 제도에 대한 존중과 신뢰를 회복하는 것을 의미한다. 한편으로 성찰성에 대한 강조는 외국의 문화나 제도에 대한 무분별한 모방이나 도입을 지양하고 주체성 있는 태도로 임하는 것을 의미한다. 그동안 한국 사회에서는 해결해야 할 문제는 많고 내부적으로 준비가 덜 되어 있다는 상황적 논리에 의해서 외국의 제도나 프로그램을 무조건적으로 도입하는 관행이 지배적이었다. 또한 이처럼 제도나 프로그램들이 맹목적이고 무분별하게 도입되었다는 이유로 존중하지 않고 신뢰하지 않는 경우도 많았다. 이제 악순환으로부터 벗어나서 주체적으로 사고하고 고민할 필요가 있다. 문화의 영역에서 진정성과 성찰성을 회복하는 것은 보다 진지하게 우리의 상황과 문제를 직면하고 고민하는 태도, 합의에 의해서 정해진 규칙과 제도를 존중하고 신뢰하는 그럼으로써 현실적 합성을 높여가고자 하는 태도를 의미한다. 이처럼 진정성과 성찰성을 가진 문화에 의해서 우리 사회의 문화적 격조 또한 높아질 것이다.

참고문헌

· 강원택 편. 2007. 『한국인의 국가정체성과 한국정치』. 동아시아연구원.

· 박길성 · 한 준 외. 2006. 『한국사회 권력이동』. 굿인포메이션.

· Anderson, Benedict. 1991. *Imagined Communities: Reflections on the Origin and Spread of Nationalism.* Verso.

· Bourdieu, Pierre. 1993. *The Field of Cultural Production: Essays on Art and Literature.* Polity Press.

· Collins, Randall. 1998. *The Sociology of Philosophies: A Global Theory of Intellectual Change.* Harvard University Press.

· DiMaggio, Paul. 1982. "Cultural entrepreneurship in nineteenth-century Boston." *Media Culture Society* 4: 33-50.

· Durkheim, Emile. 2001(1912). *The Elementary Forms of Religious Life.* Oxford University Press.

· Habermas, Jurgen. 1989. *The Structural Transformation of the Public Sphere.* MIT Press.

· Hobsbawm, Eric J. and Terence O. Ranger. 1992. *The Invention of Tradition.* Cambridge University Press.

· Inglehart, Ronald. 1990. *Culture Shift in Advanced Industrial Society.* Princeton University Press.

· Lash, S, U Beck, and A Giddens. 1994. *Reflexive Modernization: Politics, Tradition and Aesthetics in the Modern Social Order.* Polity.

· Lopes, Paul. 2002. *The Rise of a Jazz Art World.* Cambridge Univesity Press.

· Nye, Joseph. 2004. *Soft Power: The Means to Success in World Politics.* Public Affairs.

· Schudson, Michael. 1994. "Culture and the integration of national societies." *International Social Science Journal* 139: 63-81.

· Williams, Raymond. 1983. *Culture and Society, 1780-1950.* Columbia University Press.

제 3 장

사회갈등과 거버넌스

김호기 *

I. 문제제기

이 글의 목적은 우리사회에서의 시민사회의 성장에 따른 사회갈등의 분출과 이를 해소하기 위한 전략으로서의 거버넌스 구축을 모색하는 데 있다. 1987년 이후 우리 사회의 민주화과정이 갖는 중요한 특징 가운데 하나는 시민사회의 성장이다. 권위주의체제하에서 억눌려 온 시민사회는 빠른 속도로 팽창해 왔는 바, 이는 두 가지 중요한 사회변동을 촉발시킨 것으로 보인다. 그 하나가 시민사회 영역에서의 민주주의의 확장이라면, 다른 하나는 사회갈등의 분출이다. 이 가운데

* 연세대학교 사회학과 교수.

특히 사회갈등의 분출은 노사문제를 포함하여 환경, 여성, 평화 등 거의 모든 사회문제들을 이슈화함으로써 이른바 갈등의 전성시대를 방불케 했다.

물론 사회갈등의 분출을 부정적인 것으로만 볼 필요는 없다. 어느 사회이건 이익 또는 가치관의 충돌에 따라 갈등이 발생하는 것은 일견 자연스러운 현상이기 때문이다. 문제는 사회갈등이 과도할 때 갈등조정 및 해소에 작지 않은 사회적 비용을 치러야 한다는 데 있다. 민주화 시대의 사회갈등을 과거의 권위주의 방식으로 해소할 수는 없지만, 최근 우리사회는 갈등의 사회적 비용을 다소 과다하게 지불해 온 감이 없지 않다. 정부와 시민사회가 함께 참여하여 갈등을 조정하고 해소하려는 거버넌스가 새롭게 요청되는 것도 바로 이런 맥락이다.

이 글은 크게 네 부분으로 나누어진다. 먼저 II장에서는 1987년 민주화운동 이후 진행된 시민사회의 성장과 사회갈등의 분출이 다루어진다. III장에서는 거버넌스는 무엇인가에 대한 이론적 토론이 이어진다. IV장에서는 사회갈등 해소를 위한 거버넌스를 구축하는 데 필요한 다섯 가지 과제들이 검토된다. 예방적 갈등관리시스템 구축, 갈등조정기구에의 실질적 권한 부여, 사회적 합의형성제도 마련, 시민사회의 대표성 제고와 공공성 강화, 신뢰의 구축이 그 내용을 이룬다. 마지막 결론에서는 이제까지의 논의가 주는 거시적, 정책적 함의를 다시 한번 숙고해보고자 한다.

II. 시민사회의 성장과 사회갈등의 분출

1. 시민사회의 성장

1) 시민사회의 발전

시민사회론은 지난 30여 년간 전지구적으로 적지 않은 논란을 일으켰던 이슈 가운데 하나이다. 특히, 1970년대 이후 동구 사회주의 국가들에서 서구 자본주의 국가들에 이르기까지, 나아가 제3세계 국가들에서도 시민사회론은 커다란 관심을 불러일으켰다. 시민사회론에 대한 이런 높은 관심은 1980년대 민주화의 제3물결과 함께 더욱 확산되었으며, 그 결과 시민사회론은 자유주의적 시민사회론에서 마르크스주의적 시민사회론에 이르기까지 다양한 패러다임이 경합하는 형태로 발전해 왔다. 더욱이 최근 세계화 경향의 증대와 정보사회의 도래는 시민사회론에 새로운 자극을 제공해 왔는데, 지구적 시민사회(global civil society) 또는 전자적 시민사회(online civil society)은 이를 상징하는 개념들이라고 할 수 있다.

또한 제2차세계대전 이후 서구사회에서 주목할 만한 사회변동 가운데 하나는 이른바 신사회운동(New Social Movements)의 등장이라고 할 수 있다. 환경, 평화, 여성운동 등으로 대변되는 이 신사회운동은 1960년대 후반 서유럽과 미국에서 시작하여 1970~80년대를 거치면서 크게 성장했으며, 1980년대 이후에는 민주화의 새로운 물결과 함께 제3세계에서도 활발히 전개되었다. 민주주의의 발전이 절차적 제도화와 사회운동의 이중적 과정이라고 한다면, 신사회운동은 20세기 후반 민주주의의 역사에 큰 영향을 미쳤다고 볼 수 있다.

서구의 경우와 비교해 볼 때 한국 시민사회론은 사회운동과 밀접하게 연관되어 전개되어 왔다. 그 결과 시민사회에 대한 분석보다는 시민운동 담론들이 더욱 활발하게 논의되었다. 시민운동의 성격을 어떻게 볼 것인가를 중심으로 치열한 논쟁이 진행되기도 했고, 최근에는 지구적 시민사회와 전자적 공공영역에 대한 관심 또한 점차 커져 왔다. 또한 우리사회에서 시민사회론의 부상은 1987년 6월 민주항쟁에 따른 시민사회의 성장과 밀접한 관계를 가진다. 민주화 과정에서 시민사회론은 새로운 이론적 · 실천적 패러다임으로 주목받았으며, 특히 환경 · 여성 · 인권운동 등을 포괄한 시민운동에 작지 않은 영향을 미쳤다.

시민단체에 대해서는 여러 개념 규정이 있는데, 그 중 대표적인 것으로는 '사회운동을 하는 자발성을 가진 조직이며, 활동을 통해 경제적 이익을 추구하지 않는 민간결사체'(신광영, 1999)라는 개념과 '비정부 · 비정파 · 비영리 결사체로서 시민들의 자발적이고 능동적인 참여로 이루어지는 자원주의에 입각하여 회원의 직접적인 수혜와 관계없이 공익추구를 그 목적으로 하는' 단체(박상필, 1999)라는 규정이 대표적인 것이다. 이러한 정의를 살펴볼 때 시민단체 개념에는 우리사회의 역사 · 사회적 특성에 따른 사회운동적 성격과 공익을 추구하는 성격이 강하게 반영되어 있는 것으로 볼 수 있다.

이러한 한국의 시민단체의 성장은 시민사회의 발전과 긴

밀히 연관되어 있다. 우선 거시적인 맥락에서 볼 때 한국의 국가와 시민사회의 관계는 이른바 '국민투표제적 민주주의'의 성격을 강하게 드러내 왔다(최장집, 1996). 1987년 6월민주화운동은 권위주의 정치체제를 민주화할 수 있는 중대한 전환점이었고, 시민사회의 민주화 요구 앞에 권위주의적 국가권력은 굴복할 수밖에 없었으며, 이에 국가는 지배의 정당성과 통치력을 회복하기 위해 시민사회의 동의를 구하는 전략으로 선회하였다. 국가와 시민사회의 이러한 새로운 다층적 구도 형성은 우리의 정치현실에서 매우 중요하다. 시민사회의 분화와 이와 연관된 사회운동의 분화는 민주주의 이슈를 시민사회 내 다양한 영역으로 확산시키는 계기를 제공하고 민주주의의 사회적 기반을 확대해 왔기 때문이다.

그러나 6월민주화운동 이후 정치개혁에 대한 시민사회의 지속적인 요구에도 불구하고 정치민주화는 지체되어 왔다. 우리사회의 특수한 역사·사회적 조건, 지역주의적 정치행태, 그리고 민주화세력의 점진적인 약화 등이 그 주요 원인이었다. 더불어 1980년대 중·후반 한국 자본주의의 구조변화 또한 시민사회의 변동에 중대한 영향을 미쳤다. 주변부 포드주의(peripheral Fordism) 축적체제의 확립은 6월민주화운동에 따른 정치적 개방 속에서 이제까지 사회운동에서 간과되어 온 환경, 교육, 여성, 지방자치, 의료, 인권 등 새로운 이슈들에 대한 관심을 증대시켰으며, 이에 따라 이러한 이슈들을 담당하는 다양한 시민단체들이 대거 결성되었다.

2) 시민단체의 성장

우리사회에서 NGO의 역사가 그렇게 짧은 것은 아니다. 그러나 NGO의 활동이 본격화된 것은 1987년 6월민주화운동 이후라고 볼 수 있다. 민주화운동으로 열려진 시민사회의 공간에서 경제정의실천시민연합(1989), 환경운동연합(1993), 참여연대(1994), 녹색연합(1994) 등의 시민단체들이 창립되면서 시민운동이 활발히 전개되었다. 이 새로운 시민단체들은 정치개혁은 물론 경제정의, 환경, 여성, 교육, 언론, 보건, 교통, 소비자, 부정부패추방 등에 이르기까지 다양한 사회문제들을 동시다발로 이슈화하여 민주주의의 사회적 지반을 확대했다고 평가할 수 있다.

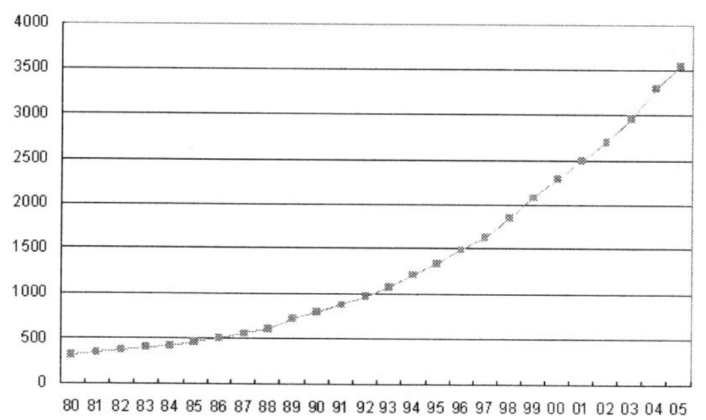

자료원: 시민의 신문, 『한국시민사회연감 2006』, 2006.

[그림 1] 한국 시민단체의 양적 성장 (단위: 개수)

먼저, 시민단체의 양적인 성장을 살펴보자. [그림 1]에서 볼 수 있듯이, 한국 시민단체들은 민주화 시기인 80년대 후반부터 매우 빠른 속도로 증가했다. 시민단체들의 설립시기를 좀 더 구체적으로 살펴보면, 1981~1990년 사이에 13.2%, 1991~2000년 사이에 42.3%, 그리고 2001년 이후에 35.4%가 설립되었음을 알 수 있다. 이 사실에서 볼 수 있듯이, 현재 활동하고 있는 주요 시민단체들의 상당수는 1990년대 이후에 창립되었다. 특히 지방에 소재한 NGO는 경북, 전북, 제주, 충북 지역을 제외하고 60% 이상이 90년대에 생겨났다(조희연, 2000). 90년대 이후 두드러진 시민단체의 양적 성장은 무엇보다도 87년 민주화운동 이후 시민사회가 국가로부터 자율적 영역으로 발전하기 시작한 것과 깊은 관련이 있다. 또한, 시민단체의 성장은 한국 시민사회 내부의 역량이 제도화되는 하나의 독특한 형태로서 나타났다고 할 수 있다. 한국 시민사회의 성숙은 시민단체의 성장에 의해 견인된 부분이 큰 것이다.

시민단체의 성장이 양적인 측면에만 국한된 것은 아니다. 정치개혁, 노동, 빈민운동 등 전통적인 사회운동 영역에서 여성, 환경, 복지, 교육, 환경, 온라인 등 점차 다양한 분야로 확산되고 있음을 알 수 있다. [표 1]은 90년대 이후 전통적인 사회운동 영역의 시민단체와 이른바 신사회운동 영역의 시민단체의 비율 추이를 나타낸 것이다. 이 표에서 볼 수 있듯이, 전통적 사회운동 영역의 단체에 대한 신사회운동 영역의 시민단체의 비중이 점차 증가하고 있고, 특히 90년대 중후반부터 그 비율이 한층 높아지고 있음을 알 수 있다.

연도	전통적 사회운동(A)	신사회운동(B)	B/A
91	356	489	1.37
92	390	553	1.42
93	428	611	1.43
94	479	696	1.45
95	520	777	1.49
96	540	865	1.60
97	589	949	1.61
98	664	1093	1.65
99	748	1222	1.63
00	818	1364	1.67
01	890	1491	1.68
02	944	1632	1.73
03	1009	1828	1.81
04	1053	2120	2.01
05	1074	2340	2.18
평균	700	1202	1.65

자료원: 시민의 신문, 『한국시민사회연감 2006』, 2006.

[표 1] 한국 시민단체의 다양화1)

이는 1980년대 중후반 한국 자본주의의 구조변화에 상당히 기인한다. 불완전한 형태이지만 대량생산과 대량소비가 유기적으로 결합된 주변부 포드주의의 확립은 경제적으로 실질임금의 상승에 따라 중간계급과 노동자계급 상층의 물질적

1) 전통적 사회운동(A)은 시민사회, 노동·농어민, 빈민 단체를 합친 숫자이고, 신사회운동(B)은 여성, 환경, 복지, 교육·학술, 문화, 온라인 단체를 합친 숫자이다.

기반을 향상시켰다. 그리고 앞서 지적했듯이 이러한 물질적 기반의 향상은 이제까지 사회운동에서 간과되어 온 환경, 여성, 교육, 지방자치, 의료, 교통, 인권 등 새로운 이슈들에 대한 시민사회의 관심을 제고시켰으며, 그 결과 이러한 이슈들을 담당하는 시민단체들이 대거 결성되었다고 볼 수 있다. 더불어, 축적체제의 구조변동과 관련하여 90년대 후반 한국경제의 위기 또한 큰 영향을 미쳤다. 1990년대 중반 고도성장이 막을 내린 시점에서 나타난 경기양극화와 유연화전략은 중간계급의 점진적인 쇠퇴를 낳았으며, 1997년 IMF 관리경제의 등장은 이러한 쇠퇴를 가속화시켰다(김호기, 1999: 246-258). 비교사회학적으로 볼 때 중간계급의 경제적 위기는 중간계급을 보수화시키는 것이 일반적인 경향이며, 한국사회의 경우 역시 비슷한 경향을 보였다고 할 수 있다. 민주화 직후 고조되었던 중간계급의 정치적 관심이 정치개혁을 주된 이슈로 내세운 시민사회단체들의 급성장으로 반영되었다면, 1997년 외환위기 이후, 특히 2000년 총선시민연대 활동 이후 나타난 시민사회단체들의 소강상태나 탈 정치화된 영역의 시민단체 활성화는 중간계급의 정치적 관심이 쇠퇴하고 있음을 보여주는 것이라고 할 수 있다.

2. 사회갈등의 분출

사회갈등은 사회학의 오랜 핵심적 주제 중 하나이다. 거시적 관점에서 사회를 조망하는 주요 사회학이론의 패러다임이라고 할 수 있는 사회기능론과 사회갈등론이 대립하게 되는 이슈 중 하나가 바로 사회갈등에 대한 시각이라고 할 수 있다(Ritzer, 2000). 1950년대 이후 상당 기간 세계 사회학계의 지배적 패러다임으로 자리잡았던 사회기능론은 사회제도와 사회적 행위들이 그 사회가 유지되는 데 필요한 기능을 하기 때문에 존재한다고 보았다. 이런 관점에서 사회갈등은 사회의 응집성을 저해하는 것인 동시에, 주어진 사회적 기능들에 이상이 생긴 것을 의미한다. 이러한 사회기능론에 반하여 등장한 사회갈등이론은 사회적 갈등이 예외적인 것이 아니라 모든 시대와 사회에 편재하는 것이라 주장했다. 이들에 따르면, 사회갈등은 사회통합을 훼손하기도 하지만 사회발전의 원동력으로 작용할 수 있다는 것이다.

이러한 사회갈등에 대한 두 주요 관점은 현재 한국의 사회갈등에 대한 태도에도 여전히 유효하게 존재하고 있다. 한편에서는 민주화 이후 급격히 증가하고 다양화된 사회적 갈등 양상을 상당히 부정적으로 보는 반면, 다른 한편에서는 이를 사회가 민주화, 다원화를 통해 발전하고 있다는 긍정적 증거로 평가한다.

하지만 중요한 것은 어느 쪽이 더 옳은가를 판단하는 것이 아니다. 그것은 바람직하지도, 가능하지도 않다. 첫째, 무엇보다 사회갈등이 보편적인 사회현상이기는 하지만, 지배적인 갈등의 유형과 양상은 시대에 따라 크게 달라지기 때문에(박재묵, 2005a: 32) 추상적 개념인 '사회갈등' 자체를 평가하는 것은 무의미하다. 다시 말해, 사회갈등은 역사적, 사회적으로 배태된(embedded) 것이라는 점에 주목해야 한다. 둘째,

사회갈등은 양면적인 것이다. 현대사회가 이익사회인 한 그 충돌은 불가피하며 따라서 갈등은 자연스러운 일이다. 하지만 동시에 갈등은 비용이 과다하게 지불될 경우 사회발전의 걸림돌이 될 수도 있다. 요컨대 갈등을 일방적으로 부정할 게 아니라 이를 어떻게 조정하고 관리할 것인가가 주요 과제인 셈이다.

해방 이후부터 현재까지 한국 현대사를 돌아볼 때 한국사회에서 사회갈등이 없었던 시기는 없었다. 해방 직후부터 시작된 이념 갈등은 분단과 한국전쟁으로 이어졌고, 이는 다시 국가적 차원에서부터 지역 간, 개인 간 사회 전 방위적인 이념 갈등으로 확대 재생산되었다. 또한 권위주의세력과 민주화변혁세력 간의 정치적 갈등이 첨예하게 진행되었고, 민주화 이후에는 그동안 억압으로 인해 잠재되어 있던 산업 갈등 즉, 기업과 노동자 사이의 갈등이 지배적 갈등으로 분출되었다. 그러나 이 시기까지의 갈등이 앞에서 언급했던 전통적 사회운동 영역 내의 이슈들이었다면, 민주화 이후에는 그동안 주변화 되어 있었던 '새로운' 욕구, 가치, 이념이 활발하게 표출되었다고 볼 수 있다(박재묵, 2005a: 33). 여성, 환경, 소수자, 문화, 복지 등 새로운 쟁점을 중심으로 한 시민단체들의 숫자와 활동이 비약적으로 증가하면서 사회갈등의 균열도 다차원적으로 확대되기 시작한 것이다.

그러나 이것이 한국 사회의 갈등이 서구의 전례처럼 신사회운동의 등장으로 설명할 수 있음을 뜻하지는 않는다. 사회갈등을 크게 '이익 갈등'과 '가치관 갈등'으로 양분할 때, 이익 갈등이 경제적 이익을 둘러싼 이른바 '생계형 갈등'이라면, 가치관 갈등은 서로 다른 생각과 생활방식이 충돌하는 갈등이라고 볼 수 있다. 노사·빈부·지역(도시화) 갈등이 전자를 대변한다면, 개발·성평등·세대 갈등은 후자를 대표한다. 한편 이념과 학벌사회를 둘러싼 갈등은 두 가지가 모두 얽혀 있는, 우리사회에서 유독 두드러진 '복합형 갈등'이라고 할 수 있다. 주목할 것은 서구의 경우 이익 갈등에서 가치관 갈등으로 그 중심이 변화되어 온 반면에 우리사회에서는 두 갈등이 거의 동시적으로 분출하는 '압축 갈등'으로 나타난다는 점이다. 게다가 갈등 해결은 이익조정을 위한 물질적 지반의 확충을 요구하는데, 우리의 경우에는 그 지반이 여전히 취약하다는 점이 갈등을 더욱 부추기고 있다. 요컨대, 한국사회의 사회적 현안은 가치관 대립과 이해관계 대립, 정부-시민사회 간 갈등과 사회집단 간 갈등 등 다양한 갈등 요인들의 복합적이고 중첩적인 발생에 그 특징이 있다.

주목할 것은 실질적 이해관계를 둘러싼 갈등요인이 쟁점화 되지 못하고 잠복해 있어서 문제를 더욱 악화시키는 경우도 발생하고 있다는 점이다. 특히, 최근 전개되고 있는 사회갈등의 상당수는 과거정부의 유산으로서, 오랜 시간 끌어온 갈등 양상을 보이고 있다. 사패산 터널(2001.7 결정), 고속철도 금정산구간(2002.2 착공), 새만금사업(1991 착공), NEIS (2002.11 개통), 원전수거물폐기장(1990 안면도, 1994 굴업도) 등의 사례가 이에 해당한다. 이러한 한국사회 갈등의 독특한 특징은 이러한 사회갈등을 단순히 긍정하거나 부정하는 것이

아니라 그 역사적, 사회적 기원과 요인을 세심하게 고려함으로써 조정, 관리되어야 함을 보여준다.2)

III. 거버넌스에 대한 이론적 토론

1. 거버넌스(governance)의 개념

탈냉전, 세계화, 정보화, 민주화란 시대적 메가트랜드 속에서 국내외 정치·경제질서 전반의 재조정이라는 의미를 담아내기 위해 원용되는 대표적인 개념이 거버넌스이다. 거버넌스의 개념은 학문적 차원에서나 정치 및 정책적 차원에서 완전히 합의된 개념은 아니다.3) 이는 거버넌스란 말이 새로 만들어진 신조어가 아니라 정부와 통치 영역에서 오랫동안

2) 앞에서 언급한 사회기능론과 사회갈등이론을 생산적으로 접목한 이론이 코저의 '갈등기능론'이다. 갈등기능론은 사회갈등이 사회적 관계와 사회구조의 유지 및 적응에 도움을 줄 수 있는 다양한 조건들을 제시함으로써 사회갈등이 사회 해체적 역기능뿐만 아니라 순기능을 가질 수 있음을 제시했다. 특히, 집단들 사이의 갈등이 발생하는 사회구조가 덜 경직적이고 갈등이 더 자주 발생하며 그 강도가 약할수록 그 갈등은 사회의 적응성과 통합을 증대시키는 방향으로 체제가 발전할 수 있게 해 준다고 주장했다(Turner, 1978: 211). 그러나 한국의 사회갈등은 이러한 갈등기능론의 가정과 주장이 모두 어긋나는 양상으로 나타나고 있다. 한국사회의 갈등은, 첫째 갈등의 발생빈도가 과거에 비해서 매우 높아졌고, 둘째 갈등이 장기화되는 경향이 강하며, 셋째 특히 국가가 갈등의 중심에 개입되어 있는 공공갈등(public dispute)이 지배적으로 나타난다는 특징을 가진다(박재묵, 2005a). 사회갈등이 잘 분출될 수 있는 환경이 조성됨을 통해 갈등의 성격이 연성화될 때 그 갈등들이 발전적인 역할을 할 수 있다는 갈등기능론의 예상과는 달리, 한국에서는 민주화 이후 갈등이 자유롭게 표출될 수 있는 여건이 형성되었음에도 불구하고 그것이 연성화되지 못하고 오히려 오랫동안 지속되고 있는 것이다. 특히, 갈등 해소의 핵심적 역할을 맡아야하는 정부가 오히려 갈등지속의 요인의 중심에 있다는 점은 최근 한국사회의 갈등이 상당히 소모적이고 부정적인 효과를 내고 있다는 점을 보여준다.

3) 거버넌스에 관한 일반적인 논의에 대해서는 Rosenau, 1995; OECD, 2001을 볼 것.

사용되어 왔으며, 최근에 와서 세계적인 정부개혁 추세와 더불어 '신공공관리' 차원의 새로운 시대적 의미를 담기 시작하면서 새로운 의미를 담게 되었다는 데 기인한다(주성수, 2003: 72). 그러나 거버넌스의 의미가 단순히 '신공공관리'의 의미에 국한되지는 않는다. 최근 거버넌스는 각 관련 학문의 영역마다 유사하지만 다양한 정의로 개념화되고 있기 때문이다.

거버넌스에 대한 개념화 작업을 한 김석준(2000)에 의하면 일반적으로 거버넌스는 광의와 협의 차원에서 각각 정의될 수 있다. 광의의 거버넌스란 개인, 공적, 사적 조직이 공통의 사안을 관리하는 양식의 총체(mode of governing)를 의미한다. 즉, 집단적 행위를 지도, 규율하는 과정과 제도를 통칭하며 따라서 '유형화'된 사회, 정치적 상호작용을 의미한다. 한편, 협의의 거버넌스는 권위에 근거한 구속의 체계로서 타 행위자의 순응을 얻어내는 권위적 관계를 의미한다. 여기서 권위의 집중과 분산에 따라 계층(hierarchy)형 거버넌스와 시장(market)형 거버넌스로 나눌 수 있다(김석준, 2000: 43; Jessop, 1999). 그러나 최근에 사용되는 거버넌스는 이상과 같이 권위의 체계라는 일반적이고 메타(meta)적인 의미를 가지기보다는, 일종의 고유명사적 현상으로서 기존의 관리양식을 넘어서 탈집중적, 분산적, 수평적, 협력적 관리양식의 출현을 가리킨다. 즉, 사회적 조정양식으로서의 계층제나 시장제와는 모두 구별되는 제3의 양식으로서 거버넌스가 논의된다는 것이다. '협치(協治)' 혹은 '公治'(공치)라고 번역되어질 때의 의미가 바로 이것이다. 이 글에서는 이런 제3의 의미를 사용하고자 한다.

2. 거버넌스 개념의 등장 배경

거버넌스의 개념은 국가 중심의 통치능력은 약화되고 사회의 통치 요구는 높아지는 상황에서 기존의 국민국가 중심의 통치체계의 대안적 인식의 틀로 자리잡기 시작하였다. 이를 고려할 때 거버넌스의 개념은 20세기 말 등장한 세계화, 정보화, 민주화란 외적 환경 변화에 대한 국가의 대응을 의미한다고 할 수 있다. 다르게 말하면, 사회체계의 협조적 조정과 그 과정에서의 국가의 역할에 대한 새로운 개념적, 이론적 표현이라고 볼 수 있을 것이다. 한국의 사회변동의 관점에서 거버넌스의 등장배경을 좀 더 구체적으로 살펴보자.

먼저 민주화는 권위주의적 국가의 강압적 리더십이 민주적 리더십으로 변화하도록 만들고, 그동안 억압되어 있던 시민사회의 요구들이 분출하게 만듦으로써 새로운 통치방식으로서 거버넌스가 요청되도록 만든 구조적 원인이라고 할 수 있다. 민주화 이후 한국사회는 빠른 속도로 다원화되어 왔으며, 이는 기존에는 존재하지 않았던 다양한 사회적 갈등들을 표출하게 했다. 이렇게 다원화된 갈등적 이슈들을 정부가 독점하는 정책결정 구조로 풀어내는 것은 더 이상 불가능해졌으며, 해당 이슈들에 직·간접적으로 관련되어 있는 시민사회의 이해 당사자들이 적극적으로 의사결정과정에 참여하여 해법을 찾을 수 있는 제도적 장치가 요구되었다.

세계화 역시 더 이상 일국적 차원에서 해소할 수 없는 전지구적 문제들을 제기함으로써 거버넌스가 등장하는 배경으로 작용하고 있다. 환경, 이주, 통상, 금융 등의 이슈들은 지역적, 지구적 차원의 공동적 대응을 요구한다. 이는 국가 간 협력만큼이나 세계적 차원의 비정부기구들의 연대 및 국가와 시민사회의 연대를 중요하게 만들고 있다.

한편, 정보사회의 도래는 이전에는 가능하지 않았던 다양한 방식의 의사소통 및 정책결정 메커니즘을 기술적으로 가능하게 해 줌으로써 이전에는 현실적으로 어려웠던 새로운 통치방식으로서의 거버넌스가 실현될 수 있는 조건을 제공했다. 사이버 공론장, 전자민주주의 등은 다양한 사회적 가능성과 잠재력이 구체적으로 실현될 수 있는 현실적인 사회적 하부구조를 제공해 주고 있다.

이런 민주화, 세계화, 정보화라는 사회변동은 거버넌스 도입의 구조적 조건을 마련한 요인들이라고 볼 수 있다. 그러나 거버넌스의 의미가 다양하고, 그 스펙트럼 역시 매우 폭넓다는 점을 고려할 때, 그리고 참여 주체 역시 국가 중심에서 국가를 포함한 시민사회와 시장의 다양한 행위자를 포함하는 형태로 다원화됨을 고려할 때, 각각의 사회변동요인들이 강조하는 거버넌스의 지향성은 다소 다를 수 있음을 주목할 필요가 있다. 거버넌스를 국가-시장-시민사회의 3분 구도의 관점에서 분류한 김석준에 따르면, 거버넌스는 각각 국가 중심적 거버넌스, 시장 중심적 거버넌스, 시민사회 중심적 거버넌스로 나눌 수 있다(김석준, 2002). 국가 중심적 거버넌스가 행정체계의 관점에서 여전히 중재자이자 공공행정의 주체로서의 국가를 강조하고 있다면, 시민사회적 거버넌스는 시민사회의 다원화된 욕구의 분출과 참여의 욕구 그리고 공동체적 기반에 초점을 두며, 시장 중심적 거버넌스는 최소주의 국가론, 시장주의의 강조 등을 통해 탈규제화된 시장의 영향력을 중요하게 여긴다. 이런 관점에서 볼 때, 한국사회에 있어서 민주화는 시민사회 중심적 거버넌스의 모델을 촉구한 반면, 세계화는 시장 중심적 거버넌스에 친화적인 조건으로 작용했다고 볼 수 있다. 정보화는 그 영향력을 특정 영역에 제한하기 어렵지만, 새로운 시민사회 공동체의 기반을 제공했다는 점에서 시민사회적 거버넌스 모델에, 국가 관리 및 행정 체계에 기술적 혁신을 가져왔다는 점에서 국가 중심적 거버넌스 모델에 큰 영향을 미쳤다고 볼 수 있다. 중요한 것은 거버넌스의 제도화는 이러한 다양한 대안적 모델들의 경합이라는 점이다.

본 연구는 그 중에서도 국가와 시민사회의 관계에 초점을 맞추어 거버넌스를 논하고자 한다. 그것은 현재 한국의 사회갈등 현실이 국가와 시민사회, 정부와 시민단체 사이의 관계 재정립을 통한 거버넌스의 제도화가 필요함을 보여주고 있기 때문이다.

3. 참여민주주의의 한 형태로서의 거버넌스

거버넌스가 주목받는 또 다른 이유는 그것이 기존 대의민주주의의 한계를 극복하고 참여민주주의를 실현시킬 수 있는 현실적인 제도적 대안으로서 의미가 있기 때문이다. 민주주의이론에서 볼 때 거버넌스는 정책결정과정을 선거를 통해 선출된 국회나 정부에 전적으로 위임하는 대의민주주의를 넘어서 시민사회 구성원들이 직접적으로 개입하고 참여할 수 있는 참여민주주의의 원칙을 어떻게, 어느 정도 도입할 수 있는가에 대한 고민을 포함하는 것이라고 할 수 있다.

기존 공식적인 정부의 의사결정과정은 거의 전적으로 선거에 의해 대표성을 획득한 정치인들과 관료들에 의해 독점되어 왔다. 이러한 대의민주주의적 원칙은 모든 국민들의 뜻을 직접 반영하는 것이 실질적으로 불가능한 상황에서 가장 현실적이고 효율적인 대안으로 받아들여졌다. 일반적으로 대의민주주의의 특징은 크게 두 가지로 정리할 수 있다. 첫째, 보비오가 지적하였듯이 시민들 자신은 자신들의 특수한 이해관계에서 자유롭지 못하고 그것에 집착할 수밖에 없는 측면이 강하지만, 대의민주주의 아래 시민들에 의해서 선출된 대표들에게는 보다 바람직한 공공적 이해관계를 추구할 수 있는 판단력을 기대할 수 있다(Bobbio, 1990). 둘째, 이러한 대의민주주의의 가능성은 특정한 사회세력이나 정치인이 아닌 형식적 제도에 의해서 유지가 된다. 최소개념으로 민주주의를 파악한 쉐보르스키의 '불확실성의 제도화'로서의 민주주의 개념은 대의민주주의의 이러한 형식적 측면을 잘 나타내준다(Przeworski, 1991). 이상 두 가지 대의민주주의의 특징으로부터 우리는 잘 만들어진 대의민주주의는 보다 안정적이고 공익을 담보해 줄 수 있을 것이라는 결론을 도출할 수 있다.

그러나 대의민주주의는 또 다른 한계를 노정하기도 한다. 먼저, 공공적 차원에서 사적인 이해를 적절히 조화시키고 특정한 이해관계로부터 보다 자유로울 수 있을 것이라 보이는 선출된 정치엘리트들과 관료들이 사회 제 세력들의 압력과 로비로부터 완전히 자유로울 수 있다는 확신을 할 수 없다. 또한 그들 자체가 독자적이고 자율적인 이익을 가진 행위자로 나타나게 된다는 점을 간과할 수 없다. 형식적으로는 대의민주주의를 갖추고 있으면서도 실제적으로는 권위주의적 성격을 가진 체제들이 존재한다는 점에 주목해야 한다. 한편, 형식적 차원에서 잘 만들어진 대의민주주의 제도가 실질적 차원에서 일반 시민들의 민주적 권리, 사회적 권리까지 보장하지 않는다는 점 또한 주목해야 한다. 실질적 민주주의를 성취하기 위해서는 대의민주주의를 넘어선 별개의 제도적, 문화적 장치가 필요한 것이다. 따라서 대의민주주의를 기본으로 하되 이에 그치지 않고 실질적 차원에서 시민들의 참여를 이끌어낼 수 있는 사회적, 문화적 지반을 조성하고, 그들의 의사가 정책결정과정에 반영되도록 보장해 줄 수 있는 장치로서 참여민주주의의 제도화가 보완적으로 이루어져야 한다. 이런 차원에서 거버넌스는 단순히 국가 통치나 행정상의 효율성 제고 측면에서 뿐만이 아니라 민주주의적 차원에서도 의미를 가질 수 있다.

4. 거버넌스의 특징

하나의 관리양식으로서 거버넌스의 특징을 살펴보면 다음

과 같이 정리할 수 있다. 첫째, 위계(hierarchy)와 시장(market)의 이분법을 극복한 혼합통치(heterarchy)로서 네트워크(network)의 제도화된 양식이라고 할 수 있다. 둘째, 이는 다(多) 대 다(多)의 확산된 사회적 상징작용의 형태이다. 셋째, 이런 점에서 거버넌스는 정책 네트워크(policy network) 틀 안에서 작동된다. 끝으로 결국 거버넌스는 공/사, 행위자/집단 간의 수평적이고 협력적인 상호작용이라는 특징을 가진다(김석준, 2000; 오수길, 2006).

이 중에서 가장 중요한 특성은 거버넌스가 행위주체 간의 상호의존적 관계에 기반을 한다는 점이다. 일방적인 명령체계가 아니기 위해서는 조직 간 자발적 네트워크로서 상호의존성이 존재해야 하기 때문이다. 이를 위해서는 네트워크를 구성하는 행위주체들 사이에 공유된 목적이 있고, 이를 달성하기 위해 타협하고 자원을 상호 교환하는 것이 중심이 되는 지속적인 상호관계가 존재해야 한다. 이러한 상호 교류는 네트워크에 연루되어 있는 행위 주체들이 동의한 게임의 규칙에 의해 통제되고 신뢰에 근거하여 이루어진다(김석준, 2000: 128~133). 결국 이러한 네트워크는 국가로부터 높은 수준의 자율성을 확보하게 된다. 국가는 여러 행위자 중 하나일 뿐인 것이다.

그렇다면, 기존의 전통적 통치체계에서 절대적인 역할을 했던 국가 혹은 정부의 역할은 거버넌스 시대에서 어떻게 변화하는가? 정부가 그 절대적 위치를 차지할 수 없다는 점은 더 이상 정부가 거버넌스에 있어서 중요하지 않다는 것을 의미하는 것인가? 전혀 그렇지 않다. 시민사회단체와 사기업행위자의 참여 등 보다 참여적 형태의 거버넌스를 만들어 내는 것이 정부의 힘이 실제로 약화된다는 것을 의미하지는 않는다. 그보다는 국가와 사회가 거버넌스를 창조하는 과정에서 함께 유대관계를 갖는다는 것을 의미하며 국가는 실제로 사회와의 상호작용을 통해 오히려 강화될 수도 있다. 국가는 정책에 대한 기존의 통제능력을 포기해야 할지도 모르는 반면 반대편에 설 수도 있는 사회의 이해관계를 실질적으로 흡수함으로써 집행단계에서 실질적인 통제력을 얻을 수 있기 때문이다. 궁극적으로는 국가의 한계를 더 잘 이해하고 이러한 상황에서 효과적으로 작동하는 정부를 창조하는 것이 필요하다. 국가의 역할은 특정한 프로젝트의 수행을 위해 다양한 행위자를 모아 네트워크를 구성하는 촉매 혹은 관문(gateway)이 되는 일, 즉 프로젝트 네트워크를 구성하고 관리하는 것으로 전환되는 것이다. 이 과정에서 국가는 그 역할이 변화되는 반면, 적극적 중재자로서의 중요성은 오히려 매우 크다고 할 수 있다.

IV. 외국 사례 검토

사회에서 갈등이 일어났을 때 가장 극단적인 갈등해소 양상은, 비합법적인 경우는 폭력사태로 귀결되는 것이거나, 합법적 테두리 안에서는 법적 소송으로 해결되는 것이다.

그러나 이는 사회적 갈등이 생산적인 방향으로 해소되는 해법과는 거리가 멀며, 향후 한국의 시민사회와 국가가 지향해야 할 바와는 거리가 멀다. 따라서 외국에서 활발하게 시험되고 상당히 제도적으로 정착된 이른바 '대안적 분쟁해결 방식'(ADR; Alternative Dispute Resolution)이라고 알려진 제도에 대해서 살펴볼 필요가 있다. 한국에서도 이러한 제도를 받아들여 나름대로 적용하려고 한 노력들(예: 환경분쟁조정위원회, 중앙노동위원회 등)이 없었던 것은 아니었지만, 아직 사회적 갈등과 공공분쟁을 해결하기 위한 근본적 대안이라고 하기에는 부족한 점이 많다. 따라서 여기서는 좀 더 성숙한 사회적 갈등 해소의 모델로서 선진국들의 분쟁해결제도들을 살펴보고자 한다.

1. 미국

미국의 갈등해소를 위한 제도적 장치로는 크게 제3자가 개입하여 분쟁을 조정하고 해소할 수 있도록 하는 ADR과 분쟁 당사자들이 해결하는 협상(negotiation)이 있다(김선혜, 2005: 397). 두 방법 모두 빈번하게 사용되는데, 협상이 원활하게 이루어지지 않을 경우 제3자가 개입, 중재(arbitration)하는 ADR이 적용된다. ADR은 단순히 권고를 하는데 그치지 않고 실질적인 법적 명령 효력을 가지기 때문에, 이는 당사자 간의 협상과정에도 긍정적인 영향을 미친다.

무엇보다도 미국 갈등관리제도의 장점은 그것이 1970년대 사회적 갈등이 고조되었던 시기에 시민사회와 정부 간의 축적된 경험과 동의에 의해서 민·관의 협력에 의해서 성립되고 발전해 왔다는 것에 있다. 법원의 중재명령 대신에 이른바 ADR 운동(ADR movement)이 1970년대 중반부터 시민사회에서 강하게 일어났고, 이에 부응한 입법이 이루어지면서 사회적 갈등이 신속하고 공정하게, 그리고 효율적으로 처리될 수 있는 기반이 이루어졌다. 주마다 법률이 다르기 때문에 약간의 정도 차이는 있지만, 대부분의 주가 현재 ADR제도의 실질적 효력을 인정하고 있다. 이는 1970년대 겪었던 미국의 극심한 사회갈등이 그냥 소모적인 결과만을 가져온 것이 아니라 그러한 갈등을 봉합할 수 있는 거버넌스제도에 대한 사회적 기반을 제공해 준 것이라는 점에서 현재 한국의 현실에도 작지 않은 함의를 제공해 준다고 볼 수 있겠다.

2. 일본

일본의 경우 한국의 경우와 상당히 비슷한 상황에 있다는 점에서 매우 주목할 만한 사례라고 할 수 있다. 행정분쟁 해결에 대한 제도 자체도 한국과 유사하며(김선혜, 2005: 401), 사회갈등의 효율적 해소방안으로 ADR이 논의되고 제도화되는 과정 및 사회·정치적 조건도 비슷한 편이다. 그동안 일본의 ADR의 특징은 첫째, ADR을 담당하는 기관이 많이 설치되어 있었음에도 불구하고 그 활용도와 실적이 매우 저조했다는 점, 둘째, 이를 해결하기 위하여 시민사회보다 국가가 적극적으로 ADR의 제도화 및 활성화에 나섰다는 점이다(최건호, 2006). 그 결과 그동안 하나의 대안으로서만 인식되고 실질적인 법적 기반은 없었던 ADR이 2004년 법제화되었고, 2007년 4월부터 시행될 예정이다.

정부가 주도적으로 ADR의 활성화를 추진하였지만, 시민사회 내에서 이에 대한 인식이 저조했고, ADR을 효율적으로 활용할 정보 채널이나 제도적 편리성이 부족했으며, 무엇보다 정부 주도적 사업이라는 점(최건호, 2006)에서 시민사회와의 신뢰구축 과정이 충분하지 못했던 것이 초기 일본 ADR 제도의 활성화 실패의 원인이었다고 할 수 있다. 이는 한국 역시 정부가 사회적 갈등을 해소하기 위해 다양한 제도적 장치를 설치하려고 함에도 불구하고 여전히 갈등 수준이 높은 이유와도 상당히 통하는 측면이 있다. 그러나 일본의 경우 정부가 시민사회의 세력들을 끌어들이기 위해 'ADR검토회'를 설치하는 등 지속적인 노력을 계속하였고, 결국 법적 기반을 마련함으로써 하나의 사회갈등 관리제도를 구축하는 데 기초를 마련할 수 있게 되었다. 한국정부 역시 사회갈등 구도에서 제도설치를 통한 정당성 구축에만 머무는 것이 아니라 실효성 있는 대안적 제도를 만들기 위해 시민사회와 지속적인 노력을 하는 것이 필요하다.

3. 독일

독일의 경우 최근 다양한 대안적 ADR제도들을 발달시킨 좋은 예이다. 그 중에서 우리가 주목해야 할 것은 공공사업 관련 갈등을 관리하기 위해 제정된 제도로, 토지관련 법 등에서 계획을 세울 때부터 예상되는 다양한 사회적 이해관계들을 조정하는 과정을 의무적으로 규정하고 있는 제도이다(류승훈, 2003). 이에 의하면 정부가 이 의무를 제대로 이행하지 못할 경우 그 계획 자체가 취소되어버릴 수 있다. 즉, 국가의 의무가 국가의 개발에만 있는 것이 아니라 그로부터 발생될 수 있는 모든 사회적 갈등까지 책임져야 하는 것으로 확대되어 있는 것이다. 이 책임이 온전히 이루어지지 못해 사회적 갈등이 일어날 경우 그런 갈등의 최대 책임자는 계획 입안자인 정부가 되며, 이는 곧 사업 자체의 취소로 이어진다는 점에서 이러한 법제화는 매우 효과적인 대안으로 자리 잡고 있다. 또한 이런 제도는 국가사업의 기획 단계부터 시민사회의 참여를 전제로 하는 것이기 때문에, 사회적 갈등의 해소기제로서의 거버넌스를 넘어서 좀 더 적극적 차원에서 참여민주주의를 실현시킬 수 있는 기제로서의 거버넌스를 실현시키는 데 기초를 제공해 준다고 할 수 있다. 산업화 과정에서 이른바 '개발국가'라고 불릴 정도로 국토개발 및 경제 발전에 주도적이었던 한국의 국가가 이제는 민주화 및 세계화 과정에서 그 역할의 변화가 요구되고 있다는 점을 고려한다면, 이러한 독일의 사회갈등 관리제도는 매우 큰 함의를 제공한다고 할 수 있겠다.

V. 거버넌스 구축을 위한 과제

1. 참여정부와 거버넌스

사회갈등 해소를 위한 바람직한 거버넌스를 구축하기 위해서는 먼저 그동안 이루어져 온 거버넌스의 현황을 살펴볼 필요가 있다. 주지하듯이 참여정부는 집권과 더불어 사회 모든 분야에서 분권과 자율, 대화와 타협을 국정원칙으로 제시한 바 있다. 정부는 일방적이고 권위주의적인 조정에서 탈피하여 정부-시민사회 간의 견제와 협력 관계 구축을 표방하고, 시민사회의 참여와 협력을 강조해 왔다.

돌아보면 기존 국가 주도의 획일적이고 일방적인 정책추진과정에서 시민들의 정책참여 경험은 거의 없었다. 이해당사자들이 갈등적 사안들을 협상에 기초해 해결하는 전통과 노하우의 축적은 부족했으며, 정부와 시민사회 사이에 신뢰관계 형성의 역사적 경험이 결여되어 있었다. 이런 상황은 우리 사회에서 거버넌스가 뿌리내리는 데 불리한 여건을 이루어 왔다.

하지만 거버넌스를 요청하는 새로운 흐름 또한 형성되어 왔다. 참여민주주의를 활성화하는 의사결정방식으로 거버넌스를 강조하는 국제사회의 새로운 흐름은 물론, 국민들의 삶의 질에 대한 관심과 정책참여에 대한 욕구의 증대, 시민단체를 비롯한 민간부문의 빠른 성장, 지방자치제도 실시와 같은 정책 환경의 변화 등은 짧은 시간에 거버넌스를 중요한 국정운영원리로 부상하게 만들어 왔다.

이런 상황에 대응하여 참여정부는 사회갈등의 권위적 조정이라는 낡은 모델에서 탈피하여, 사회적 합의와 시스템에 의한 갈등조정의 제도화를 모색하고 추진했다. 비공식적 채널 및 정치적 고려에 입각해 결정을 내리는 기존의 갈등조정 방식은 때로는 신속하고 조용한 문제해결에 기여할 수도 있지만, 갈등은 봉합되고 잠재될 뿐 근원적인 사회갈등 해소로 이어지지 않는다는 약점을 갖는다. 거버넌스 구축이 중요한 것도 바로 이런 맥락이다.

참여정부가 추진한 거버넌스의 특징은 국정과제위원회 및 정부위원회를 통한 시민사회와의 정책조정 및 시민사회와의 협력네트워크를 모색해 왔다는 점에 있다(시민사회발전위원회, 2004: 164; 한국행정학회, 2003: 27). 국정과제위원회의 역할이 증대됨에 따라, 중요정책이 부처에 의해 일방적으로 결정되지 않고 시민사회와 전문가 의견이 반영되는 국정운영 시스템이 부분적으로 마련되어 왔다. 새로운 거버넌스는 시민사회를 중심으로 한 자발적 부문의 다양한 주체들이 협력의 중요한 파트너로 참여하며, 공동의 과제를 해결하는 과정에서 협력의 규칙 및 제도의 변화를 통해 문제를 해결하고자 하는 것이라 할 수 있다.[4)]

4) 그동안 이루어진 참여정부의 거버넌스에 대해서는 성취와 한계가 동시에 존재한다. 한편에서는 경주 방폐장 선정에서 볼 수 있듯이 주민투표를 통해 새로운 거버넌스를 이룬 사례가 있는 반면에, 다른 한편에서는 한탄강 댐에서 볼 수 있듯이 그동안 지불한 사회적 비용을 고려할 때 결과가 불만족스러운 사례도 존재한다. 중요한 것은 사회갈등 해소가 짧은 시간 안에 이루어지지 않는다는 점이다. 합리적 선택 못지않게 중요한 것은 역사적 학습이며, 우리사회는 이제 이 역사적 학습을 익히기 시작했다고 볼 수 있다.

2. 거버넌스 구축을 위한 다섯 가지 과제

거버넌스 구축에서 중요한 것은 그 주체가 정부를 포함해 어느 하나로 귀속될 수 있는 것이 아니기 때문에 정부와 시민사회의 이중적 내지 다중적 관점이 요구된다는 점이다. 예를 들어 논란을 이루어 온 천성산 터널 공사의 경우 정부의 관점에서는 환경단체의 비타협성이 문제의 핵심인 반면에 시민사회의 관점에서는 환경에 대한 정부의 성장주의적 인식이 문제의 핵심인 것으로 볼 수 있다.

우리 사회 현실을 진단해 볼 때 정부와 시민사회 사이에는 여전히 거리가 존재한다. 먼저, 정부의 시각에서 본 시민단체의 모습은 사회적 책임을 함께 나누려는 공공적 관점이 아닌 개별 관심과 이해관계에 치중하는 이익집단으로 비추어지는 것으로 보인다. 이 시각에 따르면 사회집단의 이익집단화 추세는 공익을 위한 상생의 전략이 아닌 제로섬 전략을 추구함으로써 사회갈등을 오히려 증폭시키고 있다. 결국 대화와 타협의 문화가 없는 시민사회의 미성숙이 사회갈등의 핵심 문제라는 인식이다. 반면에 시민단체의 시각에서 본 정부의 모습은 여전히 독단적 정책결정 관행, 합리적 정책결정이 아닌 정치적 논리에 의한 결정, 일관성 없는 국정운영 등 신뢰하기 어려운 존재로 비추어지는 것으로 보인다(이시재, 2002). 결국 정부의 정책 패러다임 변화 실패가 사회갈등의 근본적 원인이라는 인식이다.

문제는 정부와 시민사회가 갖고 있는 이런 시각들이 유지되는 한 거버넌스를 구축하기가 요원하다는 점이다. 서로에 대한 신뢰가 부족한 상황에서는 타협을 모색하기 어려울 뿐 아니라, 설령 타협이 이루어진다 하더라도 그것이 지속성을 갖기 어렵기 때문이다. 이런 상황을 고려할 때 거버넌스를 구축하기 위해서는 다음과 같은 다섯 가지 과제가 적극적으로 추진되어야 한다.

1) 예방적 갈등관리시스템 구축

이제까지 사회갈등은 사후적인 대처를 중심으로 전개되어 왔기 때문에 작지 않은 시간과 노력 등의 사회적 비용을 치러야 했다. 따라서 정책 입안 및 집행에 앞서서 시민사회와의 적극적인 의사소통을 중심으로 한 예방적 정책 방향을 모색할 필요가 있다. 오늘날 대다수 갈등 이슈들은 복잡하고, 특히 가치관을 둘러싼 갈등의 경우 그 양상이 파국적으로 흐를 가능성도 배제할 수 없다는 점에서, 사후적 대처가 아니라 충돌하는 가치관 및 정책방향 간의 사전 조율이 매우 중요하다.

사회갈등의 사전 조율을 위해서는, 먼저 정부-민간전문가-시민단체 간의 정책네트워크를 구축하고, 이를 통해 시민단체를 포함한 시민사회의 적극적인 참여와 의제형성을 반영할 수 있는 논의구조를 마련해야 한다. 더불어, 정책 가이드라인의 제시, 갈등영향평가제도의 도입 등을 통해 기존 정부의 일방적인 정책 기획 및 추진에 대한 견제가 이루어져야 한다(이영희, 2004: 12; 박재묵, 2005b). 예방적 갈등관리 시스템이 구축되고 이에 기반 해 일관성 있는 정책추진방향이 제시된다면, 거버넌스는 더욱 활성화될 것이다.

2) 갈등조정기구에의 실질적 권한 부여

다수의 이해당사자가 관련된 복잡한 갈등을 해결하기 위해서 무엇보다 중요한 것의 하나는 권한 있는 조정자의 역할이다. 이와 연관해 우리 사회에서 주목할 것은 노사정위원회와 같은 사회적 대화 기구와 지속가능발전위원회와 같은 국정과제위원회의 역할인데, 이 기구들은 갈등당사자 간 대립적인 입장을 중재하고 합의할 수 있는 합리적인 조정시스템을 개발하고 이를 위한 법적·제도적 장치를 마련할 수 있다. 그리고 이들에게 실질적 권한을 부여함으로써 시민사회와 정부, 그리고 정부 내 다양한 입장과 이해관계의 통합·조정 기능을 수행하게 해야 한다.

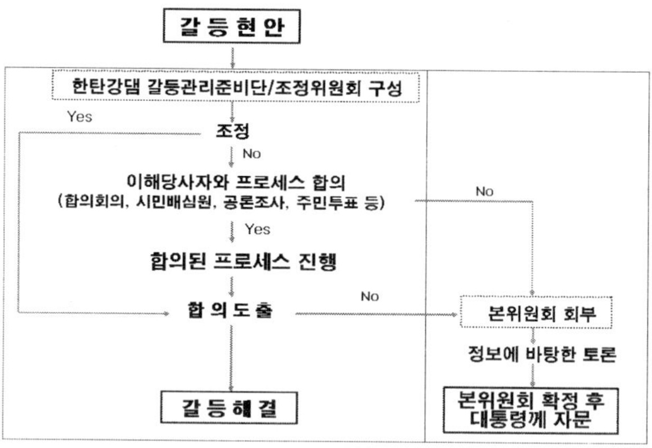

자료원: 대통령자문지속가능위원회 홈페이지(www.pcsd.go.kr)

[그림 2] 한탄강댐 갈등관리프로세스 디자인

나아가 이 기구들은 갈등유형 및 성격에 맞는 '문제해결 프로세스'를 구축해야 한다. 이와 연관해서 주목할 것이 한탄강댐 갈등관리 프로세스 디자인이다. 갈등 현안에 대해 조정위원회를 구성하고 조정에 성공할 경우와 실패할 경우를 나누어 합의를 도출하게끔 했다. 다시 말하자면, 복잡한 갈등사안의 효과적 해결을 위해서는 전문가로 하여금 정교한 문제해결프로세스를 설계하고 이에 따라 생산적인 방향으로 논의를 진행하도록 운영과정을 유도하는 것이 바람직하다(지속가능위원회, 2004: 216). 또한 이 기구들은 정책평가시스템을 통해 기존 정책기획 및 추진방식에 대한 검토 작업을 수행하고, 향후 갈등조정 과정에서 이를 적극적으로 반영할 필요가 있다.

3) 사회적 합의형성제도 마련

앞서 지적했듯이 바람직한 갈등해결과정은 사회가 더 나은 문제해결 역량을 만들어가는 과정이어야 한다. 이 점에서 갈등해결 자체 못지않게 어떻게 갈등을 해결하고 어떻게 합의를 형성할 것인가가 중요하며, 이를 위해서는 사회적 합의형성제도를 마련할 필요가 있다. 이런 시민참여와 합의형성의 적극적인 제도화는 단순한 갈등해소의 차원이 아니라, 아래로부터의 여론의 반영을 제도적으로 보장하고 반영함으로써 새로운 가치, 주체, 상호작용이 정책과정에 포함되는 계기를 부여할 수 있다. 시민참여와 합의형성의 제도화를 위해 무엇보다 중요한 것은 이해당사자들의 폭넓고 개방적인 참여가 보장되어야 하고, 참가자들이 실질적 권한과 책임을 공유해야 한다는 점이다.

우리 사회에서 사회갈등이 쉽게 해소되지 않는 원인 중 하나는 갈등 발생 시 형성된 찬반구도가 계속 유지된다는 데 있다. 찬성과 반대의 두 가지 안 가운데 하나를 보완하려는 것으로는 문제 해결에 도달하기 어렵기 때문에 찬반구도를 넘어설 수 있는 혁신적인 타협안을 제시할 필요가 있다. 이를 위해서는 찬반 입장에 따른 위원 선정이나 찬반동수의 위원회 구성, 하나의 안에 대한 찬반 입장의 개진 및 확인 작업이 아니라, 현실적인 대안에 대한 토론을 통해 서로 간의 활발한 상호작용 과정이 진행되고 이를 기반으로 대안적 타협이 가능해야 한다. 구체적으로 시민합의회의, 시나리오 워크샵, 공론조사, 시민배심원 등 시민참여적 합의형성의 절차와 기법을 다양하게 활용해 민주적 공론형성과 사회적 합의 창출 방법을 강구할 필요가 있다(이영희, 2004: 14-21). 이런 사회적 합의형성은 단기적으로 사회적 비용을 더 지불하게 할 지 몰라도 장기적으로는 효율적이며, 무엇보다 참여민주주의의 확장을 의미하는 것이기도 하다.

4) 시민사회의 대표성 제고와 공공성 강화

거버넌스가 활성화되고 제도화되기 위해서는 시민사회 주체들의 성찰성과 자기관리능력 또한 제고되어야 한다. 사회적 대화의 과정에서 시민사회 역시 문제에 대한 성찰의 기회를 갖게 되는데, 시민사회 내 다양한 행위주체들은 자신의 견해와 입장을 단지 관철시키기 위해 노력하는 것이 아니라, 자신의 가치와 도덕성을 다시 한 번 숙고해 보는 기회를 가질 수 있다. 이와 연관해 중요한 것은 시민단체의 대표성과 공공성 강화이다. 거버넌스에 참여하는 시민단체의 대표성을 제고하고 공공성을 강화하는 것은 무엇보다 시민사회의 정치적 협상 및 조정역량을 증진시킬 수 있다.

그동안 우리 사회에서 시민단체의 주요 역할은 이른바 정치사회 밖에서 압력을 행사하는 '영향의 정치'에 있었다. 하지만 최근 그 역할은 정책참여로의 전환을 통해 정부와의 생산적 파트너십 구축을 포함해 다원화되고 있으며, 이에 따라 시민단체의 정책능력이 갈수록 중요해지고 있다. 거버넌스가 원활히 운영되기 위해서는 대표성을 가진 시민단체가 권한과 책임을 공유하고 공공 이익을 고려한 생산적인 타협방안을 제시할 필요가 있다.

5) 신뢰의 구축

거버넌스를 위해 마지막으로 고려해야 할 과제는 신뢰의 문제이다. 상호신뢰가 전제되지 않는다면 갈등해결을 위한 어떤 노력도 의미 없는 일이 될 것임은 자명하다. 하지만 그동안의 역사적 경험을 돌아볼 때 정부에 대한 시민단체의 불신과 시민단체에 대한 정부의 불신이 동시에 누적되어 온 것이 현실이다. 이 점에서 신뢰의 구축은 매우 중요한 조건이라 하지 않을 수 없다.

신뢰가 구축되기 위해서는 다음의 다섯 가지 과제가 중요하다. 첫째, 정보의 폭넓은 공개와 공유가 필요하다. 정부 차원의 계획과 논의 과정이 가능한 한 많이 공개되고 정확한 정보가 제공된다면 객관적 판단과 투명한 의사결정에 큰 도움이 될 것이다. 둘째, 사회적 규칙 준수와 합법적인 틀이 마련되어야 한다. 법과 원칙에 의한 갈등대응 방향을 제시함으로써 공정한 운영에 대한 기대를 높일 수 있다. 셋째, 정책의 일관성과 예측가능성을 제고시킴으로써 정부에 대한 신뢰와 정당성을 제고할 수 있다. 넷째, 정책 평가 및 검증시스템에 민간전문가 및 시민사회의 참여를 보장함으로써 정책과정의 투명성과 공정성을 증진할 수 있다. 마지막으로, 공존의 가치를 뿌리내리는 문화적 프로그램과 설득과 타협을 통해 갈등을 해결해 나가는 사회문화적 환경을 조성해야 한다. 이를 위해서는 갈등조정에 관한 시민교육 프로그램을 지원하고, 초중고교에서의 사회갈등과 민주주의에 관한 교과내용을 강화할 필요가 있다(이영면, 2004: 23-4).

이와 연관해 주목할 것은 거버넌스 구축에서 제도화과정과 문화적 변화가 끊임없이 상호작용하고 있다는 점이다. 문화적 혁신과 신뢰의 구축이 이루어지지 않는다면, 제도의 개혁은 수포로 돌아갈 가능성이 있으며, 역으로 제도의 개혁이 이루어지지 않는다면 신뢰의 구축과 가체체계의 변화는 관념적인 구호에 머물 가능성이 높다.

VI. 결론

지난 몇 년간 우리 사회는 다양한 갈등들이 일거에 분출하는 사회갈등의 전성시대를 방불케 했다. 돌아보면 이런 갈등의 전성시대는 예고된 것이나 다름없었다. 산업화시대에 이어 1987년 이후 민주화시대가 열렸음에도 불구하고 '3김정치'로 상징되는 권위주의적 민주주의가 지속되면서 갈등이 억제되어 왔기 때문이다. 더욱이 1997년 외환위기라는 초유의 국가부도 사태는 갈등의 폭발을 지연시켜왔다. 이 와중에 참여민주주의를 표방한 참여정부의 등장은 갈등이 일거에 분출하는 데 계기를 부여했다고 볼 수 있다.

앞서 지적했듯이, 갈등이라 해서 물론 부정적인 것만으로 볼 필요는 없다. 어느 사회이건 집단 간 이익 및 가치관의 차이가 존재하며 이런 차이는 갈등과 충돌을 불러오기 때문이다. 그러기에 갈등의 존재 여부가 아니라 그것을 얼마나 민주적으로 조정하느냐가 중요하다. 그것이 민주적으로 조정될 수 있다면 갈등은 오히려 질 높은 사회통합과 유연성을 가져다주는 사회과정의 하나라 할 수 있다. 하지만 최근 분출했던 일련의 갈등들은 한 사회가 치러야 할 갈등비용을 적잖이 초과한 것으로 보인다. 경우에 따라서는 자신의 이익을 관철하기 위해 극단적인 힘겨루기로 치닫는 경향이 두드러지기도 했다.

사회갈등을 해소하는 데 고려해야 할 것은 갈등이라고 해서 모든 것이 동일하지 않다는 점이다. 앞서 지적했듯이, 현재 우리 사회에서 관찰할 수 있는 갈등은 다양한데, 이익을 둘러싼 '생계형 갈등'과 서로 다른 가치관이 충돌하는 '가치관 갈등'이 혼재되어 있다. 이런 생계형 갈등과 가치관 갈등은 서로 다른 처방을 요구한다. 생계형 갈등은 당사자들의 주장을 합리적으로 조정하는 것이 최선이다. 이익이 충돌하는 한 이를 절충하고 합의하는 것 이외에 다른 방도가 없기 때문이다. 하지만 가치관 갈등의 처방은 생계형 갈등과 사뭇 다르다. 이익은 경우에 따라서 양보할 수 있지만 세계관은 쉽게 바꾸지 못하며, 따라서 이 갈등을 해소하는 데는 인내를 발휘해 충분히 숙의하는 게 중요하다. 21세기에 서로 다른 세계관과 생활방식을 승인하고 관용하는 것은 성숙한 민주주의의 필요조건이다.

사회갈등 해소를 위한 새로운 패러다임으로 최근 주목을 받아 온 것은 거너번스 모델이다. 오늘날 정부 · 기업 · 시민사회를 포함해 어떤 집합행위자라 하더라도 의사결정과정을 독점할 수 없다. 주요 사안의 최종결정권자가 국민들로부터 공적 권위를 위임받은 정부와 국회라 하더라도 다양한 집합행위자들이 의사결정에 직접 참여하는 거버넌스 모델은 유연성과 사회통합을 제고함으로써 민주주의를 공고화시킬 수 있다.

사회갈등 해소를 위한 거버넌스 구축을 위해서는 다음의 다섯 가지 과제가 중요하다. 첫째, 정부-시민사회 정책네트워크를 통한 예방적 갈등관리시스템을 구축해야 한다. 정책 입안 및 집행에 앞서, 시민사회의 요구와 지지를 중심으로 한 정책반영으로 방향 전환이 추진되어야 하며, 정책 가이드라인 제시, 갈등영향평가제도 도입 등을 통해 기존 정부의 일방적이고 독단적인 정책 기획 및 추진에 대한 견제가 이루어져야 한다. 둘째, 갈등조정을 위한 제도적 기구의 실질적인 역할이 부여되어야 한다. 노사정위원회나 국정과제위원회 등과 같은 조정 기구의 역할 및 권한을 강화함으로써 시민사회와 정부, 그리고 정부 내 다양한 입장과 이해관계를 통합·조정할 수 있는 기능을 수행하게 해야 한다. 더불어 갈등유형 및 성격에 맞는 '문제해결 프로세스'를 구축해 체계적으로 문제를 해결할 필요가 있다. 셋째, 시민참여의 사회적 합의형성 제도를 마련해야 한다. 이를 위해서는 이해당사자의 폭넓고 개방적인 참여의 보장과 참가자들의 실질적 권한과 책임의 공유가 이루어져야 하고, 공개적·민주적인 운영 및 지속적이고 활발한 논의구조를 통한 상호 간 신뢰의 구축과 합의에 기반한 사회운영의 기반을 마련해야 하며, 시민참여적 합의형성의 절차와 기법을 다양하게 활용해 민주적 공론형성과 사회적 합의를 창출해야 한다. 넷째, 거버넌스에 참여하는 시민단체의 대표성이 제고되고 공공성이 강화되어야 한다. 이런 시민단체의 대표성 제고와 공공성 강화는 무엇보다 시민사회의 정치적 협상 및 조정역량을 증진시킬 수 있다. 마지막으로 주목해야 할 과제는 거버넌스에 참여하는 집합행위자들 간 신뢰의 문제이다. 상호신뢰가 전제되지 않는다면 생산적인 합의를 이끌어내기 어려울 뿐만 아니라 그 합의가 지속적으로 유지되기도 어렵다. 정보공개 및 공유, 시민교육 실시 등을 포함해 신뢰를 구축할 수 있는 프로그램들이 도입되고 추진되어야 한다.

참고문헌

· 김석준 외. 2000. 『뉴 거버넌스 연구』. 대영문화사.

· 김석준 외. 2002. 『거버넌스의 이해』. 대영문화사.

· 김선혜 외. 2005. "공공갈등과 조정." 대통령자문지속가능발전위원회 편. 『공공갈등관리의 이론과 기법(下)』. 논형.

· 김호기. 1999. 『한국의 현대성과 사회변동』. 나남출판.

· 류승훈. 2003. "외국의 입법예를 통해 살펴본 ADR의 활용과 관련하여." 『JURIST』 393호.

· 박상필. 1999. "비영리단체의 개념과 분류에 관한 탐색적 고찰." 『경제와 사회』 44권.

· 박재묵. 2005a. "문제 제기." 대통령자문지속가능발전위원회 편. 『공공갈등관리의 이론과 기법(上)』. 논형.

· ______. 2005b. "갈등예방과 갈등영향분석." 지역사회학회. 환경사회학회 공동학술대회 발표문.

· 시민사회발전위원회. 2004. 『한국시민사회 발전을 위한 청사진』. 2004년 10월.

· 시민의신문. 2006. 『한국시민사회연감 2006』.

· 신광영. 1999. "시민사회와 행정: 비정부조직(NGO)과 국가정책-외국의 사례를 중심으로." 『한국행정연구』 8권 1호.

· 오수길. 2006. 『민관 협력의 거버넌스』. 한국학술정보.

· 이시재. 2002. "새만금사업의 의사결정과정의 적정성 문제." 『ECO』 2002 상반기.

· 이영면. 2004. “지속가능발전을 위한 갈등관리의 현황과 과제: 문화, 교육을 중심으로.” 지속가능발전위원회. 『지속가능발전을 위한 갈등관리의 현황과 과제』(자료집) 2004. 6. 22.

· 이영희. 2004. “민주화와 사회갈등: 공공정책을 둘러싼 사회갈등의 이해.” 『동향과 전망』 61호.

· 조희연. 2000. “민주주의 이행과 제도정치, 민중정치, 시민정치.” 『경제와 사회』 46호.

· 주성수. 2003. 『공공정책 가버넌스』. 한양대학교 출판부.

· 지속가능발전위원회. 2004. 『갈등관리시스템 구축방안 연구보고서』 2004. 4. 2.

· 최건호. 2006. “일본의 ADR제도.” 『민사소송』 10권 1호.

· 최장집. 1996. “한국 정치경제의 위기와 대안 모색.” 『사상』 여름호.

· 한국행정학회. 2003. 『정부위원회의 효율적 운용방안』. 한국행정연구원. 2003. 12.

· Bobbio, Norberto. 1990. *Liberalism and Democracy.* London: Verso.

· Jessop, Bob. 1999. “The Changing Governance of Welfare: Recent Trends in Its Primary Functions, Scale, and Modes of Coordination." *Social Policy and Administration* 33(4).

· OECD. 2001. *Governance in the 21th Century*. Paris.

· Przeworski, Adam. 1991. *Democracy and the Market*. Cambridge: Cambridge University Press.

· Ritzer, George. 2000. *Sociological Theory* (5th edition). New York: McGrew Hill. 김왕배 외 역, 『사회학이론』. 한올출판사.

· Rosenau, James. 1995. "Governance in 21th Century." Global Governance, 1(1).

· Turner, Jonathan. 1978. *The Structure of Sociological Theory*. Homewood: Dorsey Press. 김진균 역. 『사회학이론의 구조』. 한길사.

Ⅱ. 사회적 배제에 대한 경험적 연구

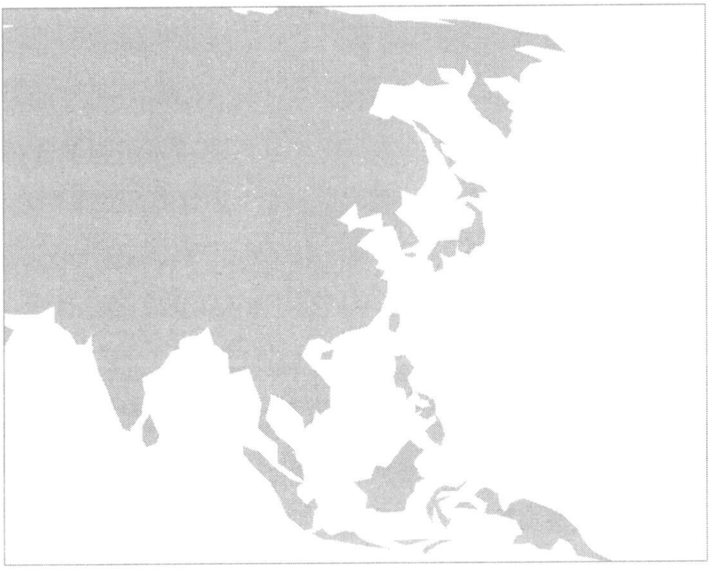

제 4 장

비정규 노동과 노동과정: 사내 하청업체 노동자에 대한 이중적 경영전략을 중심으로

김왕배*. 박종식**

I. 문제제기

지난 경제위기 이후 한국사회에는 노동시장에 대한 관심이 매우 높이 일고 있다. 특히 비정규직의 양산과 함께 새로운 형태의 노동시장의 조직원리와 이에 대한 대응은 '양극화'나, '사회적 배제'의 극복이라는 구호들과 맞물려 정책의 핵심과제가 되고 있으며 또한 현 시점에서 노동운동의 핵심적 의제가 되고 있다. 비정규직에 대한 개념정의에서부터 그 유

* 연세대학교 사회학과 부교수

** 연세대학교 사회학과 박사과정

형과 크기, 비정규직의 재생산 동학이나 기능, 성격, 성별분할, 그리고 포섭과 배제라고 하는 정책대안을 둘러싸고 사회 각 세력들 간의 첨예한 논쟁이 벌어지고 있다. 그러나 비정규직에 대한 이론적 논의와 실태조사와 정책대안에 대해서는 비교적 활발한 작업이 이루어지고 있는 반면, 보다 구체적으로 작업장 내 비정규직의 노동과정과 통제과정 등에 대한 심층연구는 매우 부족한 실정이다.

이러한 문제의식 하에서 이론적인 논의들을 간략히 살펴보도록 하자. 노동사회학 분야의 논의들은 크게 자본-노동을 축으로 하는 노사관계, 작업장에서의 노동통제와 작업행위를 포함하는 노동과정, 노동력이 교환되는 메커니즘과 관련된 노동시장, 그리고 노동력이 재생산되는 일상생활영역 등으로 구분되어 경험적인 조사들이 이루어져 왔다. 다시 말해 국가-노동-자본 등의 사회구조와 관계적 차원의 접근(노사관계), 기업 혹은 공장 내 작업장 차원의 접근(노동과정), 그리고 이러한 작업장이나 기업들에서 어떻게 노동자들이 배치되는가의 문제(노동시장), 그리고 노동자들의 일상적인 영역까지 포함한 자본주의 사회에서 임금노동자들의 생활상에 대한 접근(노동력재생산)으로 바라볼 수 있는데, 이러한 네 영역의 논의들이 노동사회학의 큰 틀을 형성해왔다.[1] 물론 이러한 개별적인 영역에 대한 논의들을 기초로 노동문제 전반에 대한 파악이 가능할 수도 있지만 최근에는 이와 같은 기존 노동사

1) 노동력재생산과정과 노동시장, 노동과정의 총체적 연구모형에 대해서는 김왕배(2001)의 6장을 참조할 것.

회학의 구분을 넘어서는 매우 복합적인 현상이 발생하고 있는 듯 보인다. 정보기술의 발전과 함께 인간의 노동력이 직접 투여되고 있는 노동과정은 비교적 단순화되어져 가는 반면 노동과정에서의 분할과 노동시장의 고용형태별 분절이 서로 얽혀 복합적으로 진행되고 있다. 즉, 노동과정과 노동시장의 분할, 고용형태 등이 서로 하나의 작업장 안에서 밀접히 연관되어 나타나고 있다고 할 수 있는데, 최근 일부 비정규직 노동유형에서는 노동시장의 분할과정과 노동과정이 동일한 공간에서 복합적이고 동시적으로 발생하는 현상이 발견되고 있는 것이 대표적인 경우라 할 수 있다.

이 글에서는 '사내하청'이라고 하는 비정규직의 활용이 동일한 작업장 내에서 정규직 노동과 비교하였을 때 어떻게 분할·통제·배제 되고 있는가를 자본의 경영전략을 통해 살펴보고자 한다. 우선 사내하청은 하청회사가 원청회사의 일정한 생산 업무를 도급받아 이를 원청회사 사업장에서 원청회사의 생산시설을 이용하여 수행하는 경우로서 하청업체가 자체 생산한 물품을 원청업체에 납품하는 일반하청과 구분된다. 사내하청의 경우 대부분 원청회사의 지휘·감독 하에서 원청회사 직원들과 함께 섞어서 동일한 업무를 수행하고 있어 비정규직의 유형 중 '간접고용 비정규직'의 한 유형으로 분류되고 있다.[2)] 보통 제조업에서의 사내하청 노동자들은 정규직과 함께 작업장 생산라인에 직접 투입되어, 정규직의 작업수

---

2) 비정규직의 유형 및 다양한 존재양태에 대해서는 사회진보연대(2000), 김소영(2001), 이병훈 · 윤정향(2001) 등을 참고.

행을 보조하거나 정규직과 동일한 작업을 담당하고 있다. 하지만 이들은 원청업체의 정규직 노동자들과 동일한 노동을 하고 있음에도 불구하고 소속업체가 다르다는 이유로 정규직과 임금에서의 차별은 물론 기업복지 등에서 외면당하고 있으며, 형식상 원청기업의 노동력관리체제에서 배제되어 있지만 실질적으로 원청업체의 관리를 받는 이중적인 통제를 받는 중층적인 위치에 놓여있다.[3)]

이 글에서는 사내하청 노동자들을 중심으로 이들이 전체 생산 공정 속에서 어떻게 작업을 하고 있으며, 기업으로부터 어떻게 관리를 받고 있는지 노동과정과 노동시장을 중첩적으로 살펴보면서 이들에 대한 원청의 통제방식을 알아보고자 한다. 이를 위해서 사내하청 노동자들의 노동과 통제방식을 '노동과정의 일원화된 관리전략과 기업내부노동시장의 이원화된 관리전략'으로 파악한 후, 이를 자본의 '이중적 경영전략(dual management strategy)'으로 개념화하고자 한다. 이러한 전략을 K자동차의 사내하청노동의 사례를 통해 살펴볼 것이다. 그리고 이러한 사례조사의 논의에 앞서 비정규 노동과 관련된 몇 가지 논의들을 간략하게 검토하고자 한다.

3) 사내하청 노동의 성격과 특성에 관해서는 손정순 외(2004)를 참고.

II. 비정규 노동과 관련된 몇 가지 논의들

1. 내부노동시장의 외부화: (거래)비용의 삭감과 노동조합에 대한 대응

노동시장에 대한 고전적 논의[4]로는 노동력의 수요공급과 한계비용의 입장에서 출발하는 신고전학파의 입장과 지역, 성별, 인종, 학력 등의 구조적 요인에 의해 노동시장의 분화를 주장하는 이중노동시장과 분절노동시장이론 등이 대표적이다. 이와 더불어 기업 외부의 노동시장에서 고용계약의 경쟁이 발생하고, 일단 입직이 되고나면 기업내부에서 승진 등의 경쟁이 발생한다고 하는 내부노동시장론이 한 축을 이루고 있다(Williamson et al, 1975; Osterman, 1984). 일반적으로 노동시장분절론(Edwards, 1979)이나 기업 내부노동시장론자들은 일반적으로 고용안정과 승진, 연금, 수당 등의 기업복지가 보장되는 취업안정의 지대와(일차노동시장 혹은 공식부분) 불안정 고용이나 저임금, 저학력, 저기술 노동으로 특징되는 노동시장의 영역(이차노동시장 혹은 비공식부분) 등으로 노동시장이 영역화되어 있음을 주장하고 있다(Doeringer & Piore, 1971).

그러나 현대 자본축적과정의 변화와 함께 오늘날 비교적 견고하고 안정적인 취업영역은 공식부분이든 비공식부분이든 점차 줄어들고, 다양한 형태의 고용과 계약관행이 나타나기 시작했다. 1980년대 이후 본격적으로 등장한 전반적인 노동

4) 고전적 노동시장 논의에 대해서는 이각범(1989)에 있는 외국 노동시장론자들의 글을 참고할 것.

시장의 변화를 대부분의 학자들은 '노동시장의 유연화'로 부르고 있다(Atkinson, 1985; Treu, 1992). 노동시장의 유연화는 기업구조조정을 통해 기존의 정규직을 방출하는 정리해고뿐 아니라 단기계약이나 일일고용, 계절고용 및 간접고용 등 이른바 한시적 형태의 '비정규직 노동'의 채용을 통해 촉진되고 있는데, 이러한 노동시장의 유연화는 노동시장을 더욱 파편화시키면서 고용안정성을 낡은 담론으로 만들고 있다.

이러한 논의가 전개되면서 비정규직은 노동시장의 유연화와 함께 보다 다양한 형태로 등장하면서 확산되고 있는데, 비정규직의 증가에 대한 사회적 배경도 다양한 측면에서 지적되고 있다. 예컨대, 세계화와 탈규제화, 여성노동인력의 확장, 서비스산업으로의 전환과 경기변동, 국가의 규제장치의 완화 등이다(정건화, 2003). 이러한 노동시장 유연화의 배경에는 대량생산과 대량소비를 내용으로 하는 포드주의 축적체계로부터 탈포드주의로의 축적체계로의 전화되는 거시적인 구조적 변화가 내재되어 있다. 노동시장의 고용관행 역시 대량생산/대량소비에 조응하여 상대적으로 고용안정이 보장된 대량고용을 특징으로 하는 포드주의적 고용구조로부터 다양한 유형의 비정규 노동을 활용하는 탈포드주의적 고용구조로 전환하고 있는 것이다. 범지구적 차원의 경쟁과 그 경쟁으로부터의 생존 혹은 우위를 점하기 위해 기업복지비용과 인력관리비용을 줄여 전체적인 비용을 줄이고, 시장의 수요에 즉각적인 대응을 위해 인력자체를 유연하게 고용하려는 경향이 발견되고 있고, 이러한 경향성이 곧 노동시장에 반영됨으로써 비정규직 노용이 확장된다(Herzenberg, 2000; Cappelli, 1999; 이병훈 · 윤정향, 2001).

그러나 비정규직에 대한 다양한 논의에도 불구하고, 비정규 노동의 확산과 재생산에 대한 패러다임 아직도 체계화되어 있지 못한 듯하다. 기존의 이중 노동시장론이나 분절 노동시장론에 대응하여, 노동시장의 유연화론 혹은 파편화론의 패러다임이 제기되고 있지만 왜 노동시장의 유연화(파편화)가 발생하는지, 그러한 유연화가 비정규직을 어떠한 메커니즘으로 재생산하고 있는지에 대한 논의가 부족해 보인다.

비정규 노동의 확산은 일차적으로 기업가의 이윤확보전략과 국가의 정책에 기인한다고 볼 수 있다. 고용주의 적극적인 이윤확보전략은 크게 투자비용의 감소와 노동조합의 이윤압박을 줄이는 것으로 대별될 수 있는데, 전자의 경우 비정규 노동을 통한 임금부분의 지출을 감소는 물론 고용 계약과 통제, 관리부분에 대한 거래비용의 삭감도 포함하고 있다. 이러한 관점에서 최근 비정규직의 확산에 대한 설명 틀로 거래비용 접근이 주목을 받고 있다. 자본주의의 발달과정은 공간적으로 산재해 있는 노동자들을 기업이라는 한 장소에 집중시켜, 상대적으로 장기적인 고용계약을 맺는 과정이었다. 내부고용관행은 "명시적인 인사관행과 규칙에 따른 행정적인 통제, 장기고용 보장, 내부경력 상승기회, 기업특수의 숙련배양, 특정 공간에 노동자들의 집중" 등으로 요약된다(Barker & Christensen, 1998; 이병훈 · 윤정향, 2001).

그런데 이러한 기업내부노동시장에서의 고용관행은 고용

인력을 외부에서 충원하는 외부노동시장보다 기업비용의 절감효과가 있다는 것으로 내부노동시장출현의 동기는 이러한 거래비용의 감소를 추구하는 것으로서 경제적인 합리적 선택에 의한 것이라는 것이다(Pfeffer & Baron, 1988; 정건화, 2003). 그러나 상황은 다시 역으로 장기적인 고용으로 인한 실질임금의 상승, 기업복지, 훈련 등을 내용으로 하는 내부노동시장에 의한 인력관리가 다시 '비용'을 발생시킨다. 이는 내부노동시장이 갖는 최적점의 노동비용(임금과 인력관리 및 고용계약 등에 필요한 거래비용)의 단계를 벗어나는 지점에서 이제는 내부노동시장에 의한 인력관리가 노동비용을 발생시키는 것으로 이해될 수 있다. 비정규직의 고용은 노동시장의 외부화를 의미하는데, 정규직에 비해 절대임금뿐 아니라, 자체적인 인력관리비용(넓게는 거래비용)이 줄어드는 효과를 갖게 되는 것이다. 이와 밀접히 연관되면서 다른 한편으로 비정규직 고용은 노동조합의 요구에 대한 대응전략의 측면이 또한 강하게 남아있다. 물론 기업내부노동시장의 확립은 기업가의 입장에서는 거래비용의 감소전략에 의한 것일 수도 있지만, 그 내부에서 한편으로 노동자들 스스로가 조합을 구성하여 고용안정이나 임금, 승진 등을 요구해 왔기 때문이기도 하다. 기업가에 의한 일방적인 해고의 저지, 노동조건의 개선과 기업복지, 그리고 경영참여 등 노동조합의 요구는 기업가의 입장에서 보면 이윤을 압박하는 상황일 수밖에 없다. 여기에 대응하는 기업의 전략은 정리해고와 같은 구조조정의 권리를 법적으로 보장받고 노동조합의 세력을 약화시키는 일일 것이고, 고용의 불안정성으로 인해 노조의 결성과 조직이 상대적으로 어려울 수밖에 없는 비정규직에 대한 선호를 하게 되는 것이다.

한마디로 비정규직의 확산은 내부노동시장에서의 노동비용증대와 노조의 요구에 의한 비용압박에 대한 대응전략이라는 것이다. 비정규직은 임금부분의 비용이나 계약, 관리비용. 기업훈련과 같은 거래비용을 줄일 수 있을 뿐더러, 상대적으로 정규직에 비해 노조조직 결성이나 응집력이 약하기 때문이다(강현아, 2004; 정이환, 2000; 정이환, 2003). 물론 이러한 기본적인 비정규채용의 전략과 강도는 각 나라가 처한 위상에 따라 다르다. 우선은 국가의 정책이나 글로벌자본의 압력, 국내외 정치경제적 상황, 노동계급의 조직적 역량, 고용에 대한 사회문화적 반응 등 다양한 요인들의 조합에 의해 비정규 노동에 대한 전략적 대응과 처우가 다르다는 것이다. 특히 한국의 경우 지난 IMF 사태이후 총체적인 구조조정을 시행하는 가운데서 국내 정부나 기업, 노조들이 피할 수 없었던 글로벌자본의 압력 중의 하나가 바로 노동시장의 유연화였고, 이러한 노동시장의 유연화 이후 정리해고와 비정규 노동의 채용이 급속히 확장되었고, 정부는 최근 비정규 노동의 고용과 대우에 대한 법안을 시행하고 있기에 이러한 국가의 정책이 비정규 노동의 고용관행에 큰 영향을 미칠 것으로 전망되고 있다.

2. 비정규 노동의 유형

비정규 노동은 고용계약의 형태나 고용시간, 근로제공 장소나 부가급여 등 다양한 기준을 통해 정규노동과 대비되는 개념으로 쓰는 용어이지만 각 사회와 연구자들마다 매우 다양한 기준을 적용하고 있기 때문에 그 개념을 하나로 정의하기가 매우 어려운 실정이다. 그 개념과 규준상의 차이에도 불구하고, 비정규직이 내포하고 있는 공통적 속성은 고용의 불안정성, 기업내부의 관리와 경영으로부터 외부화되어 있거나, 다양한 법적 제도적 장치에 의한 보호장치나 사회적 안전망이 결여되어 있다는 것이다(윤정향, 2003; Polivka & Nardone, 1989).

비정규 노동의 가장 단순한 정의를 위해서 정규노동의 개념을 대비시키기도 하는데, 정규노동이 "무기계약, 전일제 근무, 상용직, 고용주와 직접 고용관계, 고용주가 지시하는 사업장에서 근무하되, 사업장 내에서 기업특수훈련과 승진보장, 기업의 법정복지와 비법정복지를 포함한 각종 부가급여의 적용대상이 되는 노동형태"(윤정향 외, 2003: 5)를 말한다고 했을 때, 비정규직은 넓게는 이중의 하나 혹은 몇 기준을 충족시키지 못하는 노동형태를 말한다. 일반적으로 정규직과 비정규직을 구분하는데 동원되는 기준은 고용계약기간, 노동시간, 계약형태 등으로 그 유형은 임시직, 파견근로, 프리랜서 등 다양하게 존재한다(윤진호 외, 2001; 박인상, 2000; 김유선, 2001; Cordova, 1986; Carre et al, 2000; Polivka et al, 2000).

이병훈 · 윤정향(2001)은 비정규직의 유형을 고용방식이나 계약형태, 고용기간, 근로제공방식 등에 따라 다양하게 유형화하고 있는데 비정규직에 대한 매우 다양하고도 포괄적 규정을 담고 있다. 먼저 1)고용계약기간에 의하면 종사상의 지위에 준하여 상용직(1년 이상), 임시직(1개월 이상~1년 미만), 일용직(1개월 미만)으로 구분하고, 무기, 유기계약에 의해 임시직이나 일용직으로 고용하는데, 이때 비정규 노동은 임시직, 일용직, 계약직, 촉탁직, 인턴 등을 포함한다. 2)근로시간에 의한 구분으로서 동일사업체내에서 동종업무 종사하는 통상근로자의 1주간의 소정근로시간에 비해 짧거나 불규칙한 단시간 노동을 포함하는데 이 기준에 해당하는 비정규 노동은 단시간 노동자, 아르바이트, 파트타임, 시간제노동자 등이 포함된다. 한편 3)근로제공방식에 의하면 고용주와 사용자가 상이한 근로제공방식을 하는 형태로 간접 및 특수고용의 형태를 말하는 데, 파견/용역 노동, 사내하청, 특수계약직(학습지교사, 생활설계사, 크레인기사, 배달원 등) 호출근로, 독립도급 등이 포함된다. 마지막으로 작업공간의 기준에 의하면 사용자가 지정하는 공간에서 벗어나 근로를 제공하거나 사용자가 별도의 작업공간을 지정하지 않는 노동형태인데 여기에는 가내노동이나 재택근로자가 포함된다는 것이다.[5] 하지만

5) 그러나 이들은 비정규 노동의 유형화방식에 대해 "다양한 비정규 고용형태들이 안고 있는 본질적 속성, 즉 자본의 노동수취방식으로서의 고용관계의 외부화와 유연화"를 밝히지 못하고 있다고 비판하면서 비정규직에 대한 새로운 정의로서 "자본의 시장의존적 노동수취전략에 따라 기업의 내부노동시장 또는 관료적 포섭=관리체계로부터 배제 또는 외부화되어 있는 노동자집단"(이병훈 · 윤정향, 2001)으로 정의할 것을 주문하고 있다. 물론 이러한 지적은 자본-노동 간의 관계 속에서 비정규직을 해명해 보려는 보다 본질적인 내용을 담고 있으나 결국 위 형식의 다양한 유형의 그 내용을 포괄하는 것으로 볼 수 있다.

여기서 지적하고 넘어갈 점은 비정규 노동의 기준과 유형화를 둘러싸고서는 아직까지 사회적으로 합의된 논의들이 전개되고 있지 못한 점이 있다는 것이다.[6)]

3. 비정규 노동에 대한 '배제'

비정규직에 대한 다양한 기준과 유형에 대한 쟁점에도 불구하고, 비정규직이 임금은 물론 다양한 기업복지나 사회적인 혜택으로부터 배제되어 있다는 점은 공인되고 있다고 할 것이다. 기존의 빈곤에 대한 시각이 경제적, 물질적 결핍현상에 치중하고 이에 대한 대안으로 소득증대를 통한 보장정책을 추구했다면 '사회적 배제'의 개념은 이러한 기존의 빈곤에 대한 시각을 넘어서 사회의 다양한 영역에서 발생하는 차별현상과 사회 심리적 현상까지 포괄하여 이를 극복하고자 하는 탈 신(新)빈곤의 문제와 결부되어 있다. 사회중심의 관계가 남성, 백인, 중장년, 기혼, 그리고 바로 정규직 노동자들로 되어 있다면 그 배제 층은 여성, 유색인종, 고령자, 미혼, 그리고 바로 비정규직 노동자들로서 이들 범주 간에는 지배-피지배적인 권력관계가 형성된다(Smith, 1998).

사회적 배제는 원래는 빈민층과 하층계급, 장애자나 고령

---

6) 비정규 노동의 전체 숫자를 둘러싸고, 정부, 기업, 노동계 내/외부 간에 쟁점이 되고 있다. 여기서 기본적인 쟁점에 대해 초기에 정리한 글로는 정인수(1998), 안주엽 외(2001), 한국노동연구원(2001a, 2001b) 등을 참고할 것. 그리고 비정규직 규모에 대한 논란에 대해서는 노동계 입장의 김유선(2001)과 사용자 입장의 박기성(2001), 최경수(2001)을 함께 살펴볼 수 있다. 비정규직 보호 방안과 관련한 논란에 대해서는 노동계의 입장으로는 권혜자(1996), 노진귀(2000), 윤진호 외(2001), 비정규 노동자공동대책위원회(2001) 등을, 사용자 입장에 대해서는 배진한(2001), 박기성(2001), 한국경영자총연합회(2000) 등을 통해 비교할 수 있다.

자 같이 사회적 '위험'에 처에 있는 집단들이 지배적인 사회관계로부터 이탈되고 있거나 이미 이탈된 상태를 의미하고, 빈곤, 박탈, 주변성의 내용에 의해 접근되어 왔는데, 노동시장의 유연화와 함께 비정규직에 대한 사회적 배제 역시 주목을 받고 있다(Silver, 1994; Rogers, 1995). 즉, 노동시장의 유연화가 소득, 노동의 지위, 고용기간과 노동 강도, 작업장에서의 권력의 유형을 다변화시키고 있고, 직종 간의 차이는 물론 노동자들내부에서 계층화와 차별화를 발생시키고 있는 것이다.

비정규직의 사회적 배제에 대한 경험적 연구에 의하면 비정규직은 임금, 부가급여 등에서 물질적인 소외(윤정향, 2003)와 노동의 사회적 대인 관계에서 소외를 경험하고 있다고 보고하고 있고(Rogers, 1995), 비정규 노동이 성, 연령, 학력과 높은 상관관계를 보이고 있다는 보고들이 있다(이성균, 2001; 안주엽, 2001).

일반적으로 작업장에서 벌어지는 비정규직에 대한 사회적 배제는 노조활동의 금지, 작업과정에서의 보조 등과 같은 수동적 역할, 위계적 명령구조 속에서 참여할 수가 없다는 점. 그리고 심지어 휴게실이나 식당이용 등의 시설을 사용할 수 없는 경우에 이르기까지 다양하다. 임금부분에서는 임금자체가 정규직에 비해 낮을 뿐 더러, 수당이나 상여금. 기타 상여금등을 받지 못하는 경우가 허다하다(강현아, 2004; 윤정향, 2003). 여기에는 문화적으로 사회적 낙인인 배제 매카니즘을 정당화하고 재생산하는 요인으로 한 몫하고 있다. 즉 비정규직에 대한 저평가들이 - 무능력/당연한 저임금 등 - 노동자들 간의 차이를 정당화 하고는 것이다.

4. 기타의 쟁점들

비정규직에 대한 쟁점은 비단 기준과 유형, 그 형성메커니즘이나 사회적 배제에 대한 것 뿐 아니라 일의 성격, 성별구성, 그리고 정책대안 등에 걸쳐 매우 다양하다. 예를 들어 비정규직은 정규직과 동일한 노동의 내용을 수행하는가, 아니면 정규직 노동을 보좌하는 역할을 하는가, 혹는 정규직과는 별개의 노동을 수행하는가? 이를 대체형, 보완형, 별개형으로 분류하고 있는데(윤진호 외, 2001), 한 연구에 의하면 일본의 경우에는 대체로 보완형이 지배적인데 비해 한국의 경우에는 대체형과 허드레일 등을 담당하는 별개형이 지배적인 것으로 추정되고 있다(정이환, 2002). 다음으로는 비정규직이 고용형태의 함정형인가 가교형인가 하는 것이다. 다시 말해 비정규직으로 일단 입직이 되고나면 지속적으로 비정규직으로 남아있게 되는가, 즉 비정규직의 트랙(track)이 있어 그 곳을 맴돌게 되는가, 아니면 비정규직은 향후 정규직으로 전환하기 위해 임시방편적으로 머무르는 가교역할을 하는가 하는 것인데(아니면 정규직과 비정규직의 서로 넘나듦이 가능한가), 일반적으로 한국사회에서 비정규직은 함정형이 지배적인 것으로 보고되고 있다(남재량 · 김태기, 2000; 한준 · 장지연, 2000).[7] 이와 더불어 비정규직을 자발형으로 볼 것인

7) 하지만 동일한 주제로 연구를 진행한 류재우 · 김재홍(2000)은 '가교'의 성격이 강함을 주장하고 있다.

가. 비자발형으로 볼 것인가로 구분하기도 하는데, 개인의 자유로운 시간과 자율적인 생활을 요구하거나, 생계보조형으로 일을 하기 위해 비정규직을 임시적으로 선호하는 형태가 있을 수 있고, 자신의 의지와는 상관없이 구조적으로 비정규직으로 흡수될 수밖에 없는 경우로 구분되기도 한다(Tilly, 1996). 또한 비정규직에 대한 성별판별, 즉 성편중성에 대한 논의도 제기된다. 실제 한국 비정규직의 성별 구성비를 살펴보더라도 여성이 70% 정도일 정도로 지배적이며, 특히 단순사무 및 하위직에는 여성비정규직이 대부분을 차지한다는 것이다.

비정규직을 둘러싼 첨예한 논쟁은 비정규직에 대한 정책을 둘러싸고 발생하고 있다. 그 정책지향을 간단히 두 입장으로 정리한다면, 비정규직을 정규직화할 것인가 아니면, 비정규직을 그대로 놓아둔 채 정규직과의 차별을 최소화할 것인가? 즉, 고용안정을 제외하고는 정규직과 모든 노동조건을 동일하게 할 것인가이다. 기업의 입장에서는 경쟁력 제고와 기업의 이윤확장을 위해서는 노동시장 유연화의 한 전략으로 비정규직의 존치를 주장하고, 정규직과의 차이를 좁히기 위해 정규직의 임금상승과 노동조건의 양보를 주장하는 반면, 노동계 측은 비정규직의 정규직화를 강력히 주장하고 있다. 현재 정부와 기업, 노동계 간의 불안한 '합의'에 의하면 비정규직으로 2년 이상의 계약을 유지할 때에는 정규직으로 전환하도록 하고, 비정규직의 노동권과 4대보험 등에서 차별을 없애는 등의 이른바 포섭정책을 기조로 하는 정책을 2007년

7월부터 실시하고 있다.

이상의 논의는 비정규직의 생성메커니즘, 유형과 기준, 배제, 기타의 논의들은 비정규직을 둘러싸고 벌어지고 있는 다양한 쟁점들이다. 이제 본 논문과 관련하여 사내하청의 실태를 상술해 보기로 한다. 사내하청근로는 앞서 언급한 것처럼 근로제공방식에 따른 비정규직 분류의 한 하위범주에 속한다.

원칙적으로 사내하청(용역)의 경우 중간사업자(하청업체)에 의해 관리되면서 중간사업자의 업무지시를 받는 것으로 되어 있다(주로 청소, 경비, 주차관리 등의 업종).[8] 사내하청이나 파견근로의 경우에는 원청기업과 중간 매개기업이 중첩화되어 있기에 종종 중간업자에 의한 이중적인 '착취' 상태에 있고, 이들의 작업내용이 정규직 노동과 동일함에도 불구하고 임금은 물론 다양한 기업복지에서 정규직에 의해 '차별'을 받고 있거나 배제되어 있기 때문에(강현아, 2004) 다른 어떠한 비정규직보다도 복잡한 위치에 놓여 있다고 볼 수 있다.

기존의 하청은 주로 원청기업으로부터 생산의 일부분을 외주받는 형태로 이루어졌기 때문에 하청연구는 주로 대기업의 '생산의 외부화' 과정에 주목하고 있었다. 즉 하청은 주로 모기업으로부터 일정부분의 생산을 위탁받아, 일정정도의 생산제품을 제공하는 물류교환의 형태가 지배적이었기 때문에

8) 파견노동의 경우에는 중간사업자는 파견노동자들을 사용사업주에게 소개 · 알선을 하며, 파견노동자들에 대한 관리와 통제, 업무지시는 사용사업주가 담당하고 있다는 점에서 사내하청(용역)과 법적인 차이가 있다. 현재 법적으로는 파견노동은 대통령령으로 지정된 26개 업종에 한해서 인정되고 있으며, 제조업은 절대파견금지업무로 지정되어 있으며, 일시적으로 필요한 경우에만 3개월 동안만 허용(1회에 한해 재계약 허용)하고 있다.

기존의 하청 연구는 주로 사외의 일차하청과 이차하청으로 이어지는 연결고리와 이로부터 발생하는 하청업체 노동자들의 저임금과 열악한 노동환경, 모기업의 '횡포' 등에 주목하고 있었다. 예컨대, 자동차 기업의 경우 보통 모기업으로부터 일차-이차-삼차 등의 연쇄하청업체들이 상호위계적인 연결고리를 형성, 일부 부품들을 '윗선으로' 제공하는 피라미드 형태의 하청구조가 지배적이었다(홍장표, 2004; 임상훈, 2004).

이러한 하청구조는 비단 한 국가 내에서만 형성되는 것이 아니라, 글로벌차원에서도 다양한 방식으로 형성되어 왔다. 세계체계의 국제 분업구조 속에서 중심부와 주변부의 가치교환은 주로 OEM 방식 등을 통한 하청구조로 이루어져 왔고, 생산의 유연화와 함께 더욱 가속화되는 경향을 보인다. 생산체제, 고용시장, 조직 분야에서의 유연화가 추구되던 탈포드주의 시스템 하에서 하청형태의 생산과 유통이 급속히 확산되었던 것이다.[9] 이와 함께, 서비스 영역(청소, 주차, 건물관리)에 대해 용역회사들의 진출이 활발해 지고, 일괄도급형태의 용역하청에 대한 관심이 높아지고 있었고, 이들 부분에 종사하는 노동자들(대부분 저임금, 저학력의)이 대표적인 비정규 노동의 유형으로 지적되고 있다. 요약컨대 기존의 하청구조는 생산의 외부화나 일부 서비스부분의 용역 형태가 주를 이루고 있었다.

9) 유연화전략은 모기업이 신속하게 시장의 변화에 대응하면서 위험의 부담을 하급기업에 전가시키기 위한 이른바 '군살을 빼기 위한' 전략으로 생산의 외주화가 보다 확산되는 현상이 나타나고 있었다.

그러나 최근 국내의 제조업에서 나타나고 있는 사내하청은 위와는 성격이 조금은 다른 하청의 형태를 보이고 있다.[10] 앞서 말한 바와 같이 사내하청은 특정한 기업의 사업장에 '파견'되어서 정규직노동의 일을 보완하거나 아니면 대체하는 특수한 형태의 고용형태를 말한다. 그들은 원청업체의 소속이 아니기 때문에 원칙적으로는 중간 매개기업의 관리와 통제를 받게 되어 있다. 논리적으로는 원청기업의 직접적 관리 밖에 놓여 있지만, 실제 노동은 원청소속의 노동자와 함께 직접 생산라인에서 이루어지기 때문에 원청기업의 실질적인 통제와 관리를 받는다. 그 결과 원청기업은 노동시장에서의 분절을 통해 그들에 대한 기업복지나 혜택을 부여하지 않고 노조결성 등의 위험을 외부화시킴으로서 사내하청 노동자들의 배제전략을 펴고 있으면서(이병훈, 2003), 동시에 실질적 작업장 내 노동행위에 대해서는 관리와 통제를 통해 가치를 추출하여 부불노동의 부분을 더욱 증대시킨다.

10) 참고로 전국금속노조 산하 사업장의 사내하청 인원수는 2004년 60,874명에서 2007년 64,767명으로 조금씩 늘어나고 있다. 2007년의 경우 조합원수 대비로는 2004년(46.5%)에 비해 약간 줄어든 41.8%를 차지하고 있으며, 종업원수 대비로는 2004년(30.5%)과 유사한 29.8%를 차지한다. 전국금속노조 실태조사를 결과를 통해 볼 때, 금속산업 종사자의 40%가 비정규직이고, 종사자의 30%가 사내하청 형태로 일하고 있다고 추정할 수 있을 정도로 사내하청은 제조업에서 오늘날 일반화된 유형이라고 할 수 있다. (박종식 외, 2007)

III. 사례조사: 제조업 사내하청의 이중적 경영전략

3장에서는 국내 자동차 조립업체 중의 한 곳인 K자동차 회사의 사내하청 노동의 실태 및 원청인 정규직 노동과의 차이를 살펴보고자 한다. 사내하청 노동은 외형적으로는 이중적 고용관계로 나타나고 있는 일종의 '하도급 계약'에서 등장하고 있는 간접고용 유형의 비정규 노동이다. 하지만 실제로는 '일의 완성을 목적'으로 하는 하도급 계약 및 거래의 목적과는 상반되게 제조업종의 생산공장 사내에서 하청업체를 통해 생산인력을 공급받고 있는 불법파견 노동의 성격이 매우 강하다.[11] 국내의 자동차 조립회사들은 1990년대 이후 생산의 합리화의 일환으로 '외주화'를 추진하며 동시에 생산 및 생산지원부문에서 사내하청 노동의 활용이 점차 확대되어 왔다. 사내하청 노동의 활용은 동일한 사업장 내에서 일하고 있는 정규직과의 차별도 심각하지만 '이중적 고용관계'라는 제도적 특징으로 인해 고용불안이 구조적으로 존재할 수밖에 없다. 이는 과거 외환위기 당시 자동차 조립회사들이 심각한 경영상의 어려움에 봉착하자 노동조합의 보호를 받고 있는

11) 현재의 노동관계법에서 간접고용은 파견법상의 근로자파견으로 제한되어 있으나, 현실적으로는 민법 등에 의거하여 노무공급 사업자와 사용사업자 간에 체결되는 용역 또는 도급계약을 근거로 간접고용의 활용이 점차 증대하고 있다. 특히 서비스업과 제조업에서 인건비 절감 및 해고의 용이성으로 인해 사내하청 노동의 활용이 급속히 늘어나고 있으며, 용역 또는 도급계약을 통해 공급된 노무인력은 '사업경영상의 독립성'과 '인사노무관리상의 독립성'에서 독립성이 거의 없어서 사실상 불법파견이라고 볼 수 있다. 또한 오로지 원-하청 간의 '하도급 거래관계'라는 시장메커니즘을 통해서만 규율되고 있기에 - 이른바 '고용관계의 상업적 계약화'(MacKenzie, 2000)에 의해 - 사내하청 노동자의 노동기본권은 형해화되고 있다.

정규직 노동자들 보다는 사내하청 노동을 가장 먼저 정리하면서 고용불안을 직접 느낄 수밖에 없었다. 불황기에는 사내하청 노동자들을 통한 인력 감축으로 고용의 탄력성을 확보하고, 호황기에는 사내하청 노동의 활용을 증대시킴으로써 인건비를 절감하고 있다. 더욱이 노동자들은 노동조합의 결성을 통해 고용 및 임금수준의 안정을 꾀할 수 있도록 제도적으로 보호받고 있으나 원청회사에 사실상 종속되어 있는 사내하청 업체의 '도급계약 해지'는 기존의 노사관계의 틀 자체를 무력화하고 있기에 사내하청 노동자들은 '기존의 노사관계의 틀 밖에 존재하는 노동자'일 수밖에 없으며, 이러한 조건에 처해 있는 사내하청 노동자들이 단결하여 노동조합을 결성하여 차별처우 개선 및 고용안정을 요구하는 순간부터 기존의 노사관계는 흔들리게 된다.

3장의 사례연구는 K자동차 OO공장 정규직 노동자 및 사내하청 노동자의 노동과정 및 노동시장의 조건들을 기본적으로 살펴보고, 이 과정에서 나타나는 노동자 간의 차이를 관리하는 원청업체의 이중적 경영전략을 '노동과정의 일원화된 관리전략과 기업내부 노동시장의 이원화된 관리전략'으로 정리하고자 한다. 본 조사를 위해서 K자동차 OO공장의 정규직 노동조합과 비정규직 노동조합, 그리고 생산직 정규직 노동자와 비정규직 노동자의 면접조사가 진행되었다. 노동자들의 기본 현황에 대한 자료는 해당 노동조합이 보유하고 있는 기존의 자료들을 확보하여 검토하였으며 미진한 부문은 면접조사를 통해 보완하는 방식으로 진행되었다.

1. 생산공정 개관 및 하청업체 노동자 현황

일반적으로 자동차 조립공장의 생산과정은 '컨베이어 벨트' 라인을 통한 일괄생산방식으로 진행되고 있다. 기아자동차에서는 시장수요에 효과적으로 대처하기 위해 지난 몇 년간 동일한 라인에서 다양한 차종을 생산하는 혼성생산방식을 추진해왔다. 예컨대 화성공장에는 3개 라인이 가동되고 있는데 1라인에서는 A, 2라인은 B, 3라인은 C와 D차종을 생산하고 있다. 그리고 라인작업 이전 작업으로 엔진생산과 포장, A/T 공정 등의 작업이 진행되는 공장은 따로 운영되고 있다.

자동차 공장의 공정 흐름은 아래 [그림 1]과 같이 프레스를 거쳐 차체생산라인 그리고 도장을 거치는 데 이때 디젤과 가솔린 엔진부품이 들어와 자동차 생산의 핵심공정인 조립공정에 이른다. 품질관리부에서 검사 및 체크를 한 후 출고를 하면 생산된 자동차는 조립 공장에서 완전히 벗어나게 된다. 동시에 이러한 일괄생산방식의 흐름이 끊기지 않고 원활하게 진행될 수 있도록 '서브 라인'이 지원업무를 담당하고 있는데 서브 라인의 경우 '서브' 컨베이어 벨트에 따라 진행되는 경우도 있고 노동을 통해 전체 공정 흐름으로 편입되는 경우도 있으나, 전체적으로 컨베이어 벨트를 통한 생산방식에 종속될 수밖에 없다.12)

12) 자동차 조립공정의 이와 같은 특성상 메인 조립라인 및 서브라인에서 일을 하고 있는 노동자를 간접고용 방식으로 활용하는 것에 대해서는 끊임없는 논란이 있어왔다. 즉 논란의 핵심은 간접고용 방식이 '적법한 (하)도급계약'인가 '불법파견 노동'인가이다. 2004년 12월 노동부에서는 현대자동차의 사내하청 노동활용에 대해 '불법파견 판정'을 한 바가 있으며, K자동차의 경우는 '메인 조립 공정'에 한해서만 불법파견 판정을 내린 바 있다. 이러한 판정에 근거한 검찰의 기소요청에 대해 검찰에서는 불법파견 여부에 대해 '무혐

프레스 → 차체(1, 2, 3라인) → 도장 → 조립 → 품질관리 → 출고

엔진구동(디젤, 가솔린) ↗

[그림 1] 자동차공장의 일반적인 전체 공정 흐름

현재 K자동차 OO공장에서 일하고 있는 생산직 정규직 노동자(조합원) 수는 2006년 12월 말 기준 11,377명이다. 정규직 노동자들은 OO공장 내 3개의 조립공장에서 일을 하고 있으며, 대부분 직접생산업무를 담당하고 있다. 이와 함께 K자동차 OO공장에는 (1차) 사내하청업체가 2007년 2월말 현재 25개가 있으며, 사내하청업체에 고용된 노동자들은 대부분 생산 부문에 종사하고 있고, 일부가 생산 외 부분에 종사하고 있다. 생산부문에서 일하는 사내하청 노동자들의 경우 도장, 구동, 경합금주조, 품질관리, 고객PDI, 조립, 생산관리, KD(knock down)운영팀 등의 작업에 배치되어 일하고 있다. 대부분의 비정규직 노동자들은 생산공정과 직접 관련이 있는 노동자들이 대부분을 차지하고 있다.[13] 컨베이어 벨트 라인에서 직접 일을 하고 있는 노동자보다는 상대적으로 서브라

의' 판정을 내리고서 기소조차 하고 있지 않다. 이에 대해 2007년 6월 7일, 서울중앙지법에서는 현대자동차 아산공장의 사내하청 노동자들의 소송에 대한 판결에서 "자동차 부품 조립공정 중 일부는 일의 완성을 목적으로 하는 도급계약의 대상업무로 적합하지 않다"고 규정하여 자동차 조립공정의 연속성으로 인해 도급업체의 독립성이란 있을 수 없다고 판단하여 사측의 주장을 일축하였다. 이러한 판결은 컨베이어 생산방식으로 진행되는 제조업의 경우에는 하도급 자체가 원칙적으로 불가능하다는 노동계의 주장에 법원이 손을 들어준 것으로 해석할 수 있다.

13) 사내하청 업체 중 비생산부문으로는 외주화된 식당을 운영하는 1개 업체 270명의 노동자가 있다.

인이나 부품서열, 운반 등의 일을 담당하고 있는 노동자들이 많다.

2. 노동과정의 일원화된 관리전략

현재 사내하청 업체들은 형식적으로는 원청업체와 도급계약을 체결하고서 독립적인 업무를 담당하고 있는 형식이다. 제조업에서는 원칙적으로 노동자를 파견하는 것 자체가 불법이기 때문에 '도급계약'이라는 편법을 동원하고 있는 것으로 판단되는데, 이러한 점에서 사내하청 노동자들은 생산공정에 불법파견일 소지가 있다.[14] OO공장에서는 물류, 청소, 포장, 검수, 서열 등의 서브 작업은 거의 모두 비정규직들이 담당하고 있으며, 일부 조립라인에도 하청노동자들이 직접 일을 하고 있는 경우가 있다. 사내하청 노동자들이 정규직과 어떠한 방식으로 같이 일을 하면서 작업장 내에서 자본에 의한 '노동과정의 일원화된 관리전략'을 살펴보도록 하자.

1) 생산공정에 직접 투입된 하청노동자

[그림 1]에서 도장공정을 거친 차체는 컨베이어 벨트를 따라 조립라인으로 넘어오게 된다. OO공장 조립라인의 시작지점은 작업장이 어둡고 공장 내에서 비교적 더운 편으로 작업환경이 좋지 않다. 도장이 막 끝나고서 넘어온 차체에서 가장 먼저 작업하는 노동자들은 13명 정도의 K업체 소속의 하청노동자들이다. 이는 과거에는 정규직 노동자들이 담당했

14) 이 부문에 대해서는 손정순 외(2004)를 참고.

던 업무이면서 동시에 생산공정에 하청 노동자들이 직접 투입되어 있을 하고 있는 경우이다.15) 조립 라인으로 넘어가지 직전인 이 공정에서는 13명 정도의 하청노동자들만 일을 하고 있으며, 12명(한 명은 부품공급)이 자체적으로 업무를 적절히 분담하여 일을 하고 있다. 이러한 점에서 하청노동자들이 독립적인 업무를 담당하고 있는 것이라고 할 수 있을 수 있다. 하지만 이 공정은 컨베이어 벨트 라인의 흐름에 절대적으로 종속될 수밖에 없으며, 이 작업을 담당하고 있는 하청노동자들은 정규직 노동자들의 업무를 단순히 보조하고 있다고 볼 수가 없다. 실제 정규직 노동조합에서도 이 공정을 담당하고 있는 하청노동자들이 직접 생산공정에 투입된 사례로 지적하고 있다. 과거 정규직이 담당하기도 하였지만 이들이 담당하고 있는 일 자체가 조립의 시작으로서 필수적인 공정이기 때문이다.16) 이 공정의 하청노동자들은 대부분 1년 넘게 같은 회사 소속으로 동일한 작업을 하고 있다. 라인작업의 특성상 이들은 쉴새없이 도장공정을 끝나고서 넘어오는 차체에 올라서서 작업을 진행하고 있었는데, 반드시 필요한 핵심적인 작업을 하청노동자들이 담당하고 있는 경우이다. 원청의 관리자들이 작업지시를 명시적으로 하지는 않지만 업

15) 사실 이러한 하청노동자들의 작업이 '조립의 시작'인지, '도장의 마무리'인지 명확하게 구분되지 않는 것 같았다. 하지만 도장작업 후 페인트를 말리는 과정이 끝나고 난 이후의 작업이라는 점에서 조립의 시작으로 보아야 할 것 같으며, 과거에 이 공정을 담당했던 정규직 노동자들은 조립공정 소속이었다고 한다.

16) 실제 이 공정을 담당하고 있는 하청노동자들이 한 차례 작업거부를 한 적이 있었는데, 하청노동자들의 '작업 거부'로 인해 전체 공장 가동이 중지된 적도 있다고 한다. 이러한 점에서 이 공정의 하청노동자들이 단순보조업무를 담당하는 것이 아니라 핵심적이고 필수적인 업무를 담당하고 있다고 말할 수 있다.

무 자체가 원청으로부터 결코 자유로울 수 없기 때문에 원청의 메인 라인에 대한 종속성이 가장 강한 경우로서 사내하청을 활용한 노동과정의 일원화된 관리전략이라고 할 수 있다.

2) 정규직-하청 노동자의 혼용 작업

아래 [그림 2]의 작업 흐름도는 조립1부의 작업 중에서 최종단계에 해당하는 몰드라인의 인원배치 현황을 단순화하여 나타낸 것이다. 이 라인은 컨베이어 벨트에서의 조립이 끝난 이후 자동차 옆의 액세서리 부착과 흠집 방지를 위한 래핑(wrapping) 작업으로 크게 구분할 수 있고, 조립의 '마감 작업'으로서 포장이라고도 할 수 있을 것이다. 연속적으로 이어져 있는 라인에서 전자의 작업은 정규직이, 그리고 후자의 작업은 하청노동자들이 담당하고 있으며, 라인에서 정규직과 하청노동자들이 함께 근무하고 있었다.

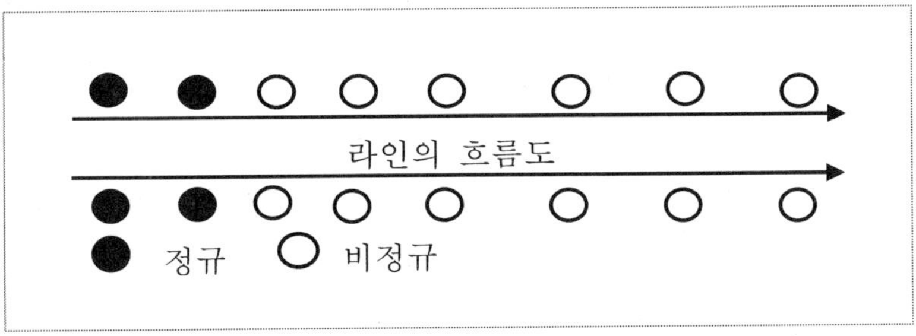

[그림 2] 몰드라인의 인원배치 현황

앞쪽의 검정색 원은 정규직 노동자이고, 뒤쪽의 흰색 원은 S업체 소속의 노동자들이다. 정규직 노동자들은 자재를 공급받아 SUV 차량의 바퀴 위에 장식물을 부착하는 작업을 두 명의 작업자가 양쪽에서 작업을 반복해서 하고 있다. 이 작업이 끝나면서 자동차가 컨베이어 벨트 위에서 서서히 앞으로 나가면 양쪽에서 두 사람의 하청 소속 노동자들이 SUV 차량의 위쪽에 있는 틀을 고정한다. 그리고 다음 노동자가 비닐을 자르면 위쪽으로 올라선 하청노동자 두 사람이 자동차 상판에 비닐을 래핑한다. 그리고 또 올라서 있는 노동자는 기포 등이 생기지 않고 비닐이 깨끗하게 붙어있도록 쓸어내려 준다. 자동차는 계속 서서히 흘러가면서 차 앞쪽을 다시 네 명의 하청 노동자가 차 앞부문을 래핑하고 2명의 노동자들이 보조를 하고 있었다. 특별한 기술이 필요하지 않는 몰드 라인 작업에서 정규직과 하청노동자들의 업무 구분은 사실상 무의미하다고 할 수 있다. 또한 생산의 마지막 공정인 포장 작업에는 정규직 노동자들이 배치되는 경우들도 많은데 작업을 진행하고 있는 위치만 달리하고서 정규직과 하청노동자들이 동일한 작업을 하는 경우들도 곳에서도 발견되었다. 특히 동일한 작업을 정규직과 하청이 하는 경우에는 원청의 관리자들이 작업지시를 하는 경우가 다반사였다.

사내하청 노동자들이 과거 정규직의 조립업무를 담당하는 경우와 정규직과 함께 혼성작업을 하는 경우를 살펴보았다. 이러한 점에서 자동차회사의 노동과정의 전반적인 관리와 통제는 원청회사에서 정규직 노동자들에 대한 관리·통제와 직접적으로 이어져 있으며, 따라서 제조업 사내하청의 활용은 불법임에도 불구하고서 원청회사의 일원화된 노동과정에 대한 관리전략 속에서 위치지워지고 있음을 알 수 있다. 이러한 점에서 컨베이어 벨트 시스템을 통한 일괄생산방식 하에서 노동과정상의 이원적 관리·통제는 사실상 불가능한 것일 수 있는 것으로 보인다.

3. 기업내부노동시장의 이원화된 관리전략

과거 정규직 노동자들을 중심으로 공장을 운영하고 청소 등의 일부 작업에 사내하청업체 소속 노동자들을 활용하였다면, 현재 생산공정에 사내하청 노동자들을 활용하게 되면서 아무개 자동차회사의 작업장 관리전략은 새롭게 재편될 필요성이 제기된다. 특히 앞서 지적한 바와 같이 생산공정에 하도급 계약을 통한 하청업체 노동자들을 활용하는 것은 불법파견의 시비에 휘말릴 가능성이 크기 때문에 새로운 관리전략의 필요성은 더욱 절실하다고 할 수 있다. 아무개 회사에서는 컨베이어 벨트 시스템으로 운영되는 작업장에서는 원활하고 효과적인 관리를 위하여 사내하청 노동자들까지도 포함한 일원화된 관리전략이 필요하고, 하청업체 노동자들의 불법파견 시비를 벗어나기 위해서 기업내부 노동시장에 대해서는 이원적인 관리전략이 필요하게 되는데 이는 현실과 기존의 법 사이의 모순에서 발생하게 되는 문제라고 할 수 있다. 이러한 기업내부노동시장의 관리전략은 다시 작업의 진행과 관련한 인사·노동시간의 결정에서의 이원화된 관리와 사내하청 노동자들의 임금결정과 관련한 노동시장의 이원적 관리의 내용을 살펴보도록 하자.

1) 사내하청 노동자들의 인사 · 노동시간 결정 실태: 형식적인 이원화된 관리전략

과거에는 원청회사인 K자동차회사에서 하청노동자들에 대한 보다 직접적인 통제를 하고 있었으나 최근에는 위장도급이나 불법파견의 문제로 인해 직접적인 통제방식은 동원하고 있지 않다. 따라서 채용과 관련한 문제에서는 하청업체에게 일정 정도 재량권을 넘겨주고 있다. 우선 사내하청 노동자들의 근로조건과 관련해서 살펴보면 하청노동자들은 근로계약서를 작성하고 있으나 내용을 제대로 알고 있는 경우가 거의 없다. 하청업체에서는 근로계약서에 서명을 하라고는 하지만 자세하게 근로계약서를 보는 것을 꺼리고 있으며 취업규칙을 공개하는 경우도 거의 없다. 다만 구두로 노동시간, 임금 등 몇 가지 사항에 대해서만 사내하청노동자들에게 통보할 뿐이며, 계약기간은 6개월 혹은 1년 단위로 이루어지고 있었다. 퇴직금은 1년 계약이 종료될 때 받을 수도 있고, 완전히 그만둘 때 받을 수도 있었다.

그리고 사내하청업체의 조·반장들이 하청노동자들의 작업공정에 대한 배치를 형식적인 차원에서 담당하고 있으나 작업관리는 하지 않고 있는데, 이는 하청업체에서 작업관리를 하는 것이 사실상 불가능하기 때문인 것으로 판단된다.[17] 하청업체 관리자들이 있지만 생산공정에 대해서는 전혀 개입할 수 없는 구조적 상황에서 근태관리나 업체 소속 노동자들의 불편한 점을 해결해주는 것 이상의 전반적인 관리나 통제는 불가능하기 때문이다. 그럼에도 사내하청업체 관리자들에게 영향력을 행사하는 방식으로 간접적인 통제(indirect control)를 하고 있으면서 형식적으로는 재량권의 부여를 통한 이원적인 관리·통제를 진행하고 있다.

안전교육을 비롯한 각종 교육은 사내하청업체에서 자체적으로 진행하고 있는 것으로 조사되었는데, 원청에서 정규직 노동자들을 교육하여 라인이 멈추는 시간에 하청업체에서는 자체 교육을 진행하는 것이 가능하며, 하청업체에서 자체적으로 시간을 확보해서 교육을 진행하는 경우는 거의 없다. 그리고 사내하청 노동자들은 동일한 업무를 계속 담당하지만 업체가 변경되는 경우들이 많은데 이와 같은 업체의 변경에도 불구하고 동일한 일을 지속적으로 전담하고 있을 수 있는 것은 원청에서 사실상 하청업체 소속 노동자들에 대한 직접적인 지배 및 지휘 감독권을 행사하고 있기 때문이다. 이러한 상황에서 노동자들의 의사와는 전혀 무관하게 업체가 변경되면서 근속년수를 인정받지 못하면서도 형식상 신규고용이 되어 노동자들에게 불리한 경우들이 나타나고 있다. 그리고 신규 하청업체의 사장들은 전직 K자동차회사의 임원이나 관리자인 경우가 꽤 있는데, 이는 K자동차회사에서 사내하청

17) 사내하청업체들은 대부분 OO공장 내에 사무실을 두고서 사내하청노동자들을 관리하고 있다. 하지만 사내업체가 아예 다른 도시에 사무실을 구해놓고서 인사관리, 경리업무, 임금지급 등의 업무를 외부의 업체 사무실에서 일괄적으로 관리하면서 업체 노동자들만 '파견'하는 경우도 있었다.

업체에 대한 원활한 통제와 관리의 용이성을 고려한 측면도 있는 것으로 보인다.

2) 정규직과 사내하청의 임금체계의 차이: 실질적인 이원화된 관리 전략

정규직 노동자들의 임금은 우선 기본급을 살펴보면 기본급은 학력, 군경험, 동종의 타사경험, 자격증유무에 따라서 호봉이 책정되고 있으며, 매년 2호봉씩 자동승급되며, 승진여부에 따라서 급수가 결정되며 이를 바탕으로 기본급의 인상이 노사간 임금협상을 통해 매년 결정되고 있다. 그리고 기본급 외에 공식적으로 상여금 700%가 지급되며, 설과 추석에는 별도로 80만 원의 귀향비와 추석에 10만 원의 유류지원비가 지급되고 있다. 생산직 노동자의 경우 급여체계는 아래의 [표 1]과 같다.

총 급여체계	기본급+직급+직급제+직책+근속+본인+복지+화성+콘베어(보건위생)+라인+자격+교대+가족+연장+심야+휴일근로
통상임금	기본급+직급+직급제+직책+근속+본인+복지+화성+콘베어(보건위생)+라인+자격+교대수당
연장근로	[(기본급÷240)+(통상수당÷226)]×1.5×연장 근로시간
심야근로1	[(기본급÷240)+(통상수당÷226)]×0.5×총 심야 근로시간
심야근로2	(통상수당÷226)×심야근로시간(야간 정규 근로시간 중 심야근로시간)
상여금	[(통상임금+(연장근로 30HR×1.5)]×지급율
연월차	(통상임금÷30)×1.5×연월차 미사용 일수

[표 1] K자동차 정규직의 임금체계

직급수당은 기성(35,000), 기성보(30,000), 기장(25,000), 기장보(15,000), 기사(10,000), 기사보(5,000)로 구분

직급제수당은 근속 4년 이상(17,000), 근속 8년 이상(32,000), 근속 13년 이상(52,000)으로 구분

직책수당은 기성(150,000), 기성보(120,000), 기장(120,000), 주임(75,000), 반장(55,000), 조장(35,000)으로 구분

근속수당은 1년 이상(15,000), 2년 이상(20,000), 3년 이상(30,000), 5년 이상(40,000), 7년 이상(50,000), 9년 이상(60,000), 12년 이상(70,000), 15년 이상(80,000), 17년 이상(90,000), 20년 이상(100,000)으로 구분

본인수당(18,000)은 전직원에게 일괄 지급

복지수당은 A등급부터 F등급까지 구분(47,000-42,000-35,000-28,000-25,000-22,000)

화성수당은 1년 미만(18,824)과 1년 이상(31,373)으로 구분

콘베어수당은 A급(40,000), B급(13,000)으로 구분

보건위생수당은 광주공장만 해당

라인수당은 A급(50,000), B급(35,000)으로 구분(도장, 차체, 조립에 해당)

자격수당은 관청등록자(20,000), 직훈교사(30,000) 수당이 있음.

교대수당은 월 6일 이상 야간근무시 6,000원 지급

가족수당은 부모, 배우자, 자녀에 각 10,000원

반면 25개 업체 소속으로 일하고 있는 사내하청 비정규직 노동자들은 A~E 등급 까지 5개 등급으로 구분되어 일을 하고 있는 위치에 따라서 각각의 노동자들이 별도의 시급을 적용받고 있다. 5개 등급의 구분은 K자동차 원청에서 자체적으로 평가한 노동강도 및 스트레스 정도에 따라서 구분되고 있는 것으로 사내하청 노동자들은 알고 있으나 구체적인 근거나 객관적인 기준은 전혀 알고 있지 못하다. 시급 결정에 있어서 중요한 점은 업체별로 등급을 받아서 업체 소속 노동자들은 동일한 시급을 적용받는 것이 아니라 업체에 소속된 노동자들이 직접 담당하고 있는 공정에 따라서 등급이 결정되는 것이다. 따라서 한 업체에 소속되어 있는 노동자라도 하는 일에 따라서 다른 시급을 적용받고 있기에 업체별 평균 시급은 사실상 무의미하고 하청노동자의 업무 등급별 평균시급을 비교하는 것이 타당한 것으로 보인다.[18)]

사내하청 노동자들의 임금체계는 <기본급+근속수당+연장근로수당 및 특근수당+상여금(짝수달)>으로 구성되어 있으며, 이 중 기본급은 등급별로 85~100만 원까지 받으나 대부분의 하청노동자들의 기본급은 85~95만 원 사이에서 결정되고 있다. 그리고 통상급여는 기본급과 근속수당만이 해당되며, 통상급여가 정규직보다 낮기 때문에 통상급을 기초로 지급되는 성과급, 휴가비 등에서도 차별을 당할 수밖에 없다. 이처럼

18) 아울러 동일한 공정에서 동일 혹은 유사한 업무를 담당하고 있다고 하더라고 업체별, 근속기간별, 스테이션별로 임금의 차이가 나타나고 있어서 일괄적으로 하청노동자들의 임금 특성을 드러내는 것은 불가능한데, 이러한 다양한 변인에 의한 임금(시간급)의 차이는 하청노동자 내부의 이질성을 높이는 기능을 하고 있는 것으로 추정된다.

(상대적으로 간결한) 사내하청 노동자들의 임금구조는 각종 명목의 수당들이 존재하는 정규직 및 타 자동차회사의 비정규직 노동자들과도 차이가 있다. 한편 업체에 지급하는 도급단가의 내용에 대해서는 도급계약 내용을 알지 못하기에 전혀 파악을 하고 있지 못하다. 과거 임률도급(人도급) 방식으로 도급단가를 지급했으나, 지금은 임률도급과 함께 물량도급으로 기성금을 지급하고 있는 경우도 있다고는 알고 있으나 물량도급으로 지급하는 경우 기준과 업무량 평가의 기준이 무엇인가를 비정규직 노동자 및 비정규직 지회에서는 전혀 알고 있지 못한 상황이다.

이러한 임금체계의 차이를 바탕으로 정규직과 비정규직 노동자의 임금격차를 비교해보자. 임금격차를 비교하기 위해서는 우선 비교가 가능할 수 있는 객관적으로 동일한 작업조건에서 일을 할 때 나타나는 임금격차를 살펴보아야 할 것이다. 이를 위해 객관적인 조건을 우선 살펴보도록 하자. 현재 정규직 노동자들과 비정규직 노동자들의 근무시간, 근무일수는 동일하며,[19] 주5일 근무제 적용여부도 사내하철 노동자들은 원청인 K자동차와 동일하게 적용을 받고 있어 객관적인 근무조건에서는 정규직과 사내하청의 차이는 존재하지 않고 있다.[20] 다음으로 동종 유사업무를 수행하고 있는 정규직과 사내하청

19) 잔업량에서는 차이가 날 수 있는데, 이는 고용형태에 따른 차이라기보다는 노동자들이 하고 있는 공정의 업무에 따른 차이라고 한다. 대체로 차제, 도장, 조립라인의 잔업이 적고 그 외 공정의 잔업량이 상대적으로 많은 편이라고 한다.

20) 과거 하청만 주5일제 적용을 받지 못하는 경우 토요일 근무를 하는 경우 휴일근무수당을 받을 수가 없었다고 한다.

의 임금의 차이를 살펴보도록 하자. 컨베이어 벨트에서 직접 업무를 담당하고 있는 대표적인 업무인 조립라인에서 근무하고 있는 사내하청 노동자와 정규직 노동자의 임금을 입사초임과 근속 5년차에서의 차이를 살펴보도록 하자.[21] 마지막으로 비교 대상인 노동자의 객관적인 조건을 동일하게 가정하여 살펴볼 필요가 있다. 생산직 조립라인에서 기본업무량(1일 8시간 근무+2시간 잔업)을 성실히 이행한 것을 가정하여(휴일근무는 없음) 1)미혼남성 공고졸 군필(24개월 이상) 1년차를 기준, 2)기혼 1자녀 공고졸 군필(24개월 이상) 5년차를 기준에 따라서 정규직과 사내하청의 임금구조의 차이를 살펴보도록 하자.

21) 조립업무의 경우 노동자 개개인마다 업무는 같을 수가 없지만 '조립작업'이라는 점에서 동일하다고 볼 수 있다. 조립작업을 하는 정규직들도 노동자마다 담당 업무는 다르지만 수당에서 차이는 없다. 하지만 다른 도장이나 차체 작업을 하는 다른 부서와의 수당 차이는 현존하며 이러한 수당의 차이는 인정되고 있다. 이러한 점에서 조립 작업 내에서 정규직과 사내하청의 경우 고용형태상의 차이는 있지만 '조립' 작업 내에서의 차이는 무시하고 비교가 가능하다고 판단된다.

	입사초임		격차	근속5년		격차
	정규직	사내하청		정규직	사내하청	
기본급	1,200,270	918,720	76.5%	1,244,580	918,720	73.8%
직급제수당	0	0		17,000	0	
직급수당	0	0		0	20,000	
근속수당	15,000	0		40,000	0	
본인수당	18,000	0		18,000	0	
복지수당	22,000	0		35,000	0	
화성수당	18,824	0		31,373	0	
콘베어수당	40,000	0		40,000	0	
라인수당	40,000	0		40,000	0	
자격수당	20,000	0		20,000	0	
교대수당	6,000	0		6,000	0	
통상임금	1,380,094	918,720	66.6%	1,491,953	938,720	62.9%
통상시급	5,750	3,828	66.6%	6,216	3,911	62.9%
가족수당	0	0		20,000	0	
연장수당(40시간)	345,024	229,680	66.6%	372,988	234,680	62.9%
심야수당(88시간)	253,017	168,432	66.6%	273,525	172,099	62.9%
고정상여(월할)	968,420	487,231	50.3%	1,034,079	497,293	48.1%
성과상여(월할)	513,847	331,116	64.4%	541,986	336,147	62.0%
연월차수당	126,509	84,216	66.6%	167,845	105,606	62.9%
월평균임금	3,586,910	2,219,395	61.9%	3,902,375	2,284,545	58.5%

[표 2] K자동차 정규직과 비정규직의 임금구조의 차이 및 격차

· 사내하청 기본급은 조립라인(B급) 노동자들의 2007년 평균 시급 3,828원으로 계산.

· 연월차수당은 단협의 규정대로 초임 22일, 근속5년 27일로

각각 계산하여 월할 하였음.
· 연장수당과 심야수당은 각 40시간, 88시간으로 계산. 고정상여는 정규직은 700%+190만 원 비정규직은 600%+30만 원, 성과상여는 정규직은 300%+200만 원, 비정규직은 300%+120만 원.
*· 격차는 (사내하청/정규직)*100임.*

이처럼 정규직과 사내하청 노동자들은 동일한 공장 내에서 일을 하고 있음에도 불구하고 서로 다른 임금체계와 임금의 차이가 있음을 확인할 수 있으며, 이와 같은 임금체계의 차이는 동일 사업장에서 일을 하고 있는 정규직과 사내하청 노동자들에 대한 이원적인 관리체계라고 말할 수 있을 것이다.

원청에서는 하청업체들에 대한 직접적인 평가는 하고 있지는 않다. 이는 K자동차회사에서 자체적으로 모든 하청업무를 직종에 따라서 '도급' 금액을 결정해 두고 있으며 해당업무에 따라서 책정된 도급금액(기성금)을 지급하기만 하면 되기 때문인 것으로 판단된다. 다음의 [표 3]은 조금 시간이 지났지만 원청인 K자동차에서 2003년도에 작성한 사내 창고업무를 담당하는 하청노동자들의 인건비 지급기준으로서 노동조합에서 확보하고 있는 임률표의 한 사례이다.[22]

---

22) 이는 지난 몇 년 동안 사내하청 노동의 불법파견 논란이 있은 후 원청인 K자동차에서 직접 사내하청 노동자들을 관리하고 있다는 예시가 될만한 자료들을 외부로 유출하지 않기 때문에 자료확보의 어려움으로 인해 시간이 좀 지난 임률표를 살펴보는 것으로 대신하고자 한다.

항목	조반장	서열/상하역/운송/공급	주간	전산/긴급대응대차/경비/환경/공용기	지급 내역
시급	3,670	2,913	2,913	2,552	(기본일급/8시간)
통상시급	3,902	3,163	3,163	2,802	(기본일급/8+반영수당합/240)
일급	29,360	23,304	23,304	20,416	
기본급	880,800	699,120	699,120	612,480	일급*30일
연장수당	246,960	199,369	199,369	176,526	통상시급*2시간*21*1.5배
심야수당	156,800	126,520		112,080	통상시급*8*10*0.5
통상시급 반영수당	60,000	60,000	60,000	60,000	본인(10000), 근속(20000). 가족 · 기능(각 15000)
통상시급 미반영수당	60,000	60,000	60,000	60,000	라인수당, 복지수당(각 30,000)
월급여	1,404,560	1,144,909	1,018,389	1,021,086	
상여금	440,400	349,560	349,560	306,240	기본급*600%/12
년월차수당	807,40	64,086	64,086	56,144	통상시급*8*22/12*1.5
퇴직충당금	160,475	129,880	119,336	115,289	(월급+상여+년월차)/12
인건비 계	2,086,175	1,688,435	1,551,371	1,498,759	
월지급 인건비	1,844,960	1,494,469	1,367,949	1,327,326	인건비계-(년월차수당+퇴직충당금)
의료보험료	32,737	26,495	24,345	23,519	(급여+상여+년월차)*1.7%
국민연금	86,657	70,135	64,442	62,256	(급여+상여+년월차)*4.5%
산재보험료	28,886	23,378	21,481	20,752	(급여+상여+년월차)*1.5%
고용보험료	21,183	17,144	15,752	15,218	(급여+상여+년월차)*1.1%
피복비	6,000	6,000	6,000	6,000	기아지급기준
간식비					실물지급
식비					실물지급
통근료					실물지급
안전보건 관리비	6,250	6,250	6,250	6,250	산업대행수수료, 건강검진비
기타비용	10,740	10,740	10,740	10,740	일반관리비(기아기준 적용)
복리후생비	192,452	160,143	149,009	144,735	
인건비 계	2,278,627	1,848,577	1,700,380	1,643,495	
적용인건비	2,278,627	1,848,577	1,700,380	1,643,495	
일반관리비/이윤	346,351	280,984	258,458	249,811	적용인건비×15.2%
인당도급비	2,674,978	2,129,561	1,958,838	1,893,306	특근비 별도
인당월평균 M/H	208	208	208	208	
시간당임률	12,620	10,238	9,417	9,102	

(단위 : 원)

[표 3] 2003년 K자동차 EPOT(창고)부문 사내하청 인건비 산출기준(임률표)

위의 [표 3]을 통해서 알 수 있는 점은 원청인 K자동차회사에서는 정규직 임금체계와는 다른 사내하청 노동자들을 위한 독자적인 임금체계를 설계하여 사내하청 업체에게 형식적으로 '도급금액'을 지급하고 있으면서 사내하청 노동자들의 임금을 실질적으로 관리·통제하고 있다는 점이다. 이는 앞서 지적한 노동과정에서의 일원화된 관리전략과 달리 기업내부 노동시장에서 노동자들의 사용에서는 이원화된 관리전략을 완벽하게 지향하고 있음을 알 수 있다.[23)]

한편 이러한 임률도급 방식을 통한 내부노동시장의 이중화된 관리전략이 위법의 소지가 있을 가능성이 제기되고 있다. 법적으로 도급은 도급업체에서는 할당된 금액을 원청업체로부터 받은 이후에는 자체적으로 필요한 인력을 모집하여 관리·감독을 진행하면서 도급업체 업주가 자체적으로 이윤을 확보하는 방식이어야 할 것이다. 하지만 오늘날 자동차회사는 컨베이어 벨트를 통한 적기생산방식(JIT)이기 때문에 사실상 완전한 도급시스템을 통한 자체 운영이 불가능하다. 건설업과 비교하면 하도급업체에서는 정해진 인건비를 통해 이윤을 확보할 것인지, 아니면 공사기간을 단축해서 이윤을 확보할 것인가를 스스로 결정할 수 있다. 하지만 제조업 사내하청의 경우는 정해진 물량을 처리하는 것이 아니라 공장 전체의 생산량과 생산속도에 좌우될 수밖에 없는 상황이기 때

23) 이러한 노동시장에서의 이원화된 관리전략을 추구하는 가장 큰 이유로는 인건비절감 및 불황기의 인원조정의 용이성 등 소위 '노동시장의 유연성'을 확보하기 위한 것이라는 점은 쉽게 짐작할 수 있다.

문에 하청업체가 물량도급을 통해 경영상의 독립성을 유지하는 것이 사실상 불가능하다. 이러한 점에서 원청에서 '임률도급' 방식으로 하청업체에게 기성금을 지급한다는 것 자체가 사내하청업체의 경영상 독립도 불가능하며, 관리·감독의 측면에서도 생산라인에 종속될 수밖에 없다.

따라서 K자동차회사에서는 임률도급 방식으로 사내하청 노동자들의 임금을 인원수에 따라서 계산하여 지급하고 있으나, 이러한 문제들을 해결하기 위해서 2003년 말 이후 물량도급으로 전환을 시도하고 있다. 사내하청 노동자 임금의 이원화된 관리전략으로 새롭게 등장하고 있는 물량도급 방식의 기성금지급에 대해서 살펴보도록 하자. 아래의 표는 회사측의 물량도급 전환검토를 위해 작성한 문서이다.

1. 산출기준

매 6개월 단위 계약시 전 6개월 실적(비용, 생산대수, 가동률)을 기준으로 물량단위 비용 산정 후 가동률 보정

2. 정산방법

1) 물량도급 해당단가 = Σ전반기(6개월)도급 기성금 지급금액 ÷ Σ전반기(6개월) 생산실적

2) 도급비 = 해당월 생산실적 × 물량도급단가/대 × 가동률 보정률 + (특근생산 보정대수×물량도급단가)

가) **가동률 보정** = 전반기(6개월) 평균가동률 ÷ 해당월 가동률, 의장기준 가동률 적용

나) **특근생산보정**(대수) = Σ해당월 생산대수× 1.9% × (Σ해당월 특근 생산대수× (55%÷ 해당월 특근가동률) Σ해당월 특근 생산대수 - Σ전반기 월평균 특근생산대수) ÷ UPH × 10HR × 55%)

3. 도급시스템 입력방법 - IPMS

▶ 해당월의 생산대수 및 가동률 확인

▶ **가동률 보정기준 확인 후 최종물량 입력**

(부서장 결재 후 시스템 입력)

※ 강조는 인용자

[그림 3] K자동차 물량도급 전환검토의 내용(2003년 12월)

K자동차회사에서는 6개월 단위로 하청업체(도급업체)와 계약을 체결하면서 물량도급으로의 전환을 시도하고 있다. 하지만 앞서 지적한 바와 같이 하청업체가 자체적으로 물량

을 확보하여 일을 하는 구조가 아니라 원청의 자동차 생산량에 연동하여 할당되는 '물량'이 정해지는 방식이기 때문에 완전도급이란 라인 작업에서 사실상 불가능한 생산구조이다. 그럼에도 물량도급 전환과정에서 하청업체 노동자들이 적정임금을 유지할 수 있도록 하기 위해서 원청에서는 위의 표에 나온 것과 같이 '가동률 보정'이라는 일종의 '사후정산' 방식을 통해 적정임금까지 계산해 주고 있다. 이러한 물량도급 방식을 통해 K자동차회사에서는 사내하청노동자들에 대한 실질적인 이원화된 관리체계를 구축하려고 시도하고 있다. 따라서 원청에서 물량도급 방식으로 전환하고자 하지만 물량의 변화에 따라서 '가동률 보정'이라는 '숫자놀음'을 통해 하청업체에 지급하는 임금을 완벽하게 통제·관리하고 있음을 알 수 있다. 이는 또한 직접 생산라인에서 완전한 물량도급으로의 전환이 회사측의 의도와 달리 사실상 불가능하다는 것을 역으로 암시하고 있는 것이다. 이러한 점에서 아무개회사가 물량도급으로의 전환을 검토하면서 제시한 '가동률 보정'이라는 방식 자체가 편법적인 운영이며, 하청업체는 물량도급이든 임률도급이든 경영상의 독립성은 있을 수 없음을 알 수 있으며, 어떠한 기성금 지급방식이든 K자동차회사는 사내하청 노동자들의 임금에 대해서는 실질적인 이원화된 관리전략을 추구하고 있음을 알 수 있다.

IV. 소결

자동차회사의 경영관리 전략은 노동과정에서는 일원화를 통한 생산의 효율성 증대와 비용절감 및 유연성 확보, 기업 내부노동시장에서는 불법파견의 시비를 줄이기 위한 형식적·실질적인 이원화된 관리로 정리할 수 있으며 다음의 [그림 4]와 같이 나타낼 수 있을 것이다.

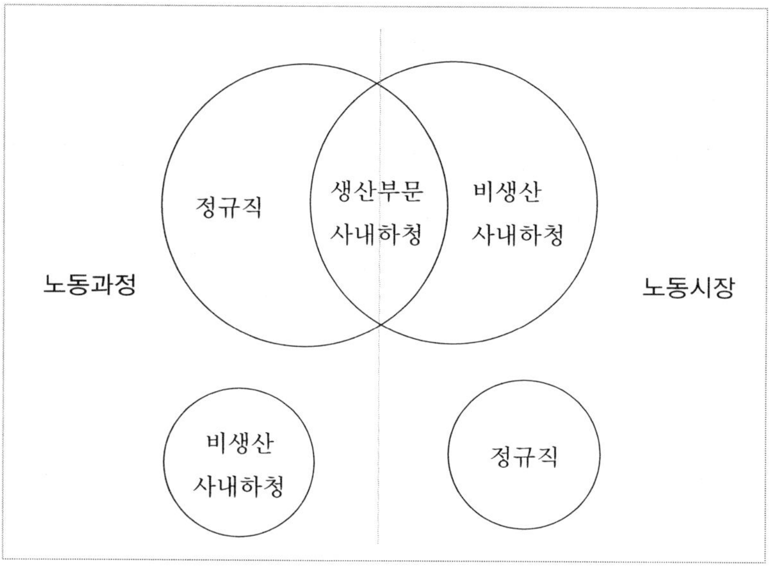

※ 노동시장에서의 구분은 정규직과 사내하청의 관리전략이 다르다는 점에서 배타적으로 표현하였으나 특정한 기업 내부 노동시장에 포함되어 있다는 점은 동일하다.

[그림 4] 생산부문 사내하청 노동자의 중첩적 분할

사내하청 노동자들을 둘러싼 고용관계의 복잡성은 회사 차원에서 노동과정과 노동시장에 대해 전면적이고 새로운 전략이 필요하게 되었다. 사내하청 노동자들은 법률적인 관점에서 다면적 고용관계에 놓여있다. 사내하청 노동자는 한편으로는 공식적인 고용주인 하청업체에 의해 피고용되어 그들의 노동 대가로서 임금 등을 지급받기는 하나, 다른 한 편으로는 그들의 노동력을 실질적으로 사용하는 주체는 원청업체이다. 소위 '혼성작업조직'의 경우에 사내하청 노동자들은 일상적인 직무수행과정에서 원청인 정규직 노동자들과 동료관계를 형성·유지하게 되며, 정치사회적 여건과 직영노조 및 비정규노조의 대응방식 등에 따라 우호적이거나 배제적인 관계가 조성될 수 있는 상황이다. 따라서 하도급 구조하에서 노동과정에서는 직접 함께 일을 하면서 기업의 내부노동시장에서는 분절이 나타나고 격차가 심화되어 사회적인 갈등으로까지 나타나고 있다. 제조업에서 인건비 절감이라는 이유로 활용되기 시작한 사내하청 노동자들의 활용은 이와 같이 노동과정과 노동시장의 구조변화에서 새로운 양상들을 보여주고 있다는 점에서 특징적인 점을 찾을 수 있으며, 앞으로 제조업에서의 중첩적인 분할에 대해 보다 확장된 관심이 필요할 것이다.

참고문헌

· 강현아. 2004. "작업장에서 비정규 노동자 배제에 관한 사례 연구: 사내하청노동자를 중심으로." 『산업노동연구』 제10권, 제1호.

· 권혜자. 1996. 『비정규 노동자의 실태와 노동운동』. 한국노총 중앙연구원.

· 김소영. 2001. 『고용형태 다양화와 법 · 제도 개선과제』. 한국노동연구원.

· 김왕배. 2001. 『산업사회의 노동과 계급의 재생산』. 한울.

· 김유선. 2001. "비정규직 노동자 규모와 실태." 『노동과 사회』 제54호.

· 남재량 · 김태기. 2000. "비정규직, 가교인가 함정인가?" 『노동경제논집』 제23권, 제2호.

· 노진귀. 2000. "비정규직 노동자 보호를 위한 입법정책 방향." 『현대노사』.

· 류재우 · 김재홍. 2000. "근래의 상용직 비중 변화의 양상과 요인." 제2회 한국노동패널학회 발표논문.

· 박기성. 2001. "비정형근로자의 측정과 제언." 한국노동경제학회 동계 학술세미나 발표논문.

· 박인상. 2000. 『비정규 노동자 보호를 위한 정책과제』. 2000년 국정감사 정책자료집.

· 박종식 · 남우근 · 이혜수 · 엄재연 · 신승혜. 2007. 『금속산업

노동시장 및 금속노조 비정규실태 연구보고서』. 전국금속노조 · 한국비정규 노동센터.

· 배진한. 2001. “비정형근로자 증가의 원인과 전망.” 한국노동경제학회 동계 학술세미나 발표논문.

· 비정규 노동자공동대책위원회. 2001. 『비정규 노동자 권리 확보를 위한 백서』.

· 사회진보연대(2000), 『신자유주의와 노동의 위기: 불안정노동 연구』, 문학과학사.

· 손정순 · 박종식 · 강선희. 2004. 『금속산업 비정규직 규모현황 및 불법파견 실태조사』. 전국금속산업연맹 · 전국금속노조 · 한국비정규 노동센터.

· 안주엽 외. 2001. 『비정규근로의 실태와 정책과제(I)』. 한국노동연구원.

· 안주엽. 2001. “정규근로와 비정규근로의 임금격차.” 『노동경제논집』 제24권, 제1호.

· 윤진호 · 정이환 · 홍주환 · 서정영주. 2001. 『비정규 노동자와 노동조합』. 전국민주노동조합총연맹.

· 윤정향. 2003. “비정규직 노동자의 사회적 보호 배제의 원인에 관한 시론적 고찰.” 『사회보장연구』 제19권, 제1호.

· 윤정향 · 조은주 · 박승흡 · 박영삼 · 손정순 · 박종식. 2003. 『한국의 비정규직 노동자』. 한국노총중앙연구원.

· 이각범. 1989. 『현대자본주의와 노동시장』. 한울.

· 이병훈. 2003. "비정규 노동의 작업장 내 사회적 관계에 관한 사례 연구." 『경제와 사회』 제57호.

· 이병훈 · 윤정향. 2001. "비정규 노동의 개념정의와 유형화에 관한 연구." 『산업노동연구』 제7권, 제2호.

· 이성균. 2001. "경제위기와 노동시장 지위변동: 계급적 지위와 종사상 지위를 중심으로." 『산업노동연구』 제7권, 제2호.

· 임상훈. 2004. "자동차부품산업의 고용관계." 조성재 외. 2004. 『자동차산업의 도급구조와 고용관계의 계층성』. 한국노동연구원.

· 정건화. 2003. "노동시장의 구조변화에 대한 제도경제학적 해석: 내부노동시장의 이완과 비정규 노동의 증가." 『경제와 사회』 제57호.

· 정이환. 2000. "주변 노동자의 동원화 조직화." 『한국사회학』 제34권, 제4호.

· 정이환. 2002. "비정규 노동의 성격과 그 요인." 『한국사회학』 제36권, 제1호.

· 정이환. 2003. "분단노동시장과 연대: 정규 · 비정규 노동자간 연대의 연구." 『경제와 사회』 제59호.

· 정인수. 1998. 『파견근로의 실태와 정책과제』. 한국노동연구원.

· 최경수. 2001. "비정형근로자 규모의 국제비교." 한국노동경제학회 동계 학술세미나 발표논문.

· 한국경영자총연합회. 2000. "비정규직 근로에 관한 경영계의 입장."

· 한국노동연구원. 2001a. "비정규근로의 정의 –『경제활동인구 부가조사』." (미발간자료)

· 한국노동연구원. 2001b. "선진국의 비정규근로 현황과 정책추이." (미발간자료)

· 한준 · 장지연. 2000. "정규/비정규 전환을 중심으로 본 취업력(work history)과 생애과정(life-course)."『노동경제논집』 제23집.

· 홍장표. 2004. "자동차산업의 도급구조." 조성재 외. 2004.『자동차산업의 도급구조와 고용관계의 계층성』. 한국노동연구원.

· Atkinson, J. 1985. "Flexibility or Fragmentation?" Labor and Society Vol 12, No. 1.

· Barker, Kathleen and Kathleen Christensen eds. 1998. *Contingent Work: American Employment Relations in Transition.* Ithaca: ILR Press.

· Cappelli, Peter. 1999. *The New Deal of Work: Managing*

(*he Market Driven Worforce*). Cambridge: Harvard Business School Press.

· Carre, Francoise, Marianne Ferber, Lonnie Golden, and Stephen Herzenberg eds. 2000. *Nonstandard Work: the Nature and Challenges of Changing Employment Arrangements.* Industrial Relations Research Association.

· Cordova, Efren. 1986. "From Full-time Wage Employment to Atypical Employment: a Major Shift in the Evolution of Labor Relations?" *International Labour Review* Vol. 125, No. 6.

· Doeringer, Peter and Michael Piore. 1971. *Internal labor Marker and Manpower Analysis.* Lexington: D.C. Heath.

· Edwards, Richard. 1979. *Contested Terrain: the Transformation of the Workplace in the Twentieth Century.* New York: Basic Books, Inc.

· Herzenberg, Stephen, John Alic, and Howard Wial. 2000. "Nonstandard Employment and the Structure of Postindustrial Labor Markets." Carre, Francoise et al. *Nonstandard Work: The Nature and Challenges of Changing Employment Arrangements.* Industrial Relations Research Association.

· MacKenzie, R. 2000. "subcontracting and the regulation of

the employment relationship." Work, *Employment and Society* Vol. 14, No. 4.

· Osterman, Paul ed. 1984. *Internal Labor Markets.* Cambridge: MIT Press.

· Pfeffer, Jeffrey and James Baron. 1988. "Taking the Workers Back Out: Recent Trends in the Structuring of Employment." *Research in Organizational Behavior* Vol 10.

· Polivka, Anne, Sharon Cohany, and Steven Hippie. 2000. "Definition, Composition and Economic Consequences of the Nonstandard Worforce." Carre, Francoise et al. *Nonstandard Work: The Nature and Challenges of Changing Employment Arrangements.* Industrial Relations Research Association.

· Polivka, Anne and Thomas Nardone. 1989. "On the Definition of 'Contingent Work'." *Monthly Labor Review.* December 1989.

· Rogers, Gary. 1995. "What is Special about a 'Social Exclusion' Approach?" in Rogers G., C. Gore, ann J. Figueiredo. *Social Exclusion: Rhetoric, Reality, Responses.* International Institute for Labour Studies.

· Siver, H. 1994. "Social Exclusion and Social Solidarity:

Three Paradigms." *International Labour Review* Vol. 133, No. 5-6.

· Smith, Vicki. 1998. "The Fractured World of the Temporary Workers: Power, Particpation and Fragmentation in the Contemporary Workplace." *Social Problems* Vol. 45, No. 4.

· Tilly, Chris. 1996. *Half a Job: Bad and Good Part-Time Jobs in a Changing Labor Market.* Philadelphia: Temple Iniversity Press.

· Treu, T. 1992. "Labor Flexibilty in Europe." *International Labor Review* Vol. 131, No. 4-5.

· Williamson, Oliver, Michael Wachter, and Jeffrey Harris. 1975. "Understanding the Employment Relations." *Bell Journal of Economics* Vol. 6, No. 1.

제 5 장

세대 간 빈곤이행과 영향요인에 관한 연구

김위정* · 김왕배**

I. 문제의 제기

고도성장의 그늘에 가려 상대적으로 관심영역으로부터 벗어나 있던 빈곤문제가 최근 사회적 담론의 주요한 지위를 차지하고 있다. 그동안 대부분의 빈곤문제는 전통적인 의미에서의 빈곤 즉, 농촌으로부터의 인구이동과 도시비공식 부분으로의 편입이라고 하는 측면에서 간간히 조명되다가 지난 외환위기 이후 빈곤율이 급증하면서 다시 중요한 사회적 이슈로 떠오르고 있는 것이다. 계층의 양극화, 노동빈곤, 사회

* 연세대학교 사회학과 박사과정. 이 논문은 연세대학교 사회학과 BK21 '사회적 포섭과 배제' 사업단의 지원을 받아 연구되었으며, 2007년도 전기사회학대회에서 발표되었음.

** 연세대학교 사회학과 부교수

안전망과 복지 등의 논의는 사실상 빈곤과 관련된 것들로서 빈곤에 대한 정의나 접근 역시 이전의 그것과는 사뭇 다른 형태로 진행되고 있다. 예컨대 외환위기 이후 빈곤이 경제 성장기에서 발생하던 빈곤과 질적으로 다르다는 신(新)빈곤 논의들은 절대적 빈곤보다는 상대적 빈곤, 일시적 빈곤보다는 만성적 빈곤 그리고 경제적 차원의 빈곤 외의 사회적·심리적인 빈곤 등 다차원적으로 불이익이 중첩된 복합적 차원에서 빈곤문제를 바라보고 있다. 그리고 주로 저소득층에서 발견되는 "근로빈곤(working poor)"은 오늘날 신빈곤 현상의 핵심으로 지적되고 있다(김영란, 2004; 구인회, 2002; 노대명 외, 2006, 이현주, 2004). 이러한 신빈곤은 신자유주의와 세계 자본주의의 구조적 메커니즘에 의해 발생하는 노동시장의 변화 즉, 정리해고와 실업 등 고용불안정으로 인해 발생할 뿐 아니라 소비의 고도화로 인해 일정한 생활수준을 충족하지 못함으로써 발생한다. 즉, 생산영역에서의 빈곤과 소비영역에서의 빈곤이 중첩되어 발생한다는 것이다(조명래, 2006).

그러나 일각에서는 구빈곤과 신빈곤 사이에 질적 단절이 존재한다고 보기는 힘들다는 비판이 제기되고 있다. 가령, 신빈곤의 한 특징으로 간주되고 있는 "근로빈곤은 과거 주변적 노동자층이 고도성장 단계를 거치면서 일시적으로 노동시장의 공식부문에 편입되었다가 안정적 성장 단계로 전환되는 과정에서 공식부문 내의 2차 노동시장으로 다시 탈락된 형태"로 볼 수 있으며(장세훈, 2005:109),[1] 신빈곤이 새로운 빈곤현상을 가리킨다기보다는 빈곤을 바라보는 새로운 시각(국가인권위원회, 2003)이라는 것이다.

신빈곤층의 특징을 '빈곤탈출 가능성과 미래에 대한 전망'이라고 점에서 보려는 시각도 있다. 즉, 신빈곤층은 과거의 빈곤층에 비해서 빈곤 탈출 가능성이 낮고, 미래에 대해서 비관적 전망을 갖는다는 것이다.[2] 과거 빈곤층은 자녀 교육을 통하여 다음 세대에 빈곤 탈출의 희망을 가졌던 반면, 새로운 빈곤층은 이러한 세대 간 빈곤탈출의 가능성이 낮아져 빈곤이 세습되는 경향이 강화되었다는 것이다(남춘호, 2006; 장세훈, 2005).

이러한 주장들은 모두 일견 일리가 있는 것으로 보인다. 산업화 이래 사회가 복잡해짐에 따라 - 가령, 교육시장이 확대되고 내부노동시장이 형성되며, 복지지출이 증가하는 등의 변화와 더불어 - 빈곤이행의 경로나 형태가 다양해지고, 빈곤의 양상이 변화된 것으로 보인다. 동시에, 빈곤의 양상과 빈곤화의 메커니즘은 상호연관된 것, 즉, 빈곤의 양상이 빈곤화의 원인이자 결과인 측면이 존재하므로, 이러한 빈곤양상의 변화는 빈곤탈출의 가능성과 관련될 수 있다. 반면에, 장

1) 외환위기 이후 노동시장의 유연화로 불안전 고용이 증가했다는 점, 가족의 해체가 빠르게 진행되었고, 급속한 고령화를 경험하면서 취약 가구가 증가했다는 점은 이러한 구빈곤하의 주변적 노동자층이 빈곤층으로 빠르게 흡수된 현상을 일정 부분 설명해준다.

2) 장세훈(2005)은 서울시의 도시빈곤층 가구를 조사한 결과, '절망의 빈곤'이라는 새로운 빈곤의 양상이 일부 나타나고 있지만 대단히 국지적이고 부분적인 조짐을 보여준다고 주장한다. 다만, 한국 경제가 고도성장 단계를 마감하고 사회계층구조가 고착화되는 추세 속에서 과거와 달리 절망의 빈곤이 새롭게 자리잡을 가능성이 높아지고 있다고 판단하고 있다.

세훈(2005)의 비판처럼, 과거의 근로빈곤층이 빈곤을 탈출하여 공식부문에 진입하였던 것이 일시적이었다면, 또한, 과거 절대적 빈곤층의 감소와 더불어 빈곤탈출이 용이했었지만, 상대적 빈곤이동은 시간에 따라 변하지 않았을 수도 있다는 점에서 빈곤탈출의 가능성이 낮아진 것을 신빈곤 현상의 특징으로 제시하는 것은 논란의 여지가 있다.

본 논문이 제기하는 문제의 출발은 바로 여기에 있다. 즉, 구빈곤과 신빈곤의 질적인 차이에 집중하기보다는 먼저, 상대적 이동의 측면에서 세대 간 빈곤이행의 경향성이 세대에 따라서 달라졌는지, 달라졌다면 그 추세는 어떠한지 알아보려는 것이다. 그리고 다음으로 세대 간 빈곤이행에 영향을 주는 요인들은 무엇인지 밝혀보고자 한다.

II. 선행연구의 검토

1. 사회이동과 세대 간 빈곤이행 연구

빈곤의 세대이행연구는 기존의 사회이동연구가 세대를 거친 계층 간 이동이라는 점에서 인식론적으로나 방법론적으로 궤를 같이하고 있다고 볼 수 있다. 사회이동 연구의 초점은 기회구조의 균등성 - 개인의 가족배경과 같은 귀속적 요인과 개인의 성취를 통한 사회경제적 지위 같은 업적적 요인과의 관련성 - 을 규명하고, 그러한 관련성의 정도가 종단적으로 어떤 경향을 가지며, 서로 다른 사회에서 어떤 상이함이 발견되는가를 측정하는 데에 있다(장상수, 2001:106).

사회이동에 관한 관심은 초기에는 주로 세대 간 이동의 유형이나 이동률을 통해서 연구되었는데, 일찍이 소로킨(Sorokin, 1927)의 '무경향적 진동'이라는 명제로부터 시작하여 '산업화가 진전될수록 이동률이나 기회의 균등이 점차 증가하는 경향이 있다'는 산업화론, 일정 수준을 넘어서면 산업화와 절대적 이동률 간에 별다른 관련이 없게 된다는 립셋과 제터버그(Lipset and Zetterberg, 1959)의 가설 등이 그것이다(장상수, 2001:107-116). 80년대 대수선형모형이 도입된 이후 범주형 변수에 대해 좀 더 정교한 분석이 가능해지게 되었는데, 계급을 중심으로 산업사회에서 상대적 이동률이 기본적으로 같다는 FJH(Featherman, Jones and Hauser, 1975)가설에 대한 검증논쟁이 활발히 이루어졌다.

세대 간 사회이동에 관한 국내연구들을 살펴보면, 이러한 FJH 가설이 광범위하게 지지됨을 알 수 있다. 신광영(1994)은 코호트별 세대 간 계급이동의 추세를 비교한 후 계급이동의 경향이 시간에 따라 변하지 않았음을 보였으며, 장상수(2001)도 계급이동을 분석한 결과, 특정한 경향성이 발견되지 않는다고 주장하고 있다. 차종천(1991)도 세대 간 직업이동의 패턴이 시계열적으로 동일하게 나타난다고 주장하였다. 한편, 방하남 · 이성균(1996)은 대만과의 비교를 통하여 한국이 대만보다 폐쇄적 계급이동의 경향을 보임을 검증하였다.

초기의 이동률이나 이동유형 연구에 대해서 블라우와 던컨은 사회이동연구가 이동의 과정에 초점을 맞추어야 한다고 주장하였다(Blau and Duncan, 1967). 즉, 사회이동과정에서 어떠한 귀속적 특징과 업적적 특성이 자녀 세대의 성과에 어느 정도 영향을 미치고, 그 영향이 사회의 전반적 변화에 따라 어떻게 변화하는지를 살펴보는지가 중요하다는 것이다. 블라우와 던컨의 지위획득모형으로부터 시작하여, 여러 사회학적·심리학적 매개변수의 도입으로 더욱더 정교화된 사회이동 분석모형들이 등장하였다. 또한 이후 신구조주의자들은 이동의 유형이나 과정에 한 사회의 제도가 미치는 영향이 매우 심대하다고 주장하며, 이러한 제도들의 영향력을 중심으로 이동의 과정을 살펴보기도 하였다(장상수, 2001: 4). 그리하여 이동 과정에 관한 여러 경험적 연구들은 대체로 가족배경이 자녀세대의 학업성취나 직업적 지위, 소득 등에 상당한 영향을 미치고 있지만, 본인의 교육수준을 통제하면 그 영향이 감소하는 것을 보여주었다. 국내에서도 대체로 가족배경이 학력에 영향을 미치며(설동훈, 1994; 김영화·김병관, 1999; 장상수, 2001; 방하남·김기헌, 2002), 가족 배경은 교육수준을 매개로 직업에도 영향을 미치는 것으로 나타났다(황덕순, 2001; 장상수, 2001; 방하남·김기헌, 2001). 조은(2000, 2001)은 3세대에 걸친 생애사 연구를 통하여, 세습자본이 교육자본으로의 전환을 통하여 계급 재생산의 기제나 이동의 통로로 작용하고 있음을 보여주었다.

그런데 기존의 많은 연구에서 이러한 사회경제적 지위의 세습은 세대 간에 직선적 관계를 가지지 않으며 분포의 하위 또는 상위 부분에서 가장 강하게 나타나는 경향이 있다는 것을 보여준다(Corcoran and Adams, 1997; Eide and Showalter, 1999; Grawe, 2004; Harding et al, 2005). 가령, 코코란과 아담스(Corcoran and Adams, 1997)에 따르면, 부모세대와 자녀세대 소득욕구비(income to needs ratio)의 상관 분석에서 소득욕구비가 0.5-2사이의 저소득층에서 기울기가 크게 나타나, 고소득층보다 저소득층에서 부모 소득이 자녀 소득에 미치는 영향이 큰 것으로 보인다. 또한 에이데와 쇼왈터(Eide and Showalter, 1999)는 변위치 회귀식(quantile regression)을 이용하여, 아버지의 소득에 대한 아들소득의 조건분포에서 하위 5%의 경우 회귀계수가 가장 크다는 것을 밝혀냈다. 이는 빈곤이동은 그 나름의 세습적 메커니즘이 존재할 수 있음을 시사하는 것이다.

따라서 세대 간 빈곤이행 연구는 일종의 사회이동 연구로 볼 수 있지만, 빈곤이행은 나름의 분야로 독립적으로 연구되는 경향이 있다. 미국의 경우, 1968년 패널 데이터가 구축되기 시작한 후, 80년대 후반부터 세대 간 빈곤이행에 관한 연구들이 활발히 진행되고 있다.

세대 간 빈곤이행 연구들의 주제는 주로 부모의 빈곤지위 또는 소득이 자녀의 교육적 성취나 노동시장성취, 자녀의 빈곤지위에 미치는 영향, 세대 간 소득 이동률, 복지수급의 세대 간 이행이나 부모의 복지수급 여부가 자녀의 학력 또는 노동시장성취에 미치는 영향으로 구분될 수 있다.[3)]

3) Corcoran(1995)과 Jenkins and Siedler(2007) 참고.

이중에서 부모 빈곤과 자녀 빈곤의 관계를 다룬 연구를 살펴보면, 코코란(Corcoran, 1995, 2001)은 PSID 자료 이용, 빈곤한 아동은(16-17세)은 빈곤하지 않은 아동에 비해서 성인이 되었을 때 빈곤할 가능성이 더 크다는 것을 보였다. 특히, 인종이 중요한 변수로, 흑인의 빈곤 아동이 빈곤할 가능성이 더 큰 것으로 나타났다. 블란덴과 기본스(Blanden and Gibbons, 2006)는 성장기 시절(16세) 빈곤했던 성인은 빈곤하지 않았던 성인보다 빈곤할 가능성이 더 크다는 것을 보였고, 영국 코호트 조사 자료를 이용하여 세대 간 빈곤 이행의 경향이 변화했는지 검증한 결과, 70년생들이 58년생에 비해서 세대 간 빈곤이행이 더 강하게 나타난다고 주장했다. 반면에 무직과 메어(Musik and Mare, 2004)는 미국에서 1960년대와 70년대에 자란 두 코호트를 비교한 결과, 시간에 따른 세대 간 빈곤지속에 변화가 나타나지 않는다고 밝혔다. 즉, 부모 빈곤과 자신의 빈곤, 부모 가구유형과 자신 가구 유형의 상관은 나타나나 세대와의 상호작용은 나타나지 않았다. 아이리오 외(Airio et al, 2004)는 핀란드의 90년대 경제불황이 빈곤세습에 어떠한 변화를 야기했는지 보기 위하여 60년대생의 90년과 95년 빈곤율을 비교한 결과, 90년에서 95년 사이 빈곤율이 증가하기는 하지만, 비빈곤 아동의 빈곤이행이 증가한 것으로 세대 간 빈곤이행 경향이 강화된 것은 아니라고 결론 내린다.

이러한 연구들을 통해서 부모 빈곤은 다른 가족배경 요인(부모 학력, 직업, 가구유형)과 근린 불이익, 노동시장 조건,

복지수급과 같은 변수를 통제하고도 여전히 자녀의 다양한 성과수준에 영향을 미치며, 부모 빈곤의 영향은 다른 변수들의 효과보다 보통 크거나 최소한 작지는 않은 것으로 밝혀졌다(Corcoran, 1995). 이러한 결과는 빈곤의 대물림이 존재한다는 것을 광범위하게 지지한다. 그러나 빈곤의 대물림 추세에 대해서는 엇갈린 결과들이 나왔는데, 연구방법의 차이를 차치하고도 사회의 특성이나 시기별 특성, 즉, 사회의 불평등 체계나 교육제도, 복지제도, 경제여건 등에 따라서 다양한 경향성을 보이는 것으로 생각할 수 있다.4)

세대 간 빈곤이행에 관한 국내연구는 많지 않은 편이며, 주로 특정 빈곤지역의 빈곤층 사례연구를 통하여 빈곤세습화 양상이나 메커니즘에 대한 분석을 시도하고 있다. 실제적으로 부모의 사회경제적 지위와 자녀의 사회경제적 지위를 비교한 세습 연구는 김익기 · 장세훈(1987)의 난지도 빈민 연구와 박홍식(1993)의 광주 법정영세민 연구 외에는 전무한 실정이다. 김익기 · 장세훈(1987)은 난지도 빈민 자녀들의 교육수준은 핵심 노동자층보다 낮고, 취업상황도 남성의 경우 30%는 부모를 따라서 고물수거, 30%는 노동자 계급, 나머지 25%는 화이트칼라와 자영업으로 상승이동 하였지만, 이들도 하위사무직이거나 영세상인으로 제한된 형태로 나타나며(1987:

4) 빈곤세습의 추세에 비해 세대 간 소득이동 연구는 상대적으로 많은 편이다. 그러나 세대 간 소득이동 연구는 세대 간 소득의 직선적 관계를 가정한 것으로, 앞에서도 언급했듯이 많은 연구들이 비직선적 관계를 지지한다는 점을 고려할 때, 연구의 결과가 왜곡될 수 있다. 참고로 말하자면, 세대 간 소득이동의 변화에 관한 연구들도 일치된 결과를 보이는 것은 아니지만, 최근의 연구들은 지난 20년간 부모와 자녀의 소득탄성이 크게 변하지 않았거나 특별한 경향성이 없다는 것을 지지한다(Lee and Solon(2006) 참고).

19), 열악한 주거환경이나 소외감, 교육비 부담으로 인해 세대 간 계급이동이 좌절되었다고 본다. 박홍식(1993)은 광주 법정영세민의 가구주 아들도 부모와 마찬가지로 낮은 학력, 불안정한 고용, 낮은 소득의 특징을 보이며, 부모의 교육수준이 자녀의 학력을 매개로 자녀의 직업에 영향을 미치는 형태로 빈곤 재생산이 이루어진다고 주장한다. 조은·조옥라(1992)의 사당동 재개발 구역 연구는 직접적인 빈곤 세습 연구는 아니지만, 자녀들에 대한 관찰을 통하여 교육이 빈곤 대물림의 중요 메커니즘임을 시사한다.[5] 이러한 연구들의 결과는 세대 간 빈곤이행의 경향성이 강하게 존재하며, 교육이 그 중요한 매개요인임을 보여준다.

빈곤의 세대 간 이행 추세에 관한 경험적 연구는 거의 전무한 실정이다. 신빈곤 논의를 통해 가설적 형태로 존재하거나(장세훈, 2005:103), 기타 사회이동 연구를 통해서 추세에 대한 추론이 가능할 뿐이다. 가령, 많은 연구들이 교육에 대한 가족배경의 영향력이 증가하는 추세에 있다고 지적하고 있으며(김영화·김병관, 1999; 방하남·김기헌, 2003; 장상수; 2001), 방하남·김기헌(2001)에 따르면, 세대 간 직업지위의 세습에 귀속적 요인이 미치는 영향력이 증가하고 있다. 반면, 세대 간 계급과 직업이동은 시계열적으로 동일한 경향을 띠는 것으로 나타나기도 하였다(신광영, 1994; 차종천, 1991).

---

5) 이들 가구의 자녀들은 대체로 학교 성적이 좋지 않으며, 초등학교 때까지 좋은 경우도 중고등학교에 올라가면 떨어지기 시작하고, 아주 열악한 경우는 중학교 때 학교를 그만두고 취직하거나 가출하는 경우도 흔하며, 자연스럽게 부모세대의 빈곤을 대물림하는 궤도에 들어선다고 한다(65p).

2. 빈곤세습 모델 및 빈곤세습 경향성의 변화

부모빈곤이 자녀빈곤으로 세습되는 메커니즘은 인적자본, 인지능력, 건강, 가치나 태도, 사회자본, 역할모델 등 다양한 변수로 설명되어 왔다. 코코란(Corcoran, 1995)에 따르면, 최근 빈곤세습의 모델은 크게 네 가지로 분류된다.

첫째, 경제적 관점으로서 가족 투자를 통해서 빈곤세습을 설명하려는 입장이다(Haveman and Wolfe, 1995). 벡커(Becker, 1981)에 따르면, 부모는 소득을 현재 지출과 자녀들의 인적자본에 대한 미래의 투자 사이에 할당해야 하는데, 빈곤 가정은 생존에 집중할 수밖에 없기 때문에 빈곤가정의 부족한 투자로 인하여 빈곤 아동의 인적자본은 빈약하게 형성되고 이는 미래의 성인 성과에 부정적인 영향을 미치는 것이다. 또한 부족한 소득으로 인해서 주거지의 질이 낮아지게 되는데, 빈곤 주거지의 경우, 학교의 질도 낮고, 좋은 역할 모델도 적고, 사회적 통제도 부족하며 구직 네트워크도 적어지는 등의 부정적 근린효과를 발생시키기도 한다.

두번째는 불이익 모델로, 경제적 관점이 빈곤을 물질적 부족이라는 측면에서 접근했다면, 이 모델은 부모의 빈곤 자체가 아니라 빈곤 부모의 양육태도, 역할모델과 같은 불이익들로 자녀 빈곤을 설명하는 것이다. 가령, 빈곤 부모의 낮은 학력이 아동들의 인적 자본 발달에 덜 효과적이라거나(Becker, 1981), 편부모 가정의 경우, 역할 모델이 부재하여 사회화에 부정적 영향을 미치며, 심리적 스트레스를 증가시킨다는 것이다. 여기서 빈곤은 다른 불이익의 대리 변수(proxy)로, 측정되지 않은 부모 가치, 건강 상태, 능력 등이 아동들의 성인 성과를 향상시킬 수 있는 부모의 경제적 성취와 능력을 제한할 수 있다는 것이다(Corcoran, 1995).

셋째, 복지 문화 모델로서 이 입장은 빈곤문화 모델과 마찬가지로 이상 가치, 태도, 행동들을 강조하지만, 그런 것들이 정부 복지 체계에 의해서 촉발되었다고 주장한다(Mead, 1992). 부모와 이웃이 복지에 많이 의존하면, 복지수급자에 대한 낙인이 사라지게 되고, 부모의 자기 패배적 노동 태도와 빈약한 노동 윤리 등이 자녀들에게 전달되는 방식으로 빈곤이 세습된다는 것이다. 머레이(Murray, 1984)는 미국 복지 프로그램이 노동의욕저하를 낳고 빈곤의 문화로 이끈다고 비판하기도 하였다.

네번째 구조적 모델은 주로 빈곤문화론에 대한 비판에서 시작하여, 자본주의의 구조적 문제로 빈곤을 바라본다. 비공식부문론과 상대적 과잉인구론으로 대표되는 이런 접근은 노동시장을 중심으로 도시빈민의 형성과 계급적 성격을 드러내고자 하였다. 윌슨(Wilson, 1987, 1993)은 이러한 구조적 접근을 빈곤의 재생산 과정에 적용하여 사회적 고립을 중심으로 한 근린 모델을 구체화하였다. 그에 따르면, 산업 재구조화와 제조업 일자리의 시외 이동은 도시 내부의 실업률을 증가시키고, 중산층의 시외 이주와 그에 따른 빈곤 밀집은 중요한 사회화 제도들 - 교회, 공동체 조직, 정치 조직 등 - 의 쇠퇴를 유발한다. 또한 이러한 빈민들의 사회적 고립은 역할 모델의 부재나 구직 네트워크의 감소와 같은 부수적 효과도 발생시켜, 빈곤의 재생산 기제로 작용하게 되는 것이다.

이러한 빈곤세습 모델과 관련되어, 시간에 따라 빈곤세습 경향성에 영향을 줄 수 있는 요인들을 찾아보면 다음과 같다. 먼저, 경제적 모델과 관련되어 부모의 투자가 변화하거나 투자에 대한 수익률, 즉 직업이나 소득에 대한 수익률이 변화하는 경우이다(Mayor and Lopoo, 2001). 가령, 소득불평등의 증가나 증가하는 빈민들의 사회적 고립은 아동에 대한 부모투자의 불평등을 증가시키거나 공동체 투자의 불평등을 증가시켜(Jordan, 1996; Wilson, 1987), 빈곤세습을 강화할 수 있다[6]. 부모 투자에 대한 수익률의 변화라는 측면에서 가장 분명한 것은 교육에 대한 수익률인데, 미국의 경우 이러한 수익률이 증가되었으며(Katz and Autor, 1999; Mare, 1995), 이것이 빈곤의 세습을 강화시킬 것으로 추측할 수 있다(Musik and Mare, 2007: 478). 반면, 한국의 경우, 학력의 직업 수익률은 지난 40여 년간(95년 기준) 큰 변화가 없었다는 연구결과(장상수, 2001: 95)가 있는 반면, 90년대 중반 이후 학력별 임금격차가 증가하고 있다는 결과(정이환, 2002; 최강식 · 정진호, 2003)도 있어 판단이 어렵다. 부모투자와 관련되어서 사교육비 지출이 가장 적절한 지표로 보이는데, 1985년과 2000년 사이 사교육비 지출의 계층 간 격차는 점차 증가

6) 반면, 정부의 복지 프로그램에 따라 이러한 효과가 완화될 수 있다. 미국의 경우, 6,70년대 복지나 교육, 건강 보육에 대한 정부 지출이 증가하다가 8,90년대 감소하였는데, 이는 빈민 아동들의 교육기회를 감소시켰을 수 있다(Musik and Mare, 2007: 478).

한 것으로 나타났다(이성림, 2002; 남기곤, 2007).[7] 이러한 교육 투자의 불평등 증가는 빈곤 세습의 강화로 나타날 수 있을 것이다.

불이익 모델은 경제적 관점에 다른 사회심리적 요인들을 추가한 것으로, 부모의 양육태도나 규범, 가치 등이 자녀의 교육적 성취나 직업 포부 등에 영향을 미친다는 가정을 바탕에 깔고 있다. 이러한 관점에서 볼 때, 부모의 양육태도나 규범, 가치 등이 시간에 따라 변하거나 그러한 요인들의 자녀 성취에 대한 영향력이 변할 때, 세대 간 빈곤세습의 경향성이 변할 수 있다. 그러나 이러한 요인들에 대한 직접적 횡단연구는 전무한 실정으로, 다만, 부모세대의 계층별 학력격차 변화를 통해서 간접적으로 추론하는 것이 가장 적절해 보인다.

복지 문화 모델에 대해서는 복지제도의 보편성, 보장의 관대성, 근로연계 등과 같은 복지제도의 특성들이 영향을 미칠 수 있다. 가령, 미국의 공적부조제도는 아동부양가족지원제도(Aid to Families with Dependent Children; AFDC)에서 수급기간을 제한하고, 노동시장 참여를 강제하는 빈곤가정임시지원제도(Temporary Assistance for Needy Families; TANF)로 변화되었는데, 복지문화 모델에 따르면 이러한 변화는 빈민들의 노동의욕을 고취시키고 정상적인 결혼을 장려함으로써 빈곤

7) 6 · 70년대에도 중·고등학교 입시에 따른 과열경쟁이 존재하였지만, 높은 절대적 빈곤율을 고려할 때, 사교육은 극히 일부 계층에만 존재했을 것이라 추측할 수 있다. 과외금지가 완화되기 시작한 80년대 중반부터 사교육율과 사교육비가 점진적으로 증가하여, 과외가 허용된 89년부터 사교육율이 70%대로 고정되기 시작한 것(최영순, 1999)을 고려할 때, 중상층과 하층의 실질적인 사교육비 격차는 80년대 중후반에 발생하였을 것이라 판단된다.

아동들에게 긍정적인 영향을 미칠 수 있으며, 따라서 세대 간 빈곤이행의 경향성을 변화시킬 것이라고 주장할 수 있다.[8)]

구조적 모델은 노동시장의 변화와 밀접히 관련된다. 노동시장의 분절화가 강화될 경우, 인적자본이 상대적으로 빈약한 빈곤층 출신들은 1차 노동시장에 진입하기도 어렵고, 일단 2차 노동시장에 진입할 경우, 다시 1차 노동시장으로 이동하기 어려운 구속력이 더욱 강하게 작용하게 된다. 이때 노동시장의 분절화가 빈곤층 출신을 차별하는 기제로 작용하여 직접적으로 빈곤 대물림에 작용한다기보다는 세대 내 탈출을 어렵게 하여 결국, 세대 간 빈곤 세습으로 이어지게 만드는 측면이 강할 것이다. 산업 재구조화나 노동시장의 유연화 같은 신자유주의적 변화들도 저학력·미숙련 노동자들에게 불리하게 작용하여 이들은 저임금과 고용불안에 시달리게 되며 빈곤탈출이 더욱 어려워지게 된다. 논란의 여지는 있지만, 한국의 여러 연구들을 종합해 볼 때, 한국의 노동시장은 60년대 초부터 이미 분단되어 있었고, 그러한 분단이 87년 이후 90년대에 더욱 강화되어가는 경향이 있는 것으로 보인다.[9)] 노동시장의 유연화는 외환위기 이후 더욱 강화되고 있

8) 우리나라 빈민들의 경우는 미국이나 서구 유럽의 나라들과는 달리 일하고자 하는 의욕이 많은 '건전한 빈민'이라는 논의가 대부분이다. 최근 빈곤지역에서 복지와 빈민들의 '공모'의 형태로 빈곤문화가 나타난다는 논의가 제기되기도 하였으나(조문영, 2001), 우리나라 복지제도가 확립된 시기는 외환위기 이후, 김대중 정권 시기로 그 이전에는 매우 형식적인 복지제도만 존재했을 뿐이었다. 따라서 우리 연구의 대상이 되는 75년 이전 태어난 빈민들은 그러한 복지혜택을 거의 받지 못했거나, 받았다 하더라도 복지 의존성이 생길 정도로 제도가 관대하지 못했기 때문에, 복지문화모델은 우리 논의에서 고려하지 않기로 한다.

9) 1960년대 초부터의 횡단적 연구들에 따르면 한국의 노동시장은 산업화 초기부터 성과 직업에 따라(김미숙, 1986), 또는 기술수준이나 관리수준에 따라(이경용, 2002) 분단되어 있었던

으며, 이러한 노동시장의 변화는 빈곤세습을 강화하는 방향으로 작용하였을 것이다.

이러한 논의들을 종합해보면, 우리 사회의 사회경제적 변화들은 빈곤세습을 강화하는 방향으로 작용하였을 가능성이 크다. 특히, 80년대 성장기를 보내고 90년대 노동시장에 진입한 세대들의 경우, 빈곤세습의 경향성이 더 강하게 나타날 가능성이 큰 것으로 보인다.

III. 연구방법과 분석틀

1. 자료 및 변수측정

빈곤의 세대이행과 영향요인의 분석을 위해서는 적어도 3세대에 걸친 조사가 필요하지만, 아쉽게도 이러한 연구를 수행할 수 있을 만큼 장기간의 패널 자료가 존재하지 않는다. 따라서 본 연구는 노동패널 1-8차년도 자료를 이용하여 출생시기를 기준으로 코호트로 구분한 다음, 코호트를 독립적인 표본으로 간주하여 분석하였다.[10] 연구대상은 가구주[11]이며,

것으로 보인다. 또한 일련의 연구들은 1987년 이후 제조업 생산직 노동자에까지 내부노동시장이 형성되었고, 기업규모 간 · 부문 간 노동시장의 분단이 나타남을 보여주거나(정이환, 1992; 송호근, 1991), 노동시장의 분단이 강화되었다(이경용, 2002)고 주장하기도 한다.

10) 이러한 분석방법은 연령효과와 시기효과를 구별해낼 수 없다는 단점이 있다.

11) 세대 간 빈곤이행에 영향을 미치는 소비나 노동력 재생산은 개인보다는 가구소득에 기반하여 이루어지므로 빈곤지위는 가구의 총소득을 기준으로 판단하는 것이 적절하며, 가구의 총소득에 가장 크게 영향을 미치리라 판단되는 가구주만을 연구대상으로 삼았다. 다만, 익명의 논평자가 지적한 대로, 배우자를 분석대상에 포함시키지 않은 것은 코호트별 분석표본의 차이를 발생시킬 수 있다는 한계를 가진다.

첫째, 코호트별 세대 간 빈곤이행의 경향이 어떻게 변하는가는 대수선형분석을, 둘째, 만성빈곤과 단기빈곤으로 구분한 뒤, 세대 간 빈곤이행에 영향을 미치는 요인은 무엇인가를 알아보기 위해서 다항 로지스틱 분석을 사용하였다. 즉. 본 연구에서는 세대 간 빈곤이행과 영향요인을 알아보기 위해 대수선형분석과 다항로지스틱 분석 등 두 통계적인 방법을 동원하고 있다. 노동패널 1차년도 조사에서 가구주는 총 4,990케이스이지만, 패널에서 탈락한 가구뿐 아니라 8년간의 가구소득과 부학력, 부모 노동시장지위 등에 무응답이 많아 총 1,426케이스만이 분석에 포함되었다.[12)]

본 연구에서 사용한 변수는 본인빈곤, 성, 연령, 부모빈곤, 부학력, 부모 노동시장지위, 본인학력, 본인노동시장 지위이다. 부모 빈곤은 '14세 때 가정형편'을 통하여 간접적으로 측정하였다. 아직 패널자료가 세대를 아우를 만큼 구축되지 못했기 때문에, 부모의 소득을 직접적으로 측정한 자료는 없다. 다만, 설문문항에 14세 때 가정형편에 대해서 '평균보다 훨씬 낮았다'는 빈곤으로, '평균보다 약간 낮았다'는 차상위, '평균수준이었다', '평균보다 약간 높았다', '평균보다 훨씬 높았다'는 비빈곤으로 정의하였다.[13)]

12) 응답자의 탈락과 무응답이 표본의 대표성에 주는 영향을 검증하기 위하여, 주요 변수들의 전체 응답자와 최종 표본 응답자의 빈도 또는 평균과 표준편차를 비교하였고, 그 결과, 부의 학력을 제외하고는 큰 차이가 나타나지 않았다. 결과는 부록을 참고.

13) 물론 이것은 이 연구의 한계로 지적될 수 있다. 첫째, 객관적인 지표가 아니라 주관적이고, 과거에 대한 기억에 의존하여 측정된 지표라는 점은 부모의 빈곤이라는 변수의 신뢰성에 큰 타격을 입힌다. 둘째, 많은 연구들은 최소 3년에 걸친 가구소득의 평균을 이용하는 것이 세대 간 소득 상관성을 증가시킨다고 지적하고 있으며(Solon, 1992; Jenkins

본인 빈곤은 조사가 진행된 8년 중 5년 이상 빈곤선 이하[14)]는 만성빈곤, 1-4년간 빈곤선 이하는 단기빈곤, 8년 내내 빈곤선 이상은 비빈곤으로 정의하였다. 이 방법은 일정기간을 정해 놓고 그 기간 동안 빈곤층에 속했던 인구의 비중 및 특성을 추적하는 도표화 방법으로(Rodgers et al., 1993), 연도수가 자의적으로 선택되며(Rodger et al., 1993: 28), 절단(censoring) 문제에 빠지기 쉽다는 문제점도 지적받고 있다(Bane and Ellwood, 1986: 4). 그러나 관찰된 기간이 길면 자료의 신뢰성이 증가하며, 반복적인 빈곤은 기간분석 방법보다는 도표화 방법에 의해 더 잘 포착되는 장점이 있어(Rodger et al, 1993: 29), 이러한 방식으로 만성빈곤과 단기빈곤을 구분하기로 한다. 빈곤의 동태적 양상에 관한 연구들

---

and Siedler, 2007), 타이밍의 문제가 중요하게 여겨지기도 하는데, 즉 유아기나 아동기 또는 청년기 어느 시기의 부모 빈곤이 영향을 미칠 것이냐는 문제도 고려대상이다. 아직 이러한 효과의 존재나 강도가 분명치는 않지만(Jenkins and Siedler, 2007), 자료상의 한계로 인하여 '14세 때 가정형편' 하나로 부모의 빈곤을 측정한 것은 논란의 여지가 있을 것이다. 다만, 14세는 중학교 1학년의 연령으로, 고등학교 진학 계열에 영향을 미칠 수 있는 중요한 시기이고, 일반계-실업계 간 계열구분은 이후 대학진학에 있어서 결정적인 차이를 가져온다(방하남 · 김기헌, 2002:205)는 점, 또한 교육수준이 노동시장 성공에 중요한 요인으로 작용한다는 점(Ashenfelter and Ham, 1979; Harris, 1996; Megir and Palme, 2005; Jenkins and Siedler, 2007에서 재인용; 장상수, 2001:78)등에서 미래 성인이 되었을 때 빈곤여부에 상당한 영향을 미칠 수 있는 시기라고 볼 수 있다. 또한 14세 때 가정형편이 기억에 의존한 만큼 그 즈음의 주요한 경제적 위치로 응답하여, 오히려 단기빈곤이 통제되는 효과를 기대할 수도 있을 것이다.

14) OECD 국가에서 빈곤선은 주로 중위소득의 40, 50, 60%로 책정된다. 우리나라의 경우, 절대빈곤 개념인 최저생계비가 중위소득의 40% 정도에 해당하는 데 반해서(김미곤, 2004), 상대빈곤이 중요한 개념으로 대두되고 있는 바, 본 연구에서는 중위소득의 60%를 빈곤선으로 책정하였다. 또한 노동패널에서의 소득이 과소 보고되는 문제를 해결하기 위하여 홍경준(2004), 구인회(2005)를 따라서 각 년도 패널조사의 중위소득을 기준으로 삼았으며, 제곱근 가구균등화 지수(가구소득/가구원수 제곱근)를 사용하여 가구원수 대비 가구소득을 조정하였다. 소득은 가구의 근로소득과 기타소득을 모두 합한 총소득이다.

을 살펴보면, 만성빈곤과 단기빈곤의 구분이 중요함을 알 수 있다. 국내외 연구에 따르면, 빈곤층 중 만성빈곤을 경험하는 층은 소수이지만, 매우 이질적인 특성을 보인다(Bane and Ellwood, 1986; Stevens, 1999; 구인회, 2005; 이래혁, 2007). 우리나라 빈곤의 양상은 빈곤의 진입과 탈출이 매우 활발한 것으로 나타나지만(홍경준, 2004; 구인회, 2005), 빈곤으로부터 탈출하더라도 대부분 낮은 소득수준에 머무르며(금재호, 2003; 황덕순, 2001), 빈곤에서 탈출한 가구의 60% 정도는 1년 만에 다시 빈곤에 진입하는 것으로 나타나(이병희·정재호, 2002), 빈곤의 탈출이 불완전하며 반복빈곤의 양상을 보인다. 또한 만성빈곤층은 낮은 학력과 여성 가구주, 노인가구 등의 취약한 가구형태, 불안정한 고용상태의 특징을 가지고 있는데(구인회, 2005; 이래혁, 2007), 이는 만성빈곤과 단기빈곤을 구분해서 연구할 필요성을 보여준다.

본인의 성은, 연구대상이 가구주인 만큼 가구주 성으로 볼 수 있으며, 여성 가구주가 빈곤에 노출될 위험이 더 크다는 연구결과들(홍경준, 2004; 구인회, 2005; 석상훈, 2007; 석재은, 2004; 김영란, 2006; 정미숙, 2001)로 미루어, 상대적으로 큰 영향력을 가질 것으로 예상된다. 연령 또한 빈곤에 있어서 중요한 변수로 간주되어 왔는데, 이 연구에서는 노인인구를 제외한 만큼 그 효과는 감소할 것으로 예상된다.

본인의 학력이나 아버지 학력은 교육년수로 환원하여 연속변수로 측정하였으며, 노동시장 지위는 종업원 있는 고용주, 자영업자,[15] 중간계급(전문관리직/준전문가·기술자), 노동계급(사무직, 서비스판매직, 기술직, 단순노무직)으로 구분한 뒤, 중간계급과 노동계급은 정규직과 비정규직[16]을 구분하여 정규직 중간계급, 비정규직 중간계급, 정규직 노동계급과 비정규직 노동계급으로 분류하였으며, 가족종사자는 비정규직 노동계급으로 포함시켰다.[17]

부모 노동시장 지위 변수의 경우, 빈곤과 마찬가지로 14세 때 부모의 직업으로 측정되었으며, 비정규직 중간계급은 분석에 포함된 유효 사례수 중 3케이스에 불과하여 정규와 비정규직 중간계급을 하나로 묶어 5개 지위로 구성되었다. 본인의 노동시장 지위는 본인의 첫 노동시장 일자리[18]로 측정하였으며, 고용주는 4케이스 밖에 되지 않아 제외하였고, 비정규직 전문계급도 7케이스 불과하여 정규직 전문계급과 하나로 묶어 4개 지위로 구성되었다.

코호트는 14세 때 한국의 산업화와 경제상황에 따라 분류하였다.[19] 경제개발 5개년 계획과 함께 산업화가 본격적으로 시작된 60년대 중반을 기준으로 그 이전에 성장한 48-60세(1998년 기준)의 장년층, 60년대 중반부터 79년 기간에 14세를 경험한 33-47세의 중년층, 70년대 중반 중화학 공업화가

15) 보통 종업원이 5-10인 이상일 때, 자본가, 그 이하이면 쁘띠부르주아로 구분하지만, 노동패널자료에서 아버지 직업의 경우, 종업원 규모를 알 수가 없어, 단순히 종업원이 있는 고용주와 종업원이 없는 자영업자로 구분하였다.

16) 상용직은 정규직으로, 임시직과 일용직은 비정규직으로 구분하였다.

17) 이성균(2001)은 최근 노동시장의 유연화라는 변화에 대응하여, 노동시장 지위를 분석할 때 계급과 종사상 지위를 동시에 고려할 필요가 있다고 주장한다.

18) 주요 일자리 중 첫 일자리.

19) 신광영(1994)을 참고.

본격적으로 시작된 후, 호황을 누리기 시작한 80년대 성장기를 보낸 23-32세의 청년층으로 구분하였다. 이 연구는 특히 빈곤에 대한 부모의 사회경제적 지위의 영향을 중점적으로 분석하기 때문에, 성장기의 환경, 곧 부모의 사회경제적 지위에 서로 다른 영향을 줄 수 있는 시기로 코호트를 구분하는 것이 적절하다고 판단된다.

변수명	설명
본인빈곤	만성빈곤: 5년 이상 중위소득의 60% 이하 단기빈곤: 1-5년 중위소득의 60% 이하 비빈곤: 0년 중위소득의 60% 이하
성	준거집단은 남성
연령	98년 기준
부모 빈곤	빈곤: 14세 때 가정형편이 '평균보다 훨씬 낮았다' 차상위: 14세 때 가정형편이 '평균보다 약간 낮았다' 비빈곤: 14세 때 가정형편이 평균수준 이상인 경우 (준거집단은 비빈곤)
부학력	교육년수
부모 노동시장 지위	준거집단은 비정규직 노동계급 고용주: 종업원 있는 고용주 자영업자: 종업원 없는 자영업자 중간계급: 전문직 및 고위 관리직, 준전문가 및 기술공 정규직 노동계급: 정규 사무직, 서비스판매직, 기술직, 단순노무직 비정규직 노동계급: 비정규 사무직, 서비스판매직, 기술직, 단순노무직
본인 학력	교육년수
본인 노동시장 지위	준거집단은 비정규직 노동계급 자영업자/중간계급/정규직 노동계급/비정규직 노동계급

[표 1] 변수 설명

2. 분석모형

본 연구는 크게 두 가지 분석모형을 가진다. 하나는 부모의 빈곤이 자녀의 빈곤으로 세습되는 경향성이 코호트별로 어떻게 변하는가를 측정하기 위한 대수선형 분석이고, 다른 하나는 개인의 빈곤지위가 어떻게, 그리고 얼마나 부모의 빈곤을 포함한 가족적 배경과 본인의 교육, 노동시장의 지위에 의해서 결정되는지를 분석하기 위한 로지스틱 분석이다. 대수선형분석은 사회이동의 이동률이나 이동유형을 밝히는 연구에서 주로 사용된 분석틀로, 모델의 적합성을 검증할 수 있는 장점이 있지만, 독립변수의 수를 크게 제한하여 이동의 구체적 과정을 드러내기 어렵다는 단점이 있다. 반면, 로지스틱 분석은 여러 가지 독립변수의 상대적 영향력을 보여주어, 이동의 경로를 간접적으로 추정할 수 있게 해준다.

먼저, 대수선형분석의 기본 모델은 다음과 같다.

$$\log_e F_{ijk}^{PSC} = \lambda + \lambda_i^{p} + \lambda_j^{s} + \lambda_k^{c} + \lambda_{ik}^{pc} + \lambda_{jk}^{sc}$$

(P=부모빈곤, S=본인빈곤, C=코호트)

이 모델은 코호트를 통제했을 때, 부모빈곤과 본인빈곤은 관계가 없다는 독립모델로, 부모빈곤(P)과 본인빈곤(S)의 행(i)과 열(j)의 상호작용 효과를 다양화하면 여러 가지 분석 모델이 가능하다.[20]

다음으로 로지스틱 분석은 종속변수를 본인빈곤(만성빈곤/

---

20) 총 14개의 모델을 분석하였다. 자세한 모델은 분석결과에서 다루기로 한다.

단기빈곤/비빈곤)으로 한 다항 로지스틱 분석으로, 독립변수의 영향력이 만성빈곤과 단기빈곤에 따라서 어떻게 달라지는지 살펴볼 수 있다. 분석모델은 다음과 같다.

다항로지스틱 분석: $\log_e(\pi_1/\pi_3)=\alpha_1+\beta_{11}X_1+\beta_{21}X_2+ \ldots\ \beta_{n1}X_n$

$\log_e(\pi_2/\pi_3)=\alpha_2+\beta_{12}X_1+\beta_{22}X_2+ \ldots\ \beta_{n2}X_n$

$\log_e(\pi_1/\pi_2)=\alpha_1-\alpha_2+(\beta_{11}-\beta_{12})X_1+(\beta_{21}-\beta_{22})X_2+ \ldots\ (\beta_{n1}-\beta_{n2})X_n$

(π_1=만성빈곤, π_2=단기빈곤, π_3=비빈곤)

독립변수는 본인의 성, 연령, 교육수준, 계급과 종사상 지위를 혼합한 노동시장 지위 변수, 가족적 배경으로는 부모의 빈곤여부, 부모의 교육수준과 노동시장 지위를 포함하였다.

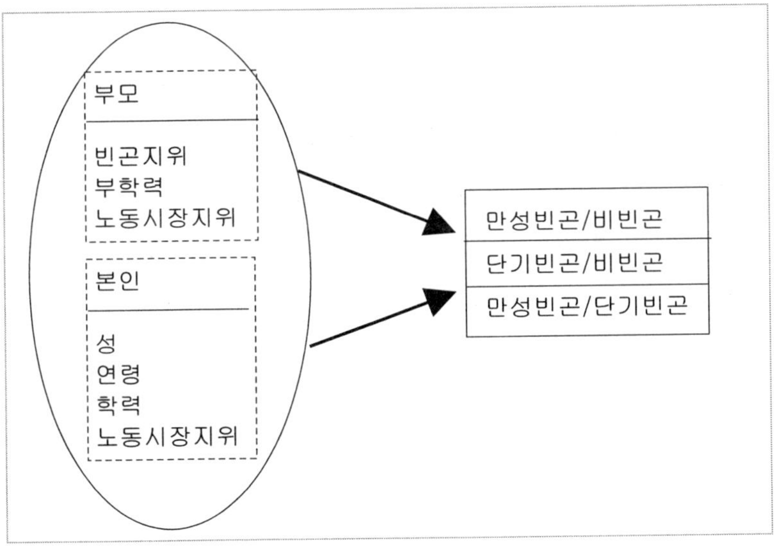

[그림 1] 세대 간 빈곤이행의 영향요인

IV. 분석결과

1. 세대 간 빈곤이행의 경향과 추세

[표 2]를 보면, 먼저, 연령이 높은 코호트 집단일수록 만성빈곤의 비율이 높아지며, 특히 장년층의 경우 단기빈곤을 포함한 빈곤층의 비율이 매우 높음을 알 수 있다. 또한 청년층과 중년층은 부모 빈곤 지위에 대해서 비슷한 비율로 보고한 데 비해서, 장년층의 경우는 부모의 빈곤율이 21.1%로 다른 집단의 두 배 가까이 된다. 이들은 산업화가 본격화되기 시작한 60년대 중반 이전에 성장기를 보낸 집단으로 빈곤율이 높았던 시대상황을 반영한다고 볼 수 있을 것이다.

코호트별 세대 간 빈곤이행의 경향을 살펴보면, 먼저, 세 코호트 집단 모두 부모가 빈곤했다고 응답한 경우, 본인이 만성빈곤을 경험할 가능성이 높아지는 것으로 보인다. 반면에 부모의 빈곤지위가 낮아질수록, 즉 빈곤에서 비빈곤으로 갈수록 본인은 빈곤을 경험하지 않을 가능성이 높아지는 것을 볼 수 있다. 절대적인 이동의 측면에서 젊은층이 노년층보다 비빈곤 지위로 이동할 가능성이 더 많은 듯 보이지만, 상대적인 이동의 측면에서 코호트 간 뚜렷한 차이가 나타나지는 않는 것 같다.

코호트	부모빈곤	본인빈곤			전체	부모계
		만성빈곤	단기빈곤	비빈곤		
23-32세	빈곤	5(16.7)	9(30.0)	16(53.3)	100	30(12.1)
	차상위	4(5.2)	25(37.7)	44(57.1)	100	77(31.2)
	비빈곤	3(2.1)	49(35.0)	88(62.9)	100	140(56.7)
	본인계	12(4.9)	87(35.2)	148(59.9)	100	247(100)
33-47세	빈곤	17(13.6)	47(37.6)	61(48.8)	100	125(12.1)
	차상위	43(12.4)	132(38.0)	172(49.6)	100	347(33.7)
	비빈곤	38(6.8)	191(34.2)	330(59.0)	100	559(54.2)
	본인계	98(9.5)	370(35.9)	563(54.6)	100	1031(100)
48-60세	빈곤	31(22.5)	71(51.4)	36(26.1)	100	138(21.1)
	차상위	31(13.5)	114(49.6)	85(37.0)	100	230(35.2)
	비빈곤	42(14.7)	106(37.1)	138(48.3)	100	286(43.7)
	본인계	104(15.9)	291(44.5)	259(39.6)	100	654(100)

단위: 명(%)

[표 2] 코호트별 세대 간 빈곤이행

이러한 수치가 통계적으로 유의미한 차이를 보이는지 검증해보기 위해서 대수선형모델을 사용하였다. 기본모델은 앞에서 언급한 것과 같고, 나머지는 [표 3]에서 제시하였다. M2는 부모빈곤(빈곤/차상위/비빈곤)과 본인빈곤(만성빈곤/단기빈곤/비빈곤)의 단계를 동일한 간격으로 간주하여 각 단계가 일정한 방향과 크기의 단일한 관계(uniform association)를 가지며, 그 관계가 코호트별로 동일하다는 뜻이다. 반면, M3는 부모빈곤과 본인빈곤이 관계가 단일한 관계를 가지지만, 그 관계가 코호트별로 상이하다는 뜻이다. M4는 부모빈곤의 단계는 일정하지만, 본인빈곤의 단계는 일정하지 않으며 따라서 본인빈곤에 따라 각 단계별로 다른 관계를 가질 수 있으되, 그 관계(열효과; column effect)는 코호트별로 동일하다는 모델이며, M5는 반대로 본인빈곤의 단계는 일정하지만, 부모빈곤의 단계는 일정하지 않으며, 부모빈곤에 따라 각 단계별로 다른 관계를 가질 수 있으되, 그 관계(행효과; row effect)는 코호트별로 동일하다는 모델이다. 가령, 단일한 관계에서는 부모가 차상위보다 빈곤인 경우 본인이 빈곤해질 가능성이, 부모가 비빈곤보다 차상위인 경우 본인이 빈곤해질 가능성과 같지만, M4와 M5에서는 열효과와 행효과에 따라 달라질 수 있다는 것이다. M6는 M4와 M3의 결합이며, M7은 M5와 M3의 결합이다. M8은 M4에서 언급한 열효과가 코호트별로 상이하다는 뜻이며, M9는 M5에서 언급한 행효과가 코호트별로 상이하다는 뜻이다. 나머지 모델들은 위에서 언급한 모델들의 결합이다.

M1과 M12, M14를 제외하고는 신뢰도 수준 95%에서 적합한 모델이다.[21] 나머지 모델들을 비교하여 보면, M2가 가장 적합한 모델임을 알 수 있다.[22] 즉, 나머지 모델들이 추가한 설명변수들이 유의미하지 못하다는 것을 뜻한다.

---

21) 모델을 영가설로 놓고 보았을 때, $p<0.05$인 경우, 영가설을 기각하게 되며 적합하지 않은 모델이다. 따라서 p값이 증가할수록 모델의 적합성이 증가한다.

22) 가령, M2 vs M8의 경우, $\triangle df=5$, $\triangle G^2=9.69$, $p=0.08$ ->더 간단한 모델인 M2가 더 나은 모델임.
M2 vs M13의 경우, $\triangle df=8$, $\triangle G^2=12.9$, $p=0.11$ -> 더 간단한 모델인M2가 더 나은 모델임.

	G2	X2	df	p
M1 기본모델	47.45	50.00	12	0.00
M2 기본모델+β(i'-i)*(j'-j)	15.34	15.63	11	0.16
M3 기본모델+βk(i'-i)*(j'-j)	14.90	15.09	9	0.09
M4 기본모델+(νj'-νj)(i'-i)	15.22	15.54	10	0.11
M5 기본모델+(μi'-μi)(j'-j)	15.18	15.50	10	0.12
M6 기본모델+(νj'-νj)(i'-i)+βk(i'-i)*(j'-j)	14.77	14.97	8	0.06
M7 기본모델+(μi'-μi)(j'-j)+βk(i'-i)*(j'-j)	14.69	14.93	8	0.06
M8 기본모델+(νj'k-νjk)(i'-i)	5.65	5.59	6	0.47
M9 기본모델+(μi'k-μik)(j'-j)	12.24	12.27	6	0.06
M10 기본모델+(νj'-νj)(i'-i)+(μi'-μi)(j'-j)	15.09	15.43	9	0.08
M11 기본모델+(νj'k-νjk)(i'-i)+(μi'-μi)(j'-j)	5.39	5.30	5	0.38
M12 기본모델+(μi'k-μik)(j'-j)+(νj'-νj)(i'-i)	12.10	12.14	5	0.03
M13 기본모델+(νj'k-νjk)(i'-i)+(μi'k-μik)(j'-j)	2.42	2.41	3	0.49
M14 기본모델+(νj'-νj)(i'-i)+(μi'-μi)(j'-j)+βk(i'-i)(j'-j)	14.59	14.84	7	0.04
μ:부모빈곤(p)의 모수 ν:본인빈곤(s)의 모수				

[표 3] 모델의 적합성 검증

M2는 기본모델+β(i'-i)*(j'-j)로, 부모빈곤과 본인빈곤의 관계가 코호트별로 동일하며, 그 관계는 각 행과 열에 대해서 일정한 방향성과 크기를 가진다는 것이다. β값은 0.26으로, odds-ratio(Fij)로 계산하면 exp(0.26)=1.30이 된다. 여기서 부모빈곤과 본인빈곤은 서열변수로 간주되었으며, 부모빈곤에서 빈곤, 차상위, 비빈곤은 각각 1,2,3값을, 본인빈곤에서 만성빈곤, 단기빈곤, 비빈곤도 각각 1,2,3의 값을 갖는다. 이것을 해

석하면, 부모빈곤지위가 한단계 낮아지면, 본인빈곤지위도 한 단계 낮아질 가능성이 1.30배 높아진다는 뜻이다. 즉, 부모가 차상위일 경우보다 빈곤할 경우 또는 비빈곤일 경우보다 차상위일 경우, 본인은 단기빈곤보다 만성빈곤을, 또는 비빈곤보다 단기빈곤을 경험할 가능성이 1.30배 더 높다는 것이다. 한 단계를 뛰어 넘으면, 그 가능성은 배로 증가하게 되는데, 가령, 부모가 빈곤했던 경우는 비빈곤했던 경우보다, 본인이 비빈곤보다 만성빈곤을 경험할 가능성이 5.2배[23] 더 높아진다([그림 2] 참고) odds-ratio 값이 코호트별로 동일하다는 것은 빈곤세습의 추세가 변하지 않았다는 것을 뜻한다.

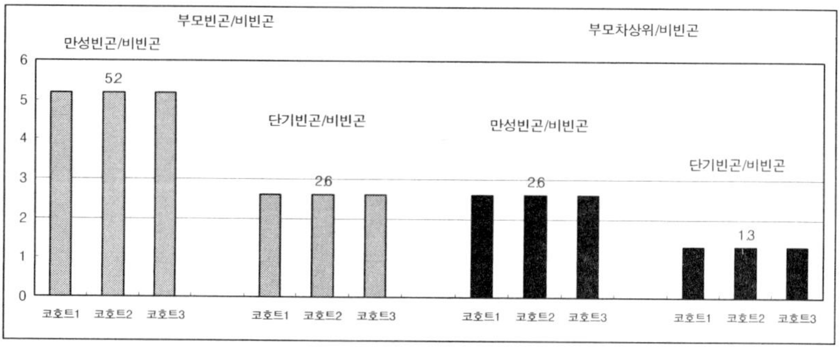

[그림 2] 부모빈곤지위에 따른 본인빈곤 가능성

이러한 결과는 첫째, 부모의 빈곤이 본인의 빈곤으로 세습될 가능성이 크다(Corcoran, 1995; Corcoran, 2001; Musik and Mare, 2004; Blanden and Gibbons, 2006)는 기존의 연구 결과들과 부합한다. 특히, 부모가 빈곤했던 경우 빈곤하지 않았던 경우보다 만성빈곤에 놓일 가능성이 5.2배나 더 크다는

23) 1.30*(3−1)*(3−1)

것은 성장기 시절 빈곤을 경험한 사람들에게 빈곤은 한번 들어가면 빠져나오기 어려운 덫으로 작용한다는 것을 시사한다.

둘째, 이러한 빈곤세습 경향은 코호트 간 통계적 차이는 없는 것으로 나타났다. 이것은 세대 간 계급이동이 코호트별로 특별한 경향성을 보이지 않는다(신광영, 1994; 장상수, 2001)는 기존의 연구결과를 뒷받침하며, 절대적으로 빈곤층이 감소하였지만, 상대적 의미에서 기회균등이 증가하였다고 볼 수 없음을 뜻한다. 산업화 가설과 달리, 급속한 산업화와 경제개발을 경험한 사회의 사회이동 체계는 높은 구조이동에 상대적으로 낮은 호환이동을 보이는 경향이 있으며(Ishida, Goldthorpe and Erickson, 1991; Sobel, Hout and Duncan, 1985; 방하남・이성균, 1996: 587에서 재인용), 이에 대해 방하남・이성균(1996)은 대만과의 비교를 통하여 한국의 사회이동이 급격한 산업화 과정 속에서 새로운 불평등 체계가 생성・고착된 계층화 과정이라는 것을 보여준 바 있다. 전반적으로 경제가 성장하고 부가 확대・재생산되었지만, 새로운 불평등 체계 속에서 빈곤 탈출이 쉽지 않았음을 짐작할 수 있다. 반면에 최근 빈곤의 양상이 소위 '희망의 빈곤'에서 '절망의 빈곤'으로 바뀌고 있다는 신빈곤 논의와는 부합하지 않는다. 그러나 이것은 절망의 빈곤을 경험하고 있는 세대가 아직 노동시장에 진입하지 못하였기 때문이거나[24] 또는 부모

24) 노동시장의 유연화가 본격화되기 시작한 것은 90년대 들어서인데, 이 연구는 90년대 성장기를 보내고 외환위기 이후 2000년대 노동시장에 진입했을 세대는 연구에 포함하지 못했다.

빈곤의 측정이 상대적 빈곤의 개념을 이용한 것이라 변화가 나타나지 않는 것일 수도 있다.[25] 한편, 외국의 빈곤세습 경향성에 대한 몇몇 선행연구(Musik and Mare, 2004; Ermisch and Nicoletti, 2005; Blanden and Gibbons, 2006)들을 살펴보면, 코호트 간 빈곤세습에 대한 연구는 일관된 분석결과를 보이지 않고 있다. 이것은 코호트 분석이 가지는 한계와 동시에 서로 다른 세대 구분 방식에 기인한 결과일 수 있다.

2. 만성빈곤과 단기빈곤 이행에 관한 영향요인

만성빈곤과 단기빈곤 이행에 영향을 주는 요인을 살펴보기 위하여, 다항 로지스틱 분석을 실시한 결과는 다음 [표 4]와 같다. 비빈곤 대비 만성빈곤, 비빈곤 대비 단기빈곤, 단기빈곤 대비 만성빈곤 각각에 대하여, 모델1은 부모의 특성(부모의 빈곤지위, 부학력, 부모의 노동시장지위)만을 독립변수로 분석하였으며, 모델2는 여기에 기본적으로 성과 연령을 통제하고 분석한 것이며, 모델3은 여기에 본인의 학력과 노동시장 지위를 추가하였다.

먼저, 비빈곤 대비 만성빈곤에 대해서 살펴보면, 본인의 특성을 제외한 M1의 경우, 부모빈곤과 부학력이 유의미한 변수로 나타난다. 즉, 부모가 빈곤했던 경우, 비빈곤했던 경우보다 본인이 비빈곤보다 만성빈곤을 경험할 가능성이 3.10(exp(1.132))배

---

25) 도시빈곤율의 추이를 살펴보면, 절대적 빈곤의 비율은 5, 60년대부터 90년대까지 급격하게 감소하는 반면, 상대적 빈곤율은 비교적 일정한 비율을 보이고 있는데(국가인권위원회, 2003: 45), 절대적 빈곤을 기준으로 분석했을 경우는 코호트별 유의미한 차이가 발생할 수도 있을 것이다.

더 높으며, 부의 교육년수가 1년 감소할 때마다 본인이 비빈곤대비 만성빈곤을 경험할 가능성은 1.126(exp(-.119))배 증가한다. 본인의 성과 연령을 통제한 M2에서도 부모빈곤과 부학력 변수는 통계적으로 유의미한 영향을 미치는 것으로 나타났다. 다만, odds-ratio 값이 각각 2.58(exp(0.949))과 1.10(1/exp(-0.097))로 감소된다. 마찬가지로 M3에서도 부모빈곤과 부학력 변수는 통계적으로 유의미하지만 odds-ratio 값이 각각 1.93(exp(0.659))과 1.01(1/exp (-0.061))로 감소된다. 이것은 부학력과 부모빈곤은 본인의 학력과 노동시장 지위를 매개로 하여 본인의 빈곤지위에 영향을 미칠 가능성이 있음을 시사한다. 본인의 학력과 노동시장 지위는 유의미한 변수로 나타나는데, 본인의 교육년수가 1년 감소할 때 마다 본인이 비빈곤 대비 만성빈곤을 경험할 가능성은 1.06배(1/exp(-0.140) 증가한다. 노동시장 지위에서는 비정규 노동계급은 중간계급보다 9.52배(1/exp(-2.255)), 정규 노동계급보다 5.24배(1/exp(-1.655)나 만성빈곤에 처할 위험이 증가하는 것으로 나타났다. 성은 M2와 M3 모두에서 유의미한 변수로 나타나는데, 즉, 가구주가 여성인 경우 남성인 경우보다 만성빈곤에 처할 가능성이 11.45배(exp(2.499))나 높다. 반면, 연령은 유의미하지 않은 변수로 나타났는데, 이것은 연구대상이 23~60세의 비노인 인구만 포함하고 있기 때문인 것으로 보인다.

두 번째, 비빈곤 대비 단기빈곤의 경우를 살펴보면, M1의 경우, 마찬가지로 부학력과 부모빈곤지위가 유의미한 변수로 나타났다. 다만, 변수들의 영향력은 만성빈곤보다 약간 감소하여, 부학력의 β값은 -.057, 부모빈곤은 .392, 부모차상위는 .269로 나타났다. M2의 경우, 성, 연령과 함께 부학력, 부모빈곤 지위 중 차상위가 유의미한 변수로 나타난다. 부학력의 경우는 만성빈곤보다 odds-ratio가 약간 감소하여, 아버지의 교육년수가 1년 감소할 때 마다 본인이 단기빈곤에 처할 위험이 1.04(1/exp(-0.041))배 증가하는 것으로 나타났다. 부모빈곤 지위 중 빈곤은 유의미하지 않은 데 반하여 차상위만 유의미한데, 부모가 비빈곤한 경우보다 차상위였던 경우 본인이 비빈곤보다 단기빈곤에 처할 가능성이 1.23배(exp(0.262))배 증가한다. M3를 살펴보면, 단기빈곤에 대해서도 본인 학력과 본인 노동시장 지위는 유의미한 영향력을 가지는 것으로 나타났다. 학력의 β값은 -.093으로, 본인의 교육년수가 1년 감소할수록 비빈곤 대비 단기빈곤에 처할 가능성은 1.10배 증가하는 것으로 나타났다. 또한 정규 노동계급 대비 비정규 노동계급은 3.15배(1/exp(-1.149)), 중간계급 대비 비정규 노동계급은 4.44배(1/exp(-1.490)) 증가하는 것으로 나타났다. 만성빈곤에 비하여 odds-ratio가 모두 감소했음을 알 수 있다. 성은 여전히 중요한 변수로, 여성 가구주가 남성 가구주에 비해 2.83배(exp(1.040)) 더 단기빈곤에 처할 가능성이 높은 것으로 나타났다. 연령은 M2에서는 유의미하나, 본인학력과 노동시장 지위를 통제하자 그 영향력이 유의미하지 않은 것으로 나타났다. 이것은 연령이 높아질수록, 학력이 낮거나 노동시장 첫 일자리가 불안정할 가능성이 높기 때문인 것으로 보인다. 부학력과 부모 차상위 변수의 영향력도 사라진다. 만성빈곤과 마찬가지로 단기빈곤에서도 본인의 학력과 노동시장지위가 매개 변수로 작용하는 듯하다.

마지막으로, 단기빈곤 대비 만성빈곤을 살펴보면, M1의 경우 부학력(β=-.063)과 부모빈곤지위 중 빈곤(β=.740)이 유의미한 변수로 나타났다. M2의 경우 성과 부모빈곤, 부학력이 유의미한 변수로 나타났다. 부모빈곤의 β값은 0.642로, 부모가 비빈곤인 경우보다 빈곤한 경우, 본인은 단기빈곤보다 만성빈곤을 경험할 가능성이 1.90배 더 크며, 부학력의 β값은 -.056으로 부의 교육년수가 1년 감소할수록, 본인이 만성빈곤을 경험할 가능성은 1.06배 증가한다. M3에서는 부학력의 영향력은 사라져버리는 반면, 부모빈곤은 유의미하게 남아있지만, odds-ratio는 1.69(exp(0.523)로 감소한다. 본인학력과 노동시장 지위는 통계적으로 유의미하지 않은 것으로 나타났다. 성은 두 모델 모두에서 중요한 변수로, 여성이 남성에 비하여 단기빈곤 대비 만성빈곤에 처할 가능성이 4.05배(exp(1.398)) 더 큰 것으로 나타났다.

참고로, 아무런 제약조건도 가하지 않은 대수선형모델과 비교하여 본인의 특성을 추가하여 분석할수록 부모가 비빈곤 대비 빈곤했던 경우, 본인이 비빈곤 대비 만성빈곤 또는 단기빈곤에 처할 가능성은 감소하는 것으로 나타났다([그림 3] 참고). 그러나 본인의 학력과 노동시장을 통제한 M3의 경우에도 여전히 만성빈곤에 대해서는 부모빈곤이 유의미한 영향을 가지는 것으로 나타나, 부모빈곤 고유의 영향력이 존재함을 시사한다.

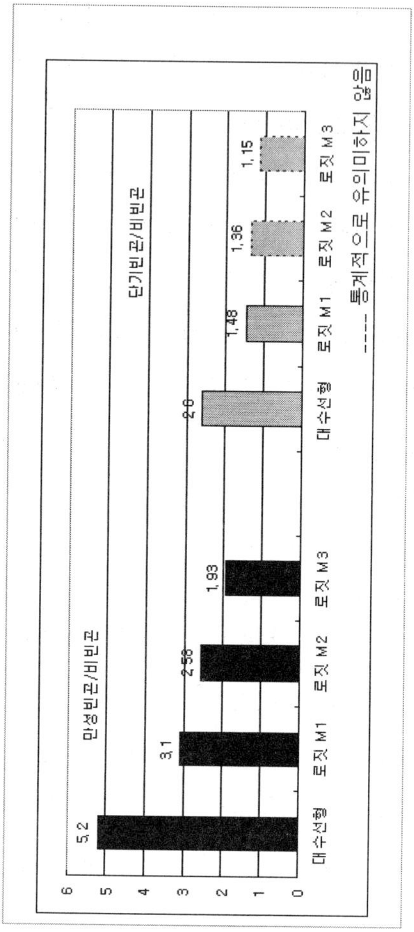

[그림 3] 모델에 따른 부모 빈곤(비빈곤 대비)의 경우 본인의 만성빈곤과 단기빈곤 가능성

정리하자면, 첫째, 만성빈곤과 단기빈곤 모두 가구주 성이 중요한 변수로 나타났다. 이는 여성 가구주의 빈곤 취약성을 보여준 기존 연구들을 지지하는 결과이다. 특히, 만성빈곤의 경우, 가구주 성에 의한 차이가 매우 크게 나타났다. 대부분의 빈곤의 여성화에 관한 연구들은 성차별적 노동시장과 보살핌 노동의 비사회화를 그 원인으로 꼽는다(김영란, 2006; 정미숙, 2001; 허미영, 2006). 즉, 여성가구주들은 아동이나 노인 보살핌 노동으로 인하여 일거리가 제한되거나 경력절단의 문제를 경험할 뿐 아니라 시간부족, 육체적 피곤함, 스트레스 등으로 빈곤탈출을 위한 노동력 재생산에 어려움을 겪고 있다는 것이다. 또한 성별 직종분리 등으로 노동시장 자체가 구조적으로 여성들에게 불리하게 작용하는 바, 여성 노동자들의 임금은 남성의 65% 수준에 불과하고(노동부, 2003), 여성들은 남성들보다 비정규직에 종사할 가능성이 높다(장지연, 2001). 이 분석에서 학력이나 노동시장 지위를 통제하고도 여성가구주가 빈곤에 더 노출되어 있다는 것은 빈곤여성들은 같은 비정규직이라 하더라도 더욱 열악한 직업에 종사하며 임금격차, 보살핌 노동의 부담 등으로 빈곤탈출에 어려움을 겪고 있는 것으로 해석할 수 있다. 연령은 단기빈곤의 M2에서만 유의미한 변수로 나타나고, 본인 학력과 노동시장 지위를 통제하면 영향력 사라졌다. 이것은 연령이 높을수록, 학력이 낮고 첫 노동시장 지위가 비정규 노동계급에 속할 가능성이 높기 때문인 것으로 보인다.

둘째, 부모의 빈곤 지위 중 빈곤은 만성빈곤에서만 유의미하고, 차상위는 단기빈곤에서만 유의미하게 나타났다. 그러나 만성빈곤에 대해서는 부모빈곤의 영향력이 본인 학력과 노동시장 지위를 통제해도 영향력이 감소하기는 하지만, 여전히 유의미한 반면, 단기빈곤에서는 영향력이 사라진다. 이

	만성빈곤/비빈곤			단기빈곤/비빈곤			만성빈곤/단기빈곤		
	M1	M2	M3	M1	M2	M3	M1	M2	M3
상수	-1.994(.404)***	-3.250(.655)***	.954(.923)	-.272(.224)	-1.397(.371)***	1.405(.550)*	-1.722(.410)***	-1.853(.654)**	-.452(.887)
부모빈곤									
빈곤	1.132(.246)***	.949(.264)***	.659(.283)*	.392(.175)*	.307(.179)	.136(.191)	.740(.247)**	.642(.258)*	.523(.268)*
차상위	.423(.214)*	.399(.226)	.041(.239)	.269(.127)*	.262(.128)*	.036(.137)	.154(.217)*	.137(.225)	.005(.232)
부학력	-.119(.025)***	-.097(.028)***	-.061(.029)*	-057(.015)***	-.041(.015)**	-.016(.017)	-.063(.026)*	-.056(.028)*	-.045(.029)
부모 노동시장 지위									
고용주	-.065(.829)	-.286(.877)	-.503(.898)	.444(.354)	.361(.361)	.218(.382)	-.509(.831)	-.647(.865)	-.721(.871)
자영업자	.571(.379)	.468(.395)	.425(.408)	.108(.209)	.045(.214)	.000(.224)	.463(.384)	.424(.392)	.425(.397)
중간계급	.506(.730)	.293(.754)	.606(.785)	.120(.366)	-.008(.372)	.234(.392)	.386(.747)	.301(.761)	.372(.773)
안정노동계급	.910(.489)	.908(.509)	1.168(.528)*	.230(.276)	.215(.280)	.425(.294)	.680(.497)	.693(.508)	.742(.515)
성		2.814(.289)***	2.438(.316)***		1.270(.265)***	1.040(.283)***		1.544(.226)***	1.398(.242)***
연령		.021(.012)	-.017(.014)		.024(.007)***	.001(.008)		-.004(.012)	-.018(.013)
본인학력			-.140(.038)***			-.093(.024)***			-.046(.035)
본인 노동시장 지위									
자영업자			-.431(.271)			-.169(.195)			-.262(.241)
중간계급			-2.255(.505)***			-1.490(.253)***			-.764(.504)
안정노동계급			-1.655(.288)***			-1.149(.191)***			-.506(.271)
사례수	1426								
-2 log liklihood	357.671	1674.233	2187.619	357.671	1674.233	2187.619	357.671	1674.233	2187.619
pseudo-R2 (Cox & Snell)	.052	.133	.228	.052	.133	.228	.052	.133	.228

주: 1)괄호 안의 수치는 표준오차임

2)*: p<0.05, **: p<0.01, ***:p<0.001

[표 4] 만성빈곤과 단기빈곤 이행에 관한 다항 로지스틱 분석

는 만성빈곤에 대해서는 부모빈곤의 영향력이 더 크거나 다른 통제 변수들로 설명될 수 없는 고유의 효과를 발휘함을 뜻한다.

셋째, 부학력도 중요한 변수로 나타나지만, 본인학력과 노동시장지위를 포함하면 영향력이 사라져버리거나 감소한다. 부모빈곤과 마찬가지로, 만성빈곤에서는 M3에서도 유의미한 변수로 남아있어, 만성빈곤은 특히 부모의 영향을 많이 받음을 시사하고 있다. 또한 영향력이 감소한다는 것은 부모빈곤과 부학력은 본인학력이나 노동시장 지위와 밀접한 관련을 갖는 것을 시사한다. 이것은 가족배경이 교육수준을 매개로 하여 자녀세대의 성과에 영향을 미친다는 기존 연구 결과들과 부합하는 것이다. 특히, 빈곤층에서도 부모들의 학력이 자녀교육에 영향을 미치는 것으로 나타났다(이진석, 2006: 218). 빈곤층에서도 부모의 학력이 높고, 빈곤 탈출 의지가 강할수록 자녀교육에 대한 열의도 높으며, 교육 방식에 있어서도 자녀의 상황에 따라 다양성과 적극성을 나타낸다는 것이다. 한편, 부학력은 유전된 지능의 대리변수로 볼 수도 있다.

넷째, 부모 노동시장지위는 만성빈곤의 M3만 제외하고는 유의미하지 않은 것으로 나타났다. 부모 노동시장지위는 부학력이나 부모 빈곤지위와 밀접한 관련을 가지면서 영향력이 사라지는 것으로 보인다. 가령, 해브맨과 울페(Haveman and Wolfe, 1995)의 도식에 따르면, 부학력은 부의 직업과 소득에 영향을 미치고 이것은 자녀에 대한 투자 차이로 이어져 자녀의 학력에 영향을 미치고 이것이 다시 자녀의 직업과 소득에 영향을 미치는 방식으로 빈곤의 재생산이 이루진다는 것이다.

다섯째, 본인학력과 노동시장 지위가 중요한 변수로 보인다. 특히, 단기빈곤에 있어서는 M3의 경우, 가구주 성과 본인학력, 노동시장 지위만이 유의미한 변수로 나타났다. 교육기회와 교육수준은 성장, 학교교육, 사회진출로 이어지는 개인의 생애과정에서 사회경제적 불평등을 매개하는 가장 중요한 변수로 관측되어 왔으며(Lipset and Bendix, 1959; Blau and Duncan, 1967; Sewell et al, 1969; Collins, 1979; 방하남 · 김기헌, 2002에서 재인용), 노동시장 지위는 직접적으로 소득에 영향을 미쳐 빈곤 세습에 결정적인 영향을 발휘하는 것으로 보인다. 특히, 한국사회에서 학력은 1차 노동시장 진입에 결정적 조건으로 작용하고 있다. 중등교육에서의 직업적 특성의 결여와 교육제도-노동시장 간의 느슨한 연계로, 성이나 학력을 제외하고는 뚜렷한 선발 지표가 없는 것이다(이재열, 1993). 따라서 대졸이라는 고등학력이 부재할 경우, 1차 노동시장에 진입하기가 매우 어렵고 빈곤화의 위험을 높이는 것으로 보인다. 남춘호 외(2006)는 노동빈곤층의 사례연구에서 교육에서의 배제는 빈곤 가정 · 저학력 · 조기취업으로 이어지는 전통적 빈곤세습의 통로가 되고 있다고 본다.

여섯째, 첫 일자리가 정규직 노동계급이거나 중간계급인 경우에 비해서 비정규직 노동계급인 경우, 빈곤에 처할 가능성이 매우 높았다. 중간계급의 영향력이 특히 큰 이유는 직업적 요인 외에도 대부분 정규직이라는 요인도 작용한 것 같다. 이러한 결과는 비정규직이 덫으로 작용한다는 논의(장지연 · 한준, 1999; 남재량 · 김태기, 2000, 민현주 · 신은종, 2005)나 빈곤노동시장이 존재한다는 주장(송호근, 2002; 나금실, 2005)에 의해서 뒷받침될 수 있다. 또한 비정규직은 정규직에 비해 임금도 적고(안주엽, 2000; 신은종, 2004), 고용이 불안정해 실직 경험을 할 가능성이 더 크며, 숙련화도 어려워 빈곤을 경험할 가능성이 더 큰 것으로 보인다. 나금실(2005)에 따르면, 빈곤층은 주로 제조업, 장사, 막노동, 식당일, 청소 등에 종사하고, 2차 노동시장과도 구별되는 주변적 노동시장에서의 진입과 이탈을 반복하는 특성을 보이며, 고용조건도 시간이 갈수록 더 불안해지고 있다. 이러한 고용불안과 불규칙한 수입은 계획적인 소비를 방해하고 빚을 통해서 노동재생산 비용을 늘릴 수 있으며(이기우 외, 1995: 141), 실제적으로 비정규직 노동자가구가 정규직 가구에 비해서 교육비 지출의 절대액이 크게 작아(김종건 · 김연명, 2003), 미래 세대 빈곤세습의 통로로 작용할 가능성도 있다.

일곱째, 단기빈곤 대비 만성빈곤 분석의 결과를 보면, 단기빈곤과 만성빈곤층의 결정적 차이는 가구주 성과 부모빈곤임을 알 수 있다. 이는 만성빈곤층이 주로 여성 가구주로 구성된다는 기존의 연구결과(구인회, 2005; 이래혁, 2007; Bane and Ellwood, 1986; Stevens, 1999)와 부합하는 것이다. 또한 부학력은 M3에서는 영향력이 사라져버리는 반면, 부모빈곤은 여전히 유의미한 변수로 남아있는데, 부모가 빈곤한 경우, 비빈곤보다는 만성빈곤, 단기빈곤보다는 만성빈곤에 처할 위험이 큼을 알 수 있다. 반면, 비빈곤 대비 단기빈곤에는 부모빈곤이 유의미한 영향을 가지지 않았는데, 이것은 세대 간 빈곤이행은 만성빈곤으로의 이행임을 시사한다. 즉, 성장기에 빈곤하지 않았다가 성인이 되어 빈곤해지는 경우는 빈곤탈출이 용이하지만, 성장기에 빈곤했던 경우는 만성빈곤에 처할 위험이 더 크다는 것이다. 이것은 최근 장세훈(2006)의 연구결과와 부합하는 것으로, 그는 장기적·누적적 빈곤 유형에 속하는 빈곤층의 경우 부모로부터 빈곤을 물려받아 현재까지 빈곤에서 벗어나지 못하는 세습형 경로를 밟고 있다고 주장한 바 있다. 또한 본인의 학력이나 노동시장지위, 가구주 성이나 연령을 통제하고도 부모빈곤이 만성빈곤에 영향을 미친다는 것은 부모 빈곤이 우리가 밝히지 못한 어떤 고유한 요인을 물려주고 있다는 것이다.

다항 로지스틱분석으로 변수들 간의 명확한 인과관계를 밝힐 수는 없지만, 결과를 종합해보면, 잠정적으로, 부모학력이 부모의 노동시장지위와 소득을 통해서 부모빈곤지위에 영향을 미치며, 부모빈곤지위는 자녀의 학력을 통해서, 자녀의 노동시장지위와 빈곤지위에 영향을 미치는 것으로 보인다. 이때 부모의 낮은 학력과 빈곤은 경제적 자원의 한계로 인해서 사교육비 지출이 제한되거나 낮은 사회적 자본, 부정적 양육방식[26) 등을 매개로 교육적 성취에 부정적 영향을 주는 것으로 보인다. 방하남·김기헌(2002)은 자녀의 교육성취에서 부모의 소득보다 교육이나 직업과 같은 문화자본이 미치는 영향력

26) 신명호(2004)는 저소득층 가구의 양육문화에서는 학력자본을 높이려는 구체적이고 실천적 전략이 부재하다고 주장한다.

이 더 크다고 하였지만, 조은(2000)은 최하층의 계급 재생산이나 이동경로에서는 경제자본이 더 중요하다고 말한다. 즉, 경제자본이 문화자본으로 전환되기 위해서는 경제자본이 선행되어야 한다는 것이다. 특히, 단기빈곤 대비 만성빈곤에 있어서, 가구주 성을 제외하면, 부모빈곤만이 유의미한 변수로 나타나, 만성빈곤 이행에 있어서는 부모의 빈곤지위가 부학력보다 중요한 영향을 미치는 것으로 보인다. 또한 만성빈곤에 대해서는 부학력과 노동시장지위, 빈곤지위가 자녀의 학력이나 노동시장지위와 상관없이 자녀의 빈곤지위에 직접적으로 영향을 미치는 것으로 보인다. 이것은 부모가 물려주어 자연스럽게 습득되는 생활양식이나 일과 노동에 대한 가치와 태도, 동기부여, 사적 네트워크 등을 통해서 영향을 미치는 것으로 해석할 수 있으나, 명확한 메커니즘을 밝힐 수 없었다. 그리고 이 연구에서는 부모가 물려주는 것을 자녀가 능동적으로 어떻게 해석하고, 물려받거나 저항하며, 이용하는지에 대한 언급이 없어, 앞으로의 연구가 요구되는 부분이라 하겠다.

V. 요약 및 함의

빈곤의 세습은 세대 간 사회이동의 중요한 한 부분으로, 그 사회의 기회균등 구조와 불평등을 알아볼 수 있는 지표가 된다. 대수선형분석 결과에 따르면, 코호트별 세대 간 빈곤이행의 경향은 동일하며, 빈곤세습이 존재하는 것으로 나타났다. 이것은 급격한 산업화와 경제성장으로 절대적 빈곤은 감소하였지만, 상대적 빈곤의 문제가 여전히 존재하며, 우리 사회의 평등성이 향상되어왔다고 말할 수 없다는 것이다.27)

세대 간 빈곤이행에 영향을 미치는 요인으로 귀속적 요인으로는 부모의 학력과 빈곤지위가 부분적으로, 업적적 요인으로는 본인 학력과 노동시장 지위, 그리고 가구주 성이 큰 영향을 미치는 것으로 나타났다. 가구주 성은 만성빈곤과 단기빈곤 모두에 큰 영향을 미치는 것으로 나타났는데, 이는 외환위기 이후, 이혼, 가출 등으로 인한 가족의 해체가 급격히 증가한 것과 더불어 앞으로 여성 가구주에 대한 빈곤 정책에 더 주의를 기울어야 함을 시사한다. 여성뿐 아니라 양육과 경제활동을 동시에 부담하고 있는 한 부모 가정의 경우, 직업 훈련과 일자리 제공뿐 아니라 보살핌 노동의 사회화를 통해서 지원해야 할 것이다. 또한 예상할 수 있는 바와 같이 본인 학력과 노동시장지위는 본인의 빈곤지위에 큰 영향을 미치는 것으로 나타났는데, 특히 첫 직업이 비정규직 노동계급인 경우, 빈곤에 매우 취약함을 알 수 있다. 이는 외환위기 이후 비정규직이 증가하고 있는 것이 소득 양극화와 빈곤 재생산에 매우 부정적인 영향을 미칠 것이며, 앞으로

27) 물론 이러한 분석 결과가 불평등의 증가현상을 나타내는 것은 아니지만 노동시장 유연화가 본격적으로 시작된 90년대 성장기를 보내고 2000년대 노동시장에 진입했을 세대는 연구에 포함하지 못했으며, 이것은 앞으로의 연구가 요구되는 부분이라고 하겠다. 특히, 익명의 논평자의 제안처럼 외환위기 전후를 비교하여, 외환위기의 영향력을 검증하려는 시도가 필요할 것이다.

비정규직에 대한 근본적 대책이 마련되어야 함을 의미한다. 특히, 여성 가구주나 비정규직 가구는 미래 세대의 빈곤세습의 통로로 작용할 수 있다는 것에 주목해야 할 것이다.

귀속적 요인으로는 부모의 학력과 빈곤지위가 직접적으로 또는 간접적으로 만성빈곤에 영향을 미치는 것으로 나타났다. 특히, 부모 빈곤지위는 단기빈곤 대비 만성빈곤에 영향을 미치는 유의미한 변수로, 빈곤이 세습될 경우 만성빈곤으로의 이행이 될 가능성이 크다는 것을 시사한다. 부분적으로 자녀의 학력을 통하여 자녀 빈곤지위에 영향을 미치는 것으로 보이나, 부모 빈곤지위가 직접적인 영향력도 갖는 것으로 보인다. 이것은 부모에 대한 경제적 지원 뿐 아니라 자녀의 교육적 성취를 증가시킬 수 있는 자녀에 대한 직접 지원이 필요함을 의미한다. 방과 후 프로그램이나 복지관 사교육 프로그램, 멘토링 등의 프로그램을 통해서 빈곤 아동에게 동기부여를 하거나 진로에 대한 정보를 제공하고, 학업성취를 향상시키는 프로그램 등이 가능할 것이다.

그러나 이 연구는 부모빈곤지위가 자녀의 빈곤지위나 지속기간에 영향을 미치는 메커니즘에 대해서는 명확히 밝히지 못했으며, 앞으로의 연구가 요구되는 부분이라 하겠다. 이 연구는 코호트 연구로 연령효과와 시기효과를 구분할 수 없는 한계가 있으며, 부모 빈곤지위가 객관적 기준이 아닌 주관적이고 상대적으로 측정된 변수라는 한계가 있다. 또한 본인의 빈곤지위에 대해서 관찰된 기간 내 빈곤한 기간을 기준으로 만성빈곤과 단기빈곤, 비빈곤을 구분했기 때문에 자의성과

좌측절단의 문제가 발생하였다. 이 외에도 패널 자료가 계속됨에 따라 표본에서 탈락되는 문제나 무응답이 많아 표본이 왜곡되었을 가능성이 있다. 이 연구는 이런 표본의 왜곡에 대해서 가중치를 두어 교정하는 등의 정밀한 방법을 동원하지 못했으며, 이는 연구의 한계로 지적될 수 있다.

그럼에도 불구하고, 국내에서 빈곤동학은 주로 세대 내 빈곤이동에 대한 연구들이고, 빈곤세습에 대해서 양적 분석 방법을 이용한 실증연구가 거의 없었기 때문에, 이 연구는 탐색적 연구로서 의의를 가진다고 할 수 있다. 앞으로 패널 자료가 더 구축되고, 좀 더 정밀한 분석적 방법을 동원하면, 분석의 신뢰성을 증가시킬 수 있으리라 기대된다.

참고문헌

· 구인회. 2002. “빈곤층의 사회경제적 특성과 빈곤이행.” 『한국사회복지학』 48:82-112.

· ______. 2005. “빈곤의 동태적 분석: 빈곤 지속기간과 그 결정요인.” 『한국사회복지학』 57(2):351-374.

· 국가인권위원회. 2003. 『사회적 배제의 관점에서 본 빈곤층 실태 연구』.

· 금재호. 2003. “일과 빈곤.” 『제4회 한국노동패널 학술대회 논문집』. 한국노동연구원 · 한국노동경제학회.

· 김미곤. 2004. “신빈곤의 현황과 대책에 대한 좌담회.” 『보건복지포럼』. 한국보건사회연구원.

· 김영란. 2004. “신빈곤의 발생구조와 빈곤정책 변화에 관한 연구.” 『사회복지정책』 20:245-273.

· ______. 2006. “새로운 사회적 위험과 여성빈곤 그리고 탈빈곤정책.” 『한국사회학』 40(2):189-226.

· 김영화 · 김병관. 1999. “한국 산업화 과정에서의 교육과 사회계층 이동.” 『교육학연구』 37(1):155-172.

· 김익기 · 장세훈. 1987. “도시빈민의 내부분화와 빈곤의 재생산 과정: 난지도 빈민지역을 중심으로.” 『한국사회학』 21:77-99.

· 김종건 · 김연명. 2003. “비정규 노동자 가구의 사회복지와 노동력재생산 실태에 관한 연구.”, 『사회복지정책』

17:155-178.

· 나금실. 2005. “빈곤층의 노동시장과 생애노동.” 박경숙 외. 『빈곤의 순환고리들』. 동아대학교 출판부.

· 남기곤. 2007. “노동력 재생산의 양극화: 계층 간 사교육비 격차 문제에 대한 분석을 중심으로.” 전병유 외. 『노동시장 양극화의 경제적 분석』. 한국노동연구원.

· 남재량 · 김태기. 2000. “비정규직, 가교인가 함정인가.” 『노동경제논집』 23(2):81-106.

· 남춘호 · 이성호 · 이상록. 2006. “노동빈곤층의 사회적 배제와 빈곤화 유형 분석: 전주시 사례에 대한 생애사 분석을 중심으로.” 『산업노동연구』 12(1):259-303.

· 노대명. 2002. “외환위기 이후 신빈곤 문제의 현황과 대책.” 『도시와 빈곤』 58.

· 노대명 · 최병두 · 조명래 · 류정순. 2006. “새로운 도시빈곤으로서 근로빈곤층의 발생과 대책.” 『한국지역지리학회지』 12(6):671-692.

· 민현주 · 신은종. 2005. “비정규 고용의 영속화에 관한 경험적 연구.” 『인사관리연구』 29(2):153-175.

· 박홍식. 1993. “광주 직할시 법정영세민의 세대 간 빈곤재생산에 관한 연구.” 전남대학교 석사학위논문.

· 방하남 · 김기헌. 2001. “변화와 세습: 한국사회의 세대 간

지위세습 및 성취구조."『한국사회학』35(3):1-30.

· ______________. 2002. "기회와 불평등: 고등교육 기회에 있어서 사회계층 간 불평등의 분석."『한국사회학』36(4): 193-222.

· 방하남 · 이성균. "신흥개발국에서의 구조변동과 세대 간 계급이동: 한국과 대만의 경우."『한국사회학』30:575-604.

· 석재은. 2004. "한국의 빈곤의 여성화에 대한 실증분석."『한국사회복지학』56(2):167-194.

· 송호근. 1991.『한국노동정치와 시장』. 나남.

· ______. 2002. "빈곤노동계층의 노동시장구조와 정책."『한국사회학』36(1):23-51.

· 신광영. 1994. "세대 간 계급이동."『경제와 사회』23:82-116.

· 신명호. 2004. "교육과 빈곤탈출."『도시연구』9:29-65.

· 신은종. 2004. "비정규 노동의 내적 분화와 임금격차에 관한 경험적 연구."『인사 · 조직 연구』12(1):69-91.

· 안주엽. 2000. "고용형태와 임금격차."『제2회 한국노동패널 학술대회』.

· 이경용. 2002. "한국의 산업화와 노동력 이동." 연세대학교 박사학위 논문.

· 이기우 외. 1995.『한국사회 변화와 빈곤에 관한 연구』. 한국도시연구소.

· 이래혁. 2007. “근로빈곤층의 빈곤기간에 관한 연구: 가구유형과 노동시장특성을 중심으로.” 제8회 노동패널 학술대회.
· 이병희 · 정재호. 2002. “경제위기 이후의 빈곤구조 분석-반복빈곤 및 고용과의 관계를 중심으로.” 『동향과 전망』 52:128-150.
· 이성균. 2001. “노동시장과 불평등:경제위기와 노동시장 지위변동: 계급적 지위와 종사상 지위를 중심으로.” 『산업노동연구』 7(2):67-97.
· 이성림. 2002. “가계의 소득계층별 사교육비 지출 불평등.” 『대한가정학회지』 40(9):143-159.
· 이재열. 1993. “임금의 결정 기제에 관한 조직론적 연구: 제조업 부문의 대규모 사업장을 중심으로.” 『한국사회학』 27:87-116.
· 이진석. 2006. “빈곤층의 교육에 관한 인식과 자녀교육에 대한 대응.” 박경숙 편. 『삶의 기회』. 동아대학교 출판부.
· 이현주. 2004. “신빈곤의 현황과 대책에 대한 좌담회.” 『보건복지포럼』. 한국보건사회연구원.
· 장상수. 2001. 『한국의 사회이동』. 서울대학교출판부.
· 장세훈. 2005. “현단계 도시빈곤의 지속과 변모.” 『경제와 사회』 66:95-125.
· _______. 2006. “빈곤층 내부 구성과 빈곤화 과정.” 『경제와

사회』 71:179-207.

· 장지연. 2001. "비정규직 노동의 실태와 쟁점: 성별 차이를 중심으로." 『경제와 사회』 51:68-96.

· 장지연 · 한준. 2000. "정규/비정규 전환을 중심으로 본 취업력과 생애과정." 『노동경제논집』 23:33-53.

· 정미숙. 2001. "여성가구주, 성별화된 빈곤 그리고 일." 『경제와 사회』 51:38-61.

· 정이환. 2002. "노동시장 불평등과 조직 내 불평등: 1990년대 임금불평등 추세연구." 『한국사회학』 36(6):1-15.

· 조명래. 2006. "신자유주의적 산업구조조정과 신빈곤." 한국도시연구소 편. 『한국사회의 신빈곤』. 한울.

· 조은. 2000. "가족사를 통해 본 구조변동과 계급이동." 『사회와 역사』 58:107-158.

· ____. 2001. "문화자본과 계급재생산." 『사회와 역사』 60:166-205.

· 조은 · 조옥라. 1992. 『도시빈민의 삶과 공간』. 서울대학교출판부.

· 차종천. 1991. "남성 세대 간 사회이동에 대한 상호연관모형 분석." 『한국사회학』 25:155-175.

· 최강식 · 정진호. 2003. "한국의 학력 간 임금격차 추세 및 요인분해." 『국제경제연구』 9(3):183-208.

· 최영순. 1999. “한국 가계의 사교육비: 1982-1997년.” 『교육재정경제연구』 8(1):393-413.

· 허미영. 2006. “빈곤계기의 성차.” 박경숙 편. 『삶의 기회』. 동아대학교 출판부.

· 홍경준. 2004. “빈곤에 대한 동태적 분석: 빈곤주기를 중심으로.” 『사회복지연구』 24:187-210.

· 황덕순. 2001. “빈곤에 대한 동태적 분석.” 『소득불평등 및 빈곤의 실태와 정책과제』. 한국노동연구원.

· ______. 2001. “도시취업자의 세대 간 직업이동과 세대 내 이동.” 『노동경제논집』 24(2):35-62.

· Bane, M. J. and Ellwood D.T. 1986. “Slipping into and out of Poverty: The Dynamics of Spells.” *The Journal of Human Resources* 21(1):1-23.

· Becker, G.S. 1981. *A Treatise on the Family.* Cambridge: Harvard University Press.

· Blanden, J. and Gibbons, S. 2006. *The Persistance of Poverty Across Generations.* Bristol:The Polity Press.

· Blau, P.M. and Duncan, O.D. 1967. *The American Occupational Structure.* New York:Free.

· Corcoran, M. 1995. “Rags to Rags: Poverty and Mobility in

the United States." *Annual Review of Sociology* 21:237-267.

· ________. 2001. "Mobility, Persistence, and the Consequences of Poverty for Children: Child and Adult Outcomes" in Danziger, S. and Haveman, R.(ed.). *Understanding Poverty.* New York: Russell Sage Foundation.

· Corocoran and Adams. 1997. "Race, Sex, and the Intergenerational Transmission of Poverty" in Duncan, G.J.(ed.). *Consequences of Growing up Poor.* New York: Russell Sage Foundation.

· Duncan, G.J., Yeung, W.J., Brooks-Gunn, J., and Smith, J.R. 1998. "How Much Does Childhood Poverty Affect the Life Chances of Children?" *American Sociological Review* 63(3):406-423.

· Eide, E.R. and Showalter, M.H. 1999. Factors Affecting the Transmission of Earnings Across Generations: A Quantile Regression Approach. *Journal of Human Resources* 34(2): 253-267.

· Ermisch and Nicoletti. 2005. "Intergenerational Earning Mobility: Changes Across Cohorts in Britain." ISER Working Paper. University of Essex.

· Grawe. 2004. "Reconsidering the Use of Nonlinearities in

Intergenerational Earning Mobility as a Test for Credit Constraints." *Journal of Human Resources* 39(3):813-827.

· Harding, D.J., Jencks, C., Lopoo, L.M. & Mayer, S.E. "The Changing Effect of Family Background on the Incomes of American Adults" in Bowles, S., Gintis, H. & Groves, M.S. (eds). *Unequal Chances; Family Background and Economic Success.* New York:Russell Sage Foundation.

· Haveman, R. and Wolfe, B. 1995. "The Determinants of Children's Attainments: A Review of Methods and Findings." *Journal of Economic Literature* 33(4):1829-1878.

· Jenkins and Siedler. 2007. "The Intergenerational Transmission of Poverty in Industrialized Countries." CPRC Working Paper 75. University of Essex.

· Jordan, B. 1996. *A Theory of Poverty and Social Exclusion.* Polity Press.

· Lee and Solon. 2006. "Trends in Intergenrational Income Mobility." *NBER Working paper.* National Bureau of Economic Reserach.

· Mayer and Lopoo. 2001. "Has the Intergenerational Transmission of Economic Status Changed?" *JCPR Working Paper.* Joint Center for Poverty Research. Northwestern University/

University of Chicago.

· Mead, L. M. 1992. *The New Politics of Poverty: The Non Working Poor in America.* New York:Basic.

· Murray, C. 1984. *Losing Gound; American Social Policy 1950-1980.* New York:Basic.

· Musik, K. and Mare, R.D. 2006. "Recent Trends in the Inheritance of Poverty and Familyt Structure." *Social Science Research* 35(2):471-499.

· Rodgers R.J. and Rodgers J.L. 1993. "Chronic Poverty in the United States." *The Journal of Human Resources* 28(1):25-54.

· Stevens, A. H. 1999. "Climbing out of Poverty, Falling back in." *The Journal of Human Resources* 34(3):557-588.

· Wilson, W.J. 1987. *The Truly Disadvantaged.* Chicago: University of Chicago Press.

부록

	연령			부학력			본인학력		
	평균	표준편차	사례수	평균	표준편차	사례수	평균	표준편차	사례수
전체	42.67	9.13	4132	5.59	4.84	3813	11.22	3.63	3028
최종	42.92	8.91	1426	4.78	4.48	1426	11.02	3.69	1426

[부표 1] 연령과 부학력, 본인 학력의 전체 표본과 최종 표본 비교

	성		부모빈곤			본인빈곤		
	남	여	빈곤	차상위	비빈곤	만성빈곤	단기빈곤	비빈곤
전체	3672 (88.9)	460 (11.1)	419 (14.6)	954 (33.3)	1493 (52.1)	219 (11.2)	753 (38.7)	976 (50.1)
최종	1292 (90.6)	134 (9.4)	218 (15.3)	505 (35.4)	703 (49.3)	149 (10.4)	552 (38.7)	725 (50.8)

부모 노동시장 지위					본인 노동시장 지위			
고용주	자영업자	중간계급	정규직노동계급	비정규직노동계급	자영업자	중간계급	정규직노동계급	비정규직노동계급
147 (4.0)	2656 (72.4)	203 (5.5)	399 (10.9)	263 (7.2)	890 (26.4)	643 (19.1)	1283 (38.0)	558 (16.5)
51 (3.6)	1059 (74.3)	57 (4.0)	142 (10.0)	117 (8.2)	411 (28.8)	234 (16.4)	544 (38.1)	237 (16.6)

[부표 2] 성, 부모빈곤, 본인빈곤, 부모 노동시장 지위와 본인 노동시장 지위의 전체 표본과 최종 표본 비교

III. 대안의 모색: 사회적 포섭의 가능성

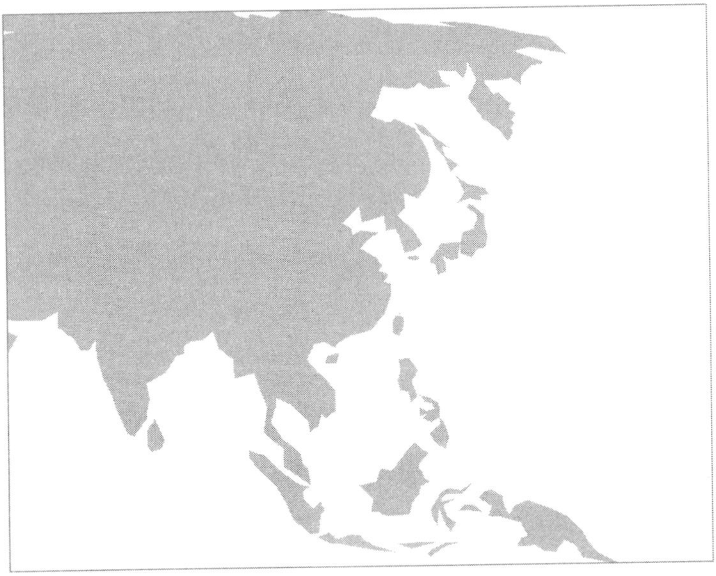

제 6 장

노인의 사회 연결망

김용학[*], 김영진[**]

I. 서론

지난 2000년, 한국은 전체 인구 중 65세 이상 노인의 수가 7%를 넘어서며 고령화사회(aging society)로 진입하였다.[1] 통계청의 『장래인구 특별추계 결과』에 따르면, 한국은 2018년에는 65세 이상의 고령인구가 14.3%로 고령사회(aged society)에 진입하고, 2026년에는 20.8%로 초고령사회(super

* 연세대학교 사회학과 교수.

** 연세대학교 사회학과 석 · 박사 통합과정.

1) 고령화사회(aging society)는 의학의 발달, 생활수준과 환경의 개선으로 평균수명이 길어져 전체 평균연령이 높아지는 사회로서 전체 인구 중 65세 이상 노인의 수가 7%에 도달한 사회를 말하며, 14%를 초과할 경우 고령사회(aged society), 20% 이상은 초고령사회(super-aged society)로 지칭 (UN 기준).

aged society)로 진입하게 된다. (통계청, 2005) 추세대로라면 우리나라는 불과 18년 만에 고령화사회에서 고령사회로 이행하는 것이다. 이는 구미 선진국들의 고령화사회에서 고령사회로의 이행 기간이 보통 40-115년 소요됐던 것과 비교하면 급격하게 빠른 인구구조의 변화를 보여준다. 더욱이 고령사회에서 초고령사회로의 이행은 불과 8년 걸릴 것이라는 예상은 전 세계에서 가장 빠른 이행속도로 한국사회의 인구구조가 변화하고 있다는 것을 알려준다. 혼자 사는 노인가구와 노인부부가구 등 노인단독세대가 점차 늘어나고 있고, 여성의 경제활동 참여율도 증가하는 추세에 있어서 노인의 가족·가정부양기능이 약화되고 있는 실정이다(고수현, 윤선오, 2006).

따라서 한국은 지금까지 고령화에 대처했던 것보다 시급하게 고령사회 및 초고령사회를 준비해야 하는 상황에 놓여 있다. 하지만, 현재의 한국은 고령사회로 이행하는 데 있어서 고용, 연금, 의료, 주거환경 등의 제도적 차원과 더불어 가족, 이웃 등 개인적 차원의 준비가 미흡한 상황이다. 고령사회로의 전환은 수많은 사회적 비용을 야기하는데, 고령 친화적인 사회로의 이행에 있어서 효과적이고 효율적인 방안을 모색하는 것이 이 연구의 목적이다.

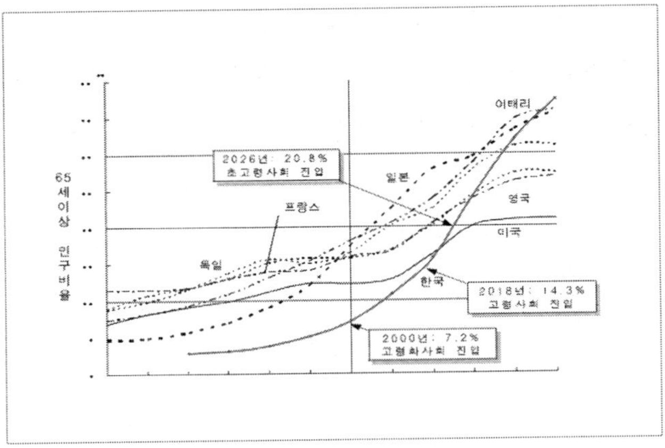

자료원: 삼성경제연구소, 2005

[그림 1] 우리나라의 고령화 추이

고령 친화적인 사회 환경을 만들기 위하여 본 연구에서는 다음과 같이 3단계로 나누어 접근한다. 첫 번째로, 고령 친화적인 환경이 무엇인지를 살펴볼 것이다. 둘째로, 고령 친화적 환경을 제공할 수 있도록 개입 가능한 세 영역의 특성들을 현재 사례 및 선행 연구들을 통해서 살펴볼 것이다. 마지막으로 사회/제도/기술적 환경을 통합하는 방법을 제안할 것이다.

II. 고령 친화적 환경

노인들의 삶의 질에 영향을 미치는 영역은 다양하다. 지금까지 선행 연구들은 주로 노인들의 삶의 질을 '건강' 문제에 초점을 두어 살펴보았다. 노인들의 건강은 나이, 성별, 유전적 요인(가족 병력, 개인 병력 등)뿐만 아니라, 사회경제적 요인, 환경요인, 생활습관, 보건의료 제도 등에 의하여 영향을 받는다.

불변요인	가변요인			
	사회경제적 요인	환경 요인	생활 습관	보건의료 제도
유전적 요인, 성별, 나이	빈곤, 실업, 사회 연결망	대기오염, 주택, 먹는 물, 사회적 환경(범죄율 등)	영양, 운동 및 신체활동, 흡연, 음주, 성행위, 약물 남용	의료 보험 제도

자료원: U.K., Dept of Health, Our Healthier Nation, Feb. 1998.
(남해성, 2002: http://www.richis.org/html/ip/20020308a/a001.pdf)

[표 1] 건강에 영향을 미치는 요인

국내외의 최근 연구들에 의하면 건강에 가장 크게 영향을 미치는 요인은 개인의 생활습관(52%)으로, 유전적 요인(20%)보다 더욱 중요한 영향을 미친다. (서미경 등, 1999) 국내외의 사회 역학(social epidemiology) 연구 등에서는 지역, 사회 연결망 등 개인을 둘러싼 사회적 영역이 건강에 있어서 큰 영향을 미친다는 것을 밝혀내었다.

최근의 기술발달로 인해 노인의 삶의 질을 크게 개선시킬 수 있는 가능성이 존재한다. 인터넷과 이동통신의 보급으로 언제 어디서나 의료정보에 접근하기 쉬워지고, 또한 응급 시 도움을 요청하기 수월해졌다. E-Home과 E-Hospital은 자동적으로 일상기구들을 통해서 건강진단을 하며 이를 주치의에게 송신할 수 있다. 의료 상담 및 의료적 개입이 손쉬워진 것은 말할 것도 없다. 청소 및 심부름 등을 할 수 있는 가사로봇의 개발은 노인들의 손과 발의 확장을 가능하게 한다.

노인복지시설 및 의료시설 간의 제도적 연결망 확충 역시 중요하다. 노인의 복지와 의료는 떨어뜨려 놓기 어렵다. 노인들의 삶을 도와주는 복지 기관들은 노인들의 건강상태에 대해서도 가장 빨리 알 수 있고, 이는 초기에 손쉬운 치료를 가능하게 해준다.

지금까지 노인복지를 증진시키기 위해, 주로 개인들의 건강문제와 의료서비스 개선에 관심을 가져 왔다면, 이제는 건강한 사회적 환경 조성에 비중을 두어야 한다. 특히 본 연구에서는 노인의 삶을 둘러싸고 있는 여러 영역 중 실제로 '개입 가능한' 영역들을 중심으로 살펴보고 이러한 영역들을 유기적으로 통합하여 고령친화사회에서 추구해야 할 바들을 제언하고자 한다.

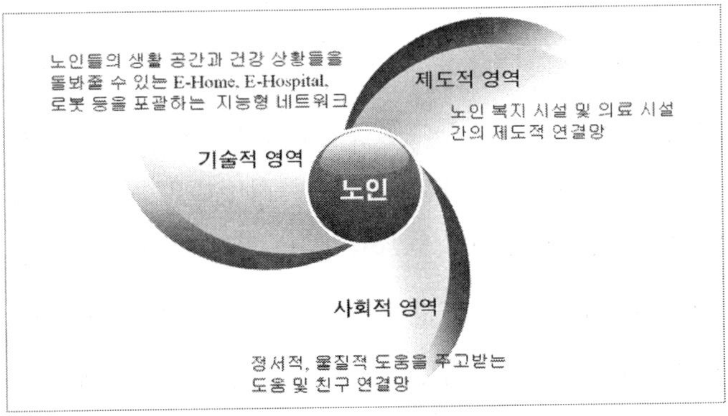

[그림 2] 노인의 삶을 둘러싸고 있는 개입 가능한 영역들

1. 사회적 영역

개인을 둘러싼 사회적 환경은 개인의 건강에 있어서 중요하다. 특히, 노인이 된다는 것은 신체적인 활력 정도가 낮아지고, 사회적 관계망이 축소된다는 것을 의미한다. 더욱이 노인에게 사회적 관계망은 다음과 같이 다양한 효과를 지니기 때문에 노령기에 있어서 사회적 관계망은 특히 중요하다.

도구적/정서적 지지의 원천인 사회연결망은 다양하고 광범위한 병리적 스트레스가 건강에 미치는 잠재적인 부정적 영향으로부터 개인을 보호하는 중요한 완충작용을 한다 (Cobb, 1976). 사회적 지지는 스트레스 반응을 완화하거나 예방하기도 하고, 스트레스 경험을 감소시킴으로써 질병이나 생리 과정에 영향을 미쳐 중재를 할 수 있다. 버크만과 사임(Berkman and Syme, 1979)은 알라매다 지역의 사망률과 사회 연결망과의 관계를 연구하였다. 1965년 인간 인류 실험에서 조사 수집한 성인 6928 명의 '성별', '연령', '사회 연결망', '앓고 있는 질환', '사회경제적 지위', '건강관련 행위여부' 등의 자료를 바탕으로, 이후 9년간의 사망률에 영향을 미치는 요인들을 분석한 결과 '앓고 있는 질환', '사회경제적 지위', '건강관련 행위여부' 등을 통제하고도 친구 관계가 많은 사람의 사망률이 낮다는 것을 밝혀냈다. 즉 사회 연결망과 건강이 직접적으로 연관되어 있는 것을 발견한 것이다.

이 연구의 뒤를 이어 많은 연구들이 개인의 건강과 관련된 사회적 요인들에 초점을 맞추어 연구를 진행해 왔다. 질병을 야기하는 만성적인 긴장과 예측하지 못하고 발생하는 여러 가지 사건들에서 발생하는 스트레스는 사회적 지지에 의하여 완충될 수 있다(Krause, 1987). 이런 사실에 기반하여 존슨(Johnson, 1998)의 연구는 미국 서부의 고립되어 있는 변방 지역에 거주하는 노인들의 인지된 건강 상태, 사회적 지지, 스트레스를 야기하는 삶의 사건들에 대하여 조사하였다. 조사결과는 이들이 도시에 거주하는 노인들에 비하여 신체적 건강이 안 좋고, 스트레스가 높으며, 사회적 지지가 낮다는 것을 확인할 수 있었다. 또한 나이, 성별, 결혼상태 등의 변수에 따라서 차이가 존재함을 밝혔다.

햄머(Hammer, 1983)는 스트레스의 정도와는 관계없이 사회적 접촉 자체가 독립적으로 건강에 긍정적인 영향을 미친다는 연구들이 존재한다고 보고한다. 이러한 이유로 사회 접촉이 갖는 독립적인 영향을 연결망의 피드백을 통해서 살펴봐야 한다고 햄머는 주장한다. 카셀의 동물 연구에서는 행위에 대한 적절한 사회적 피드백이 없는 경우, 혹은 부정적인 반응이 존재할 때 방어 기제를 형성하고, 질병이 더욱 증가한다는 것을 보였다(Cassel, 1976). 햄머는 피드백의 중요성으로 인하여, 사회연결망을 중요연결망('core' network)과 확대연결망('extend' network)로 구분하여 접근할 것을 제안한다. 직접 연결을 통해 맺어진 중요연결망의 크기와 형태가 같을지라도, 확대연결망의 크기 및 형태의 차이로 인하여 다른 효과가 나타날 수 있다는 것이다. 중첩된 연결망은 정서적 지지와 보다 신뢰할 수 있는 정보를 제공해 주지만, 개방형 연결망은 다양한 정보를 제공할 수 있다는 장점이 있다. 또한 확대연결망과 같은 접근은 연결망적 시각에서 관계적 차원만이 아니라, 사회경제적 배경 같은 맥락적 요인에 대한 중요성을 언급한다.

사회적 지지에 대한 연구가 축적됨에 따라서, 최근의 연구들은 사회적 지지가 다양한 질병과 대상에 따라서 어떻게 그 효과가 다르게 나타나는지에 대한 구체적인 연구들이 주로 이루어졌다. 갈란트(Gallant, 2003)의 연구는 90년대 이후 사회적 지지와 만성질병관리에 대한 연구논문 29편을 정리하는 것을 통하여 만성질병 관리에 대한 사회적 지지의 영향을 종합적으로 살펴보았다. 연구대상은 주로 당뇨병을 비롯한 간질, 심장동맥질환, 고혈압 등의 만성질환이고, 논문 29편 중 22편인 양적 연구를 시행하였고, 7편이 질적 연구를 시행하였다. 대개의 연구에서 사회적 지지가 만성질환관리(특히 당뇨)에 있어서 긍정적인 작용을 한다는 것을 보였다. 흥미로운 것은 여자의 경우 사회연결망 구성원이 만성질환자의 자기관리에 미치는 영향이 남자와 다르다는 것이다. 전통적인 성역할 관습의 영향으로 여성 환자의 경우 남자 배우자 혹은 지지자로부터 적절한 지지를 받지 못하기 때문이다. 또한 앓고 있는 질환에 따라서, 처해 있는 환경에 따라서도 사회적 지지 및 자기관리의 형태가 달라져야 한다는 것을 보여준다.

이러한 연구결과들을 종합하여 볼 때, 노인들에게 있어서 사회적 관계를 형성해주는 사회적 영역의 중요성을 확인할 수 있다. 더욱이 한국사회는 지금까지 가족 구조 및 인구 이동이 극심하게 변하였기 때문에, 노인들의 사회연결망은 더욱 취약한 상태이다. 고령 친화적 환경에서 우선적으로 고려해야 할 사회적 관계의 확충을 어떻게 가능케 하는지를 알아보기 위해서 제 3장에서는 한국 노인들의 사회연결망의 구조를 파악해 보고 이를 논의할 것이다.

2. 제도적 영역

도시화와 산업화로 확대가족 중심이었던 한국사회는 핵가족의 기본적인 가족생활 구조로 변화하였다. 노인독신 가구는 1994년 16.2%에서 1998년 20.1%, 2004년 24.6%로 증가하였고, 노인부부 가구도 1994년 22.8%에서 2004년 26.6%로 증가하였다. 65세 이상 노인이 2005년에서 2020년 사이 1.8배 증가하는 것에 비해 독거노인은 2배 이상 증가할 것으로 전망된다. 이러한 급격한 변화는 노인복지시설 확충의 필요로 한다. 이와 같은 인구사회학적 구조의 변화뿐만이 아니라, 노인부양의식의 변화도 노인복지에 대한 제도적 영역의 확충을 요구한다. 노인부양에 대한 가족주의 가치관은 대부분의 가족이 핵가족 중심으로 변화하는 등의 가족구조 변화, 여성 경제참여율의 증가, 부모 세대와의 독립적인 생활에 대한 욕구와 자기 생활에 대한 프라이버시를 존중받고자 하는 욕구가 증가한 것과 관련이 있을 것이다. 부양의 의무를 지는 자식뿐만 아니라, 부양을 받는 부모 세대에 있어서도 자녀와의 동거에 대한 의식이 변화하고 있다. 경제발전으로 생활수준이 향상함에 따라 부모세대의 독립적인 생활에 대한 욕구는 과거에 비해 증가하였고, 앞으로도 증가할 것으로 생각된다. 이러한 가족구조, 경제구조, 의식구조의 변화는 모두 노인복지시설의 확충을 통한 제도적 영역에서의 노인에 대한 도움을 더욱 요구하는 것이다.

하지만, 현재의 노인복지시설은 아직 그 규모나 내용에 있어서 많이 미약한 실정이다. 더욱이 한정된 재화와 자원이 여러 가지 복지시설에 분산되어 있어서 지원, 이용 및 관리에 있어서의 중복과 단절의 문제가 존재한다.2) 더욱이 복지의 대상자로서 노인은 입원한 환자가 아니더라도 발병 가능성이 높은 집단이기 때문에, 재가노인들에게 있어서도 단순한 복지서비스의 제공뿐만이 아니라 의료서비스와 연계된 복지서비스의 제공이 필요하다.

구 분	시설 종류
주 거	양로, 실비양로, 유료양로
	실비복지주택, 유료복지주택
의 료	요양, 실비요양, 유료요양
	전문요양, 유료전문요양
여 가	노인복지회관
	경로당, 노인교실, 노인휴양소
재 가	가정봉사원파견시설
	주간보호시설, 단기보호시설
노인보호전문기관	

자료원: 고수현, 윤선오, 2006

[표 2] 노인복지시설의 종류

2) 노인복지시설의 종류는 노인복지법 제31조에서 5가지 유형으로 구분하고 있는데 ① 노인주거복지시설, ② 노인의료복지시설, ③ 노인여가복지시설, ④ 재가노인복지시설, ⑤ 노인보호전문기관이 그것이다. 서비스 유형으로 보면 노인주거복지시설과 노인의료복지시설은 노인이 시설에 입소하여 서비스를 받게 되고, 노인여가복지시설과 재가노인복지시설은 지역사회 및 가정에서 서비스를 받게 된다.

이러한 문제의 해결방법의 일환으로 지역사회 보건의료자원과 복지자원의 연계와 공급네트워크를 활용하여 해결하는 '노인보건복지연계사업'이 제안되었다. 실례로 경기도에서 남부와 북부의 공공의료기관(지방공사 의료원)을 중심으로 수원과 의정부 두 곳에서 2000년부터 사업을 시행하여 왔다. 한국에서 처음으로 시도하였던, 공공의료기관이 센터를 설립하여 지역 공급네트워크를 활용함으로써 노인계층에 대한 보건과 복지를 연계 조정하는 지역협력사업(노인보건복지연계)은 공공의료 활성화와 지역사회서비스 강화로 거점병원의 역할에 도움을 주는 것으로 분석되었다. 그 결과를 간단히 살펴보면 다음과 같다(김희태, 2004).

첫째, 노인의 보건과 복지를 위한 정부의 노력은 매우 다양하나 각종 프로그램과 사업들이 서로 연계성을 갖지 못하고 있는 부분이 많다. 동일한 사업들이 여러 사업주체에 의해 진행되는 경우가 많으므로 사업대상자들의 정보 연계성이 부족하고 예산도 분산적으로 운영된다. 따라서 지역거점기관으로 지역의 보건복지문제를 해결하는 사업의 주체를 단일화하는 것이 부족한 자원과 인력을 효율적으로 운영 할 수 있는 방안이다.

둘째, 서비스의 질을 향상시키기 위해서 접근성 차원의 전략은 노인의 전화 운영 활성화, 업무 연찬회 주최, 홈페이지의 홍보와 이미지 통합을 통해 연계성 및 통합된 정체성 증진이 필요하다.

셋째, 사업 대상자인 노인실태에 대한 조사를 각 기관에서 개별적으로 실시하므로 인력과 시간, 예산의 제약이 있기 때문에 체계적인 정보를 생산할 수 있는 충분한 조사가 되지 못한다. 따라서 사업주체는 각 서비스 기관에서 필요로 하는 기초정보항목을 공동으로 개발, 취합하여 지역 노인실태에 대한 광범위한 전수조사를 하여 소득계층별, 지역별, 거주형태별, 활동성 정도별(ADL · IADL)로 구분된 서비스대상자의 기본데이터를 확보하여야 한다.

넷째, 서비스 중복문제는 의료원이 중심이 되어 지역노인보건복지 조정협의회를 조직 운영하여 각 관련기관이 참여하여 중복투자를 방지하는 전략이 필요하다. 클라이언트 입장은 구체적인 서비스와 지역 안전망에서 지속적 서비스를 받을 수 있도록 하기 위함이며 이는 지역전체의 복지 총량을 증대시키는 역할을 하게 된다.

다섯째, 서비스기관 공통 업무 프로젝트는 기록관리(서식, 양식 등) 체계화를 위한 표준화 매뉴얼 작업과 더불어, 지역사회의 전체적인 자원배분의 효율성을 위하여 현재 구축 운영하고 있는 DB를 대상자, 서비스제공자(협력 연계 기관, 자원봉사자, 물적 자원 등)정보 등이 총망라되도록 데이터베이스를 구축하여 정보를 공유할 수 있도록 한다.

이러한 연구결과를 통해서 제언할 수 있는 것은 각 지역 실정에 적합한 노인보건복지연계사업 모델(공공의료기관형, 노인복지관형, 보건소형, 센터 독립형, 노인전문 병원형 등)을 설계하여야 한다는 것이다. 공공의료기관의 지역형 모형은 지역노인보건복지 조정협의회를 설립하고 역할을 설정하며 자치단체 사회복지 전문요원들과는 밀접한 정보네트워크를 형성하고 지역 내 보건복지 자원들과 느슨한 서비스 네트워크를 유지하며, 각 자원 간 참여촉진 인센티브를 지속적으로 개발한다. 이를 위한 추진체계와 조직, 인력, 재정과 포괄적인 운영규칙을 비롯한 연구가 지속적으로 필요하다.

3. 기술적 영역

기술의 급속한 발달은 위에서 살펴본 것과 같이 제도적 영역에서 노인들에게 복지 서비스를 효율적이고 효과적으로 제공하는 것 이상으로 고령 친화적 환경을 만드는 데 일조할 수 있다.

기술적 영역에서 고령 친화적 환경을 구축하는 것을 쉽게 살펴볼 수 있는 부분은 e-home, e-hospital을 통한 노인 돌봄의 증진이다.

가정용 로봇은 이제 집안 구석구석의 청소는 물론이고, 소리를 내어 책을 읽어 주는 등의 기능을 갖추고 있다. 노인 생활보조를 위한 로봇들도 개발되어 있는데, 근력 증강을 위한 보행보조기기인 '입는 로봇'은 노인이나 환자의 동작을 보조해 일상 활동이 가능하도록 도와주며 척추신경이상 등 신체장애 환자들의 재활에도 이용될 수 있다. 몸이 불편한 노인이나 장애인이 쉽게 걸어 다닐 수 있도록 돕는 보행보조 로봇과 노인들의 맥박 혈압 등을 체크해 주는 실버로봇도 내년 말 출시된다.

이처럼 편리함을 제공하는 기능형 로봇 외에 감성형 애완

로봇도 있다. 강아지 모양의 지능형 로봇은 음성인식 기능이 있어 '꼬리 흔들어' 등 100개 단어를 알아듣고 시키는 대로 할 수 있으며, 디지털 카드를 통한 명령으로 특수 기능(가령, 춤추기, 노래하기 등)을 수행할 수 있다(김재중, 2007). 고령화 사회로 접어들면서 지능형 로봇은 노인들의 친근한 동반자로서의 역할을 충실히 할 것으로 기대된다. 앞으로 로봇은 여가선용의 상대가 되어 주거나 지식기반의 서비스를 제공해 줌으로써 생활의 동반자가 될 날이 다가오고 있다(임주환, 2006).

[그림 3] 노인의 삶을 보조하는 로봇의 예

또한 가정 내에서 변기, 욕조, 침대 등에 부착된 계측장치를 통해 심전도, 호흡 및 혈압 등 건강상태를 자연스럽게 측정할 수 있는 기반기술이 개발되어 있다. 환자가 의식하지 않게 생체신호를 계측하기 위해 변기 등에 센서를 설치하고 센서에서 감지된 정보를 집안에 설치된 홈서버를 거쳐 인터넷을 통해 병원으로 전송, 분석하는 원리다(류일형, 2003). 또한 자신의 휴대전화 충전단자에 소형 혈당계를 꽂은 뒤 피를

한 방울 떨어뜨리기만 하면 환자의 혈당 정보가 곧장 가입한 병원의 주치의에게 전송되는 방식을 통한 원격 혈당관리 서비스가 이미 2006년 3월 부산/경남 지역에서 'U-건강캠페인'이라는 제목으로 시작되었다. 환자는 병원에서 분석한 자신의 혈당정보를 휴대전화 메시지로 받아 볼 수 있으며, 누적된 정보의 변화 추이를 주치의가 분석해 환자에게 새로운 처방도 내려준다. 대상자들의 입장에서는 병원을 수시로 방문해야 하는 번거로움 없이 자신의 건강을 늘 점검하고 관리할 수 있게 되는 편리함을 갖게 된 것이다(김재철, 2006).

이를 응용하여 제도적 영역과 연계된 형태의 서비스도 제공되고 있다. 혈압 및 혈당 등 측정 데이터를 보건소 홈페이지에 입력하면 건강관리 서비스를 제공하는 방식이다. 특히 기초생활보장수급자 및 65세 이상 노인, 장애인 등 방문보건사업 대상자는 가정용 건강측정기 및 방문간호사의 휴대용 측정기를 이용해 주요 건강상태를 측정하고 결과를 입력하면 보건소 주치의에게 관리를 받게 된다. 보건소 주치의는 건강수치에 이상이 있는 경우 대상자에게 알람이나 문자메시지로 상태를 알려 주고, 전화상담 또는 방문간호사를 통한 방문조치 등 문제에 따른 개선 프로그램을 설계해 준다. 또 전문진료가 필요한 대상자는 질환별 담당의사가 있는 지역사회와 연계된 지역 전문 의료기관에 의뢰하는 원스톱 서비스도 제공한다(허정헌, 2006).

III. 고령 친화적 환경의 통합: 노인의 사회연결망과 기술을 통한 사회연결망 확대

1. 한국 노인들의 사회연결망

개인의 삶에 있어서 생애주기에 따라 개인의 연결망의 특성은 변화한다. 어린 시기에는 연결망에서 부모가 차지하는 영향력이 가장 크고, 결혼 이후에는 배우자의 영향력이 증가한다. 사회생활이 절정기인 중년 40, 50대에 있어서는 직장동료들이 연결망에서 가장 중요한 비중을 차지하고, 노년기에 이르러서는 사회적 관계들은 점차 적어지고 성인이 된 자식과의 관계가 중요하게 된다.

이와 같은 특성은 가장 포괄적으로 사회 일반적인 조사 및 사회연결망 조사를 시행하였던 『한국종합사회조사』(KGSS: Korean General Social Survey) 2004, 2005년 자료를 분석한 염유식, 박찬웅의 연구결과를 통해서도 알 수 있다(Yoosik Youm and Chan-ung Park, 2006). [그림 4]와 [그림 5]는 아프거나, 돈이 필요하거나, 상담이 필요한 상황과 같이 도움이 필요할 때, "귀하는 누구에게 가장 먼저 도움을 청하시겠는지 순서대로 두 분만 말씀하여 주십시오."라는 질문에 대한 응답을 통해서 개인의 도움 연결망을 분석하였다.

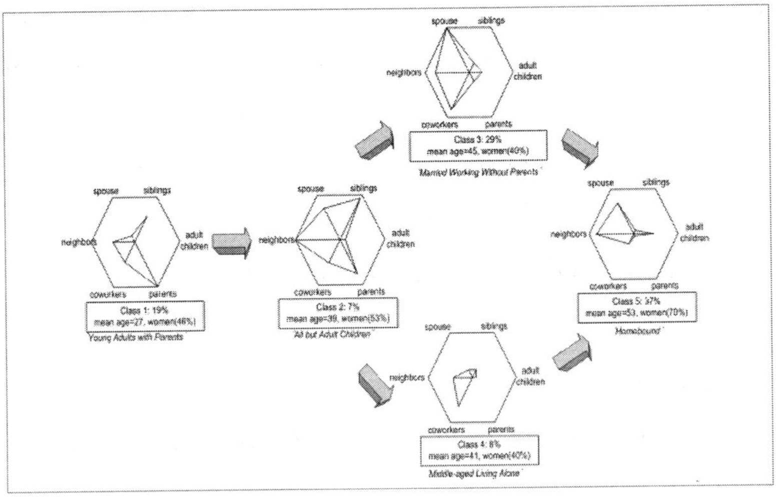

[그림 4] 생애 주기별 사회 연결망 특성

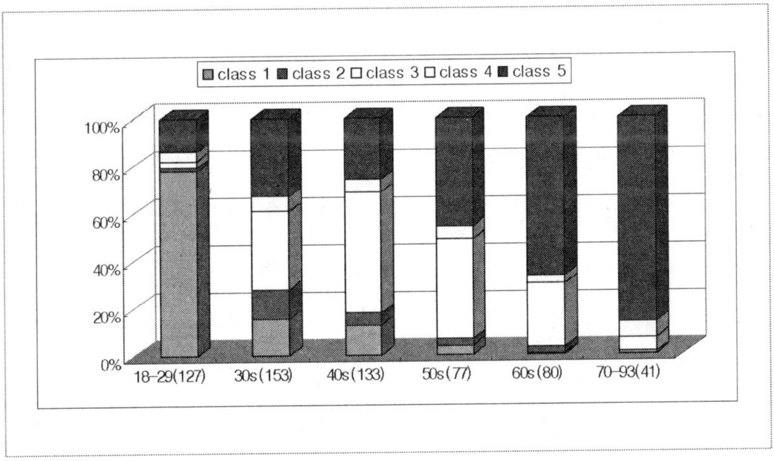

[그림 5] 연령대별 사회 연결망 특성의 변화

이 결과로부터 알 수 있는 사실은 60대 이상의 노인들은 주로 배우자와 자녀 등 가족, 그리고 이웃을 중심으로 연결망이 축소되고 있다는 것이다. 이는 미국에서의 결과와 비교하여도 마찬가지이다. 미국은 한국과 달리 전 연령대에 있어서 친구를 통한 상담이 활발하게 이루어지고 있음에도 불구하고, 나이가 듦에 따라서 동료집단 및 친구 연결망의 축소가 분명하게 나타난다. 이를 통해 나이가 든다는 것은 단순한 신체적인 노화뿐만이 아니라, 사회연결망의 축소도 함께 가져오는 것임을 알 수 있다.

이스라엘 노인들의 사회연결망과 건강에 미치는 영향에 대한 연구(Litwin, 1997) 결과에 비춰볼 때 우리나라 노인들의 사회연결망 형태는 우려할 만하다. 이스라엘 인구집단 전체를 대상으로 표본을 추출하여 조사한 이 연구에서는 다양한 이들과 연결되어 있는 이들이 가장 건강하고, 특정 부류와만 접촉하는 이들은 그 다음이며, 협소한 연결망을 가진 이들이 가장 건강하지 않다는 결과였다. 즉, 나이가 들수록 가족 내적인 연결망만이 남게 되는 한국 노인들의 연결망 형태는 바람직하지 않을 수 있다는 것이다. 왜냐하면 사회연결망은 신체적, 물질적, 정서적 도움을 통해서 건강에 직간접적으로 영향을 미치는 중요한 요인으로 다양한 연결망은 다양한 사회적 지지를 받을 수 있는 원천이기 때문이다.

기존 연구결과들과 현실진단을 통해서 사회연결망을 확충하는 것이 노인들의 건강뿐 아니라 삶의 질을 증진시키는 데 있어서 가장 비용 효과적인 방법이라고 말할 수 있다. 그렇다면, 축소되고 있는 노인의 사회연결망을 어떻게 확대시킬 것인가?

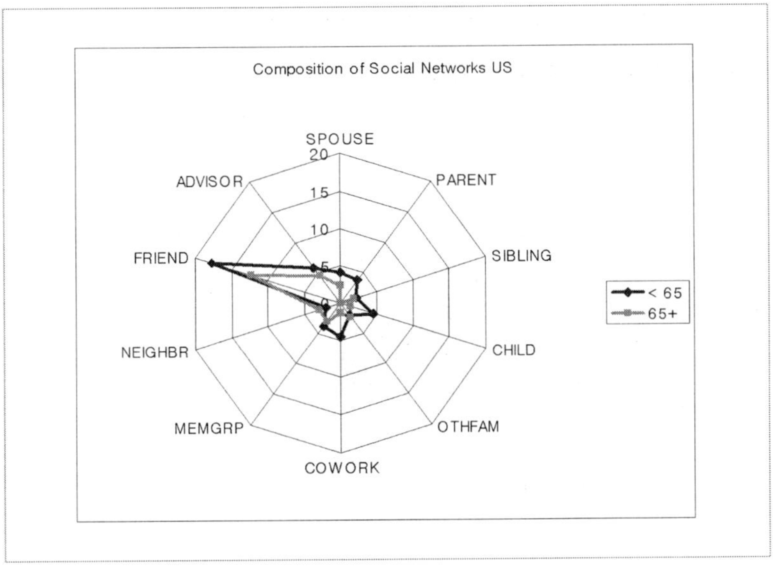

[그림 6] 세대별 사회연결망 형태의 차이 - 미국 (GSS) 자료 분석결과

2. 디딤돌 복지 전략 - 정보 기술을 통한 사회 연결망 확대

생애주기에 따라서 연결망의 형태와 내용이 변화하고 점차 연결망의 크기 및 밀도가 줄어드는 것은 어찌 보면 당연한 일이다. 연결망의 유지 역시 많은 시간과 에너지의 투입이 요구되는 까닭이다. 특히 최근 한국사회가 가족의 형태마저도 노인단독세대가 늘어나는 등 극도로 변화하는 가운데, 노인의 사회연결망을 통한 사회적 지지의 제공은 더욱 위협받고 있는 상황이다.

하지만, 최근 정보기술의 발달은 노인의 사회연결망 확충 및 사회적 지지의 제공에 있어서 여러 가지 가능성을 제시해준다. 앞서 고령 친화적 환경에서 제도적 영역과 기술적 영역으로 나누어 살펴본 내용뿐만 아니라, 정보기술은 사회연결망 그 자체의 확대를 가능하게 해준다.

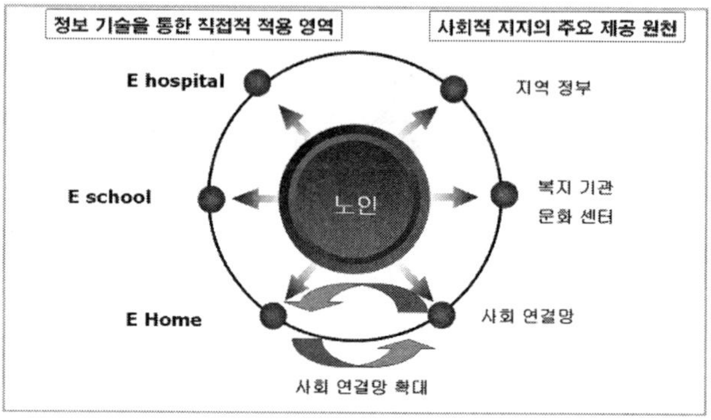

[그림 7] 노인을 둘러싼 기술 적용과 사회적 지지 제공 영역

연결망의 축소와 이로 인한 노인생활에 있어서의 제약, 그리고 이를 해결하는 과정에 대한 가상의 사례를 생각해 보자.

가상 사례 1.

72세 손씨는 70세의 부인 이씨와 함께 살고 있다. 자녀들은 다 성장하여 독립된 가정을 꾸려 생활하고 있으며, 한 달에 한두 번 정도 손씨 부부를 방문한다. 손씨 부부는 손자, 손녀들과 함께 보내는 것을 좋아하지만, 손자, 손녀들은 모처럼 이들 부부의 집에 방문하여도, 대화는커녕 인사도 제대로 않고 집에서 가져온 노트북 컴퓨터 앞에 앉아서 떠날 줄을 모른다. 손자, 손녀는 컴퓨터가 없었다면 그나마 할아버지, 할머니를 방문하는 것조차 꺼려했을 것이다.

해결 과정 1.

손씨와 이씨는 동사무소에서 시행하는 컴퓨터/인터넷 강좌 교육에 참여하기 시작하였다. email을 주고받는 것으로 시작하여, 미니 홈피를 만들어 가꾸는 것을 배우게 되었다. 이를 시작으로 손자, 손녀들의 미니홈피를 방문하고 게시판에 있는 사진과 글을 본다. 방명록에 글을 남기니 손자, 손녀들이 할아버지, 할머니의 미니 홈피에 들러 방명록에 글을 남기고 도토리로 산 배경음악을 선물한다. 이후로 손자, 손녀들이 집에 올 때면 이야기 거리가 생기게 되어 대화가 늘어났다.

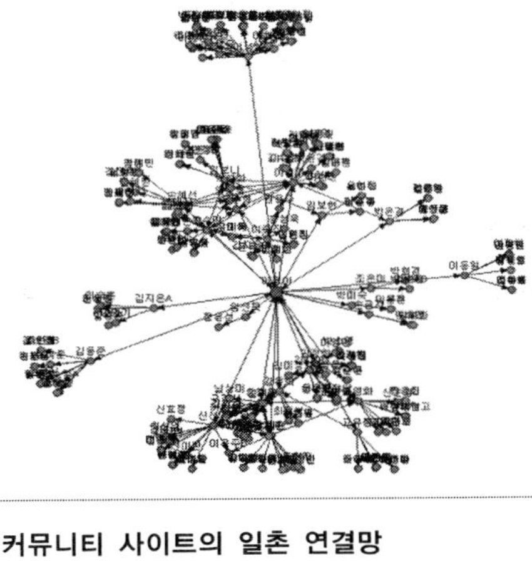

[그림 8] 국내 S 커뮤니티 사이트의 일촌 연결망

[가상 사례1]은 요즘 흔히 볼 수 있는 이야기이다. 정보기술의 발전은 세대 간에 공유 가능한 경험을 점차 희소하게 하며 세대 간 연결을 저해하고 있다. 하지만, 노년층도 정보기술을 적극적으로 활용한다면 사례 1의 해결과정처럼 정보기술이 오히려 세대 간의 연결을 친밀하게 해주는 끈이 될 수도 있다. [그림 8]에서 볼 수 있는 것과 같이 오늘날 인터넷 커뮤니티는 온라인을 통하여 사회연결망의 유지, 발전이 가능한 공간이다. 최근에 사이버공간은 기존의 사회연결망과 병행되면서, 더 큰 시너지를 발휘하고 있다. 나의 일촌은 동시에 나의 일촌의 일촌이 될 수 있다. 컴퓨터를 통해 서로가 서로를 지켜보면서 손쉽게 관심을 유지하고, 의사소통하면서 기존의 관계들이 이를 통해 더욱 굳건히 될 수 있다.

	60세 미만 집단	60세 이상 집단
일촌들의 일촌 수	1268.1	446
방문자 수	951.1	764.1
방명록 글 수	122.2	81.5
사진 수	92.6	85.4
나이 평균	24.9	68.7
연결망 확장 정도	51	38

[표 3] 60세 이상 집단과 60세 미만 집단의 인터넷 상 연결망 활동 비교

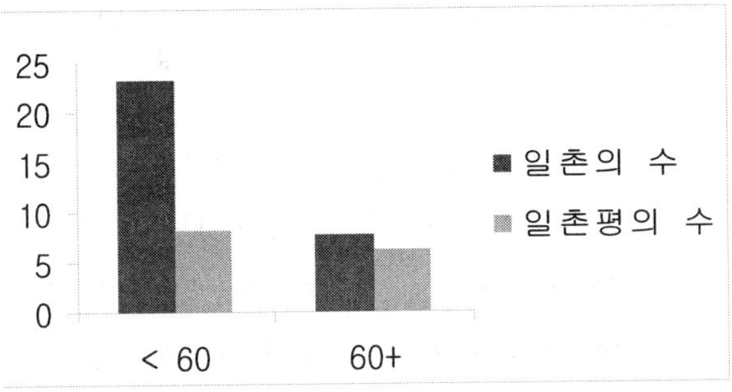

[그림 9] 60세 이상 집단과 60세 미만 집단의 일촌 및 일촌평 수 비교

현재 노인들은 다른 세대들과 비교할 때 인터넷을 통한 연결망 활동이 미미하다. 60세 미만 집단의 일촌 수 평균이 23.2명임에 비하여, 60세 이상 집단의 일촌 수의 평균은 8.3명에 불과하다. 내가 맺고 있는 일촌들의 일촌 수와 이를 통해 알 수 있는 연결망 확장 정도도 60세 이상 집단이 아직은 취약함을 알 수 있다. 하지만, 일촌들의 관계성을 간접적으로 확인해줄 수 있는 일촌평 수에 있어서는 60세 미만 집단이 7.8개임에 비하여, 60세 이상 집단이 6.3개이다. 일촌 수와 일촌평 수의 비례로 비교해 보면 60세 이상 집단이 0.76으로, 60세 미만 집단의 0.33과 비교하여 볼 때 오히려 60세 이상 집단이 인터넷을 통한 관계성에 더욱 적극적임을 확인할 수 있다. 또한 방문자 수, 방명록의 글 수, 사진 수에 있어서는 연결망의 수에 비하여 큰 차이가 나지 않음을 알 수 있다. 아직까지 60세 이상 집단의 인터넷 활용 인구가 전체적으로 미약하다는 것을 고려할 때, 60세 이상 집단의 인터넷 활용 인구가 늘어난다면 인터넷을 통하여 더욱 활성화

된 연결망 활동 및 연결망 확장이 가능할 것이라는 것을 생각할 수 있다.[3)]

노인들의 사회연결망의 확대는 인터넷과 같이 온라인을 이용하는 정보기술로만 가능한 것은 아니다. 한국사회에서 노인들에게 더욱 익숙한 정보기기는 이동통신 단말기일 것이다. 정보통신부에 따르면 2006년 11월 현재 이동통신 가입자 수는 4천만 4만 7,958명으로 전 국민의 83%가 이동통신 단말기를 사용하고 있다. 영유아와 초고령자를 제외한다면 전 국민의 대다수가 이동통신 단말기를 사용하고 있다고 말할 수 있는 수치이다.

가상 사례 2.

초등학교 교직생활을 하다 정년퇴직을 한 67세 박씨는 아이들과 함께 있는 것을 참 좋아한다. 하지만, 하나 있는 딸이 기업에 취업한 후 해외 지사에 장기 파견을 나간 후로는 당분간 혈육을 접할 기회가 없어졌다. 딸이 국내에 있었을 때는 퇴직 후 본인이 외손주를 키우겠다고 장담했었는데 말이다. 요즘에는 아이들을 적게 나서 그런지, 학원을 많이 다녀서 그런지, 동네에서 노는 아이들 구경하기도 어렵다. 요즘 들어 외로움을 부쩍 느끼고, 우울증까지 찾아오려는 것 같다.

3) 2004년 9월 현재 S커뮤니티 사이트에서 일촌 기능을 사용하는 807만 여 명의 회원들은 평균 23명의 일촌을 갖고 있으며, 이들은 평균 4.3 단계 만에 서로 연결되는 좁은 세상임을 고려할 때, 노인인구가 인터넷 커뮤니티 사이트를 통한 연결망 활동을 보다 활발히 한다면, 연결망의 확장 및 연결망 자원의 공유는 손쉽게 가능할 것이다(김용학, 박세웅, 전소영, 2006).

해결 과정 2.

교사 재직 시절 함께 근무했던 후배 김 선생님과 모처럼 통화를 하게 되었다. 김 선생님이 퇴근하는 길에 불쑥 생각이 나서 휴대전화로 통화를 걸어 왔던 것이다. 이런 저런 이야기를 하면서, 김 선생님의 딸이 출산 후 2년간의 육아휴가를 마치고 회사로 복직 예정인데 낮 시간에 애를 봐 줄 사람을 찾기 어렵다는 소식을 접하게 되었다. 알고 보니, 김 선생님 딸은 박씨와 같은 아파트 단지에 살고 있었다. 박씨는 혈육은 아니지만, 혈육 못지않은 애정으로 아이를 봐 줄 수 있다고 이야기를 하였고, 김 선생님은 딸에게 통화를 마치자마자 연락을 하여 소개를 해주었다. 이를 통해 박씨는 아이를 돌보며 외로움을 잊게 되었고, 김 선생님의 딸은 걱정 없이 회사에 복직할 수 있게 되었다.

이동통신은 개인의 연결망을 관리하고 확장하는 데 중요한 수단이 될 수 있다. 언제 어디서나 소통을 가능하게 해준다는 점에 있어서, 이동통신을 유선통신이 가지고 있는 시공간의 제약을 쉽게 넘어선다. 이동 중에 불현듯이 떠오른 인간관계를 즉석에서 연결시켜 줄 수 있다는 특징은 사회 연결망에 있어서 필요한 자원의 탐색과 공급을 원활하게 해 줄 수 있다는 장점을 갖는다. [가상 사례 2]와 같이 이동통신을 통하여 개인들이 가지고 있는 연결망과 그 필요가 공유되면서 연결망의 확대가 쉽게 가능해질 수 있다.

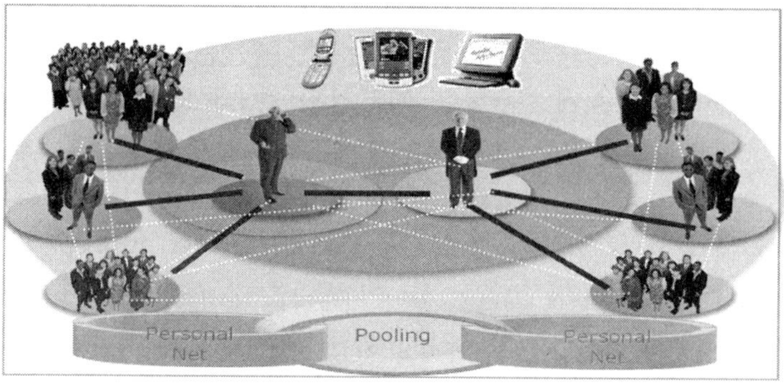

[그림 10] 디딤돌 복지 연결망: 연결망 공유를 통한 연결망의 확대

가상 사례 3.

칠십 평생 농사를 짓고 살던 장씨 할아버지는 3년 전 부인을 잃고, 도시에 사는 아들 가족과 함께 생활을 하게 되었다. 평생 하던 농사일을 하지 않고, 집에서 가까운 병원의 시설이 좋기에 건강이 좋아야 하지만, 아들 집에 온 이후로 건강이 예전만 같지 못하다. 주변에 어울릴 이들이 없기에 하루 종일 집에만 있고, 여가 생활은 고작 TV 시청이 전부이기 때문이다. 그는 점점 식욕도 삶의 의욕도 감퇴한다 말한다.

해결 과정 3.

그의 삶에 활력을 가져다 준 것은 구청에서 시작한 '버디(buddy)' 프로그램 때문이었다. '버디' 프로그램에 참여한 노인들은 몇몇 특수키들이 추가된 전용 이동통신 단말기를 통해서 해당 지역별로 특별한 커뮤니케이션을 할 수 있다. '대화하고 싶다', '운동하고 싶다', '놀이하고 싶다', '병원에 함께 갈 친구를 찾는다', '목욕가고 싶다', '건강이 위급하다'와 같은 특수키를 누르면, 해당 지역에서 버디 단말기를 가지고 있는 노인들의 이동통신 단말기에 종류별 리스트가 생성된다. 한 명이라도 특수키를 눌러 리스트가 생성된 상태에서, 다른 누군가 같은 특수키를 누르게 되면 신호음이 발생하고 성별과 나이 등 상대방의 간단한 신상을 확인한 후 바로 통화로 이어질 수 있는 기능을 갖추고 있는 것이다. 물론 이 단말기를 주변 자원봉사자들도 함께 하고 있어서, 자원봉사자들은 집에 있으면서도 언제나 자신이 가능한 시간에 찾아가서 노인과 함께 어울리거나 도와줄 수 있다. 이 프로그램을 통해서 장씨 할아버지는 많은 친구들을 사귀게 되었고, 지역에서 바둑 동호회를 형성하고 이 모임의 회장이 되었다. 이제는 병원에 혼자 가지 않게 되면서, 병원을 찾는 것도 더욱 즐거워졌다고 한다.

[가상사례 3]은 이동통신 단말기에 몇 가지 특수 기능을 추가하여 노인들의 연결망 확장 및 생활 보조에 유용하게 활용할 수 있지 않을까라는 제언을 한 것이다. 이동통신 단말기는 개인들의 생활 속에서 언제나 근거리에 위치하기 때문에, 노인들의 단순한 의사소통 수단뿐만 아니라 다양한 보조 수단으로 활용할 수 있는 가능성이 존재한다. 위의 사례처럼 지역 단위를 묶어주어 연결망 활동을 강화할 수 있는 제도적, 기술적 지원이 가능하다면 노인들의 삶을 크게 개선시킬 수 있을 것이다. 이에 더하여 이동통신 단말기에 사람의 체온이나 움직임이 일정 시간 이상 감지되지 않을 경우 가까운 가족이나 사회복지사에게 자동적으로 연락을 취하게 하는 방법도 응용할 수 있다.

위에서 살펴본 [가상 사례 1, 2, 3]은 먼 미래의 이야기가 아니다. 정보통신기술의 발전과 더불어 가능성을 갖게 된 기술적 영역을 보다 잘 활용하여 사회연결망의 확충을 보다 원활하게 할 수 있다. 기술적 영역의 발달은 제도적 영역 및 사회적 영역의 확충을 가져올 수 있다는 측면에서 보다 잘 활용해야 한다. 나에게는 현재 없는 자원이지만 나와 연결된 한 사람을 딛고 돌아보면 내가 필요한 자원이 많이 존재한다. 사회적, 제도적, 기술적 영역에서의 연결망 확대를 통한 '디딤돌 복지 연결망' 전략은 연결망의 활성화를 통해서 노인들의 삶을 보다 개선시킬 수 있다.

IV. 결론

한국은 세계에서 가장 빠른 속도로 고령사회를 향해 진입하고 있다. 사회 전반적으로 고령사회 및 초고령사회에 대한 대책 마련이 절실하게 필요한 시기이다. 고령화사회에서 고령사회로 진입하는 기간 동안 가장 효율적이면서 효과적으로 노인들에게 더 나은 삶을 제공하는 방법으로 이 연구에서는 '사회연결망'을 제안한다. 사회연결망은 단순히 변화된 가족구조로 친밀한 인간관계의 결여에서 비롯한 노인들의 외로움을 달래 주는 역할만 하는 것이 아니다. 많은 연구들을 통해서 보고되었듯이, 연결망은 여러 가지 기전을 통하여 노인의 건강을 증진시켜 주는 역할을 한다. 연결망은 스트레스의 완충 역할을 수행하며, 정서적/물질적/도구적 도움을 제공하는 역할을 한다. 개인의 연결망 구성이 다양할수록, 개인은 연결망을 통해 많은 정보를 얻을 수 있고, 필요할 때 많은 자원의 동원을 이끌어낼 수 있다.

이 보고서에서 제안하는 연결망적 접근방법은 사람들 간의 관계만을 통한 도움을 이야기하는 것이 아니다. 복지가 전문화되고 다원화되면서 여러 복지주관기관들이 동일 대상에 대한 중첩된 복지를 제공하고 있는 상황을 타개할 수 있는 방법으로서 복지기관들 간의 연결망의 활성화도 복지의 효율성을 제고할 수 있는 주요한 방법이다. 노인에 대한 복지에 있어서 제도적 영역의 연결은 노인이 필요한 복지 및 의료 서비스를 더욱 빨리 발견하여 조기에 제공할 수 있으며, 개별 기관 차원에서는 제공하지 못하는 맞춤화된 서비스도 제공할 수 있을 것이다. 아직까지 이에 대한 연구는 미흡한 상황이기 때문에, 각 지역 실정에 적합한 노인보건복지연계 사업 모델을 설계하는 데 많은 연구가 필요한 상황이다.

또한 기술적 영역에서 노인의 생활과 많은 밀접성을 갖고 있는 도구들을 통해서 기술-제도 연결망, 혹은 기술-사회 연결망의 확장이 가능하다. 지능형 로봇, 이동통신 단말기를 비롯하여 가정 내에 사용되는 변기, 욕조, 침대 등의 생활용품에 있어서의 홈 네트워킹을 비롯하여 외부 복지/의료시설, 주변 가족과의 연결망은 노인의 건강에 있어서 만성질환을 관리할 수 있고, 혹은 위급한 질환이 나타났을 경우 보다 수월하게 노인들에 대한 돌봄을 제공할 수 있다.

이 연구에서 가장 중요하게 제안하는 것은 '디딤돌 복지 연결망' 전략이다. 이동통신이나 온라인 통신기술을 통해서,

복지기관의 적극적인 관계 중재를 통해서, 개인들이 가지고 있는 연결망 자원의 효과적인 공유를 통해서 한 단계 확대된 연결망을 활용할 수 있게 된다면 노인들의 생활에서 제기되는 많은 어려움들을 효율적이고 효과적으로 개선할 수 있다.

고령사회를 준비하는 현 단계에 있어서 우리가 고민해야 할 것은, 어떻게 새로운 자원을 동원할 수 있는가의 문제보다는 현재 사용하지 않는 잠재된 자원들을 어떻게 하면 효과적으로 이끌어낼 수 있을까의 문제이다. 이미 인구구조의 변화, 가족구조의 변화는 돌이킬 수 없을 것 같은 사회적 흐름이다. 이러한 흐름 속에서 가장 안전하고 평온한 상태를 유지할 수 있도록 사회적 여건들을 활용하는 방법으로 연결망 활성화 전략을 우선적으로 고려해야 할 것이다.

참고문헌

· 고수현 · 윤선오. 2006. 『새로운 노인복지론』. 양서원.

· 김용학 · 박세웅 · 전소영. 2006. "온라인 사회 연결망의 구조분석: 싸이월드 일촌 연결망을 중심으로." 『정보화정책』 제13권 제4호, 152-170.

· 김희태. 2004. "공공의료기관의 지역협력사업 성과 분석: 노인보건복지연계사업을 중심으로." 연세대학교 보건대학원 석사학위 논문.

· 서미경 · 주경식 · 최은진 · 문병윤 · 손애리 · 주승재. 1999. 『국민 건강증진을 위한 보건교육·홍보사업 전략개발』. 한국보건사회연구원 · 보건복지부.

· 정보통신부. 2006. 『유 · 무선 통신서비스 가입자 현황』.

· 임주환. 2006. "1가정 1로봇 시대를 위하여." 정보통신부 뉴스.

· 국민일보. 2007. "또 하나의 가족 '로봇' …… 청소 로봇, 교육 로봇, 입는 로봇." 1월 25일.

· 디지털데일리. 2006. "휴대폰으로 주치의가 당뇨 체크 …… 모바일 건강시대 개막." 3월 21일.

· 디지틀 보사. 2006. "보건소 U-헬스케어 사업 표준모델 제시." 11월 10일.

· 연합신문. 2003. "집에서 건강체크, '무자각 생체 계측기술' 개발." 11월 24일.

· Berkman, L. F. and S. L. Syme. 1979. "Social Networks, Host Resistance, and Mortality: A Nine-year Fllow-up Study of Alameda Countyresidents." *American Journal of Epidemiology* 109:186-204.

· Cobb, S. 1976. "Social Support as a Moderator of Life Stress." *Psychosomat.* Med. 38:300-14.

· Cassel, J. 1976. "The Contribution of the Social Environment to Host Resistance: The Fourth Wade Hampton Frost Lecture." *American Journal of Epidemiology* 104(2):107-123.

· Gallant, M. P. 2003. "The Influence of Social Support on Chronic Illness Self-Management: A Review and Directions for Research." *Health Education & Behavior* 30: 170-195.

· Hammer, M. 1983. "'Core' and 'Extended' Social Networks in Relation to Health and Illness." *Social Science and Medicine* 17: 405-411.

· Johnson, J. E. 1998. "Stress, Social Support, and Health in Frontier Elders." *Journal of Gerontological Nursing* 24(5), 29-35.

· Litwin, H. 1998. "Social Network Type and Health Status in a National Sample of Elderly Israelis." *Social Science and Medicine* 46: 599-609.

· Yoosik Youm and Chan-ung Park. 2006. Personal Social Networks in Korea: Folding Origami of Networks over Life Cycle. Presented at *KGSS Symposium 2006*: International Session.

제 7 장

Web 2.0을 이용한 e-learning 과정을 통해 살펴본 '집단지성' 형성에 대한 문화기술지

박희석*

I. 문제제기 및 연구목적

'참여 · 공유 · 개방'으로 일컬어지는 'Web 2.0 모델'(이하 Web 2.0)이 인터넷 공간에 미치는 영향은 다양한 방식으로 나타나고 있다. 한국 사회에서도 Web 2.0이 점차 인터넷 비즈니스의 영역을 넘어 사회 · 정치 · 경제 등 다양한 측면에서 새로운 패러다임으로 작동하고 있고 많은 미디어나 커뮤니티 사이트들에서 이에 대한 활발한 논의들이 이뤄지고 있다. 그럼에도 불구하고, 그간 학문적 영역에서는 Web 2.0이 애초

* 연세대학교 사회학과 석사과정.

마케팅 이슈에 불과했으며 본질적으로 어떤 학문적 바탕을 갖춘 것이 아니라는 이유로 심도 깊게 연구되어 오지 않았다. (한상기, 2007)

하지만 Web 2.0이 궁극적으로 구현하고자 하는 바가 '사람과 사람 사이의 연계와 상호작용', '새로운 의사결정 과정의 개발' 등으로 나타나는, 즉 지극히 '사회과학'적인 주제와 목적을 가지고 있다는 점을 주목한다면 이에 대한 대중의 의식고양이나 이해를 위한 학문적 노력이 뒷받침 되지 않는 채 단순히 새로운 수익모델로서만 주목되었던 Web 2.0의 광풍이 더 이상 어떤 유의미한 '온라인 혁명'으로까지 발전되지 않는 작금의 상황은 당연한 결과일 것이다. 특히 2002년을 전후하여 인터넷 공간이 한국사회에 만들어 내었던 수많은 사회적 현상들을 떠올려 본다면, 5년 만에 급속히 위축된 인터넷 공간의 양상에 대한 원인과 현 상황에 대한 세밀한 분석은 장차 한국의 Web 2.0이 나아가야 할 방향과 새로운 시사점을 제공해 줄 수 있을 것이라고 생각된다.

이런 상황에서, 2007년 2학기 연세대학교 사회학과에서 개설된 '지식·정보사회'라는 학부수업에 대한 참여관찰은 비록 미시적 연구이지만 Web 2.0의 본질을 이해하고 그 논리를 한국적 상황과 대학이라는 공간에서 재구성해보는 좋은 시도가 되었다고 생각한다. 그간 한국사회에서 대안교육에 대한 실험들을 추구해왔던 조한혜정 교수가 개설한 이 수업은 현재 한국 인터넷 기술의 첨단에 서 있는 유명 강사들에 의한 10번의 특강, 그리고 기존 '와이섹'이라는 폐쇄적 인터넷 학습공간을 넘어선 새로운 플랫폼의 구현, 시·공간의 경계를 넘어선 원격 강의 등으로 한 학기 동안 다양한 교수방법들이 시도되었던 수업이었다.

연구의 대상이 된 것은 학부생들이 매 강의가 끝나고 과제로 제출했던 '쪽글(소감문)' 이었다. 그리고 본 연구는 참여관찰의 방법을 통해 살펴본 학생들의 성과물들을 바탕으로, Web 2.0이라는 새로운 인터넷 환경과 플랫폼에서 이들이 어떤 상호작용을 일으켰고 이 과정에서 벌어졌던 많은 미시적 행동들과 네트워크들의 형성이 만들어 내는 생산적 과정들을 살펴보고 있다.

우리는 기억한다. 2002년 광화문에 모인 수많은 붉은 악마들과 촛불 집회를 만들어 내었던 참여적 군중들을 말이다. 그들이 만들어 낸 새로운 집단지성들은 당시 놀라운 정치적 변혁까지 이끌어내지 않았던가? 하지만 불과 5년 남짓 흐른 시점에서 우리는 '집단지성을 만들던 사람들은 다 어디로 갔을까'라는 질문을 던져볼 수밖에 없는 상황에 이르렀다. 특히 장차 사회를 이끌어 갈 젊은 세대들이 사유하고 자신에 대한 사회적 기반을 다져나가는 대학이라는 공간에서조차, 취업난과 공무원 열풍 속에서 헤어나고 있지 못하는 상황에 대한 공감대는 이 수업을 선택했던 학생들에게는 이미 형성 되어 있었다.

"누가 젊은이들을 겁쟁이로 만들었나. 10년 전 IMF당시 제일 큰 타격을 입었던 우리의 부모님들은 그 시련을 통해

세상에 대한 불신과 돈에 대한 믿음을 고스란히 자식들에게 전달했다. …… 대부분의 젊은이들은 먹고 사는 문제에 대해서 고민하고 불안해 하기는 하지만, 자기가 먹고 사는데 드는 비용이 구체적으로 얼마인지 생각해 보지도 않았을 것이다. 가진 것을 희생하면서조차 이루고 싶은 꿈이 없기 때문이다. 꿈이 있으면 귀찮고 힘드니까. 자기 스스로 계획하고 시간을 투자하고 공부해야 하니까. 사실, 고등학교 때 입시 공부하는 것처럼 주어진 것을 그대로 따라가는 공부가 제일 쉽다. 마찬가지로 남들 하는대로 학점 관리하고, 자격증 공부하고, 영어 공부하는 것이 마음 편하다."

<사례 1, 4번째 과제>

"그간의 인터넷문화의 흐름을 훑어보면서 놀란 점이 여럿 있다. 먼저는 인터넷과 나는 사실 별 상관이 없다고 생각했지만 인터넷의 문화가 변화하는 흐름 속에서 나도 알게 모르게 영향을 받고 있었구나 하는 점이었다. …… 또 하나 놀란 것은 시장이 인터넷이 미친 영향이다. 무엇을 하든지 학점과 취업이 기준이 되어버렸다. 수업을 듣는 것도 학점 잘 주는 교수님 쫓아가고. …… 실제로 만나는 07학번 후배들의 입에서 나오는 '엄마가 안 된데요.'라는 말들. 방학이 되면 방학 계획을 세우고 예산서를 짜서 아빠에게 제출하는 그 아이들을 보면서 어안이 벙벙해지곤 한다."

<사례 2, 4번째 과제>

이를 통해 필자는 연구 초반, 앞의 질문 외에도 몇 가지 질문들을 더 던져보았다. 현재 우리 사회는 집단지성을 만들어 내고 있는가? 우리 사회는 '참여군중'들을 만들어내는 '선순환' 구조의 사회인가? 설령, 작은 공간들에서 힘겹게 만들어진 소중한 씨앗과 결과물들을 찾아낸다 할지라도 그들의 열정과 능력에 신뢰를 보내줄 수 있는 사회인가?

학부생들의 수업에 대한 참여관찰과 함께 위에 제기했던 질문들에 대한 답을 찾아가면서 필자는 비록 거창하지는 않지만 충분히 유의미한 결과들을 도출해 내었다. 결론부터 말하자면, 애초 미래에 대한 막연한 불안감에 떨며 취업시장에 대한 스트레스 속에서 주어진 '스펙'[1]만을 만들어가던 많은 학생들이 어떻게 자신의 삶을 되돌아보고 더 나은 삶의 방향을 함께 고민하는지에 대한 과정을 찾아낼 수 있었다. 자신의 현실을 인식하고 그것을 표현해 낼 수 있는 새로운 '언어'를 가지게 되었다는 것, 이것은 자신의 상황에 대한 반성적 사유와 성찰을 시도하며 스스로에 대해 일정한 거리를 두는, 그럼으로써 결국 일정한 '보편성'을 획득해 나가는 과정이라고도 볼 수 있다. 그리고 이런 특징들은 기존 연구들에서 언급하고 있는 '집단지성'의 형성과정과 크게 다르지 않다.

1) 스펙 [specification] : 직장을 구하는 사람들 사이에서, 학력 · 학점 · 토익 점수 따위를 합한 것을 이르는 말.

II. 기존문헌 검토

1. 집단지성(Collective Intelligence)과 Web 2.0

집단지성이라는 말은 사실 새롭거나 거창한 말은 아니다. 인류가 지금껏 지구상에 살아남은 과정 자체는 바로 '집단적인 사고체계'를 가질 수 있었기에 가능한 일이었다. 일정한 조건 아래서 거대 집단이 특정 개인보다 더 나은 결정과 발상의 전환, 미래의 예측을 가져온 역사적 과정은 셀 수 없이 많다.

구체적으로 집단지성에 대한 이론적 근거에 대해 석영희(2007)는 사회적 행위를 진화적 과정과 유전적 요소로 설명하는 사회생물학으로부터 그 출발점을 잡고 있는데, 여기에는 고전 사회학의 거장인 에밀 뒤르켐(Emile Durkheim)의 저작들을 무시할 수 없다. 뒤르켐은 그의 독특한 생태학적 모델을 통하여 사회적 분화를 설명하였다. 이주와 인구의 증가, 운송기술의 발달 등으로 야기된 경쟁의 증가는 사회적 분업을 도출해 내게 되는데 뒤르켐은 사회적 복잡성이 증대되고 있던 당대 현실 속에서 사회적 연대의 관심을 이끌어 내었다.

이후 사회학, 철학에서 뿐만 아니라 의학, 생물학, 공학 등에서도 이 집단지성에 대한 연구들이 이루어져 왔는데, 하위 연구 분야에서는 곤충학자 윌리엄 모턴 휠러(1911)가 처음으로 개미들의 협력과 경쟁에 대한 모습을 통해 그들만의 고유한 집단지성이 구축되는 모습에 대한 연구를 수행하였다. (위키디피아 2007. 8월 업데이트 자료참고) 이후 유전적 요소를 고려하여 이뤄진 연구들에는 개미·꿀벌 등 사회성을 갖는 곤충들에 대한 연구들이 있는데, 여기에는 한 개체의 개체성은 상실되고 특수화된 집단이 하나의 생활단위가 되는 초개체 현상(superorganism), 꿀벌의 지적능력을 이루는 군집단기능(swarm intelligence), 생물의 개체수가 어떤 임계점에 도달하였을 때 개체군 전체에 의식이 퍼지는 백 번째 원숭이 현상(the hundredth monkey phenomenon) 등이 있으며 현재 유전자 연구와 관련하여 군집행동들에 대한 데이터베이스의 구축은 상당히 진전된 것으로 알려지고 있다(*ibid* 13p).

하지만 본격적으로 집단지성에 대한 개념을 정리하고 이를 사회문화적 학문의 영역으로 가지고 온 사람은 프랑스의 철학자 피에르 레비(Pierre Levy)라고 할 수 있다.

레비의 관심사는 디지털 테크놀로지의 시대에 문화적·인식론적 영향과 그 사회적 활용이라고 할 수 있는데 그는 일찍이 통신 기술과 기호 체계의 중요성을 확신하고 이후 인공지능의 탄생에 대해 연구하는 한편, 하이퍼텍스트 개념과 인지 생태학의 프로그램을 세우는 데 참여했다.

레비는 디지털 기술의 발달이 인간 사회와 인지 활동에 가져오는 '충격'에 초점을 맞추기 보다는 사이버 공간이 어떤 방향으로도 고정되지 않은 채 확장되고 있음에 주목하여 집단 지성도 단지 하나의 '프로젝트'라고 설명한다. 그는 자신의 저서에서 집단 지성에 대해 '획일적 전체성보다 특이성들에 가치를 부여하고 새로운 보편성들이 부상할 수 있게 하는 장치'라고 정의하고 있는데 레비는 이 집단 지성이 어디에나 분포하며, 지속적으로 가치가 부여되고, 실시간으로 조정되며, 역량의 실제적 동원에 이른다고 말한다. 또 한 가지 중요한 점은 이 개념이 기존 정치적 측면에서의 전체주의와는 분명히 대립된다는 점인데, 그는 집단 지성이 거대 기업들에 의한 지식 독점에 대항하는 수단이 된다는 점을 강조함으로써 초월적이고 물신화된 공동체 속에 개인을 종속시키는 전체주의적 프로젝트와도 분명히 구분할 것을 요구하고 있다(Levi, 1994).

그러나 집단지성의 개념이 최근 전 세계인구에 회자될 정도로 유명해 진 것은 분명 오라일리(O'Reilly) 미디어의 부사장 데일 도허티(Dale Dougherty)가 2004년 Web 2.0 브레인스토밍 컨퍼런스 세션 중에 처음 Web 2.0의 개념을 소개하며 들었던 7가지의 특성 중에 '집단지성의 이용'이라는 항목이 포함되면서 부터일 것이다. 그는 닷컴버블 붕괴에서 살아남은 회사들(예를 들면 아마존, 이베이, 구글 등)에서 발견되는 공통점들을 Web 2.0 모델로 설명하고 있는데, 여기에는 앞서 다룬 집단지성의 이용 외에도 '플랫폼으로서의 웹', '다음 시대의 인텔 인사이드는 데이터', '소프트웨어 릴리스 주기의 종말', '가벼운 프로그래밍 모델', '단일 디바이스를 넘어선 소프트웨어', '풍부한 사용자 경험' 등의 특징을 들고 있다(김중태, 2007).

이후 한국에서도 2006년 이후 인터넷 업계의 최대 화두로 이 Web 2.0 모델이 거론되기 시작하였는데, 포탈 중심의 웹 기업 목록에 신생 Web 2.0 기업들이 오르기 시작하였으며 관련 책들이 쏟아져 나왔다.

그럼에도 여전히 Web 2.0의 정의는 명확하지 않고 웹 2.0 기업과 서비스도 진행 중인 것이 현 상황이다. 그러나 Web 2.0의 열풍이 잦아지고 있는 현재 흐름에서 나타나는 중요한 문제점은 O'Reilly팀이 만든 Web 2.0의 법칙을 경전처럼 외우고 베끼는 데만 치중한 채 한국적 시각에서 재구성하려는 'evangelist'가 없다는 점이다. 이 수업의 8번째 강연자이기도 했던 허진호 한국인터넷기업협회 회장은 강연 중 현재 한국사회에서 Web 2.0은 아직 도래하지 않았다는 견해를 나타냈는데, 정부나 정보통신 관련 정책결정자들이 인터넷 사용자 수나 초고속인터넷 가입자 수만에만 관심을 가진 채 닷컴버블의 붕괴 이후 IT 산업에 대한 지원과 관심을 끊어버린 현 상황에서는 더 이상 지속적으로 새로운 개발 서비스를 제공할 수 있는 생태계가 만들어질 수 없다는 것이다.

2. 영리한 군중들에 대한 연구와 참여군중(Smart Mob)

앞서 집단 지성에 대한 정의에서 이것이 기존 획일적인 전체주의와는 분명한 차이가 있는 개념임을 언급했지만 여기에는 집단 지성의 특징과 함께 이런 Web 2.0 모델에 참여하고 있는 대중들을 어떻게 바라보고 표현할 것인가의 문제도 중요한 요인으로 작용한다.

그간 집합행동과 군중효과 등에 대한 연구는 많이 있었지만 Web 2.0 환경에서 집단 지성을 구현하는 대중들은 이전에는 볼 수 없었던 새로운 유형의 '군중'이라고 볼 수 있다.

이를 '영리한 군중'이라는 연구들로 통칭해 본다면, 그 시초는 '상호 작용 질서'의 개념을 등장시킨 어빙 고프만(Eving Goffman)으로까지 그 맥락을 거슬러 갈 수 있을 것이다.

고프만은 일상적인 상호작용이 일어나는 세속적 세계에는 비록 의식하고 주목하지는 않지만 복잡한 상징적 교환이 수반된다고 주장했다. 즉 사람들은 자신에 관해 이렇게 생각했으면 하는 정보를 주기 위해 스스로 소개하는 방식을 사용하지만 그들은 이런 의식적 연기와 함께 진실이지만 통제되지 않은 정보를 '무의식' 중에 노출함으로써 정보를 '누설'해 버린다고 주장했고 이를 '낙인'이라고 지칭했다. (Eving Goffman, 1959) 이런 상호 작용 질서가 형성되고 모형화되면 이들 간에 자연스럽게 네트워크들이 만들어지게 되는데, 이런 맥락에서 영리한 대중을 설명하는 사회학적 모델에는 사회자본, 사회적 연결망 등에 관한 학문적 개념들이 관련되어 있다.

이와 관련한 실마리를 찾을 수 있는 연구들을 몇 개 꼽아보자면 '모순적인 결과들을 집합 과정의 결과로 설명함으로써 개인들이 자신이 속한 집단과의 관계와 관련해서 폭동 또는 파업에 동참하는지 아니면 이민을 선택하는지에 대한 상황'을 살펴본 그라노베터(Granovetter, 1978)의 연구, 또 「합리적인 제의: 문화, 조정, 그리고 공통의 지식」에서 공공의 제의를 '공통의 지식을 산출하는 사회적인 관행'이며, 그러한 지식을 통해 집단은 조정 문제를 해결할 수 있다고 주장한 마이클 석영 최(Chwe, 2001) 등의 연구들은 주목할 만하다.

하지만 현재 상황과 관련하여 좀 더 집중해야 할 부분은 이런 대중들의 사회적 네트워크와 기술적 네트워크가 만나는 인터넷 공간, 특히 기존 국가 등의 권력체제가 통제나 감시를 수행하기 힘든 광범위한 통신 네트워크에서 어떤 '연결점'을 만들어내는 모습들일 것이다. 무선 인터넷 환경과 수많은 P2P 사이트들, 그리고 DMB가 구현되는 휴대전화에 이르기까지 전자통신 매체의 급속한 발달은 기존 획일적이고 수동적인 위치에 있던 대중들에 대한 모습들을 바꾸어 놓았기 때문이다.

이를 'Smart Mob(참여군중)'이라는 개념으로 새롭게 설명하고 있는 학자가 바로 하워드 라인골드(Howard Rheingold)이다. 동일 제목의 저서(2002)에서 그는 광대역 인터넷 분야에서 세계를 주도하고 있고 대통령 선출에 영향력을 발휘한 한국의 젊은 네티즌들과 기술력에 주목하며 이들 세대가 스스로를 하나의 커다란 '공동체'로 보기 시작하고 있다는 견해를 나타내었다. 그가 말하는 참여군중은 인터넷을 단순한 도구로 생각하지 않으며 웹을 이용하여 폭동과 민주적 담론을 구별지을 줄 아는 '링크'를 사용할 줄 알다. 또 인터넷의 자율성을 보호하기 위해 노력하고 혁신의 공유지를 사유화하려는 시도에 저항하는 사람들이다.

그는 자신의 저서에서 장차 이동통신 · 인터넷 매체 · 하드웨어와 소프트웨어를 혁신하는 힘의 통제권을 놓고 발생하게 될 전 세계적인 'Net-War'을 예견하고 있는데, 이전에는 결코 가능하지 않았던 방식으로 협력하며 새로운 형태의 사회적인 힘을 고안하고 그 변화 속에서 이익을 얻을 수 있는 '비전문적 애호가 집단'의 등장에 특히 주목하고 있다.

3. Web 2.0 모델에서의 'e-learning 2.0' 모델

Web 2.0의 흐름은 'e-learning' 분야에서도 새로운 변화들을 만들어내고 있는데, 기존 '(사용자) 참여 · 공유 · (social) 네트워크' 등 Web 2.0의 원리들을 교육에 접목시킨 e-learning 2.0 모델이 최근 눈에 띄게 등장하고 있는 현상도 주목할 필요가 있다.

기존 인터넷을 위시하여 IT 기술을 활용한 원격교육을 뜻하는 e-learning에 대한 명확한 정의는 확립되어 있지 않은 것이 현실인데, 박혜영(2003)은 그의 논문에서 '인간을 교육시키는 경험을 만들기 위하여 인터넷과 디지털 기술을 사용하는 일'이라는 휴스톤(Huston)의 정의와 '지식과 퍼포먼스를 향상시키기는 다양한 해결책을 전달하기 위하여 인터넷 기술을 이용하는 일'로 정의한 로젠버그(Rosenberg)의 개념이 일반적으로 통용되고 있다고 말한다.

누구나 시간과 장소에 구애받지 않는 e-learning의 특성은 지식정보사회의 효과적 학습모델로 80년대 말부터 각광받아 왔는데, 가트너 보고서에 따르면 세계 e-learning 시장 규모는 2007년 6억 2,200만 달러에 이르렀으며, 향후 2010년에는 연평균 15.1%가 성장한 9억 5,100만 달러에 이를 것으로 전망된다고 보고하고 있다. (Gartner, Magic Quadrant for E-learning Suits, 2006)

국내에서도 현재 17개 사이버대학을 비롯하여 대형 학원 및 사교육 업체, 대기업 사원 교육 등을 중심으로 'e-learning' 시장이 급성장하고 있는 중이라고 알려져 있는데, 'e-learning 2.0' 모델에서는 기존 e-learning에 대한 연구들이 인터넷을 통한 '전달형식'에 초점이 맞춰져 단순히 교육용 동영상 콘텐츠를 제공하거나, LMS(Learning Management System, 학습관리시스템)으로 학습자의 수강을 관리하는 형태 등이 한계로 작용하여 학습자의 참여율과 만족도를 충족시키지 못했다는 지적을 바탕으로 등장한 것이라고 할 수 있다. 때문에 'e-learning 2.0' 모델에서는 위키위키나 블로그가 교육용 플랫폼으로 채택되기도 하며 RSS, 매쉬업,[2] 오픈마켓 등 웹 2.0의 기술과 서비스 모델들이 e-learning에 접목되기도 한다. 이것은 'e-learning 2.0' 모델이 경제적 효율성이라는 특성 뿐아니라 이용자들의 공유, 참여를 통한 집단지성의 가능성을 엿볼 수 있게 한다는 점에서 많은 기대를 불러 일으키고 있지면 이 역시 성공의 중요한 잣대는 사용자들의 의식고양에 있다고 할 수 있다.[3]

2) **RSS**(Really Simple Syndication) : 직역하면 '매우 간단한 배급'이라는 뜻으로 웹 사이트 간의 자료 교환 및 배급을 위한 확장성 생성 언어(XML) 기반의 규격을 뜻함. 각 사이트에서 제공하는 매우 간단한 배급(RSS) 주소를 RSS 리더에 등록만 해 두면 직접 방문하지 않아도 자동으로 자료가 교환되어 편지함의 이메일을 열어 보듯 쉽게 변경된 내용을 읽을 수 있어 뉴스·날씨·쇼핑 서비스나 블로그 등 자주 업데이트되는 사이트들에서 많이 이용된다.

매쉬업(Mash-up) : 테크놀러지의 세계에서 매쉬업이란 복수의 소스에서 제공되는 컨텐츠를 조합한 복합형 소프트웨어를 말하는데, 최근 신문기사 등에 자주 등장하는 매쉬업은 말하자면 별개의 컨텐츠를 조합하여 새로운 컨텐츠를 만들어 내는 것을 말한다.

3) 시사IN(2007. 1.4), '이러닝, 웹2.0을 만나다', 민경배.

4. 생기있는 지식(Inactive idea)

이 개념은 미국의 유명한 철학자이자 교육학자인 화이트 헤드(Whitehead)가 1929년 교육에 대한 강연집으로 묶은 *The Aims of Education and Other Essays*에 등장하는 개념이다. 이 책의 전반적인 주제는 교육의 지적 측면(intellectual side)에 대한 내용이다. 화이트헤드는 교육에 대하여 '지식 활용의 방법을 체득케 하는 것'이라는 정의를 내리고 있는 데, 이런 교육의 요체로써 그는 첫째, '지나치게 많은 것을 가르치지 말라', 둘째 '가르쳐야 할 것은 철저히 가르치라' 라고 말하고 있다. 화이트헤드에 의하면 그의 시각에서 비판받아야할 교사의 유형은 활용되지 않은 채 사장되는 유의 지식을 대량으로 주입시켜 자기 만족도에 도취하는, 현학적 인간이라고 보았다. 이는 정보 범람의 시대를 살아가는 현대의 교육 종사자들에게 던지는 엄중한 경고라고 역자는 말하고 있다(오영환, 8p).

화이트헤드는 '학생들은 활기찬 삶을 살아간다. 교육의 목적은 학생들이 자기 능력 개발을 북돋아주고 이끌어주는 데 있다'고 말한다. 때문에 이런 전제에서 자연스럽게 지식을 전달하는 교사들에게 또한 생명력 있는 사상을 가지고 살아야 한다는 책임이 요구되며 이 책 전반에서 화이트헤드는 죽은 지식, 즉 달리 말하면 생기없는 관념(inert idea)에 반대하는 항의를 다루고 있다고 볼 수 있다.

이런 점을 집단지성의 개념과 연관시켜 본다면 화이트헤드는 단지 박식함에 그치는 인간을 양성하는 교실을 분명히 거부하면서 교육을 받은 인간은 관념을 반성적으로 음미할 줄 알고 이를 구체적 상황에서 응용할 수 있으며, 생활과 경험의 많은 영역에서 서로 연관시켜 볼 줄 아는 사람을 지칭한다. 즉 이는 나아가 자기가 배운 것을 단순히 반복하지 않고 관념의 재배열로 무엇인가를 창조해낼 수 있는 인간이다(*ibid.* 14p).

화이트헤드의 이런 개념은 사후 80년이 지난 지금도 교육학자뿐만 아니라 많은 지식인들에게 시사하는 바가 크다고 할 수 있으며, 특히 필자는 집단지성의 논의에서 이 '생기있는 지식'의 개념은 결코 분리할 수 없는 관계를 지니고 있다고 생각한다.

III. 연구방법 및 자료수집

1. 연구방법

스프레들리(Spradley)는 문화기술지에 있어서 고유한 연구과정 모형을 제안하였는데 그 중 한 방법이 참여관찰의 모형화이다(Spradley, 1980; 권지성 2007 재인용). 참여관찰법은 하나의 현상을 내부로부터 이해하려는 접근으로서, 어떤 집단의 문화현상을 좁고 깊게 파악하는 방법으로 사람들의 행동이나 경험, 의미에 관심을 가지는 공간의 내면을 가장 적절하게 판단할 수 있는 방법론이라고 할 수 있다(김성호, 2007). 한편 문화기술지 분석은 한 문화의 부분과 그 관계, 각 부분들의 전체에 대한 관계탐색 등으로 구성되어 있는데 거시적으로 질적 연구방법론을 따른다. 여기에는 Lincoln과 Guba(1985)가 제시한 '사실성(truth value)', '적용가능성(applicability)', '일관성(consistency)', '중립성(neutrality)'의 기준을 주요한 연구방법론으로 규정하고 있으며 때문에 본 논문도 일련의 특성들을 최대한 충족시키려 노력하였다(*ibid.* 20p).

2. 자료수집

앞서도 간략히 언급되었지만 이 연구의 대상이 된 자료는 2007년 2학기 연세대학교 사회학과에서 개설된 '지식·정보사회'의 수업에서 매 강연과 수업 후 제시되었던 '쪽글(소감문)'을 이용하였다. 총 55명의 학생이 각각 13개의 과제를 제출하였는데 1차적으로 약 700개의 과제물을 수합한 후 처음과 중간, 마지막 과제물을 비교하여 대략 20여 명 정도의 학생의 과제물을 선별하였다. 그리고 이 중에서 최종적으로 13명의 사례를 인용하였다. 여기에는 처음부터 뛰어난 글쓰기 능력을 보인 학생뿐만 아니라 쪽글의 공유와 댓글의 수렴과정을 통해 글쓰기 능력이 향상된 경우 또는 변화가 없는 경우 등 다양한 상황적 고려도 함께 작용하여 발췌하였음을 미리 밝힌다.

사례	성별	학년 및 학과
1	남	사회학과 06학번
2	여	사회학과 05학번
3	남	사회학과 06학번
4	남	사회학과 03학번
5	남	사회학과 02학번
6	남	사학과 02학번
7	남	사회학과 03학번
8	남	사회학과 02학번
9	남	사회학과 02학번
10	남	사회학과 06학번
11	여	신학과 03학번
12	남	행정학과 05학번
13	남	사회학과 01학번

3. 연구공간으로서의 '가지' 사이트 분석

이 연구가 수행될 수 있었던 중요한 이점은 이 과제들이 새로운 온라인 플랫폼에서 수업을 듣는 학생들 뿐 아니라 강연자 및 이 수업에 관심을 가지고 있는 사람들 모두에 대해 개방되어 있었다는 점이다(http://www.gazi.or.kr). 앞서 지식·정보사회에서 인터넷 공간이 '집단지성'을 형성하는 데 시·공간적 물리적 제한을 넘어설 수 있다는 점 때문에 전 세계적으로 활성화되고 있다는 맥락을 따라가 본다면 가지사이트 역시 Web 2.0 환경을 충실히 구현하고 있는 온라인 플랫폼이라고 할 수 있다. 이런 측면에서 이 수업의 전 과정은 캠코더로 촬영되어 공유되었고, 강연자들의 자료들도 모두

CC(Creative Commons)정책에 의해 공개되었다. 그리고 이 수업을 운영한 조교와 교수는 각 과제가 제출된 이후 다음 수업 시간에는 중점적으로 표출되었던 문제의식이나 논쟁점들을 이끌어내어 토론이 진행하였는데 이에 대한 내용들도 모두 위키위키의 방식으로 누구나 강의노트를 업데이트 하거나 내용을 첨가할 수 있는 과정이었기 때문에 미처 참여하지 못한 토론시간에 대해서도 객관적 자료를 확보할 수 있었다.

이 연구에서는 수업에 참여한 학생들 간의 온·오프라인의 네트워크와 친밀감 형성과정에 주목할 필요가 있었기 때문에 연구자는 13번의 강의에 모두 참석하였고, 이들이 가졌던 가장 큰 오프라인 활동이었던 Membership training의 현장에도 참여하여 연구를 수행하였다. 그리고 온라인 공간에서 이들의 연결망들도 확인할 필요성을 인식하고 이런 이유로 각 과제에 담긴 댓글들도 모두 확인하였다. 또한 개별적으로 알게 된 이들의 1인 커뮤니티 사이트들도 주기적으로 방문하여 개인적 특성에 대한 관찰도 병행하여 수행하였음을 밝힌다.

4. 수업에 대한 간략한 정리

이 수업은 2007년 9월 5일 시작하였고, 12월 12일 종강하였다. 강연은 총 10번에 걸쳐 진행되었고 (간략한 내용은 표 참조) 각각 1번의 서평과제와 자기소개, 팀별 평가과제가 있었다. 이 수업의 목적에 대해 담당교수인 조한혜정 교수는 첫 번째 강의노트에서 아래와 같이 밝히고 있다.

"이 수업은 인터넷 기술이 도입된 25년 이후 기술과 문화, 그리고 사람의 변화에 대해 이야기 하는 수업이다. 마침 첨단을 가는 분들이 기꺼이 우리 수업을 위해 와주시기로 하여서 이번 학기는 아주 뜻 깊은 시간들을 가질 수 있을 것 같다."

- 수업노트 중에서 -

조한혜정 교수가 밝힌 수업의 의도는 때마침 발간된 '인터넷과 아시아의 문화연구' (2007)의 저서를 통해 더욱 세밀하게 살펴볼 수 있었는데, 조한 교수는 머리말에서 그동안 진행되어 왔던 인터넷 상에서의 무수한 실험들이 한 '사이클'을 돈 것 같다는 느낌을 토로한다.

한국 사회에는 2002년을 전후로 "산업화에는 뒤졌지만 정보화에는 앞장서자!!"라는 모토와 '사이버 민주주의를 실현하려던 시민사회의 열망'이 극적으로 결합하여 만들어 냈던 놀라운 모습들이 분명 존재했다. 그러나 이 판들이 급속히 시장에 포섭되어 가면서, 한 때 지녔던 장밋빛 미래에 대한 괴리감은 창조적이고 자발적 활동을 즐기던 네티즌들을 점점 숨어버리게 만들었다.

- 머리말 중에서 -

대부분의 사람들이 이런 현실을 어느 순간 당연하고 익숙한 사회현상으로 받아들일 즈음, 인류학자인 조한혜정 교수는 전 지구적 신자유주의 질서가 만들어냈던 그간의 심층적 변화와 지형도를 꼼꼼히 관찰한 결과를 내놓으며 우리에게 잊고 있던 그 '질문'을 던지고 있었다. 다음으로는 간략히 각 수업 때 마다 진행된 강연자와 주제들을 정리해 보았다.

KAIST 전길남 박사 (2007. 9. 19)	인터넷의 25년 역사에서 주도적으로 작동했던 기술을 살펴보고 장차 한국 인터넷이 나아갈 방향과 비전을 찾아본 시간
다음 민윤정 본부장 / 미투데이 박수만대표 (2007. 10. 10)	초기 온라인 커뮤니티를 기획하고 지켜본 기획자와 최근 온라인 커뮤니티의 새로운 흐름을 만들어 내고 있는 기획자를 초청, 온라인 커뮤니티에 대한 특성, 성공요인, 전망을 들어봤던 시간
미디어다음 석종훈대표 (2007. 10. 17)	최근 집중적인 관심을 받으면서 새로운 규제 혹은 권력화의 대상으로 떠오른 포털 뉴스의 현상과 새로운 가능성들을 짚어봤던 시간
태터앤컴패니 노정석 대표 (2007. 10. 31)	포털의 바깥에서 블로고스피어를 만들어 온 대안/독립 미디어의 운영자를 모시고 개인 블로거들의 새로운 움직임에 대한 모습을 살펴볼 수 있었던 시간
오마이뉴스 오연호대표 (2007. 11. 5)	시민 저널리즘, 대안 언론의 비전을 보여줌으로써 전 세계의 주목을 받았던 오마이 뉴스의 사례를 통해 그간의 경험과 시행착오, 비전을 들어볼 수 있었던 시간
한국인터넷기업 협회 허진호 회장 / 애자일 컨설팅 김창준 대표 (2007. 11. 14)	이번 학기 특강을 관통하고 있는 주제인 '개방, 참여, 공유'로 대표되는 Web 2.0에 대한 전문가들의 시각과 현상에 대한 솔직한 대담을 들을 수 있었던 시간

서울북부지방법원 윤종수 판사 / 정보공유연대 김정우 실장 (2007. 11.21)	최근 본격적으로 이슈화 되고 있는 정보사회의 공공성(Creative Commons)에 대해 각자 조금씩 다른 입장을 보이고 있는 두 강연자에게 디지털 저작권을 중심으로 CC운동에 대한 전반적 흐름을 살펴볼 수 있었던 시간
구글한국 R&D센터 조원규 사장/ NHN 함종민 MSO (2007. 11. 28)	글로벌 기업 Google의 한국에서의 실험, 로컬 기업 NHN의 세계에서의 실험에 대해 각각의 사례와 주안점 등에 대한 설명을 들어보았던 시간
연세대 청년문화원 (2007. 12. 5)	연세대 청년문화원에서 실험하고 있는 온라인학습 생태계 프로젝트에 관해 들어보고, 일 · 놀이 · 학습이 연계되는 지점들을 찾아보았던 시간

자료원: gazi 사이트

[표1] '지식 · 정보사회' 강연자들과 간략한 강연 내용

IV. 연구분석

이후 수행되는 분석과정에서 먼저 전제가 되는 점은 이 연구가 집단지성의 당위성이나 필요성을 역설하려는 것이 아니라는 것이다. 이 연구는 앞서 집단 지성에 대한 다양한 논의들을 살펴보고 이것이 인터넷 공간에서 어떻게 더 활발하고 일상적으로 발휘될 수 있었는지에 대한 조건적 탐색과정을 살펴보는 것임을 다시금 밝혀둔다.

1. 수업 대상자들에 대한 '코호트적 분석' - 인터넷 kid, 새로운 배려를 지닌 88만 원 세대

조한혜정 교수는 2002년을 전후하여 인터넷 공간을 수놓았던 새로움에 대한 열정이 불과 5년이 지난 현 시점에서는 그 행복감들이 사라지고 학생들은 인터넷에 대하여 피로감만을 느끼고 있는 것 같다고 말했다. 앞서 조한 교수가 느꼈던 문제제기들이 '인터넷과 아시아의 문화연구'에 고스란히 담겨 있었던 것과 마찬가지로 첫 강연자로 나선 그는 끊임없이 토건 국가식 발전과 저발전, 무모한 실험과 근대기획, 사이버 기술과 문화적 환경과의 괴리, 근대와 후기 근대가 충돌하는 시공간, 대중문화의 생산자와 소비자 등의 키워드를 던지며 학생들이 자신의 현실을 직시할 것을 요구했다.

이런 이유에서인지, 초반 과제물에서는 학부생들에게서 자신의 현재 상태에 대한 막연한 불안감과 조바심을 새롭게 느끼고 그 감정들을 토로하는 글들을 많이 살펴볼 수 있었는데 이후 제출된 일련의 과제물들을 통해 필자는 이들이 지닌 불안감과 피로감에는 어떤 공통되는 코호트적 신호들을 가지고 있다는 생각을 갖게 되었다. 이것은 서두에서 학생들이 인식하고 있는 '공유된' 문제의식의 현상과 연관되어서 살펴볼 수 있는 부분이다.

때문에 필자는 강연과 학부생들에 대한 관찰을 통해 더 이상 사회에서 집단 지성을 만들어내지 못하는 상황에 대한 인식이 공유되는 과정 속에서, 이 수업을 듣고 있는 비슷한 또래들의 특성에 대한 이론적 설명이 먼저 필요하다는 생각을 갖게 되었다. 그래서 최근 발간된 서적들을 통해 최근 주목되고 있는 신세대 담론을 찾아보았다. 익히 알다시피 그간 신세대들을 지칭하는 용어는 X세대부터 시작하여 최근의 N세대에 이르기까지 줄곧 시대적 흐름을 반영하여 자주 바뀌곤 했는데, 결론적으로 이번 수업에서 또래 학부생들을 통칭할 수 있는 단어는 '인터넷 키드'와 '88만 원 세대'일 것 같다.

수업 첫 시간의 과제였던 '4컷 만화로 자신의 인터넷 사용기 표현하기'를 통해 필자는 이들이 PC 통신의 끝자락에 걸쳐 있었고 이후 '한메일-다모임-네이버-싸이월드'로 이어지는 한국의 Social network System을 대부분 따라 경험했던 세대임을 알 수 있었다. 이들은 인터넷을 자신들의 '가장 훌륭한 장난감', '혼자놀기의 끝없는 장소'로 인지하고 있었지만 한편으로 '점차 재미가 없고 귀차니즘에 빠진다', '가는 곳만 간다'라는 글들이 많았다.

"*초등학교 5학년. 당시 다니던 학교가 '인터넷 어쩌구 시범학교'로 덜컥 지정되었고 학교에서는 갑자기 교과과정에 '컴퓨터'를 추가했습니다. 하지만 아직 교육과정도 확립되어 있지 않던 시절인지라 선생님은 책상에 그저 멀거니 앉아 있었고, …… 중학교에 막 입학할 즈음 집에 컴퓨터가 들어왔습니다. 다행히도 인터넷 시스템만은 차근차근 업그레이드가 되어 왔습니다. …… 저는 트렌드니 하는 것들을 잘 따라가지 못 합니다. 새로운 것을 찾아 헤매는 데도 별 재주가 없*

구요. 웹툰 한참을 들여다보는 게 고작이고, …… 작년에 시작했던 블로그질은, 제 자신의 나태함과 얕음, 무기력증 등등의 이유로 오래가진 못 했습니다. 그렇게. 눈팅이 고작인 인터넷 생활습관이 쭈욱 이어지고 있습니다."

<사례3, 첫 번째 과제>

"요즘은 인터넷이 너무 쉽고 스펙터클(?)해진 것 같습니다. 인터넷의 사용기를 생각해보니 예전에는 문법을 알아야 홈페이지를 만들던 시절도 있었는데, 네이버 블로그 시즌2를 보면 정말 너무 좋은 것 같습니다. 요즘 인터넷 용어로 정말 후덜덜. …… 한때 인터넷의 초창기 멤버를 자부했고 누구보다 빠른 정보검색능력을 가지고 있다고 생각했었는데 이제는 넷맹이 되는 것 같습니다. 그 때 적극적으로 온라인 생활을 즐겨보았더라면 하는 아쉬움과 함께…….

<사례4, 첫 번째 과제>

다음으로 88만 원 세대는 최근 한국의 젊은 세대 간의 불평등을 분석한 동일 저서(우석훈, 2007)에서 나온 키워드로 '상위 5%만이 대기업이나 한전 등의 공기업 직원, 5급 사무관 이상의 고위 공무원이 될 수 있고, 나머지는 월평균 88만 원(세전소득)의 급여를 받는 비정규직의 삶을 살아야 하는 지금의 20대'를 지칭한 신조어로 정의되어 있다. 이와 비슷한 현상은 일본에서 먼저 제기되었는데, 일본 젊은이들이 취업이나 내집 장만을 포기한 채 질 낮은 일자리와 저임금에서 벗어나지 못함에도 공부와 일에 흥미를 느끼지 못하는 '하류 지향'적 흐름에 대해서도 많은 분석들이 나오고 있다(우츠다 타츠루, 2007).

갈수록 좁아지는 취업문과 이에 대해 끊임없이 '창의성'과 '준비된 마음가짐'을 요구하는 사회, 그리고 이에 대해 대학생들이 받고 있을 심리적 부담과 스트레스에 대해서는 더 이상 언급하지 않아도 될 것이다.

"인터넷이라는 판을 깔아주면 다들 신나게 떠들 줄 알았는데 다들 조용하다. 왜? professor가 말하는 '불안' 때문에. 참여가 왜 중요한지는 지식정보사회 수업 수강신청 했으면 대충 다 알만한데, 이놈의 사회가 너무 정신없게 만든다. 나도 이것에 자유롭지 못하다. 이 죽일 놈의 사랑……이 아니라 사회."

<사례4, 6번째 과제>

"88만 원 세대를 읽으니 비로소 사회의 현실이 내 현실이었다. 20대에게 펼쳐질 현실의 암담함과 그 대안을 제시하는 책이었기에, 비로소 사회와 나를 연결할 수 있었다."

<사례 1, 5번째 과제>

하지만 수업을 청강하며 이 두 가지 특성 외에도 약간 독특한 점들을 느낄 수 있었다. 개인들로 보면 너무나도 영리한 학생들인데 강연을 듣고 질문하는 모습이나 과제들에서 자신의 생각을 표현하는 태도 등에서는 손쉽게 이분법적 편견이나 자기중심적 사고에서 나온 비판의 감정을 드러냈던 것이다. 이에 대해 문제제기를 한 학생의 글을 보자.

"특히 특강 내내 내 눈을 계속 붙잡아 둔 것은 학생들의 질문이 이어질 때마다 언뜻언뜻 스쳐지나가는 함종민NSO의 오묘한 표정이었다. …… 씁쓸한 미소가 찰나에 스쳐가지만 계속해서 감정의 여운이 맴도는 그 표정. 그도 그럴 것이 학생들의 질문이 대부분 '네이버는 왜 욕을 먹나요?' (비판받나요도 아닌 ……) '욕을 안 먹기 위해서 무엇을 준비하고 있나요?'와 같은, 결코 '우호적'이지 못한 질문들이었기 때문이다."

<사례5, 10번째 과제>

때문에 필자는 연구를 수행하며 이 두 가지 특성 이외에도 이들의 '세대적 동질성'을 이해할 수 있는 또 다른 키워드들이 작동하고 있다고 생각했다. 그리고 이 속성들은 역으로 어떻게 4개월이라는 짧은 시간에 학생들이 스펀지처럼 빠르게 그들의 문제의식을 공유하고 자신들의 정체성을 새롭게 표현할 수 있는 '언어'를 획득하게 되었는지를 설명하는 증거가 될 수 있다고도 생각한다.

이런 현상들에 대해 먼저 오히라 겐의 저서(2003)를 통하여 이들이 '새로운 배려,' 즉 상대의 마음을 열고 공감하고 보듬어주기 위한 '과거의 배려'가 아니라 서로에게 상처를 입히지 않기 위한 '새로운 배려'의 경향을 지닌 세대라는 것을 느낄 수 있었다. 앞선 '하류지향'의 저자 우치가 교수는 이를 '소비 사회와 소비자 마인드'에 길들여진 젊은이들의 특성으로 거시적 사회현상을 설명하고 있는 데 반해 오히라 겐은 좀 더 개인적 수준에서 신세대들의 특성을 설명하고 있는 것이 특징이다. 이 책에서 찾아볼 수 있는 흥미로운 개념은 '웜(warm)한 배려'라는 것인데, 이는 '상대방을 배려할지 말지를 결정하는 것이 아니라 어떤 것이 배려인지를 계산하는 것'이다.

예컨대 젊은이들은 가족들이 나의 문제로 걱정하지 않도록 대부분 자신의 문제를 비밀로 하는 배려심을 보입니다. 그래도 가족이라는 느낌이 들도록 하기 위해 가벼운 주제로 가족들과 대화합니다. …… 오늘 뭘 입고 갈지, 오늘 헤어스타일 어떤지에 대해서만 가족들에게 조언을 구합니다. …… 하지만 학원들 다니고 싶다고 부모님에게 말하면 스스로 학습을 해결하지 못하는 자신에게 실망할까봐 말하지 않습니다. 대신 부모노릇을 한다는 느낌을 주기 위해서는 꼬박꼬박 용돈을 '받아줍니다'.

<본문 중에서, 22p>

친구 앞에서 울면, '나를 동정해 달라'는 느낌을 줄 것 같아 울지 않습니다. 즉 친구나 가족 앞에서 울지 않는 것은 그들을 배려하기 위해서입니다. 반대로 상대가 내 앞에서 슬픔이나 외로운 감정을 내보이는 것이 불편합니다. 이런 행동은 상대가 나를 자신의 감정 속으로 끌어들이는 것이나 마찬

가지 입니다. 끈적끈적한 배려가 시작되려 합니다. 내가 이런 배려를 주는 것이 불편하기 때문에 다른 사람에게도 이런 뜨거운 배려를 요구하지 않습니다.

<본분 중에서, 52p>

하지만 오히라 겐도 그의 저서에서 밝히고 있지만 이것은 시대가 변하고 배려가 풍부해짐에 따라 그 방식의 변화가 생기는 것이지 그 호오의 잣대를 일방적으로 들이댈 수는 없다. 하지만 서로의 감정을 공유하지 않고 머리로 상황을 판단하는 배려는 상대의 진심을 알지 못하고 실망하고 오해를 만들어 서로 상처를 주기 쉽다.

때문에 수업을 들으며 보여주는 그들의 쿨함은 끊임없이 "당신의 지식이 가진 깊이를 보여주세요! 설령 더 깊은 통찰력을 나에게 보여주어도 난 놀라지 않는 '척' 할 자신이 있어요."라고 말하는 것 같았다.

2. 집단지성의 형성과정 (1) – 티핑 포인트에 의한 '새로운 언어'의 획득

하지만 수업이 중반을 넘어서고 점차 서로의 글들과 고민들을 공유하면서 필자는 어느 순간부터 학생들이 이전과는 확연히 달라진 모습을 보여주고 있다고 확신했다. 그리고 이 특징은 앞서 언급했지만 이들이 어느 순간 자신들만의 상황과 처지를 이해하고 그에 대한 문제제기와 그것을 표현할 '언어'를 가지게 되었다는 점이다.

이를 잘 이해할 수 있는 개념은 '티핑 포인트(Tipping Point)'

라는 사회학적인 용어인데 이 수업 내에서는 구체적으로는 7번째 시간이었던 노정석 대표의 강연을 그 시기로 잡았다.

독감 바이러스를 가진 한 사람이 많은 사람을 전염시키듯 사회적 유행이나 변화 또한 특이한 개성과 사회적인 관계망을 통해 걷잡을 수 없이 번져나간다. 이러한 '극적인 변화가 시작되는 순간'을 말콤 글래드웰은 티핑 포인트라고 명명했다(Malcolm Gladwell, 2004). (이 개념은 경영학과 접목되며 주목받았지만 애초 저자는 사회학적 측면으로 해석하고 소개했었다.)

어찌됐든 말콤 글래드웰은 상호작용하는 사람들 사이의 네트워크를 통해 영향력이 퍼져나가는 방법을 '아이디어 바이러스'라는 개념으로 설명한다. 즉 아이디어나 소문, 범죄의 증감을 비롯한 온갖 종류의 영향력이 사회 안에서 바이러스와 같은 방식으로 확산된다는 것이다. 그리고 이 티핑 포인트는 세 가지 규칙, 즉 1) 소수의 법칙 2) 고착성 요소 3) 상황의 힘 중 최소 하나가 발휘 하여야 한다고 주장하는데 이 특성들 중에서 필자는 자연스럽게 '자신이 처한 상황에 따라 행동이 달라지는 상황의 힘'이라는 요소에 주목했다. 인터넷 키드와 88만 원 세대라는 시대적 상황과 이것이 사회적 현상과 맞물리며 생겨난 새로운 배려를 획득한 개인들 사이에서 얻어진 '동질감'들이 이들 간에 더 빠른 공유와 연대를 가능케 하는 '촉매역할'을 했을 것이라는 가정을 해본다.

태터앤컴퍼니의 노정석 대표는 기업의 상업적 이윤을 추구하면서도 '공유'라는 사회적 가치를 실현하는 태터

툴즈[4]의 사례를 설명하여 큰 호응을 받았는데 미리 학생들의 글들을 읽고 왔다는 사실을 밝혔던 그는 재치 있는 유머로 그간 가지 사이트의 팽배했던 '인문학도의 우월감'에 대한 새로운 사유의 방향을 제시하고 그 접점을 찾아보는 시도를 보여주었다.

"시작하기 전에 아마 여러분과 제가 다른 세상에서 사는 사람들이 아닐까라는 생각이 약간 들고요, 제가 한가지 질문을 할께요. 여러분 혹시 정의 영어로 뭐에요? justice죠? 저희 세상에서는 definition이에요. 질문했을 때 justice라고 답하면 문과생이고 당연히 definition하면 공대생이거든요. 저는 20넘게 그 안에서 살았고 이런 특성이 오늘 강연에서는 오히려 여러분에게 독특함을 줄 수 있을 것 같아요"

<노정석 대표 강연 중>

때문에 강연 이후 쪽글들을 보며 필자는 생각보다 이 구분에 대한 지적이 학생들에게 재치 있는 위트를 넘어 새로운 사유의 공간을 마련해주었다는 평가를 내릴 수 있었다. 대다수의 학생들은 'definition'과 'justice'의 구분법에 자극을 받았다고 표현했고 이후 과제물에서도 이 구분법을 응용한 글들을 찾아볼 수 있었다.

4) http://www.tattertools.com

"처음부터 의도한 자리는 아니었지만, 국문학을 잔디밭에서 기타 치는 학과라고 한 데서 싸움이 붙은 것이다. …… 아무튼 국문학을 잔디밭에서 구해내고 공학을 공돌이의 자리로 복귀시키기 위한 몸부림은 그렇게도 처절했으니. 철없는 것들의 막장 토론을 끝낸 것은 나의 마지막 멘트였다. '컴퓨터, 그거 그래 봐야 가전제품 아니냐? 너희는 가전제품 작동법을 무슨 4년 동안이나 배우냐' 이 친구 표정이 뭔가 멍 한 것을 보고 저 말이 카운터 펀치였나 싶었다. 학점은 만날 비리비리 싸고 다니면서 국문학이 뭐가 그리 좋다고 열변을 토했는지 모르겠지만 …… 지금 생각해 보면 그 친구의 멍한 표정은 패배의 시인이 아니라 천길 모르고 무섭게 치닫는 나의 무지함에 대한 경탄이었던 것 같다. 나는 당시만 해도 justice의 철옹성 안에서 절대 나오려고 하지 않는 소인이었던 것이다."

<사례5, 7번째 과제>

이를 통해 필자는 이 사소한 '서두'의 순간이 이번 수업에서 서로 다름을 이해하고 생각해보는 '티핑 포인트'가 되었다고 생각한다. 그리고 그 고지를 넘어선 순간 이제 학생들은 본격적으로 집단 지성을 만들고 경험에서 우러난 생기 있는 지식들을 만들어 나갈 준비태세를 갖추게 되었다.

"오는 연사분마다 미디어의 경제학적 접근, 네티즌을 대상으로 한 포퓰리즘적 사고를 내비쳤는데, 나는 노정석 대표가 말하는 IT업체의 '현실'에 대해 모른다. …… 서로가 서로

의 편에 무지하다는 전제는 각자가 각자의 편에 안주할 좋은 기회가 된다. …… 나라 말아먹는 주체가 기술 모르고 지껄이는 문과 출신인지, 뜻도 모르고 기술만 휘두르는 이과 출신인지를 따지는 일은 그래서 무의미하다." <사례6, 7번째 과제>

"그의 잘못이 아니다. 웬걸? 그는 잘하고 있다. 나는 오히려 그가 관념적이지 않고 실질적인 효과에 주목하고 있어서 좋았다. 시간을 쪼개 공부한 경영철학과 미래 정보사회에 대한 구상을 어떻게 현실과 연결시킬지 그 연결해주는 고리를 찾으려 노력하는 모습이 강연 내내 이어졌다. 그 점은 박수받을 만하고, 또 배울 점이 있지 않나 싶다. 인문사회과학자들이 다소 약할 수 있는 부분이기 때문이기에 더욱 그렇다."

<사례7, 7번째 과제>

"태터를 중심으로 다양성을 지향한 작고 알찬 흐름이 인터넷의 주변에서부터 시작되고 있다. 획일화되는 현재인터넷의 흐름속에서 다양성이 조금씩 싹트고 있다. 태터가 대장의 위치에 서서 진두지휘하고 있는 모습이 대견스럽다. 다만, 이른 흐름의 대장 위치에 있는 태터가 justice의 세계에 사는 사람들도 마을을 꾸릴 수 있게 해주었으면 좋겠다. 사용하기에 좀 더 쉬워질 필요가 있다. Definition 세계 사람들은 모두 태터에 열광하지만, Justice세계에 살고 있는 사람들은 태터가 무엇인지도 사실 잘 모른다. Definition과 Justice 세계가 어울려 더욱 살기 좋은 마을들이 만들어졌으면 좋겠다는 기대를 해본다."

<사례8, 7번째 과제>

3. 집단과정의 형성과정 (2) - 친밀감의 형성에 기반한 선호적 연결, 커넥터의 등장

티핑 포인트로 잡았던 노정석 대표의 강연 이후 학생들은 부쩍 성장해 있었다. 다음 강연자였던 오마이뉴스의 오연호 대표는 뒤를 이어 학생들이 집단 지성의 기반을 만들 수 있는 주체들 사이의 연결고리, 즉 네트워크들을 만드는 데 돈독한 역할을 해 주었다. 그 이유를 생각해보면 그가 어찌 보면 강연자 중에서 가장 사회과학계열 대학생들에게 익숙했던 '인문학적 사유'의 세계 속에서 살아왔던 사람이었음에도 그 세계 안에만 머물지 않고 적극적으로 정보사회에 뛰어들어 오마이뉴스라는 걸출한 인터넷 사이트를 만들어 낸 무용담(?)과, 조한 교수가 계속 이야기해왔던 일머리 - *스스로 기획을 하고 말을 만들어 내고 문제가 생기면 누구에게 찾아가 자문을 구해야 할지를 아는 능력* - 를 갖춘 사람으로 느껴졌기 때문인 것으로 보인다.

그리고 또 하나 중요한 이유를 들자면, 오연호 대표는 마침 때맞춰 문을 연 강화도 '오마이 스쿨'에 학생들을 초청하면서 오프라인에서 서로 친목을 도모할 수 있는 'Membrship Training'의 기회까지 제공해주었다. 이런 과정을 살펴보면서 필자는 이번 장에서 '<u>친밀감</u>', '<u>선호적 연결</u>', '<u>커넥터</u>' 등의 키워드를 뽑아보았다.

이 개념을 이번 수업에 적용시켜보면, 먼저 기존 연대생들만의 학점과 과제제출을 위한 '도구적' 공간이었던 '와이섹'에서 벗어나 새롭게 경계를 확장했던 '가지'라는 사이트의 존재가 개인들 간의 친밀감을 자연스럽게 형성시키는 온실의 역할을 톡톡히 했다는 것을 살펴볼 수 있었다. 이 사이트에서는 매주 진행되는 강의 내용이 바로바로 업데이트 되었고(앞에서 언급했지만 여기에는 누구나 수정하고 첨가할 수 있는 위키의 방식이 사용되었다), 과제물들이 누구나 볼 수 있게 공개되어 강의실에서 벌어지는 수업의 연장선상에서의 또 다른 학습 공간으로 작용했다. 때문에 결과적으로 가지 사이트는 학습 공간의 성격도 지녔지만 자유롭게 '수다'가 오고가는 '친밀성'(intimacy)을 나누는 커뮤니티적 공간이기도 하였다.

"…… 다른 수업에서도 이와 같은 방식을 도입했으면 좋겠다. 교수의 일방통행적 지식을 빼빠지게 필기해 좋은 학점 받는 것도 물론 좋지만, 다른 학우들의 사고 체계를 통한 리플렉션들은 자신의 담론을 생산적으로 구조화 할 수 있는 통로를 열어준다. '양적 평가'의 압박에 '글 업뎃'만 지지부진하게 이루어지는 '와이섹 토론방'과 묘하게 대조를 이룬다."

<사례7, 마지막 과제>

"가지라는 공간도 특별했어요. 와이섹은 개인적으로 별로 안 좋아하고. 너무 닭장 같은 느낌이라서요, 거기서 즐거웠던 기억이 별로 없기도 하고……. 그런 것 때문에 소위 '가지 죽돌이'가 되었었고, 여기저기 참견도 많이 하고, 수업에 열심히 참여하게 된 '중요한 동기'가 되었어요. 그래서 가지에게

고맙다는 얘기를 하고 싶습니다. 메타스쿨도 이만큼 정을 붙일 수 있었음 좋겠는데…….”

<사례9, 마지막 과제>

다음으로 ‘선호적’ 연결에 대해 좀 더 자세히 살펴보면, 우리에게 익숙한 관용 어구였던 “세상 참 좁다.”라는 말을 실제로 증명해 낸 사람은 1998년 미국 코넬 대학의 스트로가츠와 콜롬비아 대학의 던컨 와츠라는 두 명의 수학자였다. 그들은 사회의 네트워크와 ‘예쁜꼬마’라는 학명을 지닌 선충의 신경네트워크, 또 인간이 설계한 송전망 구조와 하이퍼텍스트 링크로 연결된 웹페이지 간의 네트워크 구조들이 거의 동일한 형태를 가진다는 것을 밝혀내었다(마크 뷰캐넌, 2003).

이렇듯 여섯 단계만 거치면 전 세계의 사람을 알 수 있게 된다는 “작은 세계(Small World)”의 개념을 바탕으로, 이어서 또 다른 인터넷 공간의 특징인 ‘편향성’ 이라는 양념을 가미하여 어떻게 네트워크가 성장해 가는 것인가에 대한 질문을 던진 사람은 물리학자 앨버트 라즐로 바라바시와 레카 앨버트이다. 사실 ‘편향성’의 개념은 월드와이드웹의 성장을 설명할 뿐만 아니라 모든 산업계의 패턴이기도 한 개념인데 이런 ‘편향성’과 ‘선호적 연결’의 개념이 쉽게 와 닿지 않는다면 이를 ‘부익부 현상’으로 이해하면 쉬울 것 같다. 사회 네트워크에서 소문이나 정보가 유통되는 방식, 의견의 불일치로 인한 심리적 불안을 줄이려는 마음에서 ‘의견 일치’를 모색하는 경향을 '집단 사고(groupthink)'라고 정의할 수 있다고 하면, 이 커뮤니티에서 지명도가 높은 사람에게 '권력'이 집중되는 현상을 부익부 메커니즘이라고 할 수 있고 이것은 '불평등주의적' 네트워크의 특징이라고 할 수 있다(*ibid.* 171).

가지 사이트에서도 이런 '불평등주의적' 네트워크의 특징을 드러내는 장치가 사실 작동하고 있었는데 이것은 '최다 추천글'이나 '최다 댓글'을 받은 과제들이 첫 화면에 등장하여 자연스럽게 조회수나 특정 글에 반응이 유도되게끔 연결되었던 홈페이지의 특성 등을 들 수 있다. 물론 이것이 '부익부 메커니즘'이나 '불평등'이라는 말로 표현되는 어감 등에 반감을 느낄 사람들도 있겠지만, 필자는 이런 장치들이 위험성을 수반하면서도 인터넷 공간에서 전반적으로 '불필요한 정보들'에 대한 노이즈들을 막아주고 집단 지성을 만드는 데 '기능적'으로 작용하는 '필터링'의 역할을 한다고 생각한다. 그리고 이에 대한 보완적 측면에서 과제물이 제출되는 게시판이 아닌 여타 친밀감을 형성하는 공간들에 대해서는 이와 다르게 동등한 노출과 링크가 확보되었다. (예컨대 가지 사이트에는 수강생 전원이 자신을 드러내는 사진을 공개하는 구조였는데 이 사진들이 첫 화면에 뜨는 방식은 랜덤으로 작동하였다.)

아래 인용한 글들은 선호적 연결의 메커니즘을 구현한 추천 기능이나 댓글구조 등이 실제 수업을 듣는 학부생들에게 어떻게 다가왔고 작동했는지를 살펴볼 수 있는 글들이다.

"오마이스쿨 개교식에 갔다 와서, 인사할 수 있는 사람이 늘어났다는 것도 큰 수확이었고……. 특히, 쪽글을 쓰면서 동력을 많이 얻었다. 정성 들여서 쓴 글에 추천을 받을 수도 있었고, 조한과 여러 가지친구들이 댓글을 많이 달아주었기 때문이다. 그렇지만, 나름 잘 썼다고 올린 글의 조회수가 낮으면 무기력해지기도 했었고……. 어찌 됐든 가지 친구들의 댓글과 추천에 난 힘을 얻을 수 있었다. 사람에도 정을 붙일 수 있었고, 쪽글 쓰면서 성취감도 느낄 수 있었으니 나름 성공한 케이스인 건지도." <사례1, 마지막 과제>

"어이쿠 한방 찔렸습니다……. 구구절절히 옳은 지적인지라 변명할 여지도 없음이 슬픕니다. 추천 한방 날립니다."

<사례10의 댓글>

"다음에 만들 이러한 성격의 싸이트에는 추천을 많이 한 사람에 대한 무언의 보상체계가 있어도 좋을 것 같아요. 예를 들면 개인 게시판을 만들어준다던가. 메인 사진을 선택할 권한을 준다던가 하는 보상과 처벌을 생각하면 끔찍하지만 자연스럽게 추천하는 분위기를 만들기 위한 도구가 필요하지 않을까." <사례11, 9번째 과제>

마지막으로 이 '선호적 연결'과 '편향성'의 네트워크에서 등장하는 것이 링크의 군집도가 높은 허브, 또는 수천 명의 친구와 지인을 거느린 '커넥터(connector)'의 개념이다. 커넥터는 우리가 흔히 말하는 '스타'의 개념보다는 덜 권력적이면서 수평적 느낌을 주는 개념인데 이 수업이 진행되면서 자연스럽게 필자는 평균 이상 수준의 글을 쓰거나 독특한 아이디어로 과제를 제출한 사람들이 자연스럽게 커넥터가 되어가는 모습들을 발견할 수 있었다. 아래 인용한 글을 보면 이런 특성들을 잘 이해할 수 있을 것 같고, 어찌됐든 이런 '네트워크' 특성에 기반을 둔 가지 사이트에 대한 일련의 분석들을 살펴보면서 필자는 학생들이 점차 참여군중이 되어가고 집단지성을 만들어가는 기반을 갖춰나가고 있다는 결론을 이끌어 낼 수 있다고 생각한다.

"(이 사이트에서 주도적 활동을 K군에 대하여) 쪽글을 쓸 때마다. 밤새 글을 수 없이 고쳐가며 방망이 깎던 노인의 장인정신을 보여준 K. 지계에 성골/진골/6두품 논란이 있을 때, 거의 진흥왕으로 군림했던 대마왕. 수업이 끝나기 전에 가지에 '감자군순수비'라도 하나 남기시지요. 이번학기 누구보다, 위트있고 박식하고 성찰적이며 세심하게 수업에 참여했던 가지의 제왕. 수업에서 다 풀지 못한 '여전히 이야기 되어야할' 실타래들을 같이 계속 풀어봅시다." *<사례8의 댓글>*

"매 주마다 좋은 글 감사했습니다. 강의 내용을 더듬을 때마다 L씨 글을 어떤 '중심점'으로 삼았다는 거, 고백할게요."

<사례6의 댓글>

4. 집단과정의 형성과정 (3) – '전염'과 '감염'이 일어나다

티핑 포인트를 넘어서고 친밀감을 바탕으로 한 네트워크를 형성했던 과정을 거쳐, 드디어 학생들에게서 어떤 '집단지성'의 가능성을 포착하게 된 것은 강연의 마지막 순서였던 '온라인 학습생태계' 발표에 대한 과제들을 통해서였다.

필자는 일련의 논의들을 살핀 끝에, 이 글들 속에서 링크로 구성된 지식의 네트워크들이 '감염', 즉 수강생들이 어떤 '아이디어 바이러스'를 만들어 내었다는 결론을 내렸다. (여기에는 결코 '감염'이라는 개념이 사람과 사람들 사이에서만 나타나는 현상이 아니라는 설명도 덧붙인다.)

서두에서도 밝혔지만 이 글을 쓰게 된 동기는 '집단지성'이라고 이해할 수 있는, 일련의 사고의 성장과정들이 관찰되었기 때문이었다. 입시 논술을 통해 박제화 된 지식을 질서있게 잘 나열하도록 훈련 받은 학생들은 수업을 들으면서 지식 발생 순간에 지녔던 강렬한 문제의식을 감지했지만 그것을 입체적으로 '맥락화'하는 것에 약한 모습을 보였다. 수업 초반에 제출된 과제들은 논지를 펼치는데 있어서 현실감 없는 평면적 서술에 머무르거나 자신의 생각은 드러나지 않은 채 보편적으로 통용되는 개념을 정리하는 차원에 머무는 경향들이 두루 나타난데 비해, 시간이 지날수록 관념적 지식들이 참신한 연관성 속에서 생기나 돋아나기 시작했다. 학기 초반과 마지막의 글들을 잠시 비교하여 살펴보자.

"인터넷의 미래와 관련하여 결국 우리가 진정한 정보강국으로 가기위한 방향은 무엇일까. 21세기에 새롭게 도래한 지식, 정보사회에서 대한민국이 경쟁력 있는 국가로 세계 속에 자리매김하기 위해서는 단순히 인터넷 망의 보급을 늘리는 것이 현시점에 더 이상 의미가 없다고 생각한다. 진정으로 우리가 정보화 1류 국가가 되기 위해서는 양적인 인터넷인프라 확산이 아닌 콘텐츠의 질적 향상을 통한 성장의 활로를 모색하여야 한다." *<사례12, 두 번째 과제>*

"인터넷. 디지털. 벤처. 이제는 좀 시들어진 듯 들리는 이 토양은. 하지만 우리의 삶을 너무나 많이 바꿔버렸다. 우리는 디지털로 변하고, 웹으로 연결된 이 세상과 어떻게 하든 공존해야 한다. 청년실업 문제에 직면한 20대에게는, 이 문제를 정면으로 바라보고 대처할 여유가 없다. 그래서 우리 20대에는 '인큐베이팅' 작업이 필요하다. 우리 20대는 완성된 존재일 필요가 없다. 충분하면 충분한데로, 부족하면 부족한데로. 지금 우리는 누군가에게 도움을 청하고, 함께 양극화된 후기근대사회를 벗어날 지혜를 만들어가야 한다."

<사례13, 마지막 과제>

"난 지금의 대학생활에서 갈증을 느끼고 있었고 학점과 좋은 직장만 바라보고 달려가는 친구들을 따라 달리고 싶지 않았다. 어떻게 하면 다른 가치를 가지고 살아갈 수 있을까

고민은 하지만 주위를 둘러볼 때면 좌절하곤 했는데 특강시간을 통해서 새로운, 다른 가치관을 가지고 살아가는 사람들을 만나는 것만으로도 많은 위로를 받았던 것 같다. 정말로 그렇게 삶으로 살아내는 사람의 말에는 힘이 있음을 보았다."

<사례2, 마지막 과제>

필자는 학생들이 자신의 처지를 솔직히 인정하고 직시하고 그 바탕에서 서로 고민을 나눠보자고 제안하는 모습에 강한 인상을 받았다. 그리고 이러한 글쓰기 변화 과정에서 어느 순간 그들이 자신의 경험에서 우러난 '생기 있는 지식' 그 자체를 만들어내고 있고, 이것이 다른 사람의 '지식'들과의 '선호적 연결망'들을 이뤄가며 집단 지성의 '허브' 역할의 가능성을 비추고 있다는 것을 엿볼 수 있었다. 그리고 이 현상을 집단 지성의 '백신'이 내장된, '감염'의 결과라고 생각한다.

뿐만 아니라 필자는 더 나아가 이번 수업을 통해 형성된 '집단 지성'이 어떤 임계점, '티핑 포인트'에 다다르면서 이 집단지성들이 각 주체들로 '전염'되려는 조짐들도 볼 수 있었다. 이번 수업에서 활용한 사이트는 '온라인 학습 생태계 프로젝트'의 개발을 위한 테스트베드로써의 역할이 있었다. 또한 학생들은 네트워크 시대의 프로슈머로서 수동적인 학습자가 아니라 적극적인 지식생산자로 역할을 요구 받았다. 앞에서 다뤘던 화이트헤드의 개념을 통해 '자기 개발'에 대한 동기유발이 잘 이루어질 때, 자발적이고 자기주도적인 학습이 가능할 것이라고 예측해 본다면, 가지라는 사이트가 학습

공간이기 보다는 집단의식이 형성되는 영역sphere로 기능하면서 다양한 요소들이 학습으로 전이되는 계기가 된 듯하다. 온라인 학습 생태계에서 집단지성이 싹트는 것을 몸소 체험한 친구들은 프로젝트팀에 대해 아낌없는 찬사와 참여의지를 내보이기 시작했다.

"가지사이트. 이번 수업을 구성하는 것들 중에서 가장 칭찬을 받아야 할 것 같다. 생산성이 뭔지를 보여줬다고나 할까. 심혈을 기울여 매주 공개 쪽글을 써내려나간 학우들에게 감사하다는 말을 하고 싶다. 당신들의 '글빨'이 만들어낸 공유지식 내지는 집합지성은 지금껏 어디에서도 얻지 못 했던 싱싱한 성질의 것이었다. 프로슈머적 감수성을 얻어가는 게 이번 수업의 목표라면, 이 사이트에서의 작업 하나로 달성했다고 평가할 수 있을 정도다." *<사례7, 마지막 과제>*

하지만, 마지막으로 한 가지 유의할 점은 친밀감의 형성에 기반한 선호적 연결과 선호적 연결로 인한 커넥터의 등장, 이어서 벌어진 집단지성과 그 주체들 간의 전염과 감염이 당연히 모든 수업 구성원들에게 전달되었던 것은 아니라는 점이다. 인문사회계열 학생들에게는 사실 낯선 분야인 IT 업계의 강연자들이 일상적으로 사용하는 언어나 전달방식이 편안히 흡수되지 못한 측면이 분명히 있었고 수업에 성실히 참여하지 못한 개인적 상황들과 맞물려 수업 진행 과정 내내 학생들은 일부 자신을 '루저(looser)'라 표현하기도 했고, 팀별 평가시간에는 이 수업에서 주류와 비주류가 공존했음에 대한 지적들이 나오기도 했다.

"웹팀의 4컷 발표에서, 가지 친구들이 주류와 비주류로 나뉘었다고 얘기했다. 장난스럽게 소주와 사이다 사진을 붙여놓고 웃음을 유발했지만, 수업 내내 가지 친구들이 이 문제 때문에 힘들었다는 것은 부인할 수 없다. …… 그들은 스스로를 loser라고 규정하기도 하고, 답답해 미치겠다고 했고, 자신이 찌질하다고도 했다. 인터넷 시대의 참여, 공유, 개방을 논하는 수업에서, 모두가 함께 하는 느낌을 받을 수 없다는 것은 참 아이러니하기도 하고 안타까운 일이다.

<사례1, 13번째 과제>

그러나 필자는 이러한 주류-비주류 현상의 구분들에 대해 꼭 부정적으로만 해석할 필요는 없다고 본다. '선호적 연결'이라는 부익부 빈익빈의 메커니즘과, 연결 고리의 대부분을 몇 안 되는 요소들이 독점하는 '불평등주의적 네트워크' 들의 특성은 앞서 언급했듯이 월드와이드웹의 성장을 가장 잘 드러내는 개념이며 네트워크가 어느 일정 단위 이상 성장할 때 자연스럽게 등장할 수밖에 없는 현상이다. 때문에 정작 이런 독점적 허브를 가진 네트워크의 치명적인 약점은 '악성 바이러스의 침공'에 속수무책이라는 점이다. 이것은 다른 측면에서 집단 지성에서 벌어지는 집단행동들이 어떻게 한 순간에 파시즘적인 행동으로 변할 수 있는지에 대한 부분적인 답을 내려주는 개념으로도 이해할 수 있다. 악성 바이러스가 더 이상 사유하지 않는 주체들을 만들어 내고 이런 현상이 과도한 친밀성에 의해 급속히 퍼지게 되는 것이 곧 전체주의적 현상에 빠질 수 있는 위험을 상시 내포하고 있다고 가정했을 때, 획일적인 결속력으로 이어진 강한 군집으로 인한 주체들의 절멸로 나아가는 수순을 막아주는 것은 아이러니하게도 약한 연결들이 힘이 발휘 할 때이다. 때문에 끊임없이 하나의 커뮤니티 안에서 비판과 이의를 제기하고 그것을 받아들이는 인정의 문화가 존재하는 한 그 사이트는 집단 지성의 '전염'이 일어날 수 있는 건강한 공간이라고 생각해야 할 것이다.

V. 논의 및 결론 - '죽어 있는 관념'에서 '생기 있는 지식'으로

본 연구는 2007년 2학기 연세대학교 사회학과에서 개설된 '지식 · 정보사회'라는 학부수업에 대한 참여관찰을 바탕으로 '집단지성'이라는 것이 어떻게 형성되는가에 대한 과정을 몇 가지 개념을 통해 미시적으로 살펴본 것이다.

이 연구에서 중요한 점은 '참여 · 공유 · 개방'의 정신으로 대표되는 Web 2.0 환경 아래서 살펴본 '집단지성'의 형성과정이다. 이를 위해 일차적으로 Web 2.0에 대한 정의와 개념을 살펴보았는데 필자는 기존 연구들을 통해 Web 2.0의 모델이 기존 어느 시·공간적 환경보다도 '집단지성'의 형성 가능성을 높일 수 있는 주체들, 다시 말하면 '참여군중'들을 만들어 낼 수 있다는 전제를 이끌어 내었다.

'가지'라는 플랫폼을 중점적으로 활용한 이 수업의 교수방법도 사실 넓게 보면 80년대부터 편리한 접근 가능성과 빠른 피드백으로 주목받았던, 특히 인터넷을 위시한 IT 기술을 활용한 e-learning 교육의 한 흐름이라고 볼 수 있다. 하지만 이것이 기존 e-learning 1.0 모델보다 더 많은 학생들의 호응과 성과를 이끌어내었던 이유를 면밀히 살펴보면 2004년 전후로 IT업체와 비즈니스 모델 영역에서 논의되기 시작하여 최근 사회 전 분야로 논의되고 있는 Web 2.0의 모델을 가지 사이트가 충실히 따르고 있기 때문이다. 3장에서 다루었던 가지 사이트에 대한 특징, 그리고 이 수업과정의 진행방식을 면밀히 살펴본다면, Web 2.0이 대학이라는 공간에서 어떻게 교육적으로도 효과적으로 활용될 수 있는지를 보여줄 수 있는 하나의 사례가 될 수 있다고 생각한다.

본론에서는 본격적으로 이 수업에서 볼 수 있었던 '집단지성'이 어떻게, 또 어떤 과정을 통해 형성되는지를 살펴보았다. 이를 위해 먼저 이 수업을 통해 문제의식을 공유하고 있던 비슷한 세대들에 대한 코호트 분석을 수행하여 이들이 환경적으로는 '인터넷 kid와 88만 원 세대', 또 심리적으로는 '새로운 배려'라는 문화적 공통감을 가진 젊은 신세대들 이라는 것을 파악할 수 있었다. 이것은 집단지성을 만들어내는 '주체'들에 대한 분석이다.

다음으로는 이런 가능성을 지닌 주체들의 연결고리, 즉 네트워크들의 특성들을 살펴보았다. 첫째로 필자는 학습 대상자들이 적절한 순간에 티핑 포인트에 이르게 되는 순간, 자신의 상황을 거리를 두어 객관적이며 정확하게 관찰하고 표현할 수 있는 새로운 '언어'를 획득할 수 있다는 점을 볼 수 있었다. 여기에는 특히 '상황의 힘'의 요소가 중요하게 작용한다. 두 번째로는 온·오프라인에서 형성된 친밀감이 'small world'로 대표되는 기존 네트워크의 특성과 결합되어 어떻게 선호적 연결과 커넥터들을 등장시켜내는가에 대한 분석이었다. 가지에서도 볼 수 있는 여러 '불평등주의적 네트워크'의 특성은 그 어감과는 다르게 적절한 위험성을 수반하면서도 전반적으로 불필요한 정보들의 노이즈들을 막아주는 필터의 역할을 한다는 사실도 찾아볼 수 있었다. 세 번째로는 또 다른 네트워크적 상황에서 볼 수 있는 '전염'과 '감염'의 키워드들이었는데, 수업 초반에는 지식이 발생하는 순간에 지녔던 강렬한 문제의식을 입체적으로 '맥락화'하는 것에 약한 모습을 보였던 학생들이 시간이 지나면서 보편적이면서도 참신한 연관성들을 발견하고 공유하게 되는 과정을 언급하였다.

결론적으로, 필자는 이 수업에 대한 참여관찰을 통해 교수에 의해 이뤄지는 수업에 대한 적절한 방향제시와, 수업을 듣는 학생들이 자신들의 생각과 의견을 자유롭게 소통할 수 있는 공간적 요인이 결합되었을 때 보다 효과적으로 집단지성이 만들어질 수 있다는 사실을 확인하였다. 이것은 또한 2002년을 전후로 '사이버 민주주의'를 실현하려던 시민사회의 사라진 '열망'과 원인을 찾고 있는 본 연구자의 관심에 대한 거시적 맥락에도 많은 함의들을 던져준다고 하겠다.

수업을 시작할 즈음에는, Web 2.0을 위시한 '참여·공유·개방'의 인터넷은 그저 인터넷 문화를 설명하는 '생기 없는 관념'(inert ideas)에 불과했다. 그러나 수업이 진행되면서 자신의 입장을 인식하고, 추상적이고 평면적이던 관념들이 자신의 삶과 연결 되면서 점차 '날카로움'(cutting edge)을 지닌 살아있는 입체적인 관념으로 변화하는 과정을 볼 수 있었다. 이것은 앞에서 화이트헤드가 언급한 '생기 있는 지식'과 접점을 이루는 부분이며 이런 이유로 필자는 '생기 있는 지식'의 개념이 그동안 우리에게 모호하게 다가오며 명확히 구현되지 않았던 집단지성을 설명하고 그것의 선순환구조를 이끌어 낼 수 있는 핵심적 개념이라고 생각한다. 필자는 이 수업을 통해 종의 종말을 가져올지도 모르는 신자유주의의 위험에서 면역성을 가진 참여적 주체들이 티핑 포인트를 넘어 집단지성을 생성해 낼 수 있는 가능성을 확인해보고 싶었다. 그리고 한 학기가 흐른 지금, 학생들의 글에서 미미하게나마 그 작은 불씨들을 볼 수 있었다. 필자는 현재의 인터넷 공간이 여전히 다양하면서도 작은 마을들을 만들어나가고 있다는 것을 확인했고 이 참여관찰기는 그에 대한 작지만 유의미한 하나의 문화기술지가 될 수 있다고 생각한다.

참고문헌

1. 논문

· 권지성. 2004. “공개입양가족의 적응과정에 대한 문화기술지.” 『한국아동복지학』 17호 7-48.

· 김성호. 2007. “참여관찰에 의한 문화 공원 활성화 방안에 관한 연구.” 서울시립대석사논문.

· 김중태. 2007. “변화와 기회의 웹2.0 시대를 넘어.” 『정보처리학회지』 제14권 제4호, 14-19.

· 김희연. 2007. “웹에서 유통되는 정보 · 지식의 신뢰연구.” 『정보통신정책』 제19권 8호 15-26.

· 박재천 · 신지웅. 2007. “웹2.0 플랫폼에서의 집단지성 활용 방안 연구.” 한국인터넷정보학회 제8권 제2호, 15-20.

· 박혜영. 2003. “지식기반사회에서의 e-Learning현황 및 발전 방향.” 동국대석사논문.

· 석영희. 2007. “집단지성을 통한 정보생산의 사회적 의미.” 영남대학교 사회학과 박사논문.

· 정연정. 2004. “영리한 군중(Smart Mobs)의 등장과 디지털 정치참여.” 『국제정치논집』 제44집 2호, 237-258.

· 정재은. 2007. “집단지능과 웹2.0.” 『정보처리학회지』 제14권 제4호, 47-52.

· 한상기. 2007. “웹2.0과 소셜컴퓨팅”, 제14권 제4호, 69-75.

· Mark Granovetter. 1978. "Thereshold Models of Collective Behavior." *American Journal of Sociology* 1420-1443.

· Michael Suk-young Chwe. 2001. "Rational Ritual: Culture, Coordination, and Common Knowledge." Princeton University Press.

2. 단행본

· 마크 뷰캐넌 저. 강수정 역. 2003. 『넥서스 - 여섯 개의 고리로 읽는 세상』. 세종연구원.

· 말콤 글래드웰 저. 임옥희 옮김. 2004. 『티핑 포인트』. 21세기북스.

· 알프레드 노스 화이트헤드 저. 오영환 역. 2004. 『교육의 목적』. 궁리.

· 어빙 고프만 저. 김병서 역. 1992. 『자아표현과 인상관리: 연극적 사회분석론』. 경문사.

· 오히라 겐 저. 김인주 역. 2003. 『새로운 배려 - 젊은 그들만의 코드』. 소화.

· 우석훈 · 박권일. 2007. 『88만 원세대 - 절망의 시대에 쓰는 희망의 경제학』. 레디앙.

· 우치다 타츠루 저. 박순분 역. 2007. 『하류지향』. 열음사.

· 조한혜정 외. 2007. 『인터넷과 아시아의 문화연구』. 연세대

학교 출판부.
· 피에르 레비 저. 권수경 옮김. 2002. 『집단지성』. 문학과지성사.
· 하워드 라인골드 저. 이운경 역. 2003. 『Smart Mobs(참여군중)』. 황금가지.

3. 언론보도자료

· 민경배. “이러닝, 웹2.0을 만나다.” 시사IN 2008/01/04.

4. 웹사이트

· http://www.gazi.or.kr/: 지식 · 정보사회 홈페이지.
· http://dic.naver.com/: 네이버 전자사전.
· http://ko.wikipedia.org/wiki/: 위키디피아 한국사이트.
· http://mediaproducts.gartner.com/reprints/plateau/article1/article1.html : 가트너 보고서를 볼 수 있는 곳.

제 8 장

온라인 협동의 유형과 발생구조

·

하재경*

I. 문제 제기

현대 사회의 특징으로 정보화사회, 즉 지식과 정보가 재화가 되는 사회를 말한 지 이미 오래다. 그러나 학계에서도 그 정보화사회라는 것은 정확하게 언제부터이며, 또 왜 그 시기가 기준이 되고 있는지에 대한 견해는 제각기 달라서, 한편에서는 이미 정보사회의 과정 속에 진입해 있는 것으로 보는 동시에, 다른 한편에서는 정보화사회를 아직 시작도 하지 않은 것으로 본다. 농업 사회, 산업사회에 이어 정보화사

* 연세대학교 사회학과 석사과정.

회를 지칭할 때 이것이 갖는 의미는, 정보화사회가 새로운 사회의 조직원리를 발생시켰느냐 하는 점이다. 그리고 여기서 기준이 되는 것은 생산이다. 따라서 우리가 이미 정보화 시대를 살고 있는지 혹은 아직도 그 문턱에 닿지 못했느냐에 대한 논의는, 결국 이것이 하늘아래 얼마나 새로운 생산 체계를 만들어 내었느냐는 물음으로 바꾸어도 손색이 없을 것이다.

한 가지 분명한 점은, 정보 통신 기술은 놀라운 속도로 발전하고 있으며 이는 현대 사회의 필수적인 도구로 자리잡았다는 것이다. 이메일은 명실상부한 의사 소통의 공식 통로로 자리잡았으며, 인터넷의 보급은 날로 속도를 더해가서 이제 어디에서나(ubiquitous) 접속이 가능한 환경을 꿈꾼다. 기술이 가치와 분리되어 존재할 수 없는 것이라면, 이러한 정보통신 기술은 과연 어떠한 가치의 변화를 가져온 것일까? 소프트웨어라는 무형의 재화가 시장에서 거래되는 상품이 됨으로써 빌 게이츠라는 무명의 청년을 세계 굴지의 사업가의 위치에 올려놓은 것이 지난 20년 동안 인터넷이 발달되고 확산되는 과정에서 일어난 일이라면, 최근 우리가 관찰할 수 있는 모습은 이와는 조금 다르다: 대중이 개발과 혁신의 과정을 주도하기 시작한 것이다.

어느 새인가 대중은 인터넷을 통하여 의견을 공론화하고, 블로그로 자신의 일상을 공유하기 시작했으며, 수동적인 소비자의 위치를 넘어 생산에 관여하기 시작하였다. Web 2.0이라는 단어를 통해 집약적으로 표현되는 이러한 움직임의 핵심은 “참여”이다. 그러면 대중들은 왜 참여하는가? 위키피디아(Wikipedia)의 지식은 어떻게 그렇게 급속히 축적될 수 있었으며, 왜 사람들은 해커스(Hackers) 웹사이트에 자발적으로 지식을 게시하는 것인가? 그 과정에서 재미나 보상이 존재할 수도 있지만, 그것이 전부는 아니다. 많은 경우, 대중들이 온라인에서 생산하는 산물들은 대부분 비금전적인 것으로서 그것이 사회적 명성이 되었든 행위를 통한 자기 효능감의 충족에 있든, 무언가 물질 이외의 보상 기제가 존재하는 것이다. 이러한 현상을 보고 학계의 일부에서는 새로운 사회의 새로운 생산방식으로서 참여와 협업에 주목한다. 최근에 발행된 책 제목인 위키노믹스(Wikinomics)는 Wikipedia와 Economics의 합성어로서 위키피디아에서 나타나는 협업의 방식으로 전체 경제가 조직될 수 있음을 상징하는 것이기도 하다. 이는 사람들 행동 방식이 그 원인과 현상 면에서 기존에 볼수 없었던 새로운 구조에서 발생하는 것임을 함축한다. 과거로 돌아가 이야기를 하자면, 19세기의 사회 사상과 18세기 ‘이성의 시대’의 결정적인 차이는 공동체의 재발견이다. 이익 추구의 행위가 기존의 사회적 관계로부터 시장이라는 독립된 기제로 분리되면서, 시장 이외의 사회적 관계 역시 자기 이익으로부터 분리되었다는 것이다. 기존에 가지던 온정적이며 안정적인 지역적 공동체가 원자화되고 개인들이 해체되면서 등한 것이 산업 사회라면(정재기 2007), 요즈음 온라인상에서 협업을 통한 생산 구조에 대한 관심은 새로이 다가오는 정보화사회가 과연 이러한 관계를 되돌이키는 새로운 것인가를 묻는 것이기도 하다.

그러나 이 지점에서 본 연구에서 제기하고자 하는 질문은, 그러한 논의의 과정에서 개념의 분류와 구분이 적절하게 이루어지고 있는가 하는 것이다. 과연 온라인상에서 협동을 통해 생산되는 많은 현상들이 대중에 의한 협업(mass collaboration)이라는 단일한 표현만으로 그 의미를 충분히 전달하고 있는가? 혹시 통합하여 묶지 말았어야 할 부분을 일괄적으로 말해버림으로써 현상의 이면에 숨겨진 다양한 측면을 간과한 채 하나의 이름으로 뭉뚱그리는 실수는 하게 되는 것은 아닌가?

이에 대한 논의는 "협동"이라는 개념으로부터 출발해야한다. 협동이라는 개념이 의미하는 바가 어떠하며, 무엇을 기준으로 정의될 수 있는가를 살펴보는 것은 논의의 출발점에서 발생할 수 있는 혼란을 제거하는 역할을 하기 때문이다. 이어서 이와 관련된 고전적인 쟁점을 살펴볼 필요가 있는데, 이는 최근의 온라인 환경이 가져다주는 변화로 인해 이러한 논쟁이 어떻게 바뀌어나가게 되는가를 점검하는 데 유용하다. 본 연구에서 이러한 과정을 통해 최종적으로 도달하고자 하는 것은 대중의 협업으로 이루어지는 협동의 현상을 체계적으로 분류하고, 그것을 발생시키는 유인(incentive) 구조와의 연계를 살펴보는 것이다. 온라인상에서 일어나는 협동이 사실상 하나의 단편적이고 일률적인 현상이 아니라 유형으로 구분지을 수 있는 것이라면, 그것을 만들어내는 유인의 구조 역시 이와 같이 움직이는 것이 아닐까 가정해 볼 수 있다. 따라서 본론에서는 협동을 구분할 수 있는 척도와 그로 인한 유형을 탐색해보고, 이것이 협동을 낳는 유인과 어떠한 연계 속에서 존재할 수 있는지를 이론적 차원에서 논의하고자 한다.

II. 협동이란 무엇인가: 집합행동과 협동

먼저, 합의된 출발점에서 논의를 시작하기 위해서 협동이라는 용어의 개념부터 정의할 필요가 있다. 협동과 가장 유사하게 학계에서 논의되고 있는 것은 집합행동이다. 집합행동의 일반이론을 처음으로 체계화시킨 학자로 알려진 스멜서(Smelser)는 집합행동을 "사회적 행동을 재정의하려는 신념에 기초한 행동의 동원"이라고 정의하였으며, 여기에는 집합행동이 기존의 사회 규범, 제도 및 가치체계의 변화를 추구하려는 신념에 기초한 다수 개인들의 적극적인 공동행동이라는 의미가 부각된다(임희섭, 1999). 이후 집합행동은 구조 기능주의, 사회심리학, 합리적 선택 이론 및 자원 동원이론 등의 접근을 통해 분석되었다. 근래의 집합행동 이론가와 연구자들은 집합행동을 "공유된 이익을 추구하는 다수 개인들의 공동행동"(collective action of the people in pursuit of shared interests)라고 정의하였으며, collective behavior 대신에 collective action이라는 용어를 사용하였다. 전자가 집합행동을 비제도적일 뿐 아니라 비합리적이고 병리적인 사회적 행동이라는 암묵적인 또는 명시적인 전제를 가지고 접근해 온 경향이 있다면, 후자는 공동이익을 추구하기 위해 기존 규범과 제도 등의 변동을 지향하는 정상적이고 조직적이며 합리적인 집합행동을 나타내는 것으로 도구적 합리성을 강조하는 이론이다. 이를 종합하여 보면, 집합행동은 1) 잘 정의되지 않은 상황에 대처하기 위해 취해지는 일시적이고 자발적인 다수 개인들의 비제도적인 행동, 또는 2) 기존의 규범, 제도, 정책, 가치 등의 변화를 지향하는 다수 개인들의 공동행동이라는 두 가지 정의를 포괄하는 개념이라고 볼 수 있다. 즉 집합행동의 과정에서 행위의 참가자들은, 이익이든 불이익이든 간에, 공통의 이해관계를 가지며, 공통된 정체감과 통합구조를 통해 조직화된 이익을 추구하는 것이다(임희섭, 1999).

이에 반해, "협동"에 대한 학문적 관심은 상대적으로 적었다고 볼 수 있다. 사회학 이론에서 협동은 그 자체보다는 다른 개념들을 통해서 간접적으로 접근되어 왔다. 짐멜(Simmel)은 경쟁을 공통의 목표를 향한 수평적 노력으로 정의한다. 갈등이 2자 간의 직접적인 적대감을 의미한다면, 경쟁은 목표에 의해 매개되는 간접적인 관계이며, 그들 간에는 같은 목표를 향한다는 동질성이 존재한다(Simmel, 1955). 따라서 협동이란 그러한 동질적 유대관계 하에서, 직접적 혹은 간접적인 갈등관계가 해소된 상태를 일컬을 것이다. 홉스(Hobbes)는 그의 저작 Leviathan에서, 갈등이 일어나고 해소되는 과정을 보임으로써 자발적인 협동에 도달할 수 없음을 간접적으로 역설한다. 그가 보기에, 한정된 자원을 둘러싼 인간의 경쟁은 자연 상태로 해소될 수 없는 것이어서 외부적인 권위(leviathan)를 통해서야만 질서가 유지할 수 있는 것이다(Hobbes, 1958). 이와 달리 로크(Locke)는, 그러한 갈등의 문제를 강제적 권위가 아닌 사회 계약을 통해서 평화적으로 해결할 수 있다고 조망하였다. 그러한 전통에서, 뒤르켐(Durkeim)은 '계약의 비계약적 요소', 즉 개인 간에 존재하는 도덕적 규범과 합의를 통해 사회적 분업의 비균등적 배분으로 인하여 발생할 수 있는 문제를 해결할 수 있는 것으로 이해하기도 했다. 사회학의 학문적 흐름에서 협동이 갈등과 경쟁의 반의어와 같다면, 경제학 적인 접근이라고 할 수 있는 게임이론에서 협동의 반대는 "배신"이다.이것은 각 개인이 상황에 따라 개별적으로 판단하는 행위가 아니라, 나와 상대방의 합리적 행동이 주지된 게임 상황에서 자신의 보수 극대화 하기 위한 전략적 행동의 하나로서 존재한다.

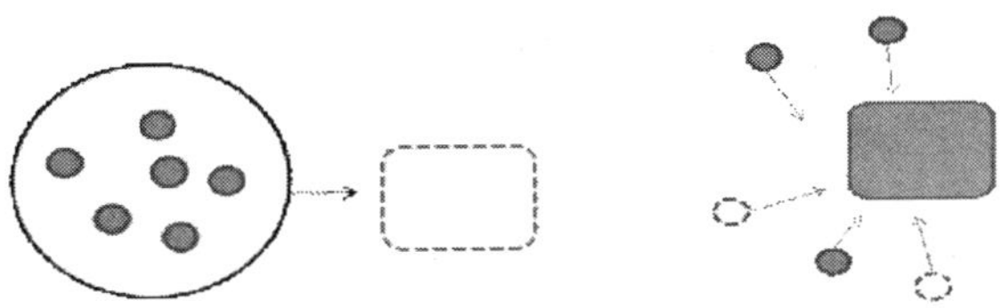

[Fig 1. 집합행위와 협동의 도식화]
집합 행동이 명확한 참여의 경계와 그로인한 집단 정체성을 가지는 결집의 과정에 집중한 것이라면, 협동은 참가자의 경계나 정체성보다는 그들이 공유하고 있는목표의 확실성 기준으로 한다.

사실상 집합 행동과 협동은 많은 부분에서 유사성을 지닌다: 이는 자발적인 개인 행위자의 합으로 이루어지는 것이며, 그 결과는 개인이 단독으로는 생산해낼 수 없는 것이다. 만일 집합 행동의 결과가 개인 행위의 합으로 환원되는 것이거나, 개인 1인 행위의 결과보다 작다면 집합적으로 행동할 공통의 이해관계를 가지지 못하기 때문이다. 그러나 집합행동이 공동의 정체성으로서 행위가 결집되는 과정으로부터 정의되는 것이라면, 협동의 일차적인 출발점은 참가자가 공유하는 목표이다. 따라서 협동은 과정보다는 결과로서 상정되는 개념이며, 이는 공리주의적 접근에 가까운 것으로 보일 수 있다. 경제학적 전통에서 이론의 유용성은 그 가정의 타당성보다는 결과의 설명력에 존재하는 것으로 보기 때문이다.[1] 그러나 본 연구의 의도는 행위의 결집 과정 및 정체성 등의 동기를 간과하겠다는 것이 아니라, 그것을 협동이 낳는 결과와의 연계 속으로 적극적으로 끌어들임으로써 그것이 가지는 다양한 스펙트럼을 보려는 데 있다.

III. 협동과 네트워크 환경

협동(집합행동에서도 마찬가지이다)의 산물은 공공재적 성격을 지닌다. 순수한 공공재란, N명으로 이루어지는 집단 X의 어떤 개인 X1이 그것을 소비하더라도 그 X1 때문에 집단 내의 다른 사람이 그것을 이용할 수 없게 되지 않는, 즉 다른 사람도 역시 그것을 이용할 수 있는 재화이다. 또한 공공

1) 이와 같은 맥락에서, 경제학자 Milton Friedman 은 다음과 같은 말을 남긴 바 있다: One of the greatest mistakes is to judge policies and programs by their intentions rather than their result.

재 또는 집합재는 그것을 구입하지 않았거나 지불하지 않은 사람들이라 해도 그것의 소비로부터 그들을 배제시키거나 방해할 수 없다(Olson, 1965). 나아가, 뷰캐넌(Buchanan)은 일반적 공공재화의 성격을 다섯 가지 명제로 공식화한다:

(1) 집단의 모든 성원이 아니라 소수의 성원의 행위에 의해서도 재화가 제공될 수 있다.
(2) 재화가 만들어진다면 이 재화는 이를 만드는 데 기여하지 않은 사람에게조차 주어진다.
(3) 이 재화를 만드는 데 기여하지 않은 사람이 이 재화를 사용하지 못하도록 막을 수 있는 실질적인 방법이 없다.
(4) 재화를 만드는 데 기여한 양은 그 개인이 지불해야 하는 손실이다.
(5) 재화가 만들어졌을 때 각 개인에게 돌아오는 이익의 양은 각 개인이 부담해야 하는 손실의 양보다 훨씬 크다(Buchanan, 1982; 김용학, 2003).

이러한 집합행동 및 협동에서 공공재의 문제는 일반적으로 무임승차 문제를 낳는 것으로 이해되어 왔다. 전체에 대해 개인의 기여가 미치는 영향은 미미한 것이기 때문에, 합리적 개인은 자신의 비용이 수반되는 집합행위는 참여하지 않으면서 다른 참여자들에 의한 공공재의 혜택만을 받으려하고, 같은 논리로 모두가 참여하지 않음으로서 충분한 공급이 이루어지지 못하게 된다는 것이다. 하딘(Hardin)은 "공유지의 비극(the tragedy of the commons)"의 비유를 통해, 개별 목축인들의 합리적인 선택의 결과로는 공동으로 관리하는 목초지가 황폐해질 수밖에 없음을 보인 바 있다(Hardin, 1968).

한편, 일부에서는 정치적 저항과 같은 집합행동은 조정문제(coordination problem)으로 더 잘 설명될 수 있다고 주장한다(Chong, 1991; Moore, 1995; 김경미, 2004). '죄수의 딜레마'로 알려진 무임승차 문제에서는 누구나 특정 상황에서는 참여하지 않고 무임승차자가 되기를 선호한다면, 조정문제에서는 사람들은 다른 사람들이 참여할 때, 자신도 참여하기를 원한다. 따라서 무임승차 문제를 해결하기 위해서는 법적 및 사회적 제재, 혹은 반복적인 상황을 만들어줌으로써 참여 동기만 제공해야 하는 한편 조정문제의 경우 참여의지를 증가시킬 수 있는 상황만 조성해주면 된다. 즉 개인의 참여의지를 더 많은 사람들이 참여할수록 증가하게(Chwe, 2001; 김경미, 2004) 되기 때문이다.

죄수의 딜레마의 상황인지 조정문제의 상황인지에 대한 판단은 각 경우에 따라 개별적인 것이라 하더라도, 일단 그 결과물이 공공재적 성격을 지님은 협동의 행위에 있어서 두 가지 도전을 제기한다. 하나는 동기부여의 문제로서, 무임승차에 대한 유혹에도 불구하고 개인들이 공공재의 제공에 기여할 수 있도록 유도하는 문제이다. 두 번째 도전은 조정의 문제(coordination)이다. 개인들의 집단이 공공재에 기여하려는 동기 부여가 되어 있다고 하더라도 자신들의 노력을 조정할 필요가 있는데, 이것은 그 자체의 어려움과 비용을 수반하기 때문이다(Kollock, 1999). 그러면 이러한 문제를 어떻게 해결할 수 있을 것인가? 올슨(Olson)은 공동의 목표를 향해 조직이 구성되고 그로 인해 개인이 혜택을 받을 수 있을 것이라는 전제를 체계적으로 반박하며, 합리적이고 자기 이해에 충실한 개인들을 집합 행동에 동원하기 위해서는 참여 여부나 그 정도에 따른 선택적 보상(selective incentive)이 있거나, 비참여에 대한 처벌과 같은 강제적 도구가 필요하다고 보았다. 또한 그는, 집단의 규모가 작을수록 개인에게 돌아가는 집합재의 몫이 커짐으로써 개인의 참여를 조직화 하기 유리한 것으로 본다(Olson, 1965). 즉, 선택적 유인이 없다면 합리적 개인들은 집합적 유인만으로는 집합 행동에 참여하지 않는다는 것이다. 그러나 올슨(Olson)은 사회적 불만에도 불구하고 왜 사람들이 집합 행동에 참여하지 않는가를 설명해냈지만, 반대로 왜 사람들이 선택적 유인이 없음에도 불구하고 집합 행동에 참여하는가를 설명하지는 못하고 있다(임희섭, 1999).

이러한 이론적 논의는 경험적 사실을 통해 지지 혹은 반박될 수 있다. 오스트롬은 하딘이 제시한 공공의 목초지와 같이 공공재의 성격을 띄는 자원을 공동 관리 자원(Common Pool Resource)이라 칭하며, 외부적인 권위(leviathan)나 사유화(privatization)의 방식 없이도 자체적으로 관리가 가능하다고 본다(Ostrom, 1990). 그녀는 일본의 삼림지, 스위스의 목초지,

스페인과 필리핀의 관개 설비등의 사례를 통해 자체적으로 조직하고 관리하는 메커니즘을 관찰하는데, 이는 벌금 중 일부를 감시인이 보관한다던가(스페인, 일본) 협동을 용이하게 하기 위해 인접한 물사용자들의 일정을 동일시간으로 조정(스페인)하며, 위반자에게 사회적인 처벌을 부과하는 것이 그 방법이다. 따라서 CPR 이 성공적으로 관리되기 위해서는 1) 집단 경계가 분명하게 한정되어 있어야 할 것, 2) 공동 자원을 사용하는 것을 관리하는 규칙은 국부적인 필요와 조건에 잘 맞을 것, 3) 이러한 규칙들에 영향 받는 대부분의 개인들은 그 규칙을 변경하는 데 참여할 수 있을 것, 4) 공동체의 성원이 공동체의 규칙을 고안할 수 있는 권리는 외부 권위에 의해 존중될 것 5) 성원들의 행동을 감시하기 위한 체계가 존재하고, 공동체의 성원들이 스스로 이 감시 임무를 맡을 것 6) 처벌의 누진 체계가 사용되며 7) 공동체 성원들은 저렴한 분쟁 조정 절차를 이용할 수 있을 것 등의 원칙을 따른다는 것이다(Ostrom, 1990; 라인골드, 2003; Rheingold, 2003). 결국 이러한 자체 조직화도 결국은 집단의 경계를 한정하고, 내부의 동질성을 유지하며, 그로인한 평판의 확립과 무임승차자들에 대한 감시/처벌의 기능에 의지한다는 점에서 효용적 접근으로 환원되는 경향을 보인다. 권위와 질서를 내부화 하였을 뿐, 이것이 조정되기 전의 자연상태는 무질서와 갈등에 다름이 아니라고 보는 홉스의 관점에서 크게 다르지 않은 것이다.

또 한편으로는 공리주의적 분석의 틀에 사회적 차원의 규범과 윤리가 자연스럽게 포함될 수 있는 것이기도 하다. 컴퓨터 프로그램을 통해 협동이 어떻게 발생할 수 있고, 이것의 진화를 관찰한 악셀로드(Axelod)는, 협력의 출현을 가능하게 하는 것은 참가자들이 다시 만날 수 있다는 사실임을 보였다 (Axelod, 1985). 반복의 가능성은 오늘 취한 선택들이 한번의 결과뿐만 아니라, 참가자의 나중 선택에도 영향을 미칠 수 있다는 것을 의미한다. 여기서 상대방의 오늘의 행동과 나의 다음번의 행동 사이를 매개하는 것은 평판이다. 각 참가자가 사회적으로, 그리고 규범적으로 어떠한 행동을 했느냐에 대한 평가가 합리적 판단 속에 포섭되게 되는 것이다.

그렇다면, 본 연구에서 제기하는 온라인 공간에서의 협동은 이러한 공공재의 문제와 어떻게 연결될 수 있는가? 앞서 살펴본 바로는 협동을 논함에 있어서, 그것이 가지는 목표의 결과로부터 출발하기로 하였다. 따라서 이 연결은 온라인 공간에서의 협동이 낳는 산물이 공공재의 성격을 가지고 있는가에 대한 검토로부터 시작되어야 할 것이다. 온라인 공간에서 생성되고 유통되는 것은 무형의 지식재/정보재이다. 이는 공공재의 속성과 마찬가지로, 경합적(rival)이지 않고, 배제가 가능하지 않고, 투시적(transparent)이지도 않음을 의미한다. 상품이 투시적이라는 것에 대해 부연설명을 덧붙이자면, 이는 구매자가 상품을 획득할 때, 그 상품의 내용, 즉 그 작동 및 효용성을 쉽게 파악할 수 있다는 것을 의미한다. 상품을 직접 이용해 봄으로써 상품의 가치를 파악할 수 있는 경험재 (experience good)가 이에 해당하는 것이다. 또한 정보재는 생산의 한계비용이 극히 작다는 특징을 가지고 있다(DeLong,

1999; 한준, 2000).

콜락은 사이버 공간에서의 협동에 대한 선구적 연구에서, 온라인 환경에서는 일부 유형의 공공재를 제공하는 비용과 혜택이 근본적으로 변화되기 때문에 동기 부여와 조정의 동학도 마찬가지로 변한다고 보았다(Kollock, 1999). 그는 이것을 비용상의 변화와 혜택상의 변화, 그리고 생산 함수의 변화 세 가지의 측면으로 나누어 살펴보았는데, 이러한 구분에 기반하여 각각의 논의를 확장시켜볼 수 있다. 먼저 비용상의 변화는 앞서 공공재의 성격에서 논의한 바와 같이, 온라인 환경이 제공하는 기술적 가능성은 생산 한계 비용의 감소와 더불어, 조정 비용이 낮아질 수 있는 기술적 여지를 확보하였다. 두 번째로는 혜택 상의 변화를 들 수 있는데, 디지털 공공재는 그것의 비경합적인 성격으로 인하여 공공재적 성격을 확보한다. 로렌스 레씽(Lawrence Lessnig)은, 네트워크는 차별화 할 힘을 가지고 있지 않기 때문에, 단지 컴퓨터를 연결함으로써 새로운 생각과 프로그램에 접근할 수 있는 환경이 주어졌음에 주목한다(Rheingold, 2003). 단지 재화의 성격뿐만 아니라 그것을 사용하는 사람의 입장에서도 1 대(對) 1, 즉 2자적 관계의 합이 아닌 다 대(對) 다 네트워크로서 사용할 수 있게 된 것이다. 이처럼, 행동의 단위가 개인의 합으로서 집단이 아니라 내부의 수많은 연결을 가지는 "네트워크"가 되면서, 이는 두 가지 측면에서 새로운 시사점을 준다: 우선 네트워크는 효용의 측면에서, 그 가치가 크게 확장될 수 있음을 의미한다. 메트칼페(Metcalfe)의 법칙에 의하면, 접속

점의 개수(N)가 산술적으로 늘어날 때, 사이의 가능한 연결의 수는 N^2에 비례하여 증가한다. 따라서 한 재화의 효용이 그것을 사용하는 사람들의 수에 비례하는 것이라고 개념적으로 가정할 수 있을 때, 공동의 목표에 대한 참여자가 증가함에 따라 그들이 상호 참조와 생산을 통해 발생할 수 있는 혜택이 수확 체증(Increasing Return to Scale)의 형태를 띄게 되는 것이다. 온라인상의 산물이 네트워크 구조를 통해 혜택을 제공하게 되면서 갖게 된 두 번째 의미는 이것이 사회적 네트워크의 의미를 갖게 되었다는 것이다. 베리 웰만(Barry Wellman)은 컴퓨터 네트워크는 곧 사회적 네트워크의 의미를 갖는다고 보았다. 컴퓨터 네트워크의 발전은 개인용 컴퓨터에서 사회적 네트워크로 발전하는 데 자양분을 주었으며, 이 내부에서 사교, 지원, 소속감, 사회적 정체성을 제공하는 사람들 사이의 유대의 네트워크가 곧 공동체성을 형성하게 된 것이다(Wellman and Guilia, 1997; Rheingold, 2003). 즉, 이것이 사회적 의미를 지니면서 이 내부에서 신뢰와 규범에 기반한 행동이 발생하고 이에 어긋나는 행위를 제한할 수 있는 사회적 제재(sanction)가 가능하게 된 것이다.

항목	특징	결과 및 함의
비용상의 변화	결과물에 공공재적 속성 부여	한계 생산 비용 감소 조정비용 절감 가능
혜택상의 변화	Network구조를 통한 사용의 확장	사용의 비배제성, 효용의 수확 체증 공동체적 의미 부여
생산함수의 변화	이타적 규범의 활용	Incentive 구조의 변화

[표 1] 온라인 환경에 의한 재화의 생산과 소비구조 변화

마지막으로, 이러한 변화는 최종적으로 개인이 자신의 비용과 혜택을 고려하여 협동에의 참여를 결정짓는 생산함수 자체를 변화시켰다. 여기서 생산함수란, 공공재의 생산에 투여되는 집단 구성원의 비율과 그 결과로 생산되는 공공재의 비율 간의 관계를 지칭하며, 엄격한 의미로 생산 함수는 참여하는 사람의 수가 아닌, 투여되는 자원의 수준에 관한 것이다(Kollock, 1999). 공공재의 제공은 일반적으로 한 집단의 잘 조정된 노력을 필요로 한다. 올슨의 구분에 따르면, 집단 내의 한 개인이 공공재를 제공하는 비용을 스스로 제공할 능력과 의사가 있는 집단을 특권집단이라 할 수 있는데(Olson, 1965), 온라인 상호작용이 등장하기 이전에는, 대규모 조직에서 특권집단에 의한 공공재의 발생은 예외적인 경우에 지나지 않았다. 그러나 인터넷에 기반한 기술 환경은, 공공재를 생산하는 데 필요한 집단의 크기를 획기적으로 줄이거나, 많은 경우에 단독으로서도 가능하게 만들었고(비용상의 변화),

또한 이것이 가지는 사회적 파급효과가 확대되었을 뿐만 아니라 및 공동체적 규범의 의미가 부여되면서(혜택 상의 변화) 개인이 공공재의 생산에 관여하는 상황 자체를 죄수의 딜레마 게임이나, 조정게임의 상황과는 구조적으로 다른 유인(incentive)구조를 갖는 것으로 전환시킨 것이다. 즉, 단순히 경제학적 효용구조로만을 설명되지 않는 규범적, 사회적 가치가 그 자체에 포함됨으로써 온라인상에서 공공재의 생산함수는 개인의 이해관계와 이타심의 결합(a marriage of altruism and self-interest)으로서 나타나게 된 것이다(Rheingold, 2000; Hemetsberger, 2002). 그런데 이것은 새로운 기술환경으로 인해 전혀 예기치 못한 새로운 결과라기보다는, 애초에 인터넷의 역사속에 내포된 제도적 전통의 영향에서 비롯되는 것이기도 하다. 온라인상의 협동을 통해 만들어진 대표적 산물로서 운영체제 Linux의 개발자 리누스 토발즈(Linus Torvalds)는 초기 해커의 정신을 '생존', '사회적 삶' 그리고 '오락'의 세 가지 범주로 나누고, 하나의 범주에서 다른 범주로 이동하는 진보의 과정에서 일종의 '단계'를 거치는 발전이 진행된다고 보았다(Himanen, Torvalds et al. 2002). 이러한 측면은 비용과 혜택을 따져 행동하는 공리주의적 전통으로 환원할 수는 없는, 자존감과 행위 그 자체의 흥미, 그리고 사회적, 규범적 동기를 일컫는 것이다. 토발즈가 "장인정신"으로 표현하는 이러한 역사적 전통을 배경으로 함과 동시에, 온라인상에서 새로이 확장된 공공재의 생산은 공리주의적 틀을 넘어 규범적 접근과의 통합적 차원에서 해석될 필요가 있다.

IV. Online Mass Collaboration의 Incentive 구조에 관한 기존 논의

이상에서 협동의 특징과 더불어 인터넷을 기반으로 하는 기술적 환경이 비용과 혜택, 생산 구조의 측면에서 어떠한 변화를 가져오게 되었는지를 살펴보았다. 이것이 보여주는 것이 온라인상에서 협동의 특수성이라면, 다음 질문은 그것이 어떠한 동기로 발생하는지에 관한 것이 될 것이다. 이에 앞서, '온라인상에서의 협동'을 간략히 정의하고 특징을 살펴보고자 한다. 온라인상에서 이루어지는 협동을 생산 방식과 사용 방식의 측면으로 나누어보면, 생산 방식에 있어서 이는 정의상 디지털화된 생산방식을 동원하는 자발적인 참여를 전제로 한다. 그들의 참여는 공통의 목표를 지니며 그 결과물은 개인의 단위에서 생성될 수 없는 집합적인 것이다. 사용의 측면에서 그것은 한 사람의 사용이 다른 한 사람의 사용가치를 감소시키지 않는다는 점에서 비경합적이고, 또한 그 누군가의 사용을 막을 체계적인 방법이 존재하지 않는(비배제성) 공공재의 성격을 지닌다.

최근 인터넷및 온라인 기반 환경이 가져오는 변화에 대한 관심이 증가하면서, 여러 분야에서 온라인상에서의 협동이 이루어 지는 구조에 대한 연구가 진행되어 왔다. 이들 연구는, 온라인상에서 생산되는 공공재가 개인의 이해관계와 이타적 면을 동시에 지닌다는 특징을 인지하여, 협동에 기여함으로써 발생하는 효용이라는 공리주의적 측면과 조직과 공동체에 대한 도덕적 의무에서 발생하는 규범적인 측면을 끌어안으려는 시도를 보여주고 있다. 그러나 구체적으로 협동에 대한 유인(incentive) 구조의 축(dimension)을 어떤 기준으로 범주화하는가에 대해서는 다소간의 차이를 보이며, 다양한 체계화의 시도에도 불구하고 아직 하나의 합의된 틀이 존재하지는 않는다. 대표적인 몇 가지 논의를 검토하자면, 먼저 콜락은 이에 대해 예기된 상호성(anticipated reciprocity), 평판(reputation), 실효성(efficacy)의 세 가지 개인 효용의 차원을 든다(Kollock, 1999). 예기된 상호성이란, 사람들은 나중에 유용한 도움과 정보를 보답으로 받게 될 것이라는 기대가 있기 때문에 집단에 대하여 중요한 정보를 기여한다는 것이다. 이러한 유형의 연결망적 결제체제는 일종의 신용을 만들어내는데, 이는 사람들의 직접적인 상호보답을 하지 않고서도 다른 사람들의 기여에 의지할 수 있기 때문이다. 이것만을 놓고 보았을 때, 사람들이 공공재를 제공할 가능성은 개인이 장래에 서로 상호작용하는 빈도가 높고, 과거 행위를 추적할 수 있는 방법이 존재하는 경우에 더 높아진다. 그리고 정체의 지속성은 또한 상호성에 기반한 기여를 촉진시키는 데에도 중요한 역할을 하며, 집단의 경계는 명확할 필요가 있다.

두 번째로 개인의 기여가 평판(reputation)에 미치는 영향을 들 수 있다. 개인은 기여를 통해 공동체 속에서 일종의 위세(prestige)를 획득하게 되는 것이다. 라인골드는 이를 개인들이 집단에 기여하게 되는 핵심적인 동기부여 요인으로 보았는데(Rheingold, 2000), 앞서 예기된 상호성이 기여와 기여의 교환에 대한 상호성이라면, 평판은 기여와 위세가 교환되는 것을 의미한다. 라인골드와 마찬가지로 고쉬는 온라인 상호작용에서 평판의 역할을 핵심적인 것으로 파악하며, 그에 따르면 온라인 시장은 화폐 대신 평판이 비대칭적으로 거래되는 암묵적 교환경제(implicit barter economy with asymmetric transaction)로 표현한다(Ghosh, 1998). 이를 기준으로 보면, 개인이 기여한 바가 공동체 전체에 알려질수록, 그리고 그 사람의 기여에 대한 인정이 확산될수록 개인의 집단에 대한 기여도가 높아질 것으로 예상할 수 있다. 예기된 상호성과 평판은 사회학적 전통에서 선물 경제(gift economy) 및 일반화된 교환(generalized exchange)으로 설명되는 것이기도 하다.

세 번째로 실효성(efficacy)이란, 자신이 환경에 대하여 어떤 영향을 미쳤다는 의식을 느끼고자 하는 사회심리적 요인으로 설명될 수 있다. 이 경우, 집단에 대한 기여도는 사람들이 자신의 행위에 의한 집단의 변화를 더 크게 관찰할 수 있을수록, 그리고 집단의 규모와 청중이 증가하여 개인 행위의 잠재적 영향력이 커질수록 개인에게 강하게 동기부여가 될 것이라고 예상할 수 있다. 이상의 세 가지가 협동에 대해 개인적 차원의 효용이 만들어내는 유인이라면, 집단이 그 결과물을 얼마나 필요로 하는가 그리고 집단의 선(善)이 개인에게 효용과 얼마나 부합하는가 하는 점 역시 규범적이고 사회적 차원의 유인이 될 수 있다.

한편 벤클러는 금전적인 보상(monetary rewards), 행위 자체의 내재적인 보상(intrinsic hedonic rewards)과 그 외의 사회 심리적인 보상이라는 세 가지의 틀로서 온라인상에서 이루어지는 협동의 인센티브를 설명한다(Benkler, 2002). 그는 금전적인 보상을 따로 분리함으로써 단순한 시장 방식 생산의 유인과 온라인상의 협동을 구분할 수 있는 틀을 만들었고, 행위 그 자체로서 느끼게 되는 내재적인 즐거움을 분리함으로써 협동의 의도성과 사회적 의미를 판단할 수 있는 준거를 마련하였다는 점에서 이러한 세 차원의 구분은 상당히 유용한 것이다. 그러나 그가 세 번째 항목으로 제시하는 '사회심리학적 보상'이란 협동에 참여하는 행위가 사회적 관계에 실제로 미치는 영향(efficacy)과 사회적 관계에서 습득하게 되는 지위에 대한 개인적(reputation)이고 사회적(obligation) 효용을 모두 의미하게 된다는 점에서, 결국 위에서 Pollock이 구분한 모든 요인들을 한번에 뭉뚱그리는 모호함이 남는 아쉬움이 있다. 이와 유사한 구분으로, 라카니와 히펠은 온라인 공공재의 협동에 참여하게 되는 기제를 세 가지로 나누는데 1) 참여하는 것 자체가 스스로에게 사용의 가치를 가지기 때문이고, 2) 행위 자체에서 만족을 느끼게 되기 때문이며 3) 마지막으로, 그로 인해 사회적 명성(reputation)을 획득할 수 있기 때문이라고 보았다(Lakhani and Hippel, 2000). 여기서는 금전적 유인 구조가 명백하기 드러나지 않는데, 결과물로서 공공재의 가치를 교환가치(exchange value, i.e. monetary incentive; Benkler의 구분)로 볼 것이냐 혹은 사용가치(use-value; Lakhani and Hippel의 구분)로 볼 것이냐의 차이만을 제외하면 벤클러가 제시한 틀과 거의 같은 것으로 볼 수 있다.

한편 러너와 티롤은 온라인상에서 협동에 참여하는 동기를 즉각적 보상(immediate payoff)과 미래적 보상(delayed payoff)의 시점을 통해 구분한다. 즉각적인 보상은 당장의 사용가치(benefit)와 시간에 대한 기회비용(cost)을 통해 계산되며, 미래적 보상은 그것을 통해 획득하게 되는 명성(reputation)과 직업 기회(job offer) 등으로 계산될 수 있다. 미래적 보상은 일종의 신호(signaling)의 효과를 갖게 되는 것이고, 따라서 이러한 신호의 발생이 강하게 작용할 수 있는 환경에서 협동이 잘 구현될 수 있다고 본다(Lerner and Tirole, 2002). 이 분석틀은 보상에 시점을 도입함으로써 확실하고 명시적인 현재의 보상과 불명확한 잠재적 보상이라는 두 가지 차원의 구분을 가능케하고, 잠재적 보상에 대한 할인(discount) 혹은 기대의 변수가 개입할 수 있음을 시사하였다. 그러나 이는 경제학적 효용을 통한 접근에 치중한 나머지 행위 자체가 가져오는 내재적 효용(즐거움)이나 사회적, 규범적 압력이 전적으로 간과되었으며, 개인적 차원에서 습득되는 효용과 사회적 차원에서 형성되고 습득되는 효용(명성)을 구분없이 사용함으로써, 경제적 인센티브를 그 자체로 보여줄 뿐 실제 현상에서 관찰가능한 다중적 구조에 대한 치밀한 설명을 제공하지 못하는 한계를 지닌다.

이상에서 살펴본 바처럼, 무엇이 온라인상에서의 협동을 가능하게 하는가에 대한 논의는 여러 차원에서 고찰되고 있다. 이는 행위 자체가 갖는 내재적 동기와 그것을 매개로 얻게 되는 외재적 동기로 나누어 볼 수 있으며, 즉각적이고 명백한 보상과 미래적이고 잠재적인 보상으로, 혹은 개인이 가지는 효용의 측면과 규범적 압력 및 의무감의 측면으로도 나눌 수 있다. 보다 세부적으로는 개인적 차원에서 발생하는 효용과 집단적 차원의 효용의 구분이나 금전적 효용과 비 금전적 효용의 구분이 가능하다. 이들 각각의 구분은 현상을 바라보는 데 있어서 모두 유의미한 시사점을 주는 것이다. 그러나 이러한 모든 잣대를 동시에 동원하는 것은 인센티브 구조에 대해 최대한 분석적이고 체계적인 이해의 틀을 제공하고자 하는 취지와 어긋나는 것이며, 모든 것을 통하여 모든 것을 설명함으로써 결국은 아무것도 설명하지 못하는 결과를 낳게 될 것이다. 따라서 온라인 협동의 인센티브 구조를 파악함에 있어서는 연구에서 도달하고자 하는 목표 - 즉 어떠한 분석틀이 연구자의 관점을 가장 잘 드러내 줄 것인가 - 에 맞추어 선택하는 것이 적합하다.

한편, 행위 동기에 대한 단편적 구분 이상으로 본 연구에서 나아가고자 하는 바는, 이러한 행위의 동기는 결과의 특성과 연계적으로 파악해야 한다는 것이다. 이는 행위의 동기가 각 온라인 협동 행위의 사례의 특성에 따라 구조적으로 제한되어 있다는 것으로부터 비롯된다. 협동행위가 이루어지는 각 공간은 얼마나 그 경계가 분명한가 하는 점은 평판을 형성하고 상호성을 기대하는데 중요한 조건이 될 것이며, 또한 금전적 유인이 형성될 수 있는가의 문제 또한 그 구조 속에 내재하는 것이기 때문이다. 따라서 다음 장에서는 협동을 그 결과가 가지는 목표와 참여자가 가지는 동기의 두 가지 차원에서 접근하여 이것이 종합적으로 어떠한 지형을 그리고 있는지를 살펴보고자 한다.

V. Online Mass Collaboration에 대한 대안적 접근: 협동의 결과와 행위자, 두 가지 차원에서

온라인상에서 발생하는 협동에서 행위자의 동기와 그 결과물은 분리될 수 없다. 때문에 그러한협동 행위를 낳는 일련의 인센티브 구조가 존재한다는 것과 그것이 실현된다는 것은 별개의 문제이다. 따라서 그러한 협동이 발생을 본질적으로 파악하기 위해서는, 그 협동이 목표로하는 결과물 특징과의 연계 속에서 행위자의 동기를 파악해 볼 필요가 있다. 우선 행위자의 동기에 관해서는 앞서 검토한 많은 선행 연구 중에서 벤클러가 제시한 세 가지 동기의 틀을 차용하고자 한다. 벤클러는 행위자가 갖는 동기를 금전적 보상(monetary reward), 행위 자체의 내재적인 보상(intrinsic hedonic rewards), 그리고 사회 심리적인 보상(Social-Psychological reward)의 세 가지로 구분한다. 물론 앞서 지적한 바와 같이, '사회심리학적 보상'은 경제적 동기와 행위 내재적 동기의 잔여 범주와 같은 수준에서 묶어버림으로써 협동에 참여하는 행위가 사회적 관계에 실제로 미치는 영향(efficacy) 및 공동체적 관계에서 습득하게 되는 지위(reputation) 및 제재(obligation)를 섞어버리게 되는 한계가 있다. 그럼에도 불구하고 이러한 분석의 틀을 선택한 이유는, 금전적 보상을 따로 분리함으로써 경제적 보상을 초월하여 경제적으로 이타적 수준의 동기를 파악할 수 있고, 행위 그 자체로서 습득하는 내적 효용을 분리함으로써 협동의 의도성과 사회적 의미를 판단할 수 있는 준거를 갖추고 있기 때문이다.

물론 여기서 전제되어야 할 것은, 협동에 참여하는 개인이 모두 동일한 동기와 생산 함수를 가지고 참여하는 것은 아니라는 점이다. Linux 개발 작업에 참여하면서 그 행위 자체에서 즐거움을 찾는 개인이 있을 수 있는 반면, 그로 인해 쌓이는 자신의 명성에서 효용을 느끼는 사람이 있을 것이다. 물론 대부분의 사람들은 이 두가지의 측면을 모두 가질 것이지만, 그들 개개인에게 이것이 어떠한 비율로 조합되는지는 개별적이고 상이한 수준의 것이다. 그러나 그럼에도 불구하고 이 장에서 특히 주목하고자 하는 것은 이러한 동기가 구조적으로 제한되어 있을 수 있다는 점이다. 예컨대 위키피디아처럼 작성자가 부각되지 않고 경계가 모호한 공간인 경우라면 글을 쓰는 데 참여하는 행위가 평판을 획득하기 위한 동기라고 보기 어려울 것이고, 또한 금전적 보상구조 자체가 존재하지 않기 때문에 금전적 동기 또한 배재될 것이다. 한편, 어학 시험과 관련된 정보들을 게시하는 Hackers 사이트의 경우, 게시한 정보에 대한 감사가 답글로서 표현되고 또한 일부에서는 이러한 고마움을 자발적으로 금전적으로 표현하기도 하는 공간이라면, 이곳에서 참여의 동기는 평판의 획득뿐만 아니라 금전적인 동기 또한 포함할 수 있을 것이다. 요약하자면, 협동에 참가하는 개인들은 서로 상이한 동기를 가질 수 있지만, 각 협동의 장이 가지는 구조적인 특징에 따라 그 분포의 범위 및 분산 정도는 제한될 수 있는 것이다. 다시 말하면, 참가자가 가지는 동기는 개인의 문제이기도 하지만, 그에 앞서 협동이 이루어지는 장(場)의 특성에 따라 일부 정해지기도 한다는 것이다.

이는 앞서 협동이라는 행위를 결과를 통해 정의하고자 했던 것과 마찬가지로, 협동으로 나타내는 "결과"의 특징을 통해 유형화해 볼 수 있다. 여기서는 행위의 외부효과와 예상되는 수혜자의 범위로서 네 가지를 구분하였다. 여기서는 각각을 두 가지의 분절적인 경우로 나누지만, 이는 어디까지나 분석을 위한 이상형(ideal type)으로서의 구분이며, 실제 현상은 있음과 없음, 혹은 특정성과 보편성의 연속선상에 존재하는 것으로 파악해야 할 것이다.

예상되는 수혜자의 범위란, 나의 기여가 발생하는 가치가 얼마나 특정적인(specific) 사람 (혹은 집단)을 향하고 있느냐에 대한 구분이라고 볼 수 있다. 이는 내가 작성하는 글이 누가 읽을지를 전혀 예상하지 못하고 쓰는 경우와, 특정 집단을 위해 작성하는 경우, 그리고 나와 관계된 특정 1인과의 관계가 기준이 되는 경우와 불특정 다수가 관계되는 경우의 차이를 말한다. 이는 공공재의 특징에서 볼 수 있는 배재성과는 구별되는 개념으로, 그 결과의 향유가 배재되어 있지 않은 경우라 하더라도 예상 수혜자의 범위가 얼마나 보편적,

무작위적으로 퍼져서 등장할 수 있는가에 대한 개념이다. 이는 집단의 경계로서도 설명할 수 있는데, 이 경계가 불명확할수록 예정된 상호성(anticipatied reciprocity)을 확신하기 어려우며, 평판 및 사회적 규범의 역할 강도가 낮을 것이라 예상할 수 있다. 한편, 행위의 외부효과란, 협동의 결과가 개인 행위의 합 이상의 결과물을 낳고 있는가를 기준으로 파악한다. 예를 들어, 위키피디아의 글은 그 하나 하나로서 지니는 의미보다는, 그것이 총체적으로 집합되어 있고 따라서 '언제든지 필요한 것을 찾아서 열람할 수 있는' 집합적 상태에서 훨씬 큰 의미를 지닌다. 그런데 협동의 결과를 두고 볼 때, 사실상 그 어떤 것도 실질적으로 완벽하게 개인 행위 수준으로 환원된다고 보기는 힘들다. 극히 개별적이고 이자적으로(dyadic) 소통되는 지식 및 행위라 하더라도 '특정 행위를 가능하게 하는 공간'으로서의 의미 그 자체로서 외부적(external) 효과를 가지고 있기 때문이다. 때문에, 여기서의 외부효과는 협동의 행위가 작동되는 메커니즘의 측면에 주목하여 살피는 것으로 제한 하였으며, 이상형으로서의 구분임에도 "거의 없음"의 수준에서 이분하는 것으로 하였다. 이러한 외부적 효과는 온라인이라는 공간이 가져온 새로운 가능성이기도 하다. 기존 오프라인에서의 관계가 행위와 행위를 연계할 수 있는 힘을 거의 가지지 못했던 데 반해, 온라인 공간의 기술적 특징은 협동이라는 결과물 자체가 네트워크 외부성을 지님으로써 결과물의 효용이 수확 체증(increasing return to scale)의 구조를 가지도록 하기 때문이다.

<table>
<tr><td colspan="2"></td><td colspan="2">예상되는 수혜자(beneficiary)의 범위</td></tr>
<tr><td colspan="2"></td><td>특정적</td><td>보편적</td></tr>
<tr><td rowspan="2">행위의
외부효과
(externality)</td><td>있음</td><td>한정적(parochial) 협동
goHackers.com</td><td>적극적 협동
Wikipedia</td></tr>
<tr><td>거의
없음</td><td>시장 대안적
(alternative) 협동
innocentive.com</td><td>의도하지 않은 협동
Amazon, E-bay</td></tr>
</table>

[표 2] 협동의 목표가 지니는 특징에 따른 협동의 유형화

이상의 두 축을 통한 구분은, 위 표에서 볼 수 있는 네 가지 유형의 협동을 낳는다. 여기서는 외부성을 통해 증가한 협동 결과가 불특정 다수에게 혜택을 주는 경우를 이를 적극적 협동으로 정의하고자 하며, 그러한 예로 위키피디아를 들 수 있다. 한편, 이러한 협동 결과가 보다 특정적 수혜자에게 영향을 미치는 경우는 종래 집합행동의 논의에서 상정한 상황으로서, 한정적(parochial) 협동이라 부른다. 집단의 경계가 비교적 명확하여 그 속에서 평판과 공동체적 규범과 가치가 존재하는 경우를 말하며, 한 예로서 Hackers 사이트를 들 수 있다. 한편, 외부효과가 거의 없는 경우는, 온라인에서의 협동 상황이 하나의 선택가능한 대안(alternative)일 뿐, 그것의 발생에 필수불가결한 조건이 아님을 의미한다. 따라서 그것이 수혜자가 보편적인 경우라면 Amazon이나 E-bay 와 같이 불특정 다대다의 거래가 이루어지는 시장 공간을 생각할 수 있을 것이며, 특정적인 경우로는 한 기업이 가진 기술과 그에 대한 답을 가진 엔지니어를 1:1로 연결시켜주는 innocentive와 같은 사이트를 생각해볼 수 있을 것이다.

다음으로는, 협동이라는 행위에 직접 참가하는 행위자의 동기를 통해 협동의 유형화를 시도해볼 수 있다. 앞서 밝힌 바와 같이, 행위자의 동기를 구분하기 위한 기준은 벤클러가 제시한 금전적 보상(M), 내재적, 과정적 보상(H), 그리고 사회심리적 보상(SP)이다. 이 세 가지는 모두 갖추어야 할 필수적 요소라기보다는 분류 가능한 세 가지 범주이고, 실제로 이는 조합된 형태로 나타난다. 따라서 본 연구에서는 각 차원의 동기가 존재하는지를 이분화한 형태로 단순화 한 뒤 결합된 형태로서 파악한다. 각 차원의 동기를 존재(o)와 부재(x)로 이분화하였을 때, 이들의 총합은 양(positive)이어야 할 것이고, 따라서 어느 차원의 동기도 존재하지 않는 경우(8번)에는 협동이 발생할 수 없다.

차원	M	H	SP	구분
유형	이기적 C/ 이타적 C	Hard-core C/ Soft-core C	Cooperation/ Not C	
1 번	O	O	O	이기적, Soft-core 협동
2 번	O	O	X	Market에 대한 alternative 협동으로 보기 어려움.
3 번	O	X	O	이기적, Hard-core 협동
4 번	X	O	O	이타적, Soft-core 협동
5 번	O	X	X	Market을 대체하는 생산 방식 협동으로 보기 어려움.
6 번	X	O	X	의도되지 않은 결과 협동으로 보기 어려움.
7 번	X	X	O	이타적, Hard-core 협동
8 번	X	X	X	불가능

[표 3] 협동의 참가 동기가 지니는 특징에 따른 협동의 유형화

본 연구는 금전적 보상의 존재 여부를 통해 이기적 협동과 이타적 협동을 구분하였고, 내재적 유희적 보상, 즉 행위의 즐거움이 존재하는가를 통해 Hard-core협동과 Soft-core 협동을 나누었다. 한편, 사회 심리학적 보상은 그 자체로서 협동을 만드는 필요조건이 된다고 보았다. 사회 심리학적 보상은 평판, 자기 효능감과 같이 사회적 차원에서 구성되는 개인의 효용에서부터 공동체에서 비롯되는 도덕적 규범 및 책임감에 이르기까지 다양한 범주의 동기를 포함하는데, 이것이 전혀 존재하지 않는다는 것은 집합적 행동 및 공동의 목표 공유가 개인의 차원에서 아무런 의미를 가지지 못하는 것으로 받아들여지기 때문이다. 따라서 단순히 금전적 동기 혹은 과정적 효용만으로 발생한 협동은 행위자의 부산물로서, 의도되지 않은 결과이거나 시장의 확장으로 보는 것이 타당할 것이다. 그러므로 협동을 가능케 하는 행위자의 동기는 1, 3, 4, 7의 네 가지가 남는다.

이제 남은 것은 협동이 추구하는 결과로 분류 각 유형에 대해, 이러한 참가의 동기를 적용시키는 작업이다. '한정적 협동'이 가지는 가장 큰 특징은 집단의 경계에 대한 인식이다. 이는 그것이 기여와 기여의 교환이라는 상호적 관계를 형성하거나, 기여 대 평판의 교환, 혹은 규범적 기여와 같은 공동체적 동기를 발생하기에 유리한 조건이 된다. 따라서 이러한 유형의 협동에서 나타날 수 있는 지배적 참가의 동기는 3번 유형이 될 것으로 예상할 수 있다. 한편, 불특정 다수에게 혜택을 제공하는 '적극적 협동'의 경우는 행위 그 자체로서 내재적 흥미를 지니며, 보다 넓은 차원의 공동체성에 기반하는 것으로 볼 수 있을 것이고, 따라서 4번 유형의 이타적 동기가 지배적일 것이다. 행위의 외부성이 존재하지 않는 '시장 대안적 협동' 및 '의도되지 않은 협동'의 경우는, 각 개인은 서로의 행위에 대한 수확 체증(Increasing Return to Scale)의 효과를 기대할 수 없다. 그런데 이러한 행위의 외부성은 개인 행위자들이 동떨어진 별개의 원자(atom)가 아니라 서로 연결된 네트워크 형태로 존재하는 것으로부터 비롯된다. 그렇기 때문에 공동체 및 사회적, 집단적 차원에서 발생하는 동기가 작용할 수 있는 여지를 상실하는 한편, 이를 상쇄하기 위해서는 최소한 행위를 통해 기대되는 수준의 물질적 보상이 전제되어야 함을 의미한다. '시장 대안적 협동'이 오프라인 시장에서 발견 가능한 1:1의 관계를 온라인에서 활용함으로써 수요-공급의 특정한 조합(combination)을 검색하는 이점을 활용한다는 점에서 그에 내재한 유희적 동기가 발현되도록 하는 것이라면, 의도되지 않은 협동은 오프라인에서 발생하는 시장을 또 하나의 대안적인 수단으로 옮겨놓은 것으로써 이에 특정한 '흥미'의 요소는 고려되지 않는다. 따라서 이들 두 가지 유형의 협동에 대해서는 2번과 5번 유형의 참가동기가 지배적일 것으로 가늠해 볼 수 있을 것이다.

유형	예시	지배적 참가 동기
한정적 협동	goHackers.com	3 번
적극적 협동	Wikipedia	4 번
시장 대안적 협동	Innocentive.com	2 번
의도되지 않은 협동	Amazon.com	5 번

[표 4] 협동의 유형에 따른 지배적 참가 동기

VI. 결론

협동은 자발적인 개인 행위자가 공동의 행위를 통해 단독으로 생산해 낼 수 없는 공동의 목표를 달성하는 것을 의미한다. 본 연구에서는 집합 행동이 행위자 간에 가지는 공동의 정체성으로서 행위가 결집되는 과정으로 정의되는 것이라면, 협동의 일차적인 출발점은 참가자가 공유하는 목표, 즉 결과를 통해 정의되는 것으로 구분한다. 집단 행동이건 협동이 되었던 그 산물은 공공재적 특성을 갖는다. 전체에 대해 개인의 기여가 미치는 영향은 미미한 것이기때문에, 자신의 이익을 추구하는 합리적 개인은 자신의 비용이 수반되는 집합행위는 참여하지 않으면서 다른 참여자들에 의한 공공재의 혜택만을 받으려 하고 그 결과 '공동의 목초지'는 황폐해지는 비극에 처하게 되는 것이다. 따라서 공공재를 조달하는 과정에서 발생하는 무임승차의 문제를 해결하는 것은 학계의 고전적인 논의의 대상이 되어 왔다. 이에 대해 올슨(Olson)은 선택적인 보상과 강제적 도구를 도입함으로써 이를 해결해야 한다고 보았고, 오스트롬(Ostrom)은 실증적 사례를 통해 집단의 경계를 강화하고 감시와 처벌의 규칙을 내부화함으로써 자체적인 조직과 관리가 가능함을 보였다. 악셀로드(Axelod)가 컴퓨터 프로그램을 통해 증명한 바 역시 반복적인 상황에서 평판이 역할이 협동을 발생시킬 수 있다는 것이다.

기술의 발전과 더불어 새롭게 나타난 온라은 공간에서의 생산은 이러한 공공재의 문제를 또다시 불러오게 되었으나 동시에 이는 관련된 논의에 있어서 전면적인 수정이 필요로 함을 의미하는 것이기도 하다. 온라인 공간이 기존의 재화가 생산되는 메커니즘에 영향을 미치는 것은 크게 세 가지 차원

이다: 생산 비용 및 조정비용의 절감을 가져옴으로써 공공재적 성격을 지니는 정보재를 만들었고, Network 구조를 통해 혜택이 전파됨으로써 그 효용이 체증하고, 공동체적 성격을 지니게 되었으며, 개인의 이타심과 이기심이 결합한 새로운 형태의 생산함수를 가능케 하였다. 이에, 본 연구에서 특히 관심을 기울이는 것은, 이러한 영향과 더불어 온라인상에서 이루어지는 협동에 대해 개인이 갖는 동기는 어떠한 구조를 가지며 이것은 어떻게 실현되는 지에 대한 이론적 고찰이다. 온라인에서 이루어지는 협동의 유인을 분석한 선행 연구들은, 이를 다양한 측면에서 분석한다. 행위의 내재적 동기와 그를 통해 얻게되는 외재적 동기, 즉각적 보상과 잠재적 보상, 혹은 개인적 효용과 사회적 의무감 등을 큰 틀로 삼고, 나아가 효용 자체를 개인적/집단적 차원으로, 혹은 금전적/ 비금전적 차원으로 세분화 하는 등의 시도가 있었다. 그러나 이러한 이론적 구분의 한계는 그 자체로 존재할 뿐 협동의 결과가 가지는 구조적 특징과 체계적으로 연계되지 못하였으며, 따라서 다양한 형태의 협동에 대해 행위의 동기가 각기 다르게 작용할 수 있다는 점을 보여주지 못하고 있다.

따라서 본 연구에서는, 1) 협동을 행위의 목표, 즉 결과로서 이를 유형화하였고, 2) 각 개별 행위자의 입장에서 지니는 참여의 동기를 취하여 이것이 발생가능한 조합을 탐색하였으며, 3) 나아가 각 유형이 어떠한 지배적 동기를 통해서 달성될 수 있는지를 살펴보았다. 협동은 그 결과 얼마나 특정한 혹은 보편적인 범위의 사람들에게 혜택을 주는 것인가의 한

가지 기준과 개별 행위의 합이 집합됨으로써 외부효과를 가지느냐의 또 한 가지 기준을 통해 한정적 협동과 적극적 협동, 시장 대안적 협동 및 의도하지 않은 협동으로 나누어보았다. 행위자의 동기를 분석하기 위해서는 Benkler가 제시한 세 가지 차원의 분석틀 - 경제적 보상, 내재적 유희적 보상, 사회 심리적 보상 - 을 각기 이분화함으로써(dichotomize) 발생하는 8(=2^3)가지의 조합에 대해 그 타당성과 의미를 살펴보았다. 금전적 보상은 협동에 대한 이기적/이타적 행위의 척도로, 내재적 유희적 보상의 유무는 협동 행위를 hardcore 와 softcore로 구분하는 데 적용되었다. 보다 본질적인 것은 사회 심리학적 보상으로서, 이는 협동의 정의와 맥을 같이하는 것으로 협동을 구성하는 필수적인 항목이라고 본다.

본 연구에서 시도한 마지막 작업은, 이상 결과로서 유형화한 네 가지 종류의 협동과 개인들의 참여를 가능케 하는 행위가 나타낼 수 있는 지형을 연계하는 것이다. 이를 통해 "온라인상에서의 협동"이라고 뭉뚱그려 표현함으로써 드러나지 못한 그 차이의 지점들이 사실상 제각기 다른 동기와 구조적으로 연결되어 존재하는 것임을 보이고자 한 것이다. 그러나 이는 논의를 위해 추상화된 이상형(ideal type)과 또 다른 이상형을 잇는 것으로서, 이론적 차원의 작업이다. 그리고 협동에 참여하는 개인의 동기가 일률적이지 않을 것이라는 점 또한 충분히 주지되었다. 그러므로 이러한 논의의 적합성을 검증해보기 위해서는, 유형의 구분의 유용성 및 그에 따른 참여 동기의 분포에 대한 실증적 연구로서 뒷받침되어야 할 것이다.

참고 문헌

· 김경미. 2004. 『인터넷과 집합행동에 관한 연구: 온라인 연결망과 집합정체성을 중심으로』. 사회학과. 서울, 연세대학교. 박사논문: 197.

· 김용학. 2003. 『사회 구조와 행위론』. 서울, 나남출판.

· 임희섭. 1999. 『집합행동과 사회운동의 이론』. 서울, 고려대학교 출판부.

· 정재기. 2007. "인터넷과 사회적 관계의 변화: 배태와 접합". 『네트워크 사회의 구조와 쟁점』. 이재열·안정옥·송호근. 서울, 서울대학교 출판부.

· 한준. 2000. "정보기술과 시장의 변화". 『21세기 시장과 한국사회』. 한국사회학회. 서울, 나남.

· Axelod, R. 1985. *The Evolution of Cooperation*. New York, Basic Books.

· Benkler, Y. 2002. "Coase's Penguin or Linus and the Nature of the Firm." *Yale Law Journal* 112.

· Buchanan, A. 1982. *Marx and Justice*. London, Methuen.

· Chong, D. 1991. *Collective Action and the Civil Rights Movement*. Chicago, University of Chicago Press.

· Chwe, M. 2001. *Rational Ritual: Culture. Coordination and*

Communication. Princeton and Oxford, Princeton Univeristy Review.

· DeLong, J. B. 1999. *Analytic Overview: Common Stakes in the E-conomy*. Washington DC, A Conference of the UC Berkeley E-conomy Project.

· Ghosh, R. A. 1998. Cooking Pot Markets: an Economic Model for the Trade in Free Goods and Services on the Internet. *First Mondays*. 3.

· Hardin, G. 1968. "The Tragedy of the Commons." *Science* 162: 1,243-1,248.

· Hemetsberger, A. 2002. "Fostering Cooperation on the Internet: Social Exchange Process in Innovative Virtual Consumer Communities." *Advances in Consumer Research* 29: 354-356.

· Himanen, P., L. Torvalds, et al. 2002. 『해커, 디지털 시대의 장인들』. 세종서적.

· Hobbes, T. 1958. *Leviathan*, The Liberal Art Press.

· Kollock, P. 1999. The Economies of Online Cooperation: Gifts and Public Goods in Cyberspace. *Communities in Cyberspace*. M. A. Smith and P. Kollock. London, Routledge.

· Lakhani, K. and E. v. Hippel. 2000. "How Open Source Software Works: "Free" user-to-user Assistance." *MIT Sloan School of*

Management Working Paper 4117.

· Lerner, J. and J. Tirole. 2002. "Some Simple Economics of Open Source." *The Journal of Industrial Economics* L(2): 197-234.

· Moore, W. H. 1995. "Rational Rebels: Overcoming the Free-Rider Problem." *Political Research Quarterly* 48: 417-454.

· Olson, M. 1965. *The Logic of Collective Action.* Cambridge, Harvard University Press.

· Ostrom, E. 1990. *Governing the Commons: the Evolutions of Institutions for Collective Action.* Cambridge and New York, Political Economy of Institutions and Decisions.

· Rheingold, H. 2000. *The Virtual Community: Homesteading on the Electronic Frontier.* Cambridge, MA, the MIT Press.

· Rheingold, H. 2003. 『참여군중』. 황금가지.

· Simmel, G. 1955. Competition. *Conflict and the Web of Group-Affiliations.* New York, Free Press.

· Wellman, B. and M. Guilia. 1997. Net Surfers Don't Ride Alone: Virtual Communities as Communities. *Communities and Cyberspace.* M. Smith and P. Kollock. New York, Routledge.

Ⅳ. 동아시아 비교연구 모색

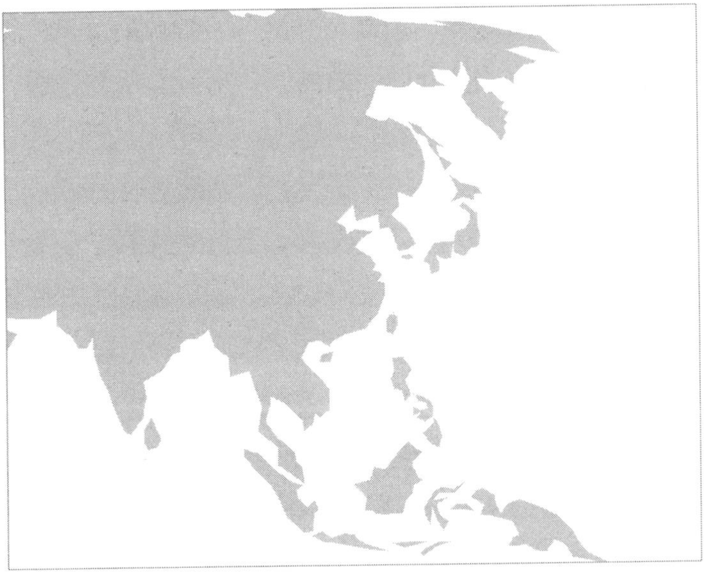

제 9 장

지구화, 지역제도, 그리고 중간계급: 중간계급의 사회이동에 관한 일본, 한국 비교연구*

사토 요시미치(佐藤嘉倫)** · 아리타 신(有田伸)***

한그루**** · 정동철***** 번역

* 이 논문의 초고는 2007년 7월 21-22일 창샤에서 열린 중국사회학회(Chinese Sociological Association in Changsha)의 중간계급 국제 비교연구 포럼(International Forum on Middle Class Research with Comparative Perspective)과 2007년 10월 26-27일에 열린 연세대학교의 비교관점에서 본 아시아 사회 국제 컨퍼런스(International Conference on Asian Societies in Comparative Perspectives)에서 발표되었다. 학회 참석자들의 건설적인 비평에 감사드린다. 이 연구는 일본 문부과학성의 지원을 받은 2005 사회계층과 사회이동 연구 프로젝트(Social Stratification and Social Mobility Research Project)의 결과물이다 (Grant-in-Aid for Specially Promoted Research: 16001001, PI: Yoshimichi Sato). 도호쿠 대학의 사회계층과 불평등 연구 센터(Center for the Study of Social Stratification and Inequality)의 학문적인 지원에도 감사드린다.

** 일본 도호쿠(東北)대 사회학과 교수.

*** 일본 도쿄(東京)대 교양학부 교수.

**** 연세대학교 사회학과 석사과정.

***** 연세대학교 사회학과 박사과정.

I. 지구화(Globalization)와 지역제도(Local Institution)

지구화가 한 사회의 모든 지역제도에 영향을 미치는 속도가 반드시 같은 것은 아니다. 어떤 지역제도는 지구화에 민감하게 반응하지만, 어떤 제도는 그렇지 않다. 사토와 아리타(Sato and Arita, 2004)는 지역제도에는 관성이 있는데, 이것은 지구화에 대한 반응 정도에 영향을 미친다고 주장한다. 이들은 일본과 한국의 중간계급을 분석하여 다음과 같은 논의를 펼친다. 일본의 신, 구 중간계급은 노동시장의 지역제도에 의해서 보호되어 왔는데. 주로 화이트 칼라 노동자들로 구성되어 있는 신 중간계급은 일본의 경영관행인 장기고용체제와 연공서열제의 혜택을 받았다. 소규모 상점과 공장의 자영업자들로 구성된 구 중간계급도 대규모 회사들에 대한 다양한 규제를 통하여 보호를 받아 왔다. 반면, 한국에서는 일본과 같은, 지구화의 충격에 대하여 완충 역할을 하는 지역제도들이 드물거나 존재하지 않아 중간계급이 지구화에 직접적으로 노출되어 있다.

사토와 아리타의 이론적 논의로 다음과 같은 가설들을 설정할 수 있다. (1)일본 중간계급의 사회이동은 한국보다 덜 유동적이다. (2)그럼에도 불구하고, 지구화는 일본 중간계급의 사회이동을 증가시켰다. 그러나 경험적 분석결과는 가설과 약간 다르게, 일본의 구 중간계급은 신 중간계급보다 더 유동적이다. 일본의 신, 구 중간계급 모두 유동적일 것으로 예상했으나, 분석결과 두 집단의 이동에 차이가 있는 것으로 나타났다. 이 결과를 바탕으로 신 중간계급을 보호하는 지역제도가 구 중간계급을 보호하는 지역제도보다 지구화의 영향을 덜 받는 경향이 있다고 결론을 내릴 수 있다. 즉, 전자의 지역제도가 후자의 지역제도보다 더 큰 관성을 갖고 있다. 두 제도의 관성이 다른 이유가 논문에서는 설명되지 않지만, 이것은 인적 요인(human factor)에 의한 것이라고 볼 수 있다. 즉, 일본의 신 중간계급을 보호하는 제도는 법이 아니라 관습으로서, 이러한 제도는 외적 요인에 의해 잘 변하지 않는 노동조합, 회사의 이사회, 그리고 다른 이해관계자들의 영향을 받는다. 반면, 일본의 구 중간계급을 보호하는 제도는 법과 규제이고, 이러한 제도들은 중앙정부나 지방정부의 결정에 따라 변화할 수밖에 없다.

위의 논의는 1995년까지의 자료로 일본과 한국의 세대 간, 세대 내 사회이동을 분석한 것이기 때문에 그 이후의 자료를 고려하여 분석하였을 때에도 위와 같은 논의가 가능할 것인지는 분명하지 않아, 본 연구에서는 새로운 자료를 추가하여 분석하였다. 일본은 1995년 이후에 장기불황이었다가 최근 약간의 회복세를 보이고 있으며, 한국은 1997년에 외환위기에 빠졌다가 회복하였다. 이러한 사건들은 양국의 사회, 특히 지역노동시장에 큰 영향을 주었다. 따라서 우리는 1995년 이후에 일본과 한국에서 사회이동이 급격하게 증가했을 것이라고 예측한다.

II. 자료와 분석방법

일본의 사회이동 분석은 1975, 1985, 1995, 2005년에 조사된 사회계층과 사회이동(Social Stratification and Social Mobility, 이후 SSM) 조사자료를 사용하였다. 한국에 대한 분석은 1990년의 불평등과 형평 조사(Survey on Inequality and Equity) 자료와 2005년의 SSM 조사자료를 사용하였다.[1)]이 자료들은 아버지의 직업, 응답자의 최초 직업, 응답자의 현재 직업에 대한 정보가 수록되어 있어 세대 간, 세대 내 사회이동표(mobility table)을 구성할 수 있다.

계급-계층 구분은 아리타(Arita, 2003)가 제시한 기준을 사용하였다. 이 기준은 한국의 사회이동을 분석하는 데 사용되었으며, 사토와 아리타(Sato and Arita, 2004)가 일본과 한국의 사회이동을 분석할 때에도 사용하였다. 분석의 일관성을 위하여 본 연구에서도 이 기준을 사용하여 계급-계층 구분을 그림 1과 같이 8가지의 직업범주와 3가지의 고용형태 범주에 따라 자본가 계급, 신 중간계급, 구 중간계급, 노동계급, 농업계급, 5가지로 분류하였다. 그러나 2005년 한국의 SSM 조사에서는 자본가 계급에 속하는 응답자들의 수가 너무 적어 이들을 구 중간계급에 포함시켰는데, 자본가 계급에 속하는 응답자들은 대부분 소규모 상점, 음식점, 회사 등의 소유주라는

---

1) SSM 자료의 사용허가는 2005년 SSM 연구위원회를 통해 획득했으며, Survey on Inequality and Equity 자료는 성균관대학교의 차종천 교수로부터 사용허가를 받았다. 양국 모두 3번째 버전의 데이터를 사용하였다 (2007년 12월에 공개된 자료).

점에서 구 중간계급과 비슷하다. 앞에서 밝혔듯이, 본 논문은 지역제도에 미치는 지구화의 차별적인 효과를 다루고 있기 때문에 신, 구 중간계급에 초점을 맞추어 분석한다.

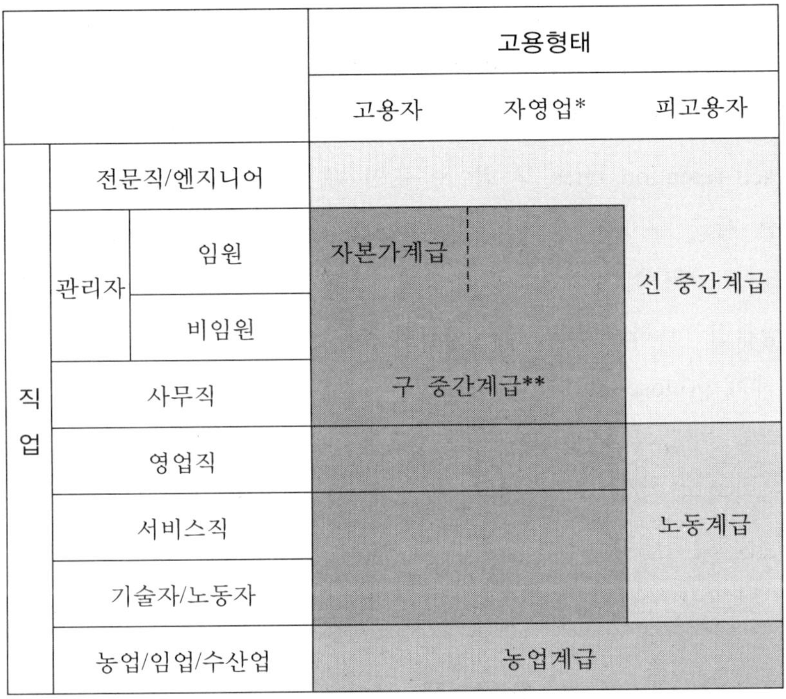

* 이 범주는 가내근로자를 포함함.

** 본 논문에서 자본가계급은 구 중간계급에 포함시킴.

자료원: 아리타(Arita, 2002: 43, 그림 1)

[그림 1] 계급 기준

사토와 아리타(Sato and Arita, 2004)의 분석과 일관성을 유지하기 위하여 본 연구는 20세에서 39세의 남성 응답자를 분석대상으로 한다. 사토와 아리타는 젊은 코호트가 노동시장 변화의 영향을 더 쉽게 받을 것이라고 가정하는데, 젊은 코호트를 분석함으로써 지구화가 지역노동시장에 미치는 영향을 더욱 명확하게 파악할 수 있다.

우리는 일본과 한국의 세대 간, 세대 내 사회이동에 대수선형(log-linear) 모형과 로그 승법(log-multiplicative) 모형을 적용하여 승산비(odds ratio), 재생산율(self-reproduction rates, 사회이동의 대각선상 셀로의 유입률. 특정 계급 구성원들 중에서 같은 계급 아버지를 가진 응답자의 비율), 유지율(self-retention rates, 사회이동표의 대각선 상 셀의 유출율. 특정 계급 구성원 중에서 같은 계급 아들을 가진 응답자의 비율)을 계산하여 아버지 계급과 아들 계급 간의 다양한 연관성들을 분석하였다. 한 계급에 대한 승산비는 해당 계급의 '폐쇄성(closeness)/개방성(openness)'을 의미하고, 재생산율은 해당 계급이 세습되는 정도 혹은 해당 계급의 진입 장벽을 의미하며, 유지율은 해당 계급의 자기 유지 정도 혹은 안정성을 나타낸다.

III. 세대 간 이동 분석

일본과 한국의 세대 간 이동 분석을 위해서 4개의 대수선형, 로그 승법 모형을 적용하였다. 각 모형들과 결과는 [표 1]에 요약되어 있다.[2] 모형1은 아버지 계급과 아들 계급 사이에 아무런 연관성도 없다는 것과 아버지 계급과 조사 연도, 아들 계급과 조사 연도 사이에 완전한 연관을 가정하는

2) 분석을 위해 사회이동성의 각 셀에 0.1을 더하였다.

독립모형이다. 모형2는 대각선 상 셀들의 파라미터들이 내내 고정된 값을 갖는 유사독립모형이다. 모형3은 대각선 상 셀들의 파라미터들이 연도에 따라 다른 값을 가지는 유사독립모형이다. 모형4는 UNIDIFF 파라미터를 사용한 유사독립모형으로써 유사독립성과 대각선 상 셀의 연관의 정도가 매 조사연도에 따라 동일하게 변화함을 가정한다. 모형5는 UNIDIFF 파라미터를 사용하며 유사독립성을 가정한다는 점은 모형4와 같지만 대각선상 셀들의 연관의 정도가 1975, 1985, 1995년에는 고정되어 있고, 2005년에는 변화한다고 가정하는 점에서 다르다. 이 모형은 일본에만 적용되었는데, 그 이유는 후에 다시 설명하겠지만 일본의 구 중간계급의 승산비가 1995년부터 2005까지 가파르게 상승하기 때문이다.

일본의 경우에 모형2의 BIC값이 가장 작지만, AIC값이 가장 작은 것은 모형5이다. 모형2와 모형5의 ΔG^2는 4.522로서 5% 수준에서 통계적으로 유의미하다 (자유도=1). 따라서 1995년과 2005년 사이에 아버지의 계급과 아들의 계급 사이의 연관이 더욱 강해졌을 가능성이 있다. 반면, 한국의 경우 모형2의 BIC와 AIC가 가장 작기 때문에, 1990년부터 2005년 사이에 두 변수의 연관성에 변화를 관찰할 수 없다.

모 형	df	G^2	BIC	AIC
일본				
1. 독립모형	36	710.653	420.366	638.653
2. 고정 파라미터의 유사독립모형	32	82.464	-175.568	18.464
3. 시간에 따라 변하는 파라미터의 유사독립모형	20	63.617	-97.653	23.617
4. UNIDIFF 파라미터의 유사독립모형	29	74.245	-159.597	16.245
5. UNIDIFF 파라미터의 유사독립모형 (2005년에만 변화)	31	77.942	-171.965	15.942
UNIDIFF parameters	1975, 1985, 1995: 1.000, 2005: 1.340			
한국				
1. 독립모형	18	155.679	34.495	119.679
2. 고정 파라미터의 유사독립모형	14	33.192	-61.062	5.192
3. 시간에 따라 변하는 파라미터의 유사독립모형	10	32.129	-35.196	12.129
4. UNIDIFF 파라미터의 유사독립모형	13	33.175	-54.347	7.175

[표 1] 세대 간 이동에 대한 로그 선형, 로그 승법 모형

다음으로 신, 구 중간계급의 부자 간 계급 연관의 로그 승산비 변화를 살펴본다. [그림 2]에서 볼 수 있듯이, 1995년 이후 일본의 신 중간 계급의 승산비의 변화가 상대적으로 크지 않았던 것에 반하여 구 중간 계급의 승산비는 빠르게 증가했다. 이것은 [표 1]에서 모형5의 적합도가 높은 것과 밀접한 관련이 있다. 그리고 한국의 경우에는, 통계적으로 유의미하지는 않지만, 1990년 이후에 구 중간계급의 승산비가 감소한 반면, 신 중간계급의 승산비는 증가했다.3) 이러한 대조는 한국의 유지율을 보면 더욱 자세하게 파악할 수 있다.

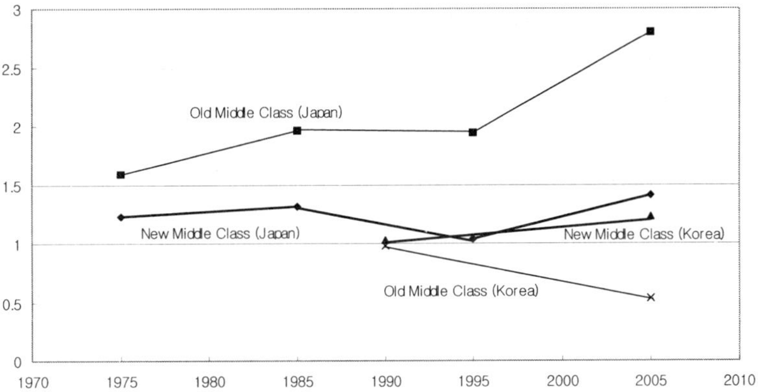

[그림 2] 로그 승산비: 세대 내 이동

세대 내 이동의 재생산율과 유지율은 [그림 3]과 [그림 4]에 요약되어 있다. [그림 3]을 보면 일본의 신·구 중간계급의 재생산율이 높아졌다는 것을 알 수 있다. 한국의 경우에는 [그림 4]에서 알 수 있듯이 구 중간계급의 유지율이 낮아진 반면, 신 중간계급의 유지율은 높아졌다. 한국에서의 이러한 유형은 [그림 2]의 승산비 분석 결과와 비슷한 것이다.

---

3) 신 중간계급에서 승산비가 증가한 것은 두 가지 요인으로 설명할 수 있다. 교육과 현재 직업의 연관성이 첫 번째이고, 두 번째는 부농의 자제가 신 중간계급으로 이동하는 것이 가능했으나 현재 한국에서는 부농들이 사라지고 있다는 점이다.

위의 결과들을 요약해보면 다음과 같다. 일본에서는 1995년 이후 신, 구 중간계급의 재생산율이 상승했다. 신 중간계급의 이러한 변화는 신 중간계급의 팽창이 침체되었기 때문이다. 1995년 이후 신 중간계급의 승산비가 변하지 않은 상태에서의 침체는, 곧 다른 계급으로부터 신 중간계급으로의 유입이 힘들어졌다는 것을 의미한다. 신 중간계급의 경우와는 달리 구 중간계급의 승산비는 1995년 이후에 가파르게 상승했다. 구 중간계급의 비중이 줄어듦에 따라서 자영업을 하던 부모로부터 직접 물려받은 유산이 자식이 자영업자가 되는 중요 요인인 것으로 보인다. 구 중간계급의 재생산율이 증가하는 현상 역시 같은 의미로 볼 수 있다.

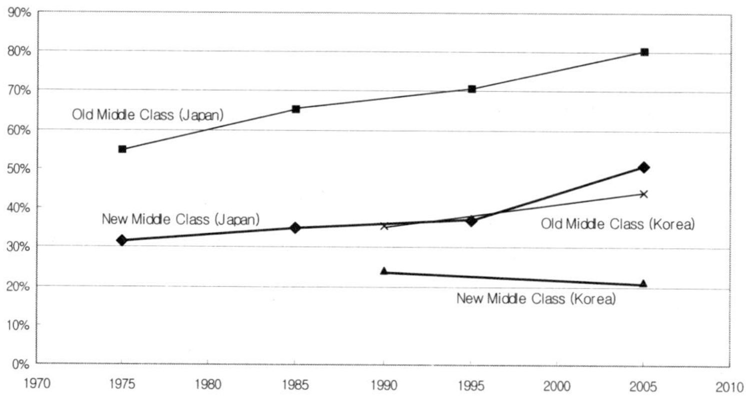

[그림 3] 재생산율: 세대 간 이동

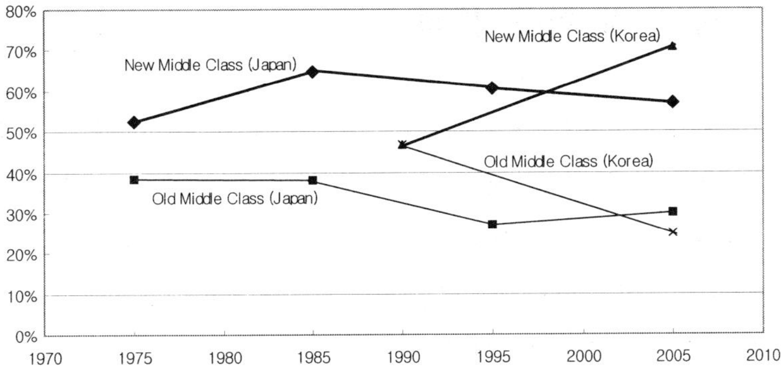

[그림 4] 유지율: 세대 간 이동

한국의 재생산율과 유지율은 재미있는 양상을 보인다. 1990년 이후 신 중간계급의 유지율은 급속히 증가한 반면, 재생산율은 다소 감소했다. 이것은 한국의 외환위기가 신 중간계급에 치명적인 영향을 주지 않았다는 것을 의미한다. 신 중간계급의 빠른 팽창 덕분에 다른 계급으로부터 신 중간계급으로 진입하는 것이 다소 용이해졌고, 동시에 신 중간계급 출신이 그 계급에 머무르는 것 또한 더욱 수월해졌다. 하지만 구 중간계급의 재생산율의 소폭 상승과 유지율의 하락으로 신 중간계급과는 반대의 유형이 관찰된다. 이것은 1990년 이후에 구 중간계급이 자기 유지력(self-retention force)을 상실했다는 것을 나타낸다. 이것은 물론 구 중간계급의 축소 탓도 있겠지만, 경제위기의 충격 역시 작용한 것이다. 이 충격은 구 중간계급의 승산비 하락에도 영향을 준 것으로 볼 수 있다.

IV. 세대 내 이동 분석

대수 선형, 로그 승법 모형의 분석결과는 [표 2]에 요약되어 있다.4) 일본과 한국 모두에서 세대 내 이동은 모형2가 BIC와 AIC로 볼 때 가장 적합한 것으로 판단할 수 있다. 이것은 지난 30년 동안 첫 직장과 현재 직장 간의 연관이 변하지 않았다는 것을 의미한다.

[그림 5]에 나타나 있는 로그 승산비를 통해 이러한 결과를 확인할 수 있다. 그래프에서 볼 수 있듯이, 통계적으로 유의미하지 않지만 일본의 구 중간계급의 승산비는 1995년부터 2005년까지 증가했다. 이것은 2005년에 구 중간계급으로부터 다른 계급으로 이동한 사람이 거의 없기 때문일 수 있다. 첫 직장에서 구 중간계급으로 분류된 응답자가 20명이었으나, 이 중 3명만이 다른 계급으로 이동하였다. 이것은 결과적으로 구 중간계급의 승산비를 더 높게 만든다. 구 중간계급의 이러한 비이동성은 일본에서의 고등교육의 확대 때문이라고 생각해 볼 수 있다. 즉, 더 많은 사람들이 대학에 진학할수록 첫 직장과 현재 직장 사이의 기간이 짧아지게 되고, 결국 두 변수 사이의 연관을 강하게 만든다.

반면 한국의 경우에는, 통계적으로 유의미하지는 않지만, 신 중간계급의 승산비가 1990년부터 2005년 사이에 감소하고 있다. 이것은 구 중간계급에 잔류하는 것이 어려워졌다는

4) 분석을 위해 사회이동의 각 셀에 0.1을 더하였다.

것을 의미하며, 경제위기가 이에 영향을 미쳤을 것이다. 그림 7에 나타난 구 중간계급 유지율의 감소도 이러한 가능성을 제기한다.[5)]

모 형	df	G^2	BIC	AIC
일본				
1. 독립모형	36	2868.733	2574.663	2796.733
2. 고정 파라미터의 유사독립모형	32	37.489	-223.907	-26.511
3. 시간에 따라 변하는 파라미터의 유사독립모형	20	18.531	-144.841	-21.469
4. UNIDIFF 파라미터의 유사독립모형	29	34.682	-202.207	-23.318
5. UNIDIFF 파라미터의 유사독립모형 (2005년에만 변화)	31	37.395	-215.832	-24.605
한국				
1. 독립모형	18	829.784	707.019	793.784
2. 고정 파라미터의 유사독립모형	14	14.225	-81.259	-13.776
3. 시간에 따라 변하는 파라미터의 유사독립모형	10	11.821	-56.381	-8.179
4. UNIDIFF 파라미터의 유사독립모형	13	14.009	-74.654	-11.991

[표 3] 세대 내 이동에 대한 로그 선형 및 로그 승법 모형

5) 이러한 추론에는 구 중간계급의 유지율은 첫 직장이 구 중간계급에 속하는 드문 경우의 응답자들로 계산했기 때문에 분석결과의 로버스트성(robust)이 떨어질 수 있다.

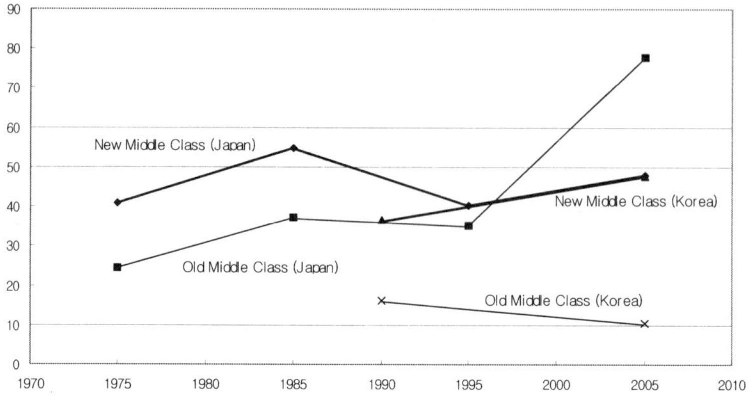

[그림 5] 로그 승산비: 세대 내 이동

[그림 6]에서 볼 수 있듯이, 한국과 일본 모두 구 중간계급에 비하여 신 중간계급의 재생산율은 상대적으로 안정적이면서도 신 중간계급으로의 진입장벽도 높다. 반면, [그림 7]에서는 유지율이 시간에 따라 큰 변화가 나타난다. 일본의 구 중간계급의 유지율이 증가한 것에 비해서 신 중간계급의 유지율은 시간이 흐름에 따라 다소 감소했다. 한국에서는 정반대의 유형이 발견되는데, 신 중간계급의 유지율이 증가하고 구 중간계급의 유지율은 감소했다.

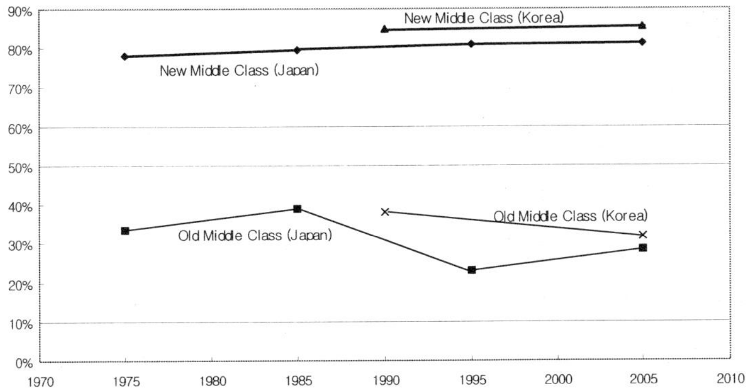

[그림 6] 재생산율: 세대 내 이동

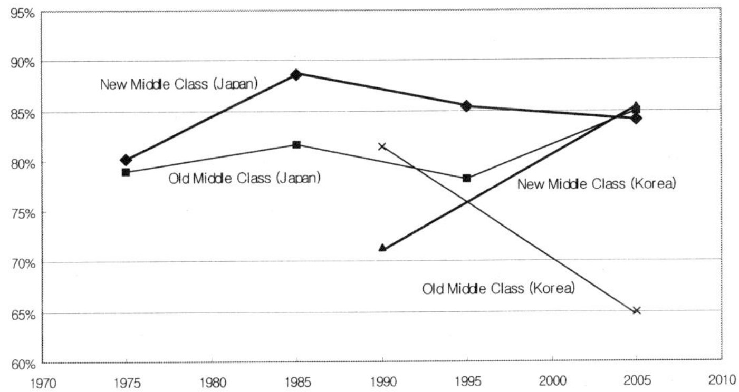

[그림 7] 유지율: 세대 내 이동

분석 결과 한국의 구 중간계급을 제외하고 양국 중간계급의 세대 내 이동이 증가했다는 것을 알 수 있다. 이러한 결과는 우리의 이론적 기대와 배치되는 것으로서, 오직 한국의 구 중간계급만이 기대와 일치했다. [표 3]의 결과와 [그림 5]의 우도비는 한국의 구 중간계급조차도 이동이 적다는 점을 보여준다. 그러나 [그림 7]에서는 노동시장상황이 불안정하다는 것을 밝혀낼 수 있었다.

V. 결론

우리의 이론적 논의는 다음과 같다. 먼저, 일본의 경우 점점 지구화에 노출됨에 따라서 노동 시장에서의 유동성이 증가하여 신, 구 중간계급의 사회 이동도 증가할 것이다. 둘째, 한국은 일본보다 지구화의 충격을 먼저 경험했고 경제위기로부터 회복했기 때문에 한국의 신, 구 중간계급의 사회 이동도 증가했을 것이다.

하지만 경험적 분석 결과 위의 이론적 논의가 타당하지 않은 것으로 나타났다. 세대 간, 세대 내 사회 이동의 유지율에 따르면 한국의 구 중간계급만 높은 이동을 보였다. 일본과 한국의 신 중간계급은 안정적이면서 이동이 낮았다. 그리고 일본의 구 중간계급의 폐쇄성은 증가하였다.

이러한 유형을 어떻게 설명할 수 있을까? 한 가지 가능한 설명은 사토와 아리타(Sato and Arita, 2004)가 지적했듯이, 일본의 신 중간계급은 장기 고용 체제와 같은 제도의 관성 때문에 해당 계급 구성원들이 지구화의 영향을 덜 받았을 수 있다는 것이다. 한국의 신 중간계급의 경우, 위와 같은 보호 작용을 하는 제도들이 발달하고 있는 것을 감안하면, 세대 내 유동성이 줄어들었다는 것을 설명할 수 있다. 반면, 한국의 구 중간계급에게는 이러한 제도가 없어 경제위기의 주된 희생자가 되었다.[6] 일본의 구 중간계급의 상황은 이와 달리,

6) 아리타(Arita, 2007)는 한국노동패널자료 분석을 통해 경제위기 이후 자영업에서 피고용으로의 이동이 증가했다는 것을 보였다. 이 결과가 지금의 논의와 관련된 것으로 보인다.

보호작용을 하는 제도들은 약화되었지만 이 계급으로의 진입 비용(entry cost)은 한국보다 높아 지구화에 의한 경제적 변화가 절정에 달했을 때에도 사회 이동이 높아지지 않았다.

참고문헌

· Arita, Shin. 2002. "Kankoku ni okeru chuukansou no keisei to shakai ishiki (The Process of Emergence and the Social Consciousness of Middle Classes in Korea)." Tamio Hattori, Tsuruyo Funatsu, and Takashi Torii (eds). Ajia chuukansou no seisei to tokushitsu (The Emergence and Features of the Asian Middle Classes). Chiba: Institute of Developing Economies, Japan External Trade Organization.

· Arita, Shin. 2003. "The Growth of the Korean Middle Class and Its Social Consciousness." Developing Economies 41: 201-220.

· Arita, Shin. 2007. "Shokugyo ido wo tsujite miru kankoku no toshi-jieiso (Urban Self-employment in Korea from the Viewpoint of Occupational Mobility)." Satoru Okuda (ed.). Keizai-kiki-go no kankoku: Seijuku-ki ni mukete no shakai keizai-teki kadai (Korea in the Post-crisis Era: Socioeconomic Challenges for the Mature Stage). Chiba: Institute of Developing Economies, Japan External Trade Organization.

· Sato, Yoshimichi and Shin Arita. 2004. "Impact of Globalization on Social Mobility in Japan and Korea: Focusing on Middle Classes in Fluid Societies." International Journal of Japanese Sociology 13: 36-52.

제 10 장

적절한 시민/가족 대 시민/가족의 권리: 한국, 일본, 싱가포르의 외국인 노동자 정책*

셜리 선(Shirley Sun)**
고원태*** · 조은주**** 번역

I. 서론

이주 노동자들이 '잠재적 정주민'(예를 들어 영구권자나

* 이 논문의 영문 제목은 다음과 같다. "The Right Citizen/Family versus the Right to Citizenship/Family: State Policies Regarding Foreign Workers in South Korea, Japan and Singapore." '외국인노동자' 또는 '이주 노동자'라는 명칭은 서로 다른 맥락과 관점을 반영하며 사용되어 왔으나 이 논문에서는 특별한 충돌 없이 혼용되고 있으므로 원문을 그대로 살려 'foreign workers'와 'immigrant workers'를 각각 '외국인 노동자'와 '이주 노동자'로 번역하였다. [옮긴 이]

** 싱가포르 난양 기술대(Nanyang Technological University) 사회학과 교수.

*** 연세대학교 사회학과 석사과정.

**** 연세대학교 사회학과 박사과정.

시민권자)으로 인식되는 지 아닌지, 그리고 그에 따라 어떠한 처우를 받게 되는지를 결정하는 것은 바로 이주 노동자들을 받아들이는 유입국이다. 이러한 단순한 사실 위에서, 이 연구가 던지고자 하는 핵심적인 질문은 다음과 같다. 이주 노동자들에 대한 국가 정책에 있어, 어떠한 조건 아래에서 한편으로는 이주 노동자들의 정주가 장려되고 그들에게 시민권이 부여되는 반면, 다른 한편 또 어떠한 조건에서 이주 노동자들이 온전한 성원권(full membership)을 획득하지 못하도록 장벽이 세워지는 것인가?

이 질문에 답하기 위해 이 연구는 한국, 일본, 싱가포르라는 세 나라의 사례를 비교하고 대조할 것이다. 이들 세 국가는 특히 인구학적 추세와 관련하여 공통적으로 지난 수십 년 동안 놀라운 합계출산율(total fertility rates; TFRs)의 하락을 경험하고 있다. 인구의 규모는 출산과 사망, 그리고 이동이라는 세 가지 변수의 조합에 의해서 변화하게 된다. 따라서 이론적으로 보자면, 공통적으로 출산율 저하를 경험하고 있는 이들 세 나라에서 이주에 관한 정책은 인구의 규모를 유지하거나 증가시키기 위한 수단으로서 매력적인 정책의 선택지가 된다고 할 수 있다.

그러나 한국과 일본, 싱가포르에서 이주 노동자들의 정착이 모두 장려되고 있는 것은 아니다. 세 나라를 하나의 연속선상에 위치시켜 보자면, 모든 외국인 노동자를 일시적인 노동자로 간주하는 정책을 계속해서 고수하고 있는 한국이 한쪽 극단에 위치한다. 그리고 반대쪽의 극단에는, 비록 선택적으로 적용되기는 하지만 이주자들을 잠재적 정주민으로 인식하고 있는 싱가포르가 존재한다. 그리고 그 중간의 어딘가에, 차별적인 대우가 온건한 형태로 나타나고 있는, 즉 혈연적 결속을 주장할 수 있는 일본계의 이주자들에 대해서만 장기 체류 등의 특혜를 허용하는 일본이 자리하게 될 것이다.

더욱이 이와 관련하여 마찬가지로 중요한 또 하나의 이슈는 가족 재결합(reunification) 권리에 관한 것이다. 왜 싱가포르는 외국인에게도 가족권을 허용하는 반면 한국은 이를 거부하는 것일까? 싱가포르에서는 (노동허가증을 소지하고 있는 경우에는 허용되지 않지만) 고용비자(employment passes)를 받은 이주 노동자들이 모국의 가족들을 데려와 함께 살 수 있을 뿐 아니라 장려되고 있는 것에 반해, 한국에서는 어떤 종류의 가족 재결합 권리도 허용되지 않고 있는 것이다.

이 글에서 나는 외국인 노동자에 대한 다양한 인식뿐 아니라 외국인 노동자에 대한 가족 재결합 권리의 허용 여부 모두가, '추정상의 동화 가능성(putative assimilation potential)'이라 칭해질 수 있는 것의 작용으로 이해되어야 한다고 주장할 것이다. '추정상의 동화 가능성'이란 어떤 외국인 노동자들에 대하여 궁극적으로 그 사회의 내국인들과 유사한 범주로 동화될 수 있는지를 추정하여 그 가능성을 판단하는 것을 의미하며, 이는 각 나라의 인종적·민족적 측면에서, 단순히 상대적인 동질성이나 이질성으로 설명되는 것이 아니라 인종적·민족적 집단의 역학이 가진 고유한 역사적 유산에 의해 주조되는 것이다.

이와 관련하여, 지금까지 외국인 노동자의 가족 재결합

권리의 허용이나 거부를 설명하는 이론들은 '고객정치(client politics)', '법정의 힘', '송출국과의 관계' 그리고 '국제인권규범'과 관련된 이슈들을 강조해 왔다(Skrentny, 2004, 미출간 원고). 이와는 달리 이 연구에서 나는 가족, 영주권, 시민권에 대한 권리들이 '공통의 선조를 가진 공동운명체로서, 구성원 대다수에게 유사가족집단으로 인식되어온' 근대 국민국가의 속성과 연결되어 있음을 밝히고자 한다(Zolberg, 1999: 84). 가족 재결합에 관한 권리가 외국인 노동자들의 첫 정착 단계라고 생각해본다면, 이 권리의 거부는 곧 정착에 대한 거부이자, 결과적으로 근대 국가의 통치 기술(technique of governance)에 해당하는 것이 된다. 국가는 사회의 질서가 어떠해야 하는가, 그것이 어떻게 구성되는가, 그리고 궁극적으로 그것은 어떻게 '보호'받고 '방어'되어야 하는가에 대한 감시자로 작용하는 것이다(Foucault, 1984). 이에 더하여, 우리가 살펴보게 될 세 나라의 사례들이 '유교적' 사회질서로 특징지어진다는 점에서 이들 사회에서 민족(nation)은 확장된 가족으로 인식되고 있을 것이다.

졸버그(Zolberg, 2000)와 프리만(Freeman, 1995)은 국제적 이주를 국가에 의해 형성되고 주형되는 과정으로 파악한다. 이러한 일반적 관점과 마찬가지로, 나는 외국인 노동자들에 대한 차별적 처우가 예를 들어 싱가포르에서의 적절한 숙련의 문제라든지, 일본이나 한국에서의 가족적 결속의 문제와 같은, 그러한 비종족적 용어로 표현되는 때조차, 실제 그 결과는 역사적으로 특유한 국민됨(nationhood)의 개념 및 모델을 재생산하는 것임을 주장하고자 한다.

II. 인구 문제와 이주 노동

1. 저출산과 이주 정책

이 논문의 핵심적인 주장은 서로 관련되어 있는 두 가지의 가설들과 연결되어 있다. 첫째, 외국인 노동자들은 유입국의 입장에서 보았을 때 단지 노동력의 공급자로 간주될 뿐만 아니라, 특히 출생률 하락에 직면하여 인구 성장이 둔화하고 있는 상황에서는 이들 국가의 잠재적 성원으로 간주될 것이다. 둘째, 그러나 국가에 의해 수행되는 실질적인 정책 선택과 집행의 과정은 인종 및 종족의 관점에서 이주자들의 '인지된 적합성(perceived fit)' 혹은 앞에서 언급했던 '추정상의 동화 가능성'에 의해 좌우될 것이다.

다시 말해, 이주 노동자들을 받아들이는 유입국은 심각한 인구 문제를 해결하기 위하여 이주의 요건을 완화하고, 맑스주의적 의미에서 국가의 재생산에 기여할 수 있도록 이주 노동자들의 체류를 용이하게 할 수 있다. 그리고 이때의 이주 및 체류조건의 완화는, 그 이주자들의 추정상의 동화 가능성, 즉 이주 노동자들이 해당 국가의 기존 성원들과 동화될 수 있을 것이라는 추정된 가능성을 전제로 하는 것이다.

출산율에 관한 여러 학자들의 연구는 바로 위의 첫 번째의 논리를 그 기초로 하고 있다. 예를 들어, 후구엣(Huguet,

2003)는 출생률 하락을 경험하고 있는 국가들에게 있어 이주야말로 '최선의 대안'임을 강조한다. 굽하주와 모리키-두란드(Gubhaju and Moriki-Durand, 2003)는 중국, 일본, 한국, 싱가포르와 태국에서 나타난 출산율 저하의 원인과 결과, 그리고 이에 대한 정책 대응을 부각시키고 있다. 그들은 언급된 다섯 개 국가들 중에서 저출산에 직면하여 이주 요건을 완화하는 정책을 가장 분명하게 채택하고 있는 것은 싱가포르라고 단언한다.

2. 출산율에 대한 경험적 연구 및 발견들

이주 노동에 대한 인식이 단지 출산율 수준에 의해 결정되는 것이라면, 우리가 살펴보는 한국과 일본, 싱가포르 모두 유사하게 저출산의 상황에 직면해 있으므로 이들 정부들이 이주에 대하여 유사한 인식을 나타낼 뿐 아니라 인구문제를 해결하기 위해 이주정책을 사용할 것이라 예측해볼 수 있다. 따라서 이 절에서는 여러 경험적 연구들을 통해 세 나라의 출산율을 검토해본 후, 각각의 국가들이 이주에 관하여 어떠한 정책을 실제 시행하고 있는지 살펴보도록 하겠다.

1) 합계출산율의 수준과 경향

'2006 세계 인구'에 따르면 한국의 출산율은 2006년 현재 전 세계에서 가장 낮은 수치를 기록하고 있다(*The Korea Times* 2006년 8월 19일자). 실제로 한국은 1975년 이래 우리가 살펴보는 세 국가들 중 합계출산율이 가장 급격하게 하락한 곳이다. [표 1]은 한국과 일본, 싱가포르의 합계출산율 수준 및 그 경향을 보여주고 있는데, [표 1]에 따르면 1975년에 이미 일본과 싱가포르의 출산율은 인구의 대체수준 이하로 하락한 반면, 같은 시기 한국의 합계출산율(TFR)은 3.2로 집계되고 있었다. 그러나 지난 25년에 걸쳐 이들 세 나라들은 공통적으로 현저한 출산율 저하를 경험해왔다.

	1975	1980	1985	1990	1991	1992	1993	1994	1995	1996	1997	1998	1999	2000	2001
한 국	3.23	2.70	1.67	1.58	1.70	1.77	1.78	1.74	1.64	1.70	1.56	1.48	-	-	-
일 본	1.91	1.75	1.76	1.54	1.53	1.50	1.46	1.50	1.42	1.43	1.39	1.38	1.34	1	
싱가포르	2.07	1.82	1.62	1.72	1.82	1.82	1.78	1.75	1.71	1.70	1.64	1.50	1.50	1.50	

자료원: Gubhaju and Moriki-Durand(2003: 2)

[표 1] 한국, 일본, 싱가포르의 합계출산율, 1975-2001

한국의 합계출산율은 1960년 당시 6이라는 높은 수준을 기록하다가 1984년에는 인구 대체 수준까지 가파르게 하락하였다(Cho & Lee, 1999). 이러한 출산율 하락이 계속해서 이어지고 난 후 1998년의 합계출산율은 1.5로 집계되었다. 1960년대 이후 성공적으로 수행되었던 전국가적인 가족계획사업은 한국의 출산율을 저하시키는데 결정적인 작용을 하였으나 출산율이 인구대체수준 아래로 떨어진 후에는 곧 폐지되었다(Caldwell, Phillips & Khuda, 2002).

일본의 합계출산율은 1990년과 1994년 사이에 1.5로 일정하게 유지되어 오다가 이후 더욱 하락하여 1999년에는 1.34라는 유례없는 합계출산율을 기록하였다. 일본에서 초기의 출산율 저하는 근대적인 피임기술이 보급되고 특히 1970년대에 불임시술 및 인공유산이 합법화되면서 기혼자들의 출산율이 낮아진 것에 기인하였다(Atoh, 2001). 이에 반해 1985년 이후에 다시 재개된 출산율의 하락은 1955년에서 1990년 사이에 거의 8배로 치솟았던 일인당 실질소득의 급격한 증대를 비롯하여 근본적인 사회경제적 변동에 의해 이루어진 것이었다.

싱가포르 역시 1957년 여성 1인당 평균 6명 이상의 자녀에서 불과 1975년에 인구대체수준에 도달할 정도로 극적인 출산율 하락을 경험하였다(Yap, 2000). 1980년대 중반 이후 출산율 하락 추세를 역전시키기 위한 정부의 노력에도 불구하고 출산율은 인구대체수준 이하로 계속해서 떨어졌다. 그 결과 싱가포르의 합계출산율은 2000년에는 1.59 수준으로 집계되었다(Department of Statistics, 2002).

맥도날드(McDonald, 2006)에 따르면 한국과 싱가포르, 일본의 2003년 합계출산율은 각각 1.19, 1.26, 1.29로 나타난다. 그러므로 앞에서 이미 언급하였듯이, 이들 나라들에서 이주자들이 어떻게 인식되는지의 문제가 인구의 변동에 크게 영향 받는 것이라면, 우리는 이주자들을 머지않은 장래의 정주민으로서 가장 환영하는 곳이 바로 한국일 것으로 예상해야 한다.

그러나 경험적인 관찰에 따르면, 이들 사례들은 정반대의 결과를 보여준다. 그리고 또한 우리는 이들 세 나라들에서 이주 노동자에 관한 국가의 수사(rhetoric)와 실천들이 사실상 극적일 정도로 다양하게 나타난다는 것을 발견하게 되는 것이다.

2) 한국

우리가 살펴보는 세 나라들 중 한국은 이주 노동자들이 국내로 유입되는 것을 통제하기 위하여 출입국관리법(Immigration Control Law)[1)]을 통해 이주 노동자들에 대한 취업비자 발급을 제한하고 있다. 더욱이 한국 정부는 외국인에 대한 취업비자 발급을 결정함에 있어 '보충성의 원칙(Rule of Supplement)'[2)]을 적용하고 있다. 즉, 오로지 노동력의 부족이 국내 노동자들에 의해 해결되지 않는 특정한 영역을 정부가 엄격하게 검토하여 결정하는 과정을 거친 후에야 취업비자를 발급한다는 것이다. 따라서 외국인 노동자들은 [표 2]에 나타난 것 같은 각각의 범주로 구분되게 된다.

전체 (명, %)	합법적 체류				불법 체류 노동자
	합법 노동자		연수생	외국인 투자기업의 연수생	
	연수 후 노동자	전문직, 기술직			
336,800명	10,394	20,564	27,158	12,836	265,848
100.0%	3.1	6.1	8.1	3.8	78.9

자료원: Wang-Bae Kim (2004)

[표 2] 유형별 외국인 노동자의 수 (2002년)

김왕배(Kim, 2004: 322)에 따르면, "첫 번째 범주는 합법적으로 일하는 전문직으로, 이들은 대부분 언론인, 교수, 예

1) 한국 출입국관리법의 공식적인 영문 법령명은 "Immigration Control Act"이다. [옮긴 이]

2) '보충성의 원칙'이란 먼저 가능한 모든 수단을 모두 적용해본 후 도저히 다른 수단으로는 해결될 수 없는 경우에만 특정한 법률이나 제도를 최후적, 보충적으로 적용한다는 원칙으로, 형법, 사회보장법, 헌법 등 여러 법률 및 제도에 걸쳐 폭넓게 사용되는 원칙이다. [옮긴 이]

술가, 기술자, 공학자 또는 교사들이다. 최근에는 이 합법적 취업의 범주가 1년간의 연수를 받은 후 비자를 바꾼 노동자들을 포함하는 것으로 확장되었다. 이 첫 번째 유형의 노동자들은 전체 외국인 노동자 수의 9.2%를 차지한다. 두 번째 유형은 산업연수생으로, 이들은 주로 중소기업의 노동력 부족을 보충하기 위해 모집된 것이다(전체 11.9%). 이들 연수생들은 국내 기업의 연수생(전체 8.1%)과 외국인 투자 기업의 연수생(3.8%)으로 양분되어 있다. 세 번째 유형은 불법체류 노동자들로, 이들은 유효한 취업 허가를 소지하지 못한 채 한국의 외국인 노동자의 다수를 차지하고 있다(78.9%)."

더욱 중요한 것은, 김왕배(Kim, 2004)가 지적하는 것처럼 '한국에 오는 외국인 노동자들은 영주민(permanent residents)이 아닌 임시노동자로 오고 있으며, 가족 단위의 이주는 거의 나타나지 않는다'는 사실이다(Kim, 2004: 325). 실제로 [표 2]에 나타난 것처럼 취업하고자 하는 합법적인 외국인들은 반드시 '임시체류자 신분(sojourner status)'을 획득해야만 하며, 고용주들이 이 신분을 가지지 않은 외국인 노동자들을 고용하는 것은 불법적인 것이 된다. 그러므로 외국인 노동자들은 3년을 지낸 후 이 나라를 떠나야만 하는 것에 대하여 불만을 표시한다(*The Korea Times*, 2006년 3월 16일자).

2006년 당시 노동부장관 이상수는 한국 정부가 이주자들을 어떻게 인식하고 있는가를 '고용 문제'에 관한 연설에서 명백하게 밝힌 바 있다.

> 경제환경과 노동환경이 급속도로 변화하고 있습니다. 세계화와 시장경쟁의 격화, 지식기반경제하에서 노동의 역할변화, 저출산 · 고령화 사회로의 급속한 이행, 중국경제의 부상 등이 그것으로, 그동안의 '압축성장'만큼 '압축된 변화'를 겪고 있는 것입니다. …… 이와 함께, 다가오는 저출산과 고령화 시대를 맞아, 고용문제에 대처하기 위해 착실히 대비해야 할 것입니다(2006년 노동부장관 신년사).[3)]

더욱이, 학자들은 또한 이주 노동자들의 '육체노동자(laborers)'로서의 정체성을 강조하고 있다: "정부는 표면적으로 서로 모순적인 두 가지 측면에서 어려움에 봉착해 있다. 한편으로, 정부는 중소기업에 심각한 영향을 끼치고 있는 노동력 부족의 문제를 안고 있으며 이는 외국인 노동자의 유입에 의해 해결될 수 있는 것이다; 그러나 다른 한편으로, 정부는 바로 그 동일한 노동시장[노동력 부족을 겪고 있는 국내 노동시장]을 외국인 노동자와의 과도한 경쟁으로부터 보호하고자 한다(Kim, 2004: 334)." 간단히 말하자면, 일을 하기 위해 한국에 오는 이주자들은 오직 일하는 것만을 요구받는다. 즉, 한국의 이주자들에게는 결코 어떠한 종류의 가족 재결합 권리도 허용된 적이 없었다.

---

3) 저자는 2006년도 이상수 노동부장관 신년사를 인용했다고 밝히고 있으나 해당년도의 노동부장관은 김대환으로, 2006년 연말에 발표된 2007년도 신년사를 지칭하는 것으로 보인다. 그러나 실제 2007년도의 노동부장관 신년사에는 본문에 인용된 문장들이 포함되어 있지 않으며, 2007년 7월 전경련에서 발표한 "2007년도 하반기 노동정책 방향" 및 몇몇 인터뷰에 유사한 내용이 수록되어 있다. [옮긴 이]

3) 일본

일본에서 외국인 노동자를 받아들이기 위한 기본 골격은 경제계획 및 고용대책, 그리고 출입국 관리 및 난민인정법(出入国管理及び難民認定法)에 명문화되어 왔다. 전자는 외국인 노동자들을 받아들이는 데 있어 적용되는 기본 정책을 규정하고 있으며, 후자 즉 출입국관리 및 난민인정법은 구체적인 기준과 척도를 지시하고 있다. 1980년대 후반에는 대부분 불법인 미숙련의 외국인 노동자들이 전국적인 이슈가 되기도 했다. 내각에서는 1988년 5월과 6월에 걸쳐 이 문제를 논의하였고, 그 결과 일본 법무성(法務省)에 의해 개정 이민법이 입안되었고, 경제회복을 위한 바람직한 사회경제 정책 및 제9차 고용대책으로 불리는 새로운 계획이 1999년 7/8월 내각에서 결정되기에 이르렀다(EPA, 1999b; Ministry of Labour, 1999b).

> 새로운 법은 1990년 6월 1일부터 시행되어 미숙련노동을 [국내노동자에 대한] 보충적 역할로 제한해 왔던 예전의 원칙을 여전히 고수하였지만, 그 전제 위에서 세 가지 새로운 기준을 도입하는 것이었다. 첫째, 과거의 법에 (대부분 전문직으로 구성된) 10개의 거주(residence)의 범주를 추가하여, 외국인들이 일본에 합법적으로 입국하여 체류할 수 있는 범주를 총 28개의 범주로 만들었다. …… 중소기업의 고용주들이 직면하고 있는 노동력 부족 사태를 개선시키기 위해, 1989년 개혁안은 일본인 국외이주자의 후손들인 니케이진(日系人)에 대하여 이민3세대까지 '장기' 거

류할 수 있는 새로운 범주를 만들었다. 이러한 변화는 수천 명에 달하는 일본계 브라질인과 일본계 페루인들이 거의 제약이 없이 일본에 입국하여 취업하고 거주하는 것을 가능케 하였다(Yamanaka, 1993: 76).

이구치(Iguchi, 1993) 역시 혈연적 결속을 주장할 수 있는 이주 노동자들에게 특별히 주어진 차별적인 지위에 주목하고 있다. "기존 일본인 국외이주자들의 이민2세대 및 이민3세대들은 [일본에서 이주자들의 처우에 관해 적용하고 있는] 기본 방침에 의해 규제를 받지 않는다. 2세대, 3세대의 일본계 브라질인이나 일본계 페루인들은 거주에 있어 '장기체류'의 신분을 획득할 수 있다. 그러므로 그들은 기본 방침과의 모순 없이 일본에서 단순노동 혹은 미숙련노동으로 취업할 수 있는 것이다."

또한 2004년에 일본의 경제단체연합(federation of economic organizations[4])인 일본 케이단른(日本 経団連)의 보고서에 대한 답변에서 일본 당국은 장기체류 비일본인의 영주에 대한 규제를 완화시키고 일부 외국인 노동자들의 비자기간을 연장하기 위한 계획을 준비 중이라고 밝혔다(싱가포르 *The Business Times*, 2004년 1월 8일자).

---

4) 일본경제단체연합회(日本経済団体連合会)의 정확한 영문명은 Japan Business Federation으로, 이를 줄여(日本経団連; 일본경단련), 즉 Nippon Keidanren으로 부른다. 2002년에 당시의 경단련(経団連, Keidanren; Japan Federation of Economic Organizations)이 일본경영자단체연맹(日経連, Nikkeiren; Japan Federation of Employers' Associations)과 통합되면서 발족하였다. 따라서 저자가 원문에서 언급하고 있는 Federation of Economic Organizations은 2002년 통합이전 경단련의 영문명이다. [옮긴 이]

4) 싱가포르

2006년, 싱가포르에서 일하고 있는 외국인들의 수는 총 67만 명으로 싱가포르 전체 고용의 30%에 달하는 규모일 뿐 아니라 아시아 지역에서 가장 높은 이주 노동자 비율을 나타내는 것이기도 했다. 마틴(Martin, 1991: 182)은 “싱가포르는 전 세계에서 가장 개입주의적인 이주노동자 정책을 가진 국가 중 하나이다. …… 싱가포르는 전문직과 미숙련직 외국인 노동자를 분리시키는 시스템을 갖추고 있으며, 미숙련 외국인 노동자에 대한 철저한 관리(micromanagement)는 분야에 대한 규제까지도 포함하고 있다(그들은 오직 호텔, 제조업, 건설업에서 일하거나 가정부로만 일할 수 있다)”고 말한다.

실제로 싱가포르의 외국인 노동자 정책은 [표 3]에서 보는 바와 같이 분명하게 양분되어 있다. 입국 시점에서, 고등교육을 받은 고숙련의 외국인들에게는 ‘고용비자(employment passes)’가 발급되고, 저숙련의 계약노동자들에게는 ‘취업허가증(work permits)’이 주어진다. 보다 중요한 것은 외국인 노동자를 두 층으로 나누는 이러한 정책이 숙련 이민자들의 입국과 정주를 촉진시키는 한편 미숙련 노동자들의 경우에는 정주는 불허한 채 입국만을 허가하는 결과로 나타난다는 것이다.

유형	항목	자격	배우자 비자 적합여부	장기체류 비자 적합여부
P	P1	기본 월 급여가 S$7,000(싱가포르달러) 이상인 외국인	예	예
	P2	기본 월 급여가 S$3,500~S$7,000인 외국인	예	예
Q	Q1	기본 월 급여가 S$2,500 이상이고, 적절한 학위나 전문자격증, 또는 특별한 기술을 가진 외국인	예	아니오
S	2004년 7월 1일부터 발효되어 Q2 Pass를 대체하는 Work Pass의 새로운 범주		예(기본 월 급여가 S$2,500 이상인 경우)	아니오
R	기본 월 급여가 S$1,800 이하인 숙련/비숙련 노동자를 위한 취업허가권(Work Pass)		아니오	아니오

자료원: 인적자원부(Ministry of Manpower), http://www.mom.gov.sg(2007년3월23일 현재)

[표 3] 고용비자(EP)와 취업허가(WP) 소지자에 대한 차별적 자격 규정

III. '추정상의 동화 가능성'과 가족 재결합 권리

1. 서구의 가족 재결합 권리에 관한 기존 이론들

두 번째 중심 가설에 대한 논의를 시작하기에 앞서 나는 우리가 살펴보고 있는 세 국가에서 이주 노동자들에 대한 온전한 성원권의 부여 혹은 거부 – 예를 들면, 가족 재결합 권리를 허가하거나 금지하는 것 – 를 설명하기 위해 사용되어 왔던 기존 이론들을 검토해보도록 하겠다.

야마나카(Yamanaka, 1993: 78)가 주목하는 것처럼, "서구의 국가들은 일정기간 동안 체류하고 있는 이주 노동자들과 그 가족들에게 영주권의 신분을 부여하는 단계까지 진전해 왔다." 현저하게 대비되는 것이, 한국은 이러한 정책을 전혀 취하지 않고 있으며, 일본은 오직 니케이진에게만, 그리고 싱가포르는 외국인 노동력 중 오직 일부에 해당되는 고용비자(EP) 취득자들에게만 이러한 [서구와 같은] 권리를 부여하고 있다는 사실이다.

스크렌트니(Skrentny, 2004)가 살펴본 바와 같이 서구에서 가족권(family rights)을 설명하기 위해 사용해온 4가지의 유명한 이론들이 존재한다. 첫째, '고객정치(client politics)' 접근은 이주자들의 권리 획득이 성공하게 되는 이유를 사회적 약자 집단에 혜택을 집중시키기 위한 개혁에 옹호자들의 열렬한 동기를 가지고 참여하기 때문이라고 설명한다(Freeman, 1995; Jacobson, 1996). 그러나 한국과 일본, 싱가포르에서 이익집단들은 외국인 노동자에 대하여 가족 재결합 권리를 청구해온 바가 전혀 없었다.

둘째, 홀리필드(Hollifield, 1992)와 좁케(Joppke, 1998)는 '자유국가'에 대한 이주자들의 권리에 초점을 맞춘다. 그들은 '법 앞의 평등'이라는 개념에 의해 통치되는 '자유국가'의 법과 의회 제도를 강조하는데, 이는 궁극적으로 외국인 노동자들에 대하여 가족권을 부여하는 것이기 때문이다. 그러나 우리가 살펴보고 있는 세 국가 모두에서 강력한 법정, 즉 자유국가의 이념과 법 앞의 평등이라는 원칙을 실현시키기 위한 제도적 기반이 존재하고 있기 때문에, 이것의 부재로 각 사회들 사이의 편차를 설명할 수는 없다.

세 번째 패러다임은 '식민주의 및 송출국과의 관계'라고 이름 붙여질 수 있는 것으로, 가족 재결합 권리를 허용하는 것이 이주 송출국과 유입국 사이의 강력한 관계를 강화하거나 유지하는 기제로 작용하게 된다는 시각이다(Messina, 1996). 그러나 이러한 역학관계는 우리가 살펴보고 있는 세 나라들의 사례에 존재하고 있는 것 같지 않다. 예를 들자면, 20세기 전반에 한국을 식민화하였던 일본은 자국 내에 거주하고 있는 한국인 공동체에 대하여 어떠한 종류의 우월적인 지위도 부여하고 있지 않은 것이다. 더욱이 한국에서 이와 같은 권리 불허를 문제화하고 있다는 증거조차 거의 존재하지 않는 것이 현실이다.

마지막으로, 몇몇 학자들은 가족 재결합 권리의 거부는 국제적인 인권 규범을 효과적으로 강제할 수 있는 수단이 결여되어 있다는 점에 기인하는 것으로 파악한다. 우리가 살펴보고 있는 세 국가들은 모두 국제 공동체 내에서 정당성과 지도력을 확보하기 위해 분투하고 있다(Kim, 1999; Seol & Skrentny, 2001; Gurowitz, 1999b). 그러나 이들 세 나라들은 결코 가족 재생산 권리의 부여를 전지구화 및 국제화를 위한, 또는 다른 국가들에 영향을 미치기 위한 자신들의 외교적 전략의 일부로 간주한 적이 없었다.

2. 추정된 동화 가능성과 이주 노동자 정책

유입국의 인구가 인종적 또는 민족적 구성의 측면에서 이질적일 때(혹은 이질화되고 있는 과정에 있을 때), 이주 노동자들을 '좋은 조합'과 '나쁜 조합'의 범주로 분류하는 체계는 보다 정교해진다. '좋은 조합'에 속하는 이주 노동자들은 그들의 체류를 유인하는 가족 재회 등의 특정한 혜택들을 누리게 되며, '나쁜 조합'으로 간주되면 그러한 특권을 거부당하게 된다.

1) 민족사(national histories)와 '추정상의 동화 가능성'

미국 중앙정보부(Central Intelligence Agency)의『세계책력』(*The Worldfact Book)*에 따르면, 종족집단의 측면에서 한국은 '2만 명의 중국인을 제외하고는 모두 동질적'이며, 일본의 경우 '일본인 99%, 한국과 일본, 브라질, 필리핀 및 기타 1%'의 분포를 보이고, 싱가포르는 '중국인 76.8%, 말레이시아 13.9%, 인도 7.9%, 기타 1.4%'의 분포로 나타난다. 그러므로 비율적으로 보자면 종족 동질성은 한국과 일본을 특징짓는 것으로 보이지만, 여기에는 중요한 질적 차이가 존재한다. 일본에서는 단일국가와 단일종족의 가정이 '한국계나 중국계의 경우처럼 다른 종족에 속하거나 다른 국적을 가지고 있는 소수자들의 존재로 인해 오래도록 의문시되어' 왔던 것이다(Yamanaka, 1993: 84). 실제로 리(Lie, 2001)는 단일종족의 일본이라는 신화를 해체하면서 '근대 일본은 (단일종족적인) 민족주의가 아니라 (다종족적인) 제국주의에 의해 특징지워진다'고 주장하고 있다.

학자들은 비교컨대 인종적, 문화적으로 이질적인 싱가포르의 경우와 뚜렷하게 대조되는 것으로서, 인종적이고 문화적인 동질성이 한국을 특징짓고 있는다는 점에 동의하고 있는 것으로 보인다. 실제로 한국의 사례에 있어서, 박우우(Park, 2002: 90)는 '유사 이래로 단일민족(mono-racial)을 유지해온 한국인들에게는 다른 인종과 문화를 가진 사람들과 어울려 살아가는 법을 배우는 것 자체가 하나의 새로운 도전'이라는 점에 주목한다. 김왕배(Kim, 2004: 327) 역시 이와 유사하게, 한국의 민족사가 '문화적 동질성을 가진 매우 오랜 역사'를 가지고 있음을 기술하는 한편 이러한 역사가 부분적으로는 한국의 단일종족적 구성에 기인하고 있다고 설명한다.

그러나 이와 같이 인종/종족 관계의 동질성 또는 이질성의 측면에서 바라보는 각 나라들의 민족사와 저출산의 구조적 조건은 내가 앞에서 이미 시사했던 바와 같이 이야기의 단편에 불과할 뿐이다. 해당 국가가 이주 노동자들에게 시민권을 부여하고 장려할 것인지 아닌지의 여부는 유입국의 국가 또는 시민들이 추정하는 동화 가능성의 작용인 것이다. 이를 뒷받침 하는 증거로, 한국의 한국계 이주 노동자들과 일본의 일본계 이주 노동자들에 대한 연구를 살펴보도록 하자.

2) 한국

한국인, 특히 한국인 노동자들은 다른 민족 집단으로부터 온 노동자들을 어떻게 인식해 왔을까? 김왕배는 한국의 외국인 노동자에 대한 그의 연구에서 이와 관련하여 적절한 관찰을 제시한 바 있다.

> 조선족(Korean-Chinese) 노동자들의 경우 그들 다수가 스스로를 한국인으로 동일시해왔다는 점에서 동료 한국인들에 의한 강한 인종 차별은 특히 더욱 분노할 만한 것이 된다. 필자의 연구가 진행되는 동안 인터뷰에 참여했던 중국 국적의 한 조선족(ethnic Korea)은, 같은 민족(ethnicity)에 대해 가지고 있었던 동포애(camaraderie)나 호의에 대한 모든 희망이 바로 그 한국인들의 손에 의해 이루어졌던 지독한 차별의 경험으로 산산이 부서졌다고 말했다 (Kim, 2004: 327).

모든 이주 노동자를 단지 이주자로만 취급하는 한국의 국가정책은, 한국에 살고 있는 한국인들과 한국계 외국인들 사이에는 명백한 차별점(incompatibility)이 존재한다고 믿는 국가와 시민들 모두의 공유된 신념을 반영하는 것인지 모른다. 박우우(Park, 2002: 87)는 한국어로 출판된 두 개의 연구를 인용하면서 "조선족 노동자들의 직업 만족도는 다른 아시아 국가의 이주 노동자들보다 더 낮게 나타나는데, 이것은 그들이 스스로를 다른 이주 노동자와 비교하는 것이 아니라 자신들과 동일한 민족이라고 생각하는 국내 노동자들과 비교하기 때문”이라고 언급하였다. 한국계 외국인 노동자들에 대한 이러한 비교는 국내 노동자들이 우월한 사회적 지위를 가지고 있으며 보다 좋은 처우를 받고 있다는 사실을 보여주는 것이다.

3) 일본

일본계 외국인에 대한 일본의 공식적인 대우는 어떤 의미에서 한국계 외국인들이 한국에서 경험하는 것과는 정반대이다. ‘니케이진’ – 예를 들어 일본에 거주하는 일본계 남미인 – 에 대한 연구에서 쉬퍼(Shipper, 2002: 44)는 다음과 같은 관찰을 보여주고 있다.

> 니케이진은 ‘일본 국적자의 배우자 또는 자녀’ 혹은 ‘장기 거주’ 비자를 취득한다. 그들은 일본에서 합법적으로 취업할 수 있으나, 공무원으로 근무하거나 투표에 참여할 수는 없다. 니케이진은 의료보험이나 공공보건 서비스에 대해 완전한 접근권을 가지고 있다. 제조업 하청업체들이 니케이진을 고용하고 있는 지역에서 지역정부는 니케이진에게 일본어 강좌, 건강보험 프로그램, 포르투갈/스페인어 통역자, 그리고 (대부분은 기업이 제공하는 사택에 거주하지만) 공공아파트를 제공하고 있다. 예를 들어, 일본계 브라질인이 전체 인구의 10%를 구성하고 있는 군마현(群馬県)의 오이즈미 마을(大泉町)의 경우 지역 정부에서 주당 4일간 포르투갈어 통역자를 채용하고 있다. 인근 지역에서는 니케이진에게 일본어 강습을 제공하는 “아유미노카이(あゆみの会)”[5]가 설립될 수 있도록 지역 정부의

관료들이 지원하기도 하였다.

즉, 일본계 외국인들은 일본에서 명백한 차별을 경험하지는 않는 것으로 보인다. 일본의 사례에서는, 니케이진이 지역에서의 삶에 적응할 수 있도록 도와주는 긍정적인 공식적 노력이 존재하고 있는 것이다. 이는 한국에서 나타나는 한국계 외국인들의 경험과는 현격한 대조를 보인다. 니케이진에 대하여 일본이 제재 없는 이주를 허가해 왔으며, 2000년 현재 일본에 약 30만 명의 니케이진이 존재하고 있다는 사실은 주목할 만한 것이다(Tsuda & Cornelius, 2004).

그렇다면 이와 같이 일본에서 일본계 외국인에 대해 보이는 훨씬 더 우호적인 태도는 무엇으로 설명될 수 있을까? 니케이진과 관련하여 야마나카(Yamanaka, 1993: 78)는 '일본과의 연계, 그리고 인종적 동질성의 신화야말로 그들의 입국을 용이하게 만든다'고 주장한다. 실제로 그는 1989년의 이민법 개정 이전까지 일본의 국가 문서들이 "문화적, 인종적 동질성의 보존"이라는 문제에 대한 집권 자민당 측의 공식적인 우려를 담고 있었음을 지적하고 있다. 이러한 우려는 특히 '일본의 전후 경제기적은 "하나의 민족, 하나의 언어"를 핵심적인 요인으로 하는 것이었다'는 언급을 종종 덧붙이고 있었다(Yamanaka, 1993: 78).

나는 앞서 이른바 '추정상의 동화 가능성' 즉 내국인과

---

5) あゆみの会는 직역하자면 '발걸음(あゆみ)의 모임(会)'이라는 뜻으로, 여러 사람이 함께 한걸음 한걸음을 맞춰나가기 위한 활동을 펼쳐나간다는 의미로 비영리단체는 물론 각종 협회 등 사회 여러 분야에서 사용되고 있는 조직 명칭이다. [옮긴 이]

얼마나 잘 동화될 수 있을지에 대한 추정된 가능성이 외국인 노동자들에 대한 우호적인 태도를 부분적으로 결정한다고 언급한 바 있다. 이는 야마나카(Yamanaka, 1998: 78)가 지적한 것처럼, "그들이 가진 국적에도 불구하고 일본인의 친척(relatives)으로서 일본 사회에 동화될 수 있을 것이기 때문에 일본 사회에서 받아들여지고 있는" 니케이진의 사례를 통해 명백하게 드러나고 있다.

4) 싱가포르

2000년도 인구총조사에 따르면, 싱가포르의 전체 인구는 시민권자와 영주권자 등 약 3백 3십만 명의 거주 인구를 포함하여 총 4백만 명을 조금 넘는 것으로 집계되었다. 종족 구성의 측면에서 보자면 거주 인구는 '중국인(76.8%)', '말레이시아인(13.9%)', '인도인(7.9%)' 그리고 '기타(1.4%)'의 네 범주로 나뉜다. 학자들은 이러한 공식적 분류를 'CMIO 다문화주의'라는 싱가포르 모델의 기초로 언급해왔다. 궉(Kwok, 2007: 59)이 지적하는 것처럼, '서로 다른 인종적 배경을 가진 사람들에 대해 식민정부가 적용했던 과거의 복합적인 범주들은 CMIO – 중국인(C), 말레이시아인(M), 인도인(I), 기타(O) – 의 보다 넓은 범주 하에서 더 잘 운영되고 있다'. 즉, CMIO 분류는 1819년 영국의 무역거점지로 수립되면서 시작된 싱가포르의 식민 역사에 그 기원을 두고 있는 것이다.

이주 노동자에 대한 최근의 정치는 따라서 'CMIO 다문화주의'라는 이름으로 특징지어진 역사적 맥락에 위치해 있다.

그러므로 Low(2002: 101)는 "싱가포르는 중국인(약 77%), 말레이시아인(11%), 인도인(9%), 기타(3%)로 특징지워지는 매우 강박적인 종족적(ethnic) 평형상태를 가지고 있다. 이 "고요한" 신성불가침의 공식은 사회적, 정치적 조화를 유지시켜 왔을 뿐 아니라 현상 유지(status quo)를 고수하는 충분한 논리로 여겨져 왔다"고 주장한다. 로우(Low, 2002: 101)는 나아가 "사실, 전통적으로 대가족인 말레이시아인과 인도인 소수자들에 비해 중국인 인구의 재생산이 낮게 이루어지는 경우, 중국의 지배를 유지하기 위하여 선택적인 이주가 사용되고 있는 것"이라고 추론한다.

여기서 주목할 만한 점은, 국가 간 이주의 증가 경향으로 인해 싱가포르의 비(非)거주 인구가 전체 인구의 18.8%까지 확대되었다는 점을 2000년도의 인구총조사 결과가 보여주고 있다는 것이다(Yeoh, 2007). 또한 거주 인구 중 영주권자의 비중이 증가하고 있으며, 그럼에도 불구하고 싱가포르 거주 인구의 종족 구성은 지난 십 년간(1990-2000) 비교적 안정적으로 유지되어 왔다. 거주 인구의 약 18.3%는 싱가포르 외부, 주로 말레이시아, 중국, 홍콩, 대만, 남아시아, 인도네시아 및 다른 아시아 국가들에서 태어난 사람들이다(싱가포르 통계청, 각년도).

IV. 맺음말

결론적으로 나는 아시아의 '유교' 국가들에서 외국인 노동자들의 가족 재결합 권리를 이해하는 데 있어, '가족에 대한 권리(right to family)'가 '적절한 가족(right family)'의 개념과 연결되어 있음을 주장하고자 한다. 그리고 이 경우, '적절한 가족' 개념이란 앞서 언급한 것처럼 확장된 가족으로서의 민족 개념과 연관되어 있다. 특히 한국, 일본, 그리고 싱가포르가 모두 '개인주의적'이라기보다는 '관계론적'인 종족적 지향을 가지고 있으며, 이와 더불어 어떤 방식으로든 공통적으로 유교의 영향 하에 있어왔다는 점은 주목할 만한 것이다. 예를 들어, 사회적 관계를 그 중심에 두는 유교적 담론들 중, 량수밍(梁漱溟)의 관계론적(关系本位) 관점(King, 1985)이나 '결사의 다른 양식(different mode of association; 差序格局)'에 관한 페이샤오통(费孝通)의 모델(Fei, 1992)은 시간이나 공간을 떠나서 '유교적'으로 존재하고 있는 문화적 요소로서 관계(关系)의 중심적 역할을 설명하기 위해 종종 인용되고 있다.

한국, 일본, 싱가포르의 이주 노동자와 관련된 노동 및 이주 정책을 살펴봄으로써 이 연구는 국가가 외국인 노동자에게 시민권을 부여하거나(가령 외국인 노동자들이 모국의 가족을 데려오는 것, 혹은 새로운 가족을 구성하는 것을 허용하거나), 또는 온전한 시민권에 대한 장벽을 세우게 되는(가령 가족 재결합 권리를 거부하게 만드는) 조건을 밝히고자 하였다. 각각의 국민국가에서 저출산이라는 이슈에 관한 인구학적 고려, 즉 인구 문제를 해결하기 위한 방편으로 이주노동자 정책이 사용되게 된다는 식의 접근은 위의 질문에 대한 오직 부분적인 답변일 뿐이다. 중요한 것은 구체적인 민족사를 분석하는 것이며, 각각의 민족사에 대한 천착이 인종적, 종족적 동질성이나 이질성 그 자체가 아닌 관계의 구조라는 관점에서, 그리고 이주 노동자의 '추정상의/해석된(putative/interpreted) 동화 가능성'이라는 측면에서 이루어져야 한다는 점이다.

더욱이 주목할 것은, 외국인 노동자에게 대해 가족권 허용을 거부하는 것이 개인의 차원에서 기본적인 인권 침해로 받아들여지는 것이 아니라 관계적 차원에서 합리적인 행위로 받아들여지고 있다는 점이다. 국가가 만일 특정한 범주의 이주자들에 대하여 유사가족적인 관계의 가능성을 염두에 두고 있지 않다면, 왜 그 외국인들이 유사가족적 관계의 가능성을 진단받아야 하는 대상자들처럼 다루어져야 하는가? 테오와 파이퍼(Teo & Piper, 2006)가 싱가포르의 외국인 가사노동자들에 대한 분석에서 지적하고 있는 것처럼, "이주 정책은 보다 넓은 맥락, 즉 이상적인 싱가포르 가족이란 어떠해야 하는가에 대한 명시적 표현의 차원에서 이해되어야" 하는 것이다. 실제로 집합적인 질서에 대한 관념은 이주 및 노동 정책의 기초가 되고 있다. 이 연구를 통해서 나는 각 국가의 이주 및 노동 정책이 확장된 가족으로서의 국가라는 관념에 의해 특징지어지고 있으며, 나아가 인종화되고/종족화된 한국과 일본, 싱가포르의 민족사에 의해 조건지워지고 있음을 밝히고 자 하였다.

참고문헌

· Aristide, Z. 1999. "Matters of state: theorizing immigration policy", in C. Hirschman, P. Kasinitz & J. DeWind (eds). *The Handbook of International Migration: The American Experience* pp.71-93. New York: Russell Sage Foundation.

· Apichai, W. S. 2002. "The Political Construction of Foreign Workers in Japan." *Critical Asian Studies* 34(1): 41-68.

· Atoh, M. 2001. "Very Low Fertility in Japan and Value Change Hypotheses." *Review of Population and Social Policy* 10: 1 - 21.

· Caldwell, J. C., Phillips, J. & Barkat-e-Khuda. 2002. "The Future of Family Planning Programs." *Studies in Family Planning* 33(1): 1-10.

· Cho, N. & Lee, S. 1999. *Population and Development in Korea : Focus on the ICPD Programme of Action*. Seoul: Korea Institute for Health and Social Affairs.

· Economic Planning Agency (EPA), Tokyo. 1999. "Economic Plan for Rebirth of the Japanese Economy." [http://www.epa.go.jp]

· Gubhaju, Bhakta B. & Moriki-Durand Yoshie. 2003. "Below Replacement Fertility in East and Southeast Asia: Consequences and Policy Responses." *Journal of Population Research* 20(1): 1-18.

· Hyeon-Taek Eom. "Labor Administration 2004." Republic of Korea: International Cooperation Bureau. [http://english.molab.go.kr/]

· Huguet, J. W. 2003. "Can Migration Avert Population Decline and Aging in East and Southeast Asia?" *The Journal of Population Research* 20(1): 107–124.

· Iguchi, Y. 2002. "Foreign Workers and Labour Migration Policy in Japan." *Asia Pacific Business Review* 8(4): 119-139.

· Iguchi, Y. 1997. *International Migration and Labour Market.* Japan: Japan Institute of Labor.

· Kim, Wang-Bae. 2004. "Migration of Foreign Workers into South Korea: From Periphery to Semi-Periphery in the Global Market." *Asian Survey* 44(2): 316–335.

· Kitahara. "Japan's Ageing Society needs Foreign Workers." *The Daily Yomiuri* 4 August 2006.

· Kwok, K.W. 2007. "Just What is New about the "New Politics of Identity"?" in Tan Tarn How (ed.). *Singapore Perspectives 2007: A New Singapore.* Singapore, World Scientific Publishing Co. Pte. Ltd. pp. 57–68.

· Lie, J. 2001. *Multiethnic Japan.* Cambridge: Harvard University Press.

· Low, L. 2002. "The Political Economy of Migrant Worker

Policy in Singapore." *Asia Pacific Business Review* 8 (4): 95-118.

· Martin, P. M. 1991. "Labor Migration in Asia." *International Migration Review* 25(1): 176 - 193.

· McDonald, P. 2006. "Low Fertility and the State: The Efficacy of Policy." *Population and Development Review* 33(3): 485 - 510.

· Minister of Labor, Lee Sang Soo. 2006. "New Year's Message 2006." Republic of Korea: Ministry of Labor. [http://english.molab.go.kr/]

· Minister of Labor, Lee Sang Soo. "Foreign Press Conference Speech." Republic of Korea: Ministry of Labor. [http://english.molab.go.kr/]

· Ministry of Labour, Japan. 1999. "11th Employment Countermeasures Plan." Tokyo.

· Morimoto, M. 2005. "Immigration not just a Government Issue." *The Yomiuri Shimbun* 11 February 2005.

· Park, Kyung-Tae. 2002. "Discriminating Invisible Minorities: The Experience of Ethnic Chinese in Korea." paper presented at the *Korea and Global Migration Conference.* Los Angeles, California, 2002.

· Park Woo-Woo. 2002. "The Unwilling Hosts: State, Society and the Control of Guest Workers in South Korea." *Asia Pacific Business Review* 8(4): 67–93.

· Retherford, R. D., Ogawa, N. & Sakamoto, S. 1996. "Values and Fertility Change in Japan." *Population Studies* 50(1): 5–25.

· Seok, H. H. & Oh, K. T. 1996. "Job Satisfaction and Organizational Commitment of Foreign Workers." paper presented at the *Conference of Korean Sociological Association.* 1996.

· Seok, H. H., Chung K. S. & Chang, J. O. 1998. "Labour Relations and Social Adaptation of Foreign Workers." Seoul: Asian Foundation.

· Singapore Department of Statistics. 2003. "Population Trends 2002." Singapore: Ministry of Trade and Industry.

· Teo, Y. Y. & Piper, N. 2006. "Foreigners in Our Homes: Linking Migration and Family Policies in Singapore." paper presented at *Workshop on International Migration and Social Development.* Asia Research Institute, National University of Singapore, Singapore.

· Tsuda, T. & Cornelius, W. 2004. "Japan: Government

Policy and Immigrant Reality." in Tsuda, T. et. al (eds). *Controlling Immigration: A Global Perspective.* Stanford: Stanford University Press.

· Yamanaka, K. 1993. "New Immigration Policy and Unskilled Foreign Workers in Japan." *Pacific Affairs* 66(1) : 72-90.

· Yap, M. T. 2000. "Fertility and Population Policy: The Singapore Experience." *Journal of Population and Social Security* (*Population*). Supplement to vol. 1: 643-658.

· Yeoh, B. S. A. (2007) "Migration and Social Diversity in Singapore" in Tan Tarn How(ed.). *Singapore Perspectives 2007: A New Singapore.* Singapore: World Scientific Publishing Co. Pte. Ltd., pp. 47-56.

제 11 장

일본 계층화 구조논쟁의 경향과 실제

세이야마 카주오(盛山和夫)*

고원태** · 한그루*** 번역

I. 불평등 인식의 증가

최근 사회적 불평등은 일본의 출판 산업과 대중 매체에서 가장 인기 있는 주제 중 하나가 되었으며 또한 중요한 정치적 이슈가 되었다. 야당은 불평등의 확산을 막지 못한 정부

* 일본 동경대학교 사회학과 교수.

** 연세대학교 사회학과 석사과정.

*** 연세대학교 사회학과 석사과정.

의 실패를 비판함으로써 정치적 레버리지(leverage)를 확보했다. 불평등의 문제는 중의원 선거에서 중요한 선거 이슈 중 하나가 되었다. (나머지 하나는 연금 문제였다.) 이러한 측면에서 정부 정책에 대한 강력한 대중적 불만으로 인해 선거는 집권당의 충격적인 패배로 나타났다.

현재 사회적 불평등에 대한 과도한 우려는 비교적 최근의 일이다. 1997년 이전 10년 넘게, 대중매체는 거시 수준의 불평등 혹은 계층화의 문제에 대하여 진정한 흥미를 보이지 않았다. 불평등 문제에 큰 관심을 가졌던 학계의 계층 연구자들 중에서도 상당수가 일본의 사회 불평등이 상당히 감소했다고 주장했다. 이 주장에 반대했던 다른 학자들은 단지 불평등이 대체로 일정했다고 주장할 뿐 과감히 불평등의 확대에 대해 말하지 못하였다. 일반적으로 계층 연구자들은 가까운 시일 내에 불평등의 확대에 대한 공포가 중요한 정치적 이슈가 될 것이라고 생각하지 않았다.

사실 불평등의 확대라는 명제는 계층을 연구하는 사회학 그룹 외부에 있던 경제학자에 의해 제기되었다. 『일본의 경제 불평등』(*Economic Disparities in Japan*)의 저자인 타치바나키(Tachibanaki)는 국가조사(National Survey)의 시계열 소득 자료를 검토하고 이 데이터의 지니 계수가 1980년대 후반 이후로 증가하고 있다고 주장하였다. 이것은 전문적인 학자가 아닌 일반 독자에 초점을 맞춘 간결한 신서(新書)류의 책이었다. 그 이후 소장 사회계층 연구가들인 사회학자들이 역시 간결한 신서류의 책인 『비평등사회로서의 일본』(*Japan as an Unequal Society*)이라는 책을 출판하고 사회계층화조사(Social Stratification Survey, 이하 SSM) 데이터를 통해 일본의 사회 이동(social mobility)이 감소하고 있으며 점점 폐쇄적인 사회로 가고 있다고 주장했다. 이 책들 모두 베스트셀러였다.

언론인들은 과장된 방식으로 불평등의 확대 문제를 제기하며 "신계급 사회" 혹은 "하류 계급"이라는 말을 사용하는 몇 권의 책을 집필했다. 다소 지적인 것부터 보다 대중적인 것까지 다양한 잡지들은 "무너지는 중산층", "승자와 패자", "양극화의 증가" 등의 헤드라인을 통해 불평등 확대 문제를 다루게 되었다.

그렇다면 우리는 왜 일본인들이 갑자기 불평등을 많이 인식하게 되었는지 질문을 할 수 있을 것이다. 이는 매우 흥미로운 현상인데 적어도 10년 혹은 그 전까지 일본 사회는 세계에서 가장 평등한 사회라는 이미지가 매우 강했기 때문이다. 현재 많은 일본인들은 불평등이 확대되고 있다고 믿고 있다.

물론 몇몇 학자는 최근 강해진 불평등 인식은 최근 들어 실제로 불평등이 확장되었기 때문이라고 주장했다. 그러나 다른 학자들은 그렇게 생각하지 않는다. 사실 최근 소득 불평등 증가는 대부분 소득 불평등이 다른 연령 코호트보다도 높은 고령인구가 전체 인구에서 차지하는 비율이 증가함으로써 일어났다. 특히, 30, 40, 50대 사이에서 불평등이 확대되고 있다는 명백한 경향은 없다.

이 글은 일본의 사회적 불평등이 확대되었다는 것이 의심스럽지만 사회적 불평등이 실제로 증가했는지 아닌지를 연구하려는 것은 아니다. 대신 여기서는 일본의 사회적 불평등과 계층화에 대한 논쟁과 관심의 경향을 분석한다. 사회적 불평등, 계층화 혹은 계급은 일본의 근대화 과정을 통해 여러 가지 형태의 우려와 토론을 낳았다. 사회적 계층화의 다양한 이미지는 부분적으로만 실제의 차이에 기반하고, 차이의 유의미한 부분 혹은 이미지의 변화는 불평등을 이해하고 개념화하는 방식과 주로 관련되어 있다.

II. 이론적 구성물로서의 계급

일본 계층화 문제의 경향을 살펴보기 전에, 이 연구가 택하고 있는 이론적 위치에 대해 설명하고자 한다.

오랜 기간 계급은 근대 사회의 중요한 테마였다. 그 중에서도 소비에트 연방의 등장과 몰락을 목격한 20세기의 70년간, 계급은 우리를 둘러싼 사회적 세계를 이해하는데 필수불가결한 개념이었다.

계급은 다음의 세 가지 이유에서 근대 사회에 대한 논의에 있어 중요한 개념으로 볼 수 있다. 첫째, 계급은 빈곤과 그로 인한 다양한 사회적 문제에 대한 적합한 설명이었다. 또한 계급은 이론적 관점에서 빈곤의 원인과 해결을 위하여 반드시 필요한 것으로 생각되어졌다. 둘째, 국제 분쟁, 경쟁과 마찬가지로 정치적 운동에 중심을 둔 많은 수의 사회운동은 계급 개념에 기초한 틀로 이해되고 설명되고 만들어졌다. 셋째, 사회적 역사는 인간 사회의 미래가 단번에 예측되더라고 계급이라는 렌즈를 통해 이야기 되었다. 맑시스트 이론은 이론적 핵심에 계급 개념을 구체화한 대표적인 이론이다.

말할 필요도 없이 맑시스트 계급 이론에는 부족한 것이 많지만, 여기서 상세한 것은 거론하지는 않는다. 그러나 베버, 파레토 혹은 다렌도르프와 같은 비-맑스적 계급 이론조차 계급을 중요 개념으로 삼고 있다. 이 비-맑시스트 계급 이론의 공통점은 그들이 “계급 갈등”이라는 생각을 유지하는 반면 “착취”의 개념은 버렸다는 것이다. 계급사이 갈등의 존재는 계급들 사이의 분명한 경계가 없음에도 불구하고 “계급” 개념의 핵심이다. 예를 들어 어떤 특정한 계급의 경계들은 단지 사람들 간의 임금 격차에 의해 그어질 수도 있다. 임금이 연속적으로 분포된 사람들을 어디에서 구분하는가라는 질문은 결국 자의적으로 답해질 수밖에 없다. “갈등”이라는 발상만이 계급들로 사람들을 나눌 수 있는 질적인 기준을 제공한다.

계급 개념은 이익의 충돌에 덧붙여 다른 중요한 이론적 전제에 의해 구분된다. 그것은 “행위자로서의 계급”(class as an agent)이다. 이와 유사한 발상은 SCA 도식(구조 → 인식 → 행동)을 사용하는 팔(Pahl, 1989)에 의해 약간 애매하게 표현되었다. SCA 도식은 사회 구조 속에서 개인이 가지고 있는 객관적 계급 위치가 그(녀)의 의식, 세계관, 가치 그리고 사회적, 정치적 행위로부터의 학문적 성취와 소비로부터의 다양한 행위를 규정(regulate)한다는 것을 의미한다. 이러한 계급은 단지 이익 집단이 아니다. 이들의 행위는 주관적 이익을 추구하는 것에 한정되는 것이 아니라 역사적 사명을 담지하고 있다고 이해된다. 보다 강한 의미에서 마지막 행동은 사회의 구성과 관련되어 있다. 즉, 행위자로서의 계급은 역사의 발전에 책임이 있는 것으로 이해된다. (보다 자세한 내용은 Hara and Seiyama, 2005; Seiyama, 2000을 참조.)

계급, 계층화 연구자들 사이에서 잘 알려졌듯이, 1990년대부터 계급 분석의 유의미성에 대하여 격렬한 논쟁이 시작되었다. 적지 않은 학자들이 "계급의 죽음" 혹은 "계급 없는 사회"라는 문구를 통해 계급 분석이 학문적 유의미성을 잃었다고 주장했다. 기본적으로 이들의 주장이 정확하지만 이들은 계급이 의미하는 것에 대한 명료한 이해가 부족하다. Pahl의 SCA 모델은 이들 중 가장 좋지만, 여전히 19세기 이후로 많은 사회 이론들이 가지고 있었던 계급 개념의 심원한 매력을 정확히 전하지 못하고 있다.

사회학적 전통에서 계급은 경제적이라기보다 법적, 인류학적인 전근대 사회의 지위와 신분(mibun)과는 다르게 이해되어왔다. 사회의 근대화는 전근대적 지위인 신분제도가 점차 사라져 가는 과정이었기 때문에, 사람들이 근대적 시장이라는 상황에서 서로를 직면하는 계급 갈등에서 그들은 이미 전근대 사회의 신분제도의 굴레로부터 자유로워졌다는 것은 공통적으로 주장되었다. 그러나 이러한 이해는 왜 계급이 실재하는 것으로서 생각되는가에 대한 이유를 흐리게 한다. 사실 근대적 계급 관계로서 생각되는 것들은 종종 전근대 신분제도에 기반을 두고 있다. 경영자와 노동자, 지주와 소작농, 프랑스 혁명 시기의 귀족과 부르주아지 사이의 관계는 모두 전근대 신분제도에 기초하고 있다. 일반적으로 계급관계는 전근대 신분제도하에서 발견되곤 한다.

물론 이것은 실제로 계급이 있다는 것을 의미하는 것이 아니라 단지 법적인 신분제도와 마찬가지로 유사 계급적 정치 구조가 존재함을 의미한다. 계급은 플로지스톤과 같이 잘못된 것으로 밝혀질 운명을 지닌 이론적 구성물이다.

다른 면에서 사회적 계층화, 불평등과 그에 따른 현상은 사실이다. 이 관점에서 계급은 계층화라는 실제 위에 구성된 가상적 이미지이다. 계층화가 가지는 다양한 형태에 따르면, 그리고 확실한 전근대적 신분제도가 포함되든 아니든, 계급은 매우 실제처럼 나타난다. 전후 일본에서 사회계층화의 변형은 상상된 실제로서의 계급이 사라지는 과정이었다.

III. 전전(戰前) 일본의 계층화 구조

일본 사회 과학계의 전통에서 "계급(class)"을 사용하는 것은 특히 맑스주의적 관점을 내포하는 것으로 여겨지는 반면,

“계층(strata)”은 종종 비 맑스주의적 맥락에서 사용되었다. 그럼에도 불구하고 계급은 1920년대 이후 일본 사회과학계에서는 특히 중요한 개념이다. 이는 근대화에 대한 비상한 노력에도 불구하고 일본 전전 사회가 계층화 제도에서 많은 유사 계급적 요소를 담고 있었기 때문이었다.

첫째, 메이지 제도는 완전히 신분제도를 없애지는 못하였다. 1884년 성립된 동류체제(peer system)과 세습적인 지주-소작 제도는 널리 퍼진 대표적인 신분제도였다. 둘째, 산업화의 진전과 인구의 급속한 증가는 도시와 농촌, 근대산업과 전통산업, 근대적 경영 계급과 공장노동자 계급 혹은 도시 룸펜 프롤레타리아라는 이분화된 구조를 만들었다. 셋째, 여전히 사회 복지 제도가 저발전 되었기 때문에 실업과 사업 실패 등에 대한 지원이 없었다. 그래서 경기가 침체한 경우, 사람들의 삶은 매우 취약하고 불안정했다. 넷째, 1차 세계 대전을 통한 성공적인 산업화와 1923년 관동 대지진 이후 생활의 근대화는 쇼와 대공황에 의해 좌절되었고 이는 가난과 점점 심각해지는 다양한 사회적 갈등의 원인이 되었다.

그러나 사회적 불평등에 대한 학계의 초점은 러시아 혁명의 충격과 맑시즘이었다. 1920년대 이후 맑스주의적 계급 이론은 전전 일본의 가난과 불평등을 이해하고 분석하는 기본틀로서 체계화되었다. 맑스주의 학자들은 지주와 소작농, 자본가와 노동자 등의 사이에서 계급 갈등을 발견했다.

그러나 세계대전 이전 일본의 계급(혹은 유사 계급적) 갈등이 실재했다는 것과, 문제의 심각성이 비-맑스적 학자와 정부 관료들에 의해서도 역시 인식되었다는 것도 강조되어야 한다.

IV. 초기 전후(戰後) 일본에서의 계층화 우려: 봉건적 신분(mibun) 제도의 제거를 향해

많은 전후의 개혁들은 불평등과 빈곤의 문제를 목표로 했다. "민주화"와 "봉건주의의 잔재"에 대한 논의는 본질적으로 신분제도의 완전한 소멸이 타당하다는 것을 의미했다.

초기 전후 일본의 사회계층 연구에 있어서 중요한 관심 중 하나는 왜 일본이 전쟁에서 패배했는가라는 문제와 관련되어 있다. 많은 학자들은 일본 사회가 봉건적이며 충분히 민주적이지 않아서 전쟁 이전 일본 정부가 보다 평화롭고 이성적인 정치적 결정을 하지 못한 것이 중요한 원인이라고 생각했다. 이러한 관점에서 가장 두드러진 학자는 전후 일본의 가장 저명한 학자 중 하나인 정치학자 마루야마 마사오였다. 그는 1947년 일본의 파시즘 운동을 뒷받침한 계층이 구 중산계급 혹은 쁘띠 부르주아지였다고 주장하였다(Maruyama, 1947).

오늘날 그의 분석은 다소 분명치는 않다. 그러나 일본 계층화 구조의 봉건적 요소는 일본의 진정한 근대화의 중요한 장애물로 이해된다.

당시에 농촌은 가장 봉건적 요소를 가지고 있는 장소로

이해되었다. 많은 사회학자들이 봉건적이고 위계적인 신분제도를 확인하고 그 변화 혹은 변화의 전망을 발견하기 위한 연구를 수행했다(Fukutake and Tsukamoto, 1954; Kawashima, 1954).

유사한 맥락에서 일부 학자들은 노동 계급의 정치적 태도에 대해 관심을 두었다. 그들은 일본의 진정한 근대화와 민주화는 사회 개혁을 지향하는 명료한 계급의식을 가진 노동자의 운동에 의해 이루어진다고 생각했다. 주로 권위주의에 대한 아도르노(Adorno et al.)의 분석틀을 이용하여 일군의 사회학자들은 노동자들, 특히 제조 산업의 노동자들을 조사한 결과, 노동자들의 계급의식은 첫째, 천황이데올로기와 가족주의와 같은 전통적 가치와 둘째, 반공주의에 의해 방해받는다는 것을 발견했다.

위의 연구는 전후 초기 일본 계층 연구의 방식과 관심사의 특징이다. 이 시기는 냉전이었고 학문적 작업에 큰 영향을 준 공산주의와 자본주의의 이데올로기적 투쟁이 있었다. 위에 언급한 많은 학자들이 많던 적던 맑스주의적 계급 이론에 영향을 받았다. 그들은 주로 맑스주의적 관점을 통해 불평등과 신분제도의 문제에 대해 고민하였다. 그러나 그들이 교조적 맑스주의자들은 아니었다. 이것은 “계급”보다 “계층”이라는 말을 자주 사용하는 것으로 명백히 알 수 있다. 이들의 근본적 목적은 일본의 진정한 근대화의 길을 찾으려는 것에 있었고 이것은 당시 계층화 연구에 반영되었다.

V. 전후 복구와 비-맑스주의적 접근

전후 시기 초기부터 서구의 경험적 연구는 강한 충격을 주었다. 1949년 세계 사회학회의 성립 이후 사회계층화와 사회이동에 대한 국제 비교 연구 프로젝트가 시작되었고 일본 사회학회 역시 이에 참여했다. 이것이 일본 SSM 조사의 시작이었다.

SSM 조사의 주된 관심은 사회이동의 규모였다. 사회이동에 대한 연구 주제는 사회적 불평등의 비-계급적 성격을 표시하기 위해 분명히 의도된 "계층화"라는 용어로 러시아 이주민이었던, 소로킨(Sorokin, 1927)에 의해 수립되었다. 다른 계층 간의 이동성에 대한 관심은 사회가 계급들 사이의 갈등으로 특징지어진 계급구조와 세습적인 계급 귀속이 아니라는 점을 함축하고 있다.

첫 번째 이루어진 일본 SSM 조사는 1955년 전국단위의 조사로서, 실질적으로 쿠니오 오다카가 지휘하고 수행하였다. 주된 결과는 일본의 계층 사이의 세대 간 이동성은 서구 산업 국가에 못지않았고, 후에 사회이동성은 기본적으로 일본을 포함한 산업화된 사회에서 일정하다는 보다 일반적인 명제(소위 LZ thesis)로 구체화되었다(Lipset and Bendix, 1959). 이것은 일본이 후진적이고 봉건적인 사회라는 일반적인 믿음에 분명히 반대되는 발견이었다.

1950년대 후반, 사회 경제적 회복은 사회적 불평등에 대한 맑스주의적 관심은 줄어들었다. 경제적 희망과 자신감, 일본 사회의 사회적 발전 그리고 계층화의 새로운 문제는 경제적 발전을 통해 제기되었다.

중요한 문제는 신 중산 계급 혹은 사무직 계층의 속성과 의미에 대한 것이었다. 이 계층에 있는 사람들은 상대적으로 고등 교육을 받았고, 고 임금을 받으며 진보적, 개혁적, 정치적 태도를 견지하기 때문에, 계층 연구에서 이들은 일본 사회의 심화된 근대화에 중요한 역할을 맡을 것이라 기대되고 있다.

두 번째 문제는 교육성취의 일반적 향상과 신용사회의 등장이다. 많은 학자들이 교육 성취 수준을 따라 수직적인 유사 계급적 사회의 형성에 대한 우려를 가지고 있다. 한편으로는 과도한 교육의 결과에 대한 문제도 존재한다. 이것은 일본 사회와 산업 관계에 대한 연구를 한 영국 사회학자 로날드 도어의 훌륭한 저작(Dore, 1976)에서 제기되었다.

VI. 급속한 경제성장에 대한 평가, 그리고 "평등주의 사회" 이미지의 출현

1960년대, 1970년대의 격렬한 학생운동과 1974년 오일쇼크의 여파 이후에 불평등에 관한 학문적, 대중적 관심은 새로운 국면에 접어들기 시작했다.

그 당시(1970년대 후반)의 가장 주요한 학문적 관심은 일본의 고성장과 근대화의 의미에 대한 평가였다. 일부의 학자들은 경제성장을 진정한 근대화로 여기는 것에 대한 회의적인 입장을 갖고 있었으나, 켄이치 토미나가와 같은 학자는 산업화는 더 평등주의적인 사회를 만드는 경향이 있으며 일본도 예외는 아니라는 주장을 펼쳤다. 그리고 이러한 산업화 논제를 증명하기 위해서 그가 시작(1995년)부터 1975년까지 조사책임자로 참여하고 있었던 SSM 자료를 이용하여 다양한 통계분석결과를 발표했다.

주된 분석 중의 하나는 세대 간 사회이동의 추세에 관한 것으로, 토미나가는 이 논문에서 일본에서 사회이동의 추세는 점점 강해지고 있으며 일본의 계층화 구조가 점점 기회의 평등을 확보하는 방향으로 나아가고 있다고 주장했다(Tominaga, 1979).

다른 논문은 자신을 중간계층이나 그 이상의 계층으로 인식하고 있는 사람들의 비율의 변화에 관한 것이다. SSM자료와 총리실주관 시계열 여론 조사 자료를 통해서 이 비율의 증가가 관찰되었다. 토미나가는 이것을 대다수의 일본인이 상당히 높은 생활수준을 영위하고 있으며, 라이프 스타일, 사회의식, 정보에 있어서 동질화와 평등화가 진행되고 있는 증거라고 생각했다.

	상류층 이상		상하류층 이상
	중상류층	중하류층	하하류층
1955년	7.1%	34.8%	56.3%
1965년	12.1%	42.7%	41%
1975년	23.5%	53%	20%

[표 1] 자신을 중산층이나 그 이상으로 인식하고 있는 사람들의 비율의 증가

그러나 이러한 의견에 반대하는 학자들도 있었다. 대표적인 학자로 맑시스트 경제학자인 시게노부 키시모토가 있는데 그는 사람들이 허위의식을 갖고 있기 때문에 '중간계층'의 의미를 잘못 인식하고 있으며 이것이 서베이 조사에 잘못 응답하게 되는 결과를 낳는다고 보았다.

이 문제에 대해서 많은 격론이 있었으며 다른 많은 학자들이 참여하게 되었다.

이러한 학문적인 논의와 달리, 대중매체의 관심은 중간계층의 비율이 높다는 사실 자체에 있었다. 초기에는 왜 그토록 높은 비율의 사람들이 자신들을 중간계층으로 인식을 하고 있는가에 초점이 맞추어져 있었다. 그 이후에는 "90퍼센트 중간계층," 심지어 "전 1억 인구(당시의 일본 인구의 대략적 수치) 중간계층"이 당시의 일본 사회를 논평하는 글의 판에 박힌 문구가 되었다. 그리고 마침내는 "모두가 중간계층"이라는 말은 사람들의 자기 이미지가 아니라 현실 그 자체가 되었다.

이것이 일본의 "평등주의 사회의 신화"가 탄생한 방식이다. 이 신화는 1980년대에도 대중화된 것으로 보인다.

VII. 새로운 계층화 문제의 출현: 젠더와 문화적 재생산

1980년대의 일본 경제는 세계적으로 높은 수준이었다. 계층화 문제에 대한 일반대중과 학자들의 관심은 이전에 비해서 약해졌고, 이것은 일본에서만의 현상은 아니었다. 계층화 문제에 대한 무관심은 동시대의 미국에서도 발견된다.

하지만 그렇다고 해서 모든 종류의 사회적 불평등이 중요하지 않다고 여겨진 것은 아니었다. 오히려 그 반대였다. 많은 새로운 불평등 문제들이 대중과 학자들의 관심을 사로잡았다. 새로운 문제들 중에서도 젠더 불평등 문제가 가장 중요한 것이었다. 젠더 문제는 계층화 연구 학자들 사이에서 제기된 것은 아니었으나 곧 계층화 연구에 있어서 중요한 주제로 자리잡게 되었다. 1985년의 SSM 조사에서 이 주제가 포함되었으며 처음으로 여성응답자도 조사하게 되었다.

에쓰니시티, 이주자, 장애인, 섹슈얼리티 등 새롭게 나타난 불평등 문제들이 많이 있었으나 젠더처럼 일반적인 계층화 연구에 반영되지는 못했다.

젠더 불평등 문제를 계층화 연구에 반영하는 시도에서

중요한 문제가 생겨났는데, 그것은 계층화나 계급의 단위가 무엇인가에 관한 것이었다. 그 단위가 개인인가 가계(household)인가의 문제가 생겨났다. 단위가 개인이라면, 그래서 남자와 여자가 서로 다른 계급을 구성한다면, 가계 내에 계급에 관한 경계가 있어야 하는가? 이 문제는 아직도 완전히 해결되지 않았다.

이러한 문제의 영향 때문에, 젠더의 문제는 아직도 계층화 연구 이외의 분야에서 주로 다루어지고 있는 것으로 보인다.

비슷한 시기에 교육과 관련된 새로운 문제도 나타났다. 1970년대 후반부터 교육에 관련된 다양한 문제들이 널리 관심의 대상이 되었다. 공공기물파손, 폭력, 장기결석(absenteeism), 왕따(bullying) 등이 대중매체에서 문제로 떠올랐다. 이것 외에도 입시지옥, 과열입시경쟁, 사교육 팽창 등의 문제도 점점 심각한 문제로 인식되었다. 후자의 문제들에 접근함에 있어서 일본학자들이 주로 사용한 분석틀은 피에르 부르디외가 주창한 문화적 재생산 이론이었다. 문화적 재생산 때문에 세대 간 계급 이동성이 줄어들고 있다는 주장들이 제기되었다. 사교육 팽창의 문제도 상층만이 비싼 사교육 비용을 감당할 수 있기 때문에 상층과 하층의 기회의 불평등을 심화시킨다고 여겨졌다.

하지만 사교육에 의한 계층의 재생산은 이론적으로 문화적인 것이라기보다는 경제적인 재생산이다. 그리고 계층 간의 교육기회 불평등이 실제로 커지고 있는지에 대한 아무런 증거도 없다. 그럼에도 불구하고 일본에서 이러한 현상이 실제로 일어나고 있다는 이미지는 점점 인기를 얻어 가고 있다.

VIII. 버블경제의 붕괴와 불평등 확대에 대한 우려

본 논문의 초반에 언급했듯이 불평등에 대한 현재와 같은 과도한 우려는 적잖이 새로운 것이다. 이러한 우려의 급격한 상승은 1998년, 즉 아시아 경제 위기 직후에 시작되었다.

1991년부터 몇 년 동안, 일본 경제는 1980년대 후반의 버블 붕괴로 인한 장기침체를 겪고 있었다. 아시아 경제 위기는 이미 약해져 있던 일본 경제를 더욱 황폐하게 만들었다. 오랜 역사를 가진 은행과 유명한 증권회사가 파산했고, 이후에 경제 침체의 소용돌이가 몇 년 동안 지속되었다. 명목 GDP는 계속해서 하락했다. 언제나 3% 미만을 유지하던 실업률은 5% 이상으로 상승했고, 젊은층에서는 10% 이상을 기록했다. 대학 졸업자들의 구직시장은 "빙하기(the ice age)"에 접어들었다. 많은 젊은이들은 시간제 근로에 만족해야 했다. 일본에서 여분의 인력을 해고한다는 뜻을 가지게 된 구조조정, 아웃소싱, 성과에 의한 인력관리가 회사들의 경영정책의 주된 방침으로 자리잡았다. "중산층 붕괴"나 "양극화"에 대한 공포가 사람들을 사로잡은 것도 이러한 상황 속에서였다.

2005년 즈음, 일본 경제는 약간의 회복세를 보이기 시작했다. 얼어붙었던 구직시장은 적어도 대학졸업자들에게는 완화된 듯 보였다. 그러는 와중에 불평등의 새로운 측면이 강조되기 시작했다. 농촌과 도시 사이의 불평등이 그것이다. 전반적인 경기의 회복세 속에서도 대부분의 농촌 지역은 뒤쳐지거나 심지어는 지속적으로 후퇴하고 있었다. 지난 중의원 선거에서의 가장 중심적인 불평등 문제도 이 도시-농촌의 불평등이었다.

농촌 경제가 후퇴하고 있는 이유는 명확하다. 아시아, 특히 중국경제의 성장과 지구화 때문이다. 사실, 농촌경제의 후퇴는 1985년 플라자 협정이 맺어지고 엔화가치가 두 배로 상승한 시기부터 이미 시작되었다. 많은 일본 제조업 회사들은 더 낮은 임금의 노동을 찾아 일본의 농촌에서 외국으로 이동해야 했던 것이다.

IX. 결론: 불평등에 대한 이미지와 실재

위의 일본 불평등 문제의 추세에 관한 간략한 회고에서 몇 가지 사실들을 도출할 수 있다.

(1) 불평등 확대에 대한 최근의 열광적인 관심은 의심할 바 없이 현재 진행되고 있는 지구화와 관련되어 있다. 불평등이 심화되는 문제는 일본에만 국한된 것이 아니며, 다른 많은 나라들에서 확대되고 있다.

서로 연관되어 있지만 다른 세 가지의 메커니즘이 작용하는 듯 보인다. 첫째, 고도의 산업화를 이룬 국가들에서 비숙련 노동과 저발전된 농촌 지역은 개발도상국의 낮은 노동임금과의 가혹한 경쟁에 의해 황폐화 된다. 일본, 한국, 많은 서구국가들이 이러한 메커니즘의 영향을 받고 있다.

둘째, 위 메커니즘의 다른 측면으로, 산업화된 국가들과 개발도상국가가 점점 평등화되는 경향이 있다. 지구화는 개발도상국에 새로운 기회를 가져다주었고, 많은 개발도상국들의 삶의 수준이 높아지고 있다. 이것이 지구화가 갖고 있는 평등화 효과이다.

셋째, 개발도상국 내에서 불평등이 증가하는 메커니즘이 있다. 저발전된 국가가 고도로 경쟁적인 산업에서 성공을 거둘 경우에 일반적으로 발전의 수혜는 해당 국가의 모든 부분에 돌아가지 않는다. 일부 지역이나 산업이 이러한 수혜를 받게 되지만 다른 곳들은 뒤쳐지게 된다. 이것이 불평등의 확대를 설명할 수 있다. 중국이 이러한 경우에 해당하는 것으로 보인다.

(2) 현재 일본의 비숙련 노동과 농촌지역의 상황은 어떤 점에서 전전, 그리고 전후 초기의 상황과 비슷하다. 당시에 일본은 아직 발전중이었고 직업, 산업, 지역에 따라서 생산성에 큰 차이가 있었다. 그리고 이것은 불평등의 확대를 가져왔다. 당시의 계급 문제는 단순히 "봉건주의의 잔재" 혹은 "신분체제"의 결과이기만 한 것이 아니라 산업화 과정의 국가가 벗어나기 매우 힘든 일반적인 메커니즘의 결과였다.

(3) 전반적으로 사람들이 갖고 있는 불평등에 대한 이미지는 실재와 같다고 볼 수 없다. 일반대중이나 대중매체 뿐 아니라 학자들도 그들 자신의 주관적인 선입견에 사로잡혔다. 예를 들면, 1980년대 계층 간 불평등이 만연한 실재 속에서

평등주의 사회의 신화가 유행했었다. 또 다른 예로, 전후 초기에 학자들은 맑시스트의 분석틀로 계층연구를 진행했는데, 이것은 맞지도 효과적이지도 않았다.

계층화와 불평등의 문제들은 객관적인 실재보다는 주관적인 관심이나 기본적인 이론적 전제에 의해 생겨나는 경향이 있다. 현재 불평등 확대를 문제시하는 것도 확실한 경험자료에 기반하고 있는 것은 아니다. 불평등이 실제로 확대되고 있는가에 대해서 많은 논쟁이 있으나, 확실히 존재한다고 말할 수 있는 것은 사회경제적 입지에 심각한 위기를 겪고 있는 사람들의 공포, 근심, 우려(혹은 희망, 소망)뿐이다. 객관적인 상황에 대한 이론적인 설명이나 진단이 이와 같은 방식으로 이루어지고 있기 때문에 진실을 찾는 것 보다는 주관적인 우려를 심화시키는 역할을 할 수 있다.

하지만 동시에 우리는 이러한 주관적인 우려가 중요하지 않다고 여겨서는 안 되며, 오히려 중요하게 여겨야 한다. 계층화와 불평등의 문제들은 오히려 현상 그 자체를 구성한다.

때문에 계층화 연구자들은 어렵겠지만 이 문제를 회피해서는 안 된다. 다른 사회학적 분석과 마찬가지로 계층화 연구자들의 목적은 단순히 데이터를 모으거나, 그 데이터로 몇몇의 다항분석을 행하거나, 그 분석의 결과를 사람들의 주관적인 우려를 강화하는 방식으로 발표하는 데에 있지 않다. 대신에 그 주관적인 우려를 근본적이고 객관적인 실재와 연관지어서 이해하는 것을 목적으로 해야 한다. 본 논문은 이러한 목적을 향한 하나의 시도라 할 수 있다.

참고문헌

· Dore, Ronald P. 1976, *The Diploma Disease: Education, Qualification and Development.* London: George Allen & Unwin.

· Fukutake, Tadashi and Tetundo Tsukamoto. 1954. *Social Character of Japanese Farmers* (in Japanese). Tokyo University Press.

· Hara, Junsuke, and Seiyama Kazuo. 2005. *Inequality amid Affluence: Social Stratification in Japan.* Trans Pacific Press. (Originally published in 1999 as *Shakai kaiso: yutakasa no naka no fubyodo*. Tokyo: Tokyo University Press.)

· Kawashima, Takeyosi. 1954. "Nouson no Mibun Kaisousei (Mibun System in Rural Village)." in *Lectures on Japanese Capitalism* vol. 8. (in Japanese) Iwanamishoten.

· Lipset, S. M. and R. Bendix. 1959. *Social Mobility in Industrial Society.* University of California Press.

· Maruyama, Masao. 1947. "Nihon Fasizumu no Shiso to Undou (Social Thought and Movement of Japanese Facism." (Reprinted in his *Thought and Behavior of Contemporary Politics*, (in Japanese) Miraisha, 1964.)

· Pahl, R.E. 1989. "Is the Emperor Naked?: Some Questions

on the Adequacy of Sociological Theory in Urban and Regional Research." *International Journal of Urban and Regional Research* 13: 709-20.

· Satō Toshiki. 2000. *Fubyodo Shakai Nihon: Sayonara Sochuryu* (*Japan as an Unequal Society: Farewell to the All-Middle Class*). ChūōKōō Shinsha.

· Seiyama, Kazuo. 2000. 'The Modern Stratification System and Its Transformation.' *International Journal of Sociology* 30(1):7-36.

· Sorokin, Pitirim A. 1927. *Social and Cutural Mobility*. Harper.

· Tachibanaki, Tshiaki. 1998. *Nihon no Keizai Kakusa: Shotoku to Shisan kara Kangaeru.* (*Economic Disparities in Japan: Income and Assets*). Iwanami Shoten.

· Tominaga, Ken'ich ed. 1979. *Nihon no Kaiso Kozo*. (*Japanese Stratification Structur*e.) Tokyo University Press.

제 12 장

문화적 중추와 창조 도시로서의 싱가포르

권 키안운(Kwok Kian-Woon)*
강미연** 번역

I. 도시, 경쟁력, 창조성: '문화'와 '문화 정책'의 이해

우선 나는 내가 최근에 진행시켜온 몇 가지 생각들과 관찰(cf. Kwok, 2001 and 2007; Kwok and Low, 2002)을 공유할 수 있는 기회를 마련해 주고 나를 초대해 준 바에 대해 이 국제회의 주최자들에게 감사하고 싶다. 이 글에서 나는

* 싱가포르 난양 기술대(Nanyang Technological University) 사회학과 교수.

** 연세대학교 사회학과 박사과정.

문화적 중추와 창조적 도시가 되고자 하는 싱가포르의 야심과 관련된 몇 가지 발전들을 강조하고자 한다. 그러나 무엇보다도, 나는 내가 사용하는 *문화*의 의미에 대해 이해하는 것이 중요하다고 생각한다. 사실상, 도시국가로서 싱가포르는 많은 아시아 도시들(예를 들어 홍콩, 타이베이, 서울)이 국가적 발전을 위해 '문화'를 '성장 동력'으로 주목하기 시작한 세계적 추세의 일부이다. 이는 특히 국가 *경쟁력*을 향상시키기 위함인데, 작금에는 이것이 *창조성*에 기반하고 있다고 이해되어 국가 정책 생산에서 '문화 산업'과 '창조적 경제'의 중요성으로 여겨진다. 또한, 세계무대의 경쟁에서 국가들 간의 경쟁은 기업과 혁신, 문화와 관광을 증가시킴과 동시에 창조적 인재를 유인하는데 결정적인 역동적 중심지인 *도시*들 사이의 경쟁만큼 강하지는 않다.

만약 문화가 그렇게 근본적으로 중요하다면, '문화 정책'은 국가와 도시 정부에게 있어, 경제 정책과 같은 다른 영역과 상호작용하는 가장 중요한 정책 영역의 하나라고 주장될 수 있을 것이다. 문화 정책은 공공 정책의 핵심적인 요소이자, 인문학과 사회과학의 많은 분야, 특히 문화 연구나 경제학, 지리학, 정책 연구, 도시 연구, 사회학 등을 아우르는 다제 간(multidisciplinary) 연구나 학제 간(interdisciplinary) 연구의 주제가 되었다. '문화 정책이 무엇인가?'라는 질문은 여전히 유용하다. 복잡한 현상을 단순화 할 위험을 감수하며, 나는 일반적인 답을 제시하고자 한다. 문화 정책이란 지역, 국가 혹은 초국적인 범위에서 원하는 결과를 이끌어 내기 위해서, 문화라는 영역에 대한 국가 혹은 비국가 행위자의 의식적이고 계획된 *개입*을 의미한다. (의식적이고 계획된 *비*개입[non-intervention] 또한 개입의 한 형태인데, 이는 비개입 또는 '그냥 내버려 두기' 역시 원하는 결과를 얻기 위해 유지되는 것이기 때문이다). 물론, 문화 정책은 문화를 홀로 내버려 둘 수 없다. 이는 어떤 것을 문화에서 만들고, 그 무엇을 문화로 되돌리기 때문이다. 이러한 사실은 모든 다른 종류의 정책들, 예를 들어 경제 정책이나 의료와 주거 정책을 포함한 복지 정책, 교육 정책, 언어 정책, 산업 정책, 도시 정책, 언론 정책, 방위와 내부안보 정책, 외교 정책 등에도 적용될 수도 있다. 그런 정책 영역은 문화 영역에서 분리 되지 않으며, 그것에 영향을 준다. 이러한 점에서 그들은 중첩되고 문화 정책과 상호 작용한다. 따라서 모든 정책은 어떤 식으로든 "문화적"이라고 할 수 있겠다.

그러나 문화 정책에서 개입의 기본적인 초점은 문화이다. '문화 정책'을 이해하기 위해서 우리는 우선 *문화*와 *정책* 간의 관계를 고려해야 한다(Miller, 1993 참조). 가장 넓은 수준에서 문화의 의미에 대해서는 에드워드 타일러(Edward B. Tylor, 1871)의 『원시적 문화』(*Primitive Culture*)에서 제시된 고전적인 인류학적 정의를 참고할 수 있다. 문화란 "…… 사회성원인 인간에 의해 습득된 지식, 믿음, 예술, 도덕, 법, 관습, 그리고 다른 재능과 습관들을 아우르는 복잡한 총체이다." 이는 문화를 - '일상생활'에서 암묵적이고 함축적이며, 촘촘히 녹아들어 있고 '살아있는 현실'로 경험되는 - 삶의 방식 혹은 삶의 제반 방식들의 총체로서, 넓고 개방된 개념으로 정의한다. 이러한 관점에서 문화는 의식적으로 표출되거나 체계화되지 않은, 일상생활의 한 부분으로서의 지향이나 실천 혹은 '뿌리 깊은 규칙성들'로 이해된다. 일상생활에서 "재능과 습관"의 사회적 전이는, 일상의 행위에 영향을 미치거나 변화를 가져오려는 이해와 결부되어있지 않는 한, 일반적으로 국가나 비국가 행위자들에 의한 조직적이고 계획된 개입을 포함하지는 않는다. 예를 들어, 학교와 같은 기관과 (교과과정 등에 관한 결정과 같은 교육 정책을 고안하고, 시민들의 문화생활 양상을 사실상 형성시키는) 보다 큰 국가 행정의 부분으로서의 학교를 생각해 보라. 우리가 이 논리를 따른다면, 우리는 문화에 대해 '삶의 방식들'이라는 정의를 넘어, 행위자들이 문화의 *특정한* 형태를 *분명하게* 표출하고 *의도적으로* 형성시키려는 *이해*(*interest*)가 있다 – 그 문화의 형태들은 역으로 일상생활에 침투한다 – 는 맥락에서 고려할 필요가 있다.

다음 절에서 나는 일상생활의 암묵적, 함축적 문화를 넘어 '문화 정책'으로 이해될 수 있는 개입의 성격을 제시하는 문화의 네 가지 이념형적 개념 – *체제*(regime)로서의 문화, *자원*(resource)으로서의 문화, *휴양*(recreation)으로서의 문화, 그리고 *성찰*(reflexivity)로서의 문화 – 을 강조할 것이다. 이들은 현실에서는 서로 중복되고 섞이는 개념적인 모델 혹은 '이념형'이다.

*체제*로서의 문화: 국민국가는 "상상된 공동체"이다(Anderson,

1983). 정부권력은 하위국가 집단(예를 들어, 소수자 집단)에 맞서, 그리고 특히 문화적 세계화에 대응하면서 초국적인 맥락에 맞서 시민들의 '국가 의식'을 형성시키는데 관심을 갖는다 (Crane, 2002). 따라서 문화 정책은 '국가 공동체' (다양한 집단의 통합), 국가 교육 (공통의 교과목), 국가 문화 (역사와 유산), 국가 전통과 가치, 국가의 기풍과 자부심 등에 대한 '상상하기'와 '재현하기'에 관심을 갖는다.

*자원*으로서의 문화: '문화 자본'(Throsby, 2001)은 문화적 가치를 구체화하는 자산으로 언급된다. 그런 문화 자본 혹은 자산은 유·무형일 수 있다. 우리는 또한 문화를 경제적 자원으로 생각할 수 있는데, 특히 도시 개발을 고려할 때 이는 다음과 같은 문화 정책의 중점들을 포함한다: 문화 생산/소비 – 문화 산업(Hesmondhalgh, 2002; Hirsch, 2000); 도시 재생과 경제 부흥(Bianchini and Parkinson, 1993), 국제(global) 도시/세계(world) 도시(Sassen, 1991; Knox and Taylor), 기업 도시(Hall and Hubbard, 1998), 창조적 도시 – 창조적 산업과 단지(Landry, 2000; Caves, 2000; Howkins, 2001); 관광 도시/환상 도시(Judd and Fainstein, 1999; Hanningan, 1998)

*휴양*으로서의 문화: 여기서 휴양은 후이징가(Huizinga, 1995)의 『호모 루덴스: 문화 내 놀이 요소』 (*Homo Ludens: The Play Element in Culture*)에 있는 '놀이'의 정의를 지칭한다. 놀이, 의식, 예술은 모두 일상생활의 부분이다. 그러나 '여가'와 '자유시간'이 산업 사회의 조건에서 태생한 것을 고려하면 *근대적* 개념이기도 하다. 대부분의 근대 사회에서는 '공공

재'나 '삶의 질'과 같은 개념들도 존재한다. 정부는 '살기 적당한 도시'를 건설하는 일환으로, 예를 들자면 공원과 박물관, 체육 시설들을 제공하는 역할을 갖고 있다. 이러한 문화 개념은, 대중문화와 연예가 도시 현상이며 문화 산업의 형태로 점차 조직화되고 있기 때문에, 자원으로서의 문화와 겹친다.

*성찰*로서의 문화: 성찰은 "…… 새로운 정보와 지식에 비추어 끊임없는 수정"할 수 있는 역량을 의미한다(Giddens, 1990). 이는 또한 근대 사회의 성원들이 의도되지 않은 결과들에 대해 인지하지 못함을 어떻게 다룰 것인가와 관련되어 있다(Beck, 1999). 이와 함께 문화 정책은 예술이 "가능한 것에 대한 감각"을 제공한다는 생각에 기반한 미적이고 지적 문화의 발전으로 향하게 될 것이다. 문화 산업에 관한 아도르노의 비판에 대한 슈타이너트(Steinert, 2003)의 정리에 따르면, 예술은 "대안적인 가능성들에 대한 우리의 인식을 유지할 수 있도록 할 우리 감수성의 발전"을 촉진하는 역할을 수행한다.

II. 싱가포르의 문화 정책

피터 홀(Peter Hall)의 훌륭한 저서, 『문명화의 도시들』(*Cities in Civilization*)(1998: 982)에 따르면, 싱가포르는 "아마도 세계의 역사에서 경제 개발의 비범한 사례이며, 의도적인 전략으로 한 세대 만에 비참한 탈식민지 시기의 가난에서 벗어나 세계 최고의 부유국으로 진입하였다"고 진술된다. 초기 연구 중에서, 그는 또한 싱가포르를 스톡홀름과 비교한다. 두 도시의 명확한 차이가 있음에도 불구하고, 그는 싱가포르 체제가 "사회주의적" 혹은 "…… 사실상 사회 민주주의의 한 변형"이라는 주장에 귀기울인다. 국가는 사회적 조화를 보장하고 높은 수준의 물리적 사회적 하부구조를 제공하며, 사적 영역은, 특히 주요 기관들은 재화 (혹은 싱가포르의 경우에는 서비스)를 제공할 수 있다." 그러나 이러한 가시적인 "희한한" 유사점들에도 불구하고, 홀(1998: 886-887)은 전부 인용할 만한 가치가 있는 다음의 특징을 제시한다.

"싱가포르는 지금까지 그 두드러진 경제 성장에서 단 한 번의 실질적인 위기나 근본적인 해체를 경험한 적이 없다. 이는 아마도 싱가포르가 세계 무역 기능에 완전히 의존하고 있는 도시 국가라는 점을 인지하고 있는 정부가 실천을 앞지르려 노력했으며, 경제를 기초 제조업에서 높은 기술 생산과 마침내 고급의 서비스로 이동시키는데 성공했다. …… 어떤 단계에서 스웨덴은 실책을 범하고 추락했지만, 싱가포르는 그 운명을 피하려 확고히 결심을 한 듯하다. 싱가포르가 스웨덴을 관찰했을까? 싱가포르는 거의 다른 모든 성공적인 사회와 성공적인 도시를 지켜봤다. ……"

싱가포르를 근대 세계에서 도시의 발달과 중요성에 대한 피터 홀의 더 큰 관심의 맥락에 위치짓는 것은 유용하다. 싱가포르가 스웨덴과 같은 "사회 민주주의적 유토피아"가 직면해야 했던 종류의 위기, 특히 일당제 정부에 근거한 복지 국가 합의의 해체와 같은 위기를 피할 수 있는가의 여부와, 어떻게 그러할 수 있는지에 대한 물음표와 함께 그의 싱가포르에 대한 전반적인 평가는 찬사적이며 관대하다. 그러나 홀이 싱가포르 정부가 세계 경쟁력을 우선시하는 의식적이며 적극적인 국가라고 주장하는 바는 옳다.

사실, 여러 요인들의 독특한 결합은 싱가포르를 예외적이지는 않더라도 흔치 않은 사례로 만든다. 싱가포르는 지배적인 조상 전래의 문화가 상대적으로 부재한 상황에서 영국의 식민주의 하에서 근대 사회로 진화한 나라, 섬, 도시, 국민국가이다. 싱가포르는 자연 자원의 상대적 부재로 그 지형학적 위치와 역사적 진화를 항구도시로 변모할 기회로 삼았다. 말레이시아로부터의 분리와 1965년 독립 이후, 싱가포르는 내륙지역을 갖고 있지 않았다. 싱가포르 국가는 따라서 다음의 진술로 요약될 수 있는 사고방식을 발전시켰다. "세계는 우리의 내륙지역이다." 이는 정치적 안정성과 경제 개발을 최고 우선순위로 설정하는 강한 개입주의와 발전주의 국가 형태의 지배적 일당 체제의 정부와 영국인으로부터 물려받은 법적 틀과 행정적 구조를 갖고 있었다.

싱가포르는 세계화의 산물이다. 그러나 이것은 싱가포르의 지형학적 위치와 그 장점을 기회로 삼고 세계화의 변화하는 힘에 지속적으로 대응하는 사회를 개발시켰던 사람들 때문만은 아니다(Ooi and Shaw, 2004). 싱가포르의 역사가 1819년 영국의 '정착'에서 시작했다고 보는 전통적인 관습은 그러나 고고학자들과 역사학자들에 의해 도전받아 왔다(예를 들어, Kwa, 2004). 그들은 섬의 기원었던 14세기 말레이 도시국가가 남지나해와 인도양 사이의 멜라카 해협에 전략적으로 위치한 주요 기항이자 무역 중심이었음을 보여주었다. 그러므로 이것는 말레이 군도의 여타 변화하는 항구와 항만이 서양과 남아시아, 동아시아 간의 무역에 기여했다는 공통된 지역 역사를 공유한다. 그러나 영국 식민주의가 "고도 제국주의(high imperialism) 시대"에 자유 무역과 경제적 자유주의의 요체로 기능하면서, 싱가포르를 근대 세계로 추인한 점은 반드시 인정되어야 한다. 싱가포르는 영국 식민지배자들의 '합리적인' 행정 구조라는 배경막에 대항하여 지역적 삶의 방식들이 유지되고 변형되었던 동남아시아에서 근대성의 전초기지였다.

이 글은 싱가포르에 대한 영국 식민주의의 유산을 회고하고자 하는 것이 아니다. 그 섬의 전식민기 역사와 그것의 더 넓은 환경이, 다양한 배경의 사람들이 상호 교류하게 된 장을 구성했다는 것을 제안하는 것으로 충분하다. 이는 특히 무역의 과정에서 그러했지만, 또한 사회적 문화적 삶의 좀 더 넓은 분야에 여파를 남겼다. 싱가포르가 식민지 시기 동안 그리고 그 이전에 "창조적 도시"였다고 주장할 필요는 없다. 그러나 무역의 조직망을 발전시킨 체류자들과 개척자들의 후세대들이 싱가포르를 국제도시로 거듭나도록 기여한 바를 고려한다면, 창조성의 씨앗이 몇 세기에 걸쳐 뿌려졌음은 확실히 수긍할 수 있다. 영국 식민주의 보호하에서, 노동 계급 위에 군림했던 이들은 중개인이나 매판가들이었으며, 그 중 많은 수가 스스로 기업가나 산업가가 되었다. 사실상, 인재들과 대중 모두에게 생존 본능은 빈곤과 전쟁의 경험을 통해 연마되었으며, 정치성은 차세대에게 유의미성을 지녔다는 점은 과소평가 되지 말아야 한다.

대체로, 동남아시아 국가들은 (1990년대 말 아시아 금융위기에서 보여진 바와 같이 세계 자본주의 체제의 작동에 여전히 취약하지만) 1960년대부터 1990년대까지 원재료와 농산품의 수출과 제조업의 성장으로부터 혜택을 받았다. 그러나 싱가포르는 특히 1980년대부터 서비스와 무역, 높은 기술의 제조업을 향해 강한 지향을 지녔다는 점에서 돋보였다.

문화 정책의 관점에서 독립 직후의 싱가포르 국가는, 내가 '*체제*로서의 문화'라고 칭하는 제목 하에 제시된, 국가 건설과 국가 안보, 사회적 규율을 강조했다. 정치적 지도력이 예술과 유산, 문화 산업의 분야에 대한 정책들을 포괄한, 소위 '*자원*으로서의 문화'라 불릴 수 있는 문화 정책은 1980년 말이 되어야 비로소 나타난다(Kwok and Low, 2002). '창조적인 산업'에 대한 중점의 이동은 2002년 9월 경제 구조조정 서비스 하위위원회가 제출한 보고서의 제목인 "창조적 산업 발전 전략(Creative Industries Development Strategy: CIDS)"의 명시화에 의해 가장 뚜렷하게 알려졌다. 이는 지도력이 기본적인 경제 정책의 광범위한 재검토를 수행하고 몇몇의 주도적인 공무원들이 "창조적 경제"에 대한 증가하는 문헌들을 포착했을 때 나타났다. 흥미롭게도 같은 시기에 홍콩의 정책 생산자들 또한 똑같은 선상에서 사고하고 있었다. 그에 따라 2003년 9월 "홍콩의 창조적 산업에 대한 기초 연구"가 홍콩 대학의 문화 정책 연구 센터에 의해 발행되었다. 이 두 개의 도시 국가가 몇 가지 특성을 공유하고 스스로를 아시아의 핵심 도시들로 위치지우려 노력해왔다는 것을 고려할 때, 이것은 그다지 놀라만한 일은 아닐 것이지만, 현재 이 두 도시는 방콕, 상하이와 같은 도시들과의 경쟁에 직면해 있다.

여기서 우리는 싱가포르의 "창조적 산업 발전 전략"을 보여주는 정책 형성의 특정한 방식을 잠시 검토할 필요가 있다. 우선 첫째로, 정책 생산자들은 세계적 경향에 대한 환경적인 검토를 수행한다. 이는 영국의 창조적 산업의 업무력(1997)에 대한 업적, 특히 계획 문건들(1998, 2001)과 2억 파운드 자금의 과학, 기술, 예술 분야에 대한 국가적 투자 등을 살펴보는 것을 포함한다. 또한 미국의 뉴잉글랜드 의회의 창조적 경제 발의안(1998)에도 관심을 기울였다.

좀 더 가깝게는, 싱가포르의 정책 생산자들은 통합된 궐룬(Kowloon) 서부 문화 지구를 위한 홍콩의 발표 계획들에 대해 인식하고 있었는데, 이는 개간된 40헥타르의 토지에 건설될 예정이었다. 언급했듯이, 세계 경쟁과 아시아의 이벤트 수도로 위치짓고자 하는 홍콩과의 비교에 대한 냉철한 인식이 존재했고, 그것은 불가피한 것이었다. 그러나 문화적으로 역동하는 도시로서 일어서고자 하는 상하이와 같은 도시 뿐만 아니라, 서울의 디지털 미디어 도시, 두바이 미디어 시티,

아일랜드 디지털 허브와 같이, "일, 삶, 놀이"의 세 가지를 통합하는데 특별한 관심을 쏟는 도시들도 있었다.

싱가포르의 정책 생산의 다른 측면은 부문별 계획이다. 이 경우에는 예술, 문화, 미디어의 세 가지 영역으로 나뉘어질 수 있다. 그러한 계획은 강조되어야 할 정책 생산의 마지막 측면과 연관이 있는데, 그것은 정부와 정부 관련 기관들이 국가 계획 맥락과 과정 내에서 함께 영입될 수 있는 상대적 수월성이다. 예를 들어, "창조적 산업 발전 전략"은 공사영역의 핵심적인 책임자들 - 정부 부처, 법적 위원회, 교육기관, 기술 회사, 창조적 분야의 사업가, 재정 기관 및 투자가, 지역 공동체와 비정부 기구 등 - 사이의 제휴를 강화하는 "국가 합동 전략"으로 발전되고 추천된다.

III. 문화적 중추(hub)에서 문화적 도가니(crucible)로?

요약하자면, 분명한 것은 정책 생산이나 - "도구적 합리성"의 사고방식이라 이해될 수 있는 - 계획적인 사고방식의 특정한 형태이다. 비록 싱가포르의 사례가 돋보이게 일관적인 방식으로 그러한 사고방식의 특징들을 보여주고 있지만, 이는 싱가포르에만 특이하게 나타나지는 않는다. 그러나 나의 견해로는 도구주의적 사고방식은 문화 정책의 형성에서 필요하지만 충분한 접근 방식은 아니다. 실제로 그런 사고방식은 싱가포르를 지역의 허브로 보는 구태의연한 생각에 더 가까울 수 있다. 왜냐하면 지역의 허브는 규칙과 절차들의 *표준화*를 통해 유동 *양*을 증가시키는 높은 수준의 효율성을 요구하며, 이는 *실험*을 통해 *가치*를 *창출*하는 *창조성*에 대한 새로운 요구와는 뚜렷이 대조를 이루기 때문이다(Kwok, 2001: 24).

정책 생산자에 의한 일부의 분석은 *이미지* 문제로 규정된 것에 초점을 맞춘다. "싱가포르는 다양한 관점에 대한 관용이 적으며, 과도하게 규제되어 있는 도시 국가로 형상화된 이미지를 떨쳐버릴 필요가 있다. 창조적인 사람과 기업들은 창조적인 담화에 관대하며 실험을 위한 장소를 제공하는 공간에 이끌리고, 그런 곳에서 번성한다(CIDS, 2002: 7)." 이 주장을 살펴보면, 혹자는 즉각적으로 정책 생산자들이 리차드 플로리다(Richard Florida)의 『창조적 계급의 성장』(*The Rise of the Creative Class*)(2002)을 읽었는지 궁금해 할 것이다. 그 이유는 그 책이 출판된 거의 같은 시기에 싱가포르의 정치 지도자들이 플로리다의 관용과 창조성에 관한 주장과 많은 부분에서 일맥상통하는 "보헤미아니즘"에 대해 이야기하기 시작하고, 성적소수자에 대한 정책에서 약간의 변화를 주었기 때문이다.

그렇다면 정책 생산자들에게 싱가포르에서 누락된 요소가 다양한 관점과 실험에 대한 관대함이라는 좋은 이미지인가? 이러한 관점에서, 공적 기구들은 과도하게 규율된 사회라는 싱가포르의 나쁜 이미지를 떨쳐버리기 위해 노력을 해왔다는 점을 지적할 필요가 있겠다. 몇몇 예들이 이 경향을 보여주는데 충분할 것이다. 표면상으로는 "pink dollar (주: 성적 소수자들의 구매력)"을 벌기 위한 이해관심에서 게이 문화의 번성에 대한 일정의 관용이 있어왔다. 예를 들어, 2004년 연간 동성애자들의 전국 파티를 위해 방문한 2,500명으로 추정된 외국 방문객들로부터 주최자들이 6백만 US 달러를 거둬들인 것으로 추정된다(Fairclough, 2004; cf. Heng, 2005). 또한, 바톱 댄스나 보다 최근의, 파리에서 온 미친 말(the Crazy Horse)에 의해 열려진 누드 공연과 같은 예들처럼 규제 완화도 있었다.

그러나 이러한 이미지 쇄신이 피상적인 것일까? 2002년 6월에 정보예술부에서 제출된 녹색 문서(the Green Paper – "문화자본에 대한 투자")의 초기 주장에서 "창조적 공간과 자유"와 관련하여 문제가 있다고 솔직하게 내린 결론은 아마 그 한계점에 더 근접했을지 모른다. "싱가포르 인들이 창조적일 수 있지만, 이 창조력이 종종 사회적 제재에 의해 억압받는다는 일반적인 합의가 존재한다. 고용인들은 혁신해보려 하기 전에 그들의 고용주에게 명확한 허가를 받아야만 한다. 이러한 심적 태도는 교육 체계와 공적 의사 전달을 통해 변화되어야만 한다." 정부 문서가 그 나라 안에서 창조력이 "억압받는다"는 것을 상례적으로 발표하지 않는다는 것을 고려한다면, 이는 놀라운 진술이다. 그러나 여기서, 그 문제가 일반적으로 정치적인 요소보다 "사회적 제재"로 전가되었다는 점을 주의해야 한다.

이와 관련해 '영국의 창조적 산업 업무력 계획 보고서'(2001)에서 제시된 '창조적 산업'에 대한 개념을 기억할 필요가 있다 – "…… 개별적 창조성과 기술, 그리고 재능에서 유래하는, 지적 재산의 창출과 개척을 통한 부와 직업 창출에 잠재력을 갖고 있는 활동들." 리차드 케이브스(Richard Caves, 2002)는 "예술, 미디어, 상업 간의 계약"에 중심을 두었지만, 존 호우킨스(John Howkins, 2001)는 그의 책 『창조적 경제: 사람들이 어떻게 아이디어로 돈을 버는가』(*The Creative Economy: How People Make Money from Ideas*)에서 저작권, 특허권, 등록 상표, 디자인 등 네 영역을 강조하였다. 만약 창조적 산업에 대한 정의가 이렇게 확장된다면, 우리는 과학과 기술의 연구개발 활동 또한 이에 포함해야 할 수도 있다. 그러나 나는 이 분야에 대한, 특히 생명과학과 관련된, 싱가포르의 정책들에 대해 여기에서 논의하지는 않을 것이다.

대신 나는 싱가포르 정부가 착수한 다른 발의 – 카지노를 핵심적인 소득 발생 요소로 삼는 광대한 유흥 단지인 "통합 휴양지"의 개발 – 에 초점을 맞추고자 한다. 카지노 사업이 오랜 동안 금지되어 있던 정책에 대항한 것이기에 중요한 정책 전환이었던 이 움직임은 다시 지역 내 도시들 간의 점증된 경쟁에 의해 추동되었다. 두 개의 통합 휴양지는 5조 US 달러의 가치에 달하는 투자를 가져올 것이라고 기대 된다. 결국 카지노에서 지역 주민들의 도박을 금지하지 않는 것으로 결정되었음에도 불구하고, 소득은 관광 수입과 세수입에서 발생할 것으로 보여진다. 거기에는 (라스베이거스로부터 온 것들을 포함하여) 게임 복합 기업들의 참여를 위한 공개 모집이 있었으며, 또한 그들 중 일부는 정부와 연관된 회사들을 포함한 지역 동업자들을 찾기도 했다. 그러나 정부에 의해 발기된 공공 토론은 "경제 이익 대 사회적 비용"의 사례로 틀이 형성되었다. 전자는 그 총액을 세입의 발생과 상승 효과들로 환산하는 정치적 지도력에 명백하게 다가왔다. 후자는 도박 중독과 노동 윤리의 감퇴와 범죄 및 여타 사회 문제들, 가정에 끼칠 영향, 그리고 도덕적이고 종교적인 반대들 등과 같은 결과들에 초점을 맞추었다. 카지노의 경제적 이익을 거두자는 결정을 내림으로써, 정부는 초래될 "사회적 비용"과 도박과 연루된 사회적 문제들에 대한 정책적 응답을 고안해야 했다. 따라서 정부는 국가도박위원회의 결성과 다음과 같은 "사회적 안전장치"에 대한 계획을 만들었다. "문제적 도박꾼"들의 확인, 자금에 대한 감시, 카지노 제한적 출입 허용, 신용 통제, 자발적 손실 제한, 범죄대응 조치, 게임 산업에 의한 기업의 사회적 책임이 그에 해당한다.

이 모든 조치들이 사실상 (최소한이 아닌) 극소화된 사회적 비용으로 최대한의 경제 이익을 가져온다면, 경제적 극대화와 사회적 관리 양쪽에 해당하는 그러한 이성적 모델의 중요성을 생각해보라. 사실 그 지역의 많은 나라들은 (그리고 도시들) 지금까지 카지노 도박의 허용을 자제해 왔다. 그러나 한 예측에 따르면, 2012년까지 동아시아에 최소 50개의 새로운 카지노가 존재할 것인데, 이는 그 지역의 도박 세입이 미화 13.4조 달러에서 44.8조 달러로 세 배 이상 증가될 것이다 (*The Straits Times* 2005년 10월 15일자). 여기서 아이러니는, 만일 싱가포르 모델이 실제 작동한다면, 그 지역 내 다른 정부들도 그것을 수용하는 것을 멈추게 하는 기제가 무엇일까? 라는 것이다. 그 모델의 수용은 다시 그 지역 내 도시들 간의 경쟁을 강화시킬 것이고, 이제 게임 도시로서의 싱가포르의 번영은 심각하게 위태로워질 것이다.

그러므로 "이곳의 카지노는 아시아의 가장 적은 세금을 낼 것이다."(*The Straits Times* 2005년 10월 19일자)라는 기사를 읽는 것은 전혀 놀랍지 않다. 싱가포르의 카지노 개발을 위한 입찰에서 성공한 두 명의 입찰자들은 "아시아의 가장 유리한 게임 수익 세금 비율을 즐기게 될 것이다"라고 공표되었다. 게다가, 카지노(수익)의 낮은 비율이 박물관에 보조금을 지급할 수 있도록 돈을 돌리게 할 것이라는 제안도 있었다. 이러한 측면에서, 하라 엔터테인먼트사(Harrah's Entertainment)는 낮은 세금 비율이 박물관을 "문화적 중심"으로 세울 수 있을 것이라고 공언했다. 따라서 그 기업은 입찰에서 싱가포르 정부와 연관된 회사와 한 짝을 이루어, 가시적으로 싱가포르를 세계적 무대에 세울 수 있을 지도 모를 박물관 지부를 발전시키기 위해서 폼피두(Pompidou) 센터와 협력하기로 했다. 그러나 이 모든 것은 다시 지역, 국가적, 지역적, 세계적 맥락 내에서 박물관의 역할에 대한 질문을 제기한다. (심각한 논쟁에 관한 이슈들은 Cuno, 2002와 Bilbao의 Guggenheim 박물관과 같은 사업을 둘러싼 논쟁 [cf. Guash and Zulaika, 2005]을 참고하라.).

싱가포르 또한 카지노 게임에서 이후의 큰 것을 따라잡는 의지와 힘 모두를 갖춘 라스베이거스 게임 복합 기업들의 전철을 밟을 수도 있다. 이는 그 도시를 단지 관광 도시로 전환할 뿐만 아니라(Judd and Fainstein, 1999), (주변의 맥락에서 벗어난) 끊임없는 테마의 강화, 공격적인 상표화(branding), 그리고 도시 내 일상생활의 구체적 현실을 외면하는 "시뮬레이션 기술"의 과잉 등의 특징을 지니는 '환상 도시'가 될 수도 있는 것이다(Hannigan, 1998). 더군다나, 그런 기술들은 새로운 형태의 유흥을 낳을 것인데, 이는 내가 강조했던 '*휴양*으로서의 문화'의 관점에서 또한, 특히 시민이나 방문객들을 위한 공원이나 휴양 시설 같은 공공재들의 공급과 관련하여 평가되어야 한다.

'*자원*으로서의 문화'적 관점에서 조차, 테마 공원이나 카지노가 '창조적인 산업'인가에 대한 질문을 던질 만하다. 우리는 또한 상승 효과 측면에서 공히 경제에 기여할 수 있는 문화 산업 (Hirsch)과 창조적 산업 사이에 중요한 차이가 있는지를 문제 삼을 수도 있다. 이 두 종류의 산업은 우리가 창조적 산업 업무력 계획 보고서(2001)에서 주어진 *창조적* 산업의 넓은 개념을 고려할 때조차도 분명히 서로 중첩된다. 그러나 우리가 어떻게 이 둘 사이를 구별 지을 수 있으며, 그렇게 함에 어떠한 개념적·분석적 장점이 있겠는가? (예를 들어, 디즈니랜드 양식의 테마 공원과 카지노가 문화적 산업 틀이나 창조적 산업 틀 중에 어디에 가까운 것인가? 스포츠와 마찬가지로, 도박이 일상생활 문화의 일부라는 수준에서,

도박 산업이 문화 산업이며, 운영자들에게는 수지맞는 산업이다.) 그러나 이것이 창조적 산업인 것인가? 그것이 소유주에게 파생물을 가져오며 지적 재산권을 사용하는가? 그 나라에 어떻게든 머물고 굴러다니는 이 돈이 새로운 문화 내용이나 창조적인 상품을 가져올 것인가? 이것이 바로 내가 질문하고자 하는 것이다. 만일 그렇다면, 다른 발의안들보다 그런 사업에 더 많은 강조를 하는데 특정한 종류의 비용이 있는 것인가? 카지노가 싱가포르를 더욱 창조적 도시로 만들 것인가? 문화유산 영역이 창조적 산업의 부분인가? 그리고 그런 노력에서 기대되는 확실한 경제적 이익이 없다면 '진정성(authenticity)' (Vines, 2005)을 향한 관점에서 유산 보존을 위한 투자에 대한 논쟁이 존재하는가?

이러한 이슈들은 시민 사회 영역에서 시민들에 의해 논쟁될 사안들이지만, 도구주의적 패러다임의 우위에 가려 도외시되었다. 또한 그 패러다임은 공적 토론을 "경제적 이익과 사회적 비용"의 맥락에서 틀지우고, 전자는 신속하게 수확을 얻을 것이고, 후자는 효율적으로 관리될 수 있다는 가정을 하게 한다. 역설적이게도 사회적 비용은 더 많은 "사회적 규제"와 창조성을 도모하지 않는 환경을 강화시키기 쉬운 감시 기제들을 통해서만 관리될 수 있다.

여기서 피터 홀이 도시를 "문화적 도가니(crucible)"로 분석한 것을 고려해 보는 것은 유용할 것이다. 특히 그는 창조적인 도시들은 "사회적 관계들과 가치, 세계관의 변화의 진통"을 겪어보고 반응했던 재능 있는 사람들을 갖고 있는 경향이 있다. …… 그들 모두는 보수적인 힘과 가치들의 집단과 …… 완전히 반대에 있는 급진적인 가치의 집단 사이의 어렵고 불안정한 긴장의 상태에 있었다고 지적한다. 홀은 이에 첨부하기를, "결정적으로 드러나는 것은 이 충돌이, 아님 최소한 이 분리가 그들 스스로 심각한 정도로 *주변인*으로 느끼는 창조적 사람들의 집단에 의해 경험되고 표현된다는 점이다. 그들은 속하면서 속하지 않으며, 권력과 권위의 자리와 모호한 관계를 맺는다." 홀의 연구는 또한 "모든 경우에서 초기의 경제적 이익은 대중적으로 보다 큰 문화적인 것으로 전환되는 것"을 보여준다(Hall, 1998: 285-86). "혁신적인 환경"으로서의 도시에 대해, 그는 또한 "매우 높은, 특히 외양상 매우 실험적이고 비전통적인 젊은이들의 이민율", 그리고 "같은 의견을 가진 개인들 사이뿐만 아니라 매우 다른 사회-경제-문화적 집단들 사이의 높은 수준의 상승 작용"의 중요성을 지적한다(Hall, 1998: 302). 이 주장을 따른다면, 싱가포르 내 문화 정치학의 상대적 부재는 그 나라가 세계 도시 혹은 창조적 도시가 되고자 하는 정부의 야망의 한계와 모순을 두드러지게 한다.

IV. 결론: '문화적 지속 가능성'을 위한 생태적 접근

통합된 휴양지는 곧 건설될 것이고, 그것들은 싱가포르의 역동하는 세계 도시가 되려는 야심에서 어느 정도 자부심이 될 것이다. 그러나 창조적 도시는 문화적이고 창조적 산업들의 훨씬 더 크고 복잡한 혼합을 필요로 하며, 통합된 휴양지 내지 "대규모 사업" 패러다임과, 아마도 언저리 혹은 변방(예를 들어 예술 집단의 역동성으로부터) 발생하는 다른 형태의 창조성 사이에 존재하는 일종의 창조적 긴장을 필요로 한다. 싱가포르에서 보다 적은 문화적 행위자들의 기여들이 어떠한 방식으로 장기적인 문화적 자본의 축적이라는 관점에서 촉진될 것인가? 우리는 또한 안전을 향상시키는 조치들과 창조성을 증진하는 조치들 간의 관계를 살펴보아야 한다. 싱가포르 국가가 안전을 최우선 순위로 한다는 바는 잘 알려져 있다. 그리고 안전이 테러리즘이나 유행병과 같은 위협과 관련이 있든 없든, 매우 포괄적이고 총괄적으로 다뤄져 왔다. 그러나 우리는 그 안전의 사고방식과 안전 조치들의 과잉이 싱가포르에서 창조성의 "생태학"에 영향을 주는지의 여부와, 준다면 어떻게 영향을 미치는 지에 대해, 그리고 안전을 위한 요구 속에 사회 내 창조성이 침식되는 조건들은 무엇일까에 대해 고려해야 한다.

마지막으로, 우리가 싱가포르에서 필요로 하는 창조적 역량들의 종류들 중 하나는 "종합적(synthetic) 창조성"이다. 나는 창조적 도시에 대한 다른 연구 중 몇 문장을 인용함으로써 글을 맺고자 한다(Landy and Bianchini, 1995).

"…… 우리가 점차 더 많은 사실들을 알아가지만, 이해하는 바는 적어지고 있는 이 때, 우리에게는 완전히 다른 종류의 창조성이 필요하다. 특히, 우리는 삶의 다른 영역들을 교차하는 영향들을 종합하고, 연결하고, 평가할 수 있게 하는, 물적 변화가 어떻게 우리의 지각에 영향을 미치는지를 통일적으로 보고 이해할 수 있게 하는, 우리 삶의 체계의 미세한 환경들을 이해하고 어떻게 그것들을 지속가능하게 할 것인지 알 수 있게 해 줄 창조성이 필요하다. 다른 말로 하면, 우리는 학제들과 소통망, 연결인들을 …… 넘나들며 사고할 수 있는 사람인, 중개인의 능력이 필요하다."

싱가포르는 사회 공학의 경이로, 경제 발전, 과학과 기술, 통치 등의 영역들에서 성공의 집약체로 인지되어 왔다. 이는 지도자와 시민, 영구 거주인들과 손님들에 의한 "종합적인 창조성"의 요소 없이, 공학적 관점이나 경제주의적 견해에만 의지함으로써 얻어질 수 있는 것은 아니었다. 그러나 장기적인 관점에서 싱가포르는 현재의 장점을 지속 가능하고 역동적인 종합(synthesis)을 건설하는 데 도움이 될 문화적 자원들로 "광범위하게 전환"해야 한다. '*성찰*로서의 문화'의 진작과 통일적이고 생태적인 접근이 없다면, 이 도시는 주기적인 경기 침체나 지역 위기의 시기 때 도시 스스로 재활하도록 도운 '문화적 지속 가능성'을 동시에 발전시키지 않으면서, 경제 성장을 위한 대규모 사업을 실행할 것이다.

References

· Anderson, Benedict. 1983. *Imagined Communities*. London: Verso.

· Beck, Ulrich. 1999. *World Risk Society*. Cambridge: Polity Press.

· Bianchini, Franco and Michael Parkinson (eds.). 1993. *Cultural Policy and Urban Regeneration: The West European Experience*. Manchester: Manchester University Press.

· Caves, Richard. 2000. *Creative Industries: Contracts between Art and Commerce*. Cambridge, Mass: Harvard University Press.

· Centre for Cultural Policy Research: The University of Hong Kong. September 2003. *Baseline Study on Hong Kong's Creative Industries for the Central Policy Unit, HK Special Administrative Region Government*. The Central Policy Unit Hong Kong Special Administrative Region Government.

· Crane, Diana, Nobuko Kawashima, and Ken'ichi Kawasaki (eds.). 2002. *Global Culture: Media, Arts, Policy, and Globalization*. New York: Routledge.

· Creative Industries Task Force Mapping Document. 2001.

http://www.culture.gov.uklcreative/mapping.html.

· Cuno, James. 2002. “A World Changed? Art Museums After September 11.” *American Academy of Arts and Social Sciences Bulletin* (Summer).

· Fairclough, Gordon. 2004. ‘Gay Asia: Tolerance Pays.’ *Far Eastern Economic Review*. 28th October.

· Florida, Richard. 2002. *The Rise of the Creative Class: And How it’s Transforming Work, Leisure, Community and Everyday Life*. New York: Basic Books.

· Florida, Richard. 2004. *The Flight of the Creative Class: The New Global Competition for Talent*. New York: HarperBusiness.

· Fraser, Matiew. 2005. *Weapons of Mass Destruction: Soft Power and American Empire*. New York: Thomas Dunne Books St. Martin’s Press.

· Gaonkar, Dilip Parameshwar. 2001. “On Alternative Modernities.” in Dilip Parameshwar Gaonkar (ed). *Alternative Modernities*. Durham and London: Duke University Press. pp 1-23.

· Giddens, Anthony. 1990. *The Consequences of Modernity*. Stanford, California: Stanford University Press.

· Guash, Anna Maria and Joseba Zulaika (eds). 2005.

Learning from the Bilbao Guggenheim. Reno, Nevada: Center for Basque Studies, University of Nevada, Reno.

· Hall, Peter. 1998. *Cities in Civilization*. New York, Pantheon.

· Hall, Tim and Phil Hubbard (eds). 1998. *The Entrepreneurial City: Geographies of Politics, Regime and Representation*. Chichester: John Wiley & Sons.

· Hannigan, John. 1998. *Fantasy City. Pleasure and Profit in the Postmodern Metropolis*. London: Routledge.

· Heng, Russell. September 2005. 'Who's Pinker Now?' *Asia!*

· Hesmondhalgh, David. 2002. *The Cultural Industries*. London: Sage Publications Ltd.

· Hirsch, Paul M. 'Cultural Industries Revisited.' *Organization Science* Vol. 11, No.3. May-June 2000, pp 356-361.

· Howkins, John. 2001. *The Creative Economy: How People Make Money from Ideas*. Penguin.

· Huizinga, Johan. 1955 [1938]. *Homo Ludens: A Study of the Play Element in Culture*. Boston: Beacon Press.

· Judd, Dennis R. and Susan S. Fainstein. 1999. *The Tourist City*. USA: Yale University Press.

· Kwa Chong Guan. 2004. "From Temasek to Singapore:

Locating a Global City-State in the Cycles of Meleka Straits History" in John N. Miksic and Cheryl-Ann Low Mei Gek (eds). *Early Singapore 1300s-1819.* Singapore: Singapore History Museum, 124-146.

· Kwok Kian Woon. 2001. "Singapore as Cultural Crucible: Releasing Singapore's Creative Energy in the New Century." In Lee Geok Boi (ed.). *Singaporeans Exposed: Navigating the Ins and Outs of Globalisation.* Singapore: Landmark Books, 21-37.

· Kwok Kian Woon. 2002. 'Cultural Policy After September 11.' *International House of Japan Bulletin*, Vol. 22, NO.2, Autumn: 62-73.

· Kwok Kian Woon. 2007. "Just What is New about the 'New Politics of Identity'." In Tan Tarn How (ed.) Singapore Perspectives 2007. Singapore: Institute of Policy Studies & World Scientific, 57-68.

· Kwok Kian Woon and Low Kee Hong. 2002. 'Cultural Policy and the City-State: Singapore and the "New Asian Renaissance".' In Diana Crane, Nobuko Kawashima, and Ken'ichi Kawasaki (eds.). *Global Culture: Media, Arts, Policy, and Globalization.* New York: Routledge, 151-168.

· Landry, Charles and Franco Bianchini. 1995. *The Creative City*. London: Demos.

· Landry, Charles. 2000. *The Creative City: A Toolkit for Urban Innovators*. London: Earthscan Publications.

· Miller, Toby. 1993. *The Well-Tempered Self: Citizenship, Culture and the Postmodern Subject.* Baltimore and London: The John Hopkins University Press.

· Ministry of Information & the Arts. 2000. *Renaissance City Report.* Singapore.

· Ministry of Information & the Arts. 2002. "Creative Industries Development Strategy."

· Ministry of Information & the Arts. 2002. "Investing in Singapore's Cultural Capital." Singapore (MITA Green Paper).

· Ministry of Information & the Arts and Singapore Tourism Board. 2000. Singapore – *Global City for the Arts.* Singapore (Third Edition).

· Ooi Giok Ling and Brian J. Shaw. 2004. *Beyond the Port City – Development and Identity in 21st Century.* Singapore: Prentice Halh.

· Sadar, Ziauddin. 2002. The A to Z of Post modern Life: Essays on Global Culture in the Noughties. London: Vision.

· Sassen, Saskia. 1991. The Global City: New York, London, Tokyo. Princeton NJ: Princeton Universiy Press.

· Short, Rennie John and Kim Yeong-Hyun. 1999. *Globalization and the City*. New York: Addison Wesley Longman.

· Steinert, John. 2003. *Culture Industry* [translated by Sally-Ann Spencer]. Cambridge: Polity Press.

· Therborn, Goran. 1995. "Routes to/through Modernity." In Mike Featherstone et al. (eds) Global Modernities. London: Sage, 124-139

· Throsby, David. 1999. "Cutural Capital." *Journal of Cultural Economics* 23: 3-12, 1999.

· Throsby, David. 2001. *Economics and Culture*. Melbourne: Cambidge University Press.

· Vines, Elizabeth. 2005. *Streetwise Asia: A Practical Guide for the Conservation and Revitalisation of Heritage Cities and Towns in Asia*. Bangkok: UNESCO and the World Bank.

· Zukin, Sharon. 1995. *The Cultures of the Cities*. Oxford: Blackwell Publishers.

제 13 장

사회학적 중국 연구방법의 모색*

원재연**

I. 들어가는 말: 최근의 중국연구 동향

사회학적인 중국연구는 가능한가? 최근 우리 학계에 불어든 지역학에 대한 지대한 관심에도 불구하고, 일반적으로 지역연구(area studies) 내에서 사회학적 연구는 현재까지 크나큰 두각을 나타내지 못하고 있다. 우리 학계의 지역연구의 구도에 있어서도 이것은 예외가 아니며, 한국사회에서 지역연구, 특별히 중국연구는 주로 경제학과 정치학의 주도 아래

* 본 논문은 연세대학교 사회과학연구소 발간의 사회과학논총 제36집에 실린 논문을 보완 수정한 것이다. 교정을 도와준 조은진에게 감사한다.

** 연세대학교 사회학과 조교수.

전개되어 왔다(김경일, 1998). 이 글에서는 다른 학문분야와 구별되는 사회학에서의 지역연구의 가능성을 중국연구를 통해서 모색해 보고자 한다. 구체적인 차원에서 정치학이나 경제학과 구별되는, 사회학과 지역학의 만남은 어떤 모습이 될 것이며, 또한 어떠한 사회학적 방법론을 사용해야 할 것인가? 이 글에서는 주류사회학의 인식론적 실증주의와 목적론적 일반화를 넘어서는 방법론적 다양화를 통하여 사회학적 지역연구가 가질 수 있는 보다 다채로운 연구 성과의 가능성을 주장하고자 한다. 그리고 이를 통하여 정치학과 경제학 등 다른 사회과학과 구별되는 독특한 학문적 공헌을 거둘 수 있을 것이다.

먼저 최근 중국에 대한 학문내적/학문외적 관심의 부상과 더불어, 지역학으로서의 중국학이 학계에서 급부상하게 된 역사적 맥락을 살펴보아야 한다. 우리 사회에서 1990년대 중반이후 세계화, 전지구화에 대한 대응과 사회과학의 (재)활성화를 위하여 지역연구 붐이 일었다. 그 배경을 간단히 요약하면 다음과 같다.

우선적으로 중국 내부에서의 변화이다. 중국에서는 농업, 공업, 군사, 과학으로 대표되는 네 차원의 근대화와 더불어 개혁과 개방(1979년~현재)이 지속적으로 진행되었다. 또한 1992년의 한중수교는 중국연구의 새로운 가능성을 열었다. 중국의 지속적이고 꾸준한 개혁개방과 급속도로 성장한 중국경제는 한국사회의 발전과 매우 밀접한 연관성을 가지고 있으며, 사회과학자들에게는 새로운 경험적 연구의 기회를 제공하였다. 중국은 단기간에 걸친 급속도의 성장과 더불어 전근대, 근대, 탈근대적인 모습이 공존하는, 세계적인 변화와 중국사회의 전통적인 양태가 공존하는 모습을 보이고 있다. 이러한 중국의 모습은 사회과학자들에게는 매우 흥미로운 연구대상으로 부각되고 있다. 동아시아 국가로서 급속한 경제성장을 경험하며, 탈사회주의 개혁을 성공적으로 수행하고 있는 중국의 모습을 단순하게 기존 서구 사회과학의 특정 이론 틀에 맞추어 설명하기는 무척 어렵다. 또한 러시아나 동구와 구별되는 안정적이고 성공적인 탈사회주의 개혁과 신자유주의적 세계화 속에서도 지속적으로 이루어지는 고도의 경제성장, 천안문사태 등에서 나타나는 민주주의 및 인권문제 등은 사회과학자들에게 매우 흥미 있는 연구대상이다.

하지만 1990년대까지만 하더라도 우리사회의 중국연구는 학계의 큰 주목을 받지 못했던 것이 사실이다. 1990년 전후의 중국연구는 다분히 비학문적 성격이 강하여 여행서, 기행문, 기초적인 언어 소개 등의 출판물이 대부분이었고, 학문분야에서도 서진영, 안병준, 이정식, 이홍영, 이채진 등 소수 연구자들의 개괄적인 총론서들이 지배적이었다. 1992년 수교이전에 중국에 대한 사회과학적 연구는 주로 미국유학출신이나 대만출신, 그리고 국내에서는 외국어대학교 중문학과출신들이 주도하는 형세였다. 하지만 최근 우리학계에서는 '동아시아담론', '중국위협론', '동북아시대 담론', '한류' 등, 중국을 비롯한 동아시아 다른 국가들에 대한 많은 관심이 급속히 부각되고 있으며, <역사비평>, <계간 사상>, <동향과 전망>, <창작

과 비평>, <문학과 사회> 등 많은 잡지에서 이러한 주제를 가지고 다양한 출판이 진행되고 있다(이남주, 2002; 이희옥; 2002; 조효제, 박은홍, 2005; 김성주, 차문석, 2004; 정문길, 최원식, 백영서, 전형준, 2004).

이러한 다양한 출판 시도 중 우리 학계를 지배하는 한 가지 주된 흐름은 추상적이고 이론적인 거대담론이다. 다분히 당파적이고 이데올로기적인 성격이 강한 담론 중, 가장 두르러진 것은 한국에서 동아시아학 혹은 중국학을 하는 의미에 대한 고민과 성찰을 반영하는 시도들이다. 그 시발점 중 하나라고 말할 수 있는 리영희의 『전환시대의 논리』(1990)에 따라 우리 학계의 미국위주의 식민주의성을 극복하기 위해서 미국중심의 연구방향, 관심, 글쓰기를 극복할 수 있는 중국중심의 학문적 재구성이 필요하다는 주장도 있다.

그 대표적인 예로는 <역사비평>에서 출판된 김희교의 논문을 들 수 있다. 김희교 (2002: 201)는 '중국도 위험해질 가능성이 있지만 미국의 패권주의에 대항하는 것이 더 시급하다'며 중국학 연구자들에게 중국과 미국 사이에서 하나의 정치적인 입장의 선택을 내리기를 요구한다. 중국에 대한 연구는 다분히 '중국을 위한' 연구가 되어야 하며, 그 내적 논리를 이해하기 위해서 서구적인 시각과 입장을 극복해야 한다는 것이다. 김희교가 던지는 이러한 문제의식, 즉 우리 학계의 연구 소재와 주장의 논거가 다분히 미국의 관심, 연구방향, 그리고 글쓰기에 종속되어 있다는 주장은 타당하다.[1] 일반적으로 우리 학계에서 나타나는 오리엔탈리즘 혹은 서구중심주의가 지역연구, 특히 중국연구에서도 드러난다는 지적은 매우 설득력이 있다. 따라서 서구적, 미국적 편견이 있는 중국학을 극복하고 새로운 대안을 찾고자 하는 그의 시도는 참신하게 들린다. 그러나 김희교의 논문 내용 중, 중국의 인권문제에 대한 언급을 회피하거나 중국 민중의 삶의 질 하락문제에 대해 도외시하는 것은 과도한 정치적 시도와 당파성에 입각한 흑백논리로 보인다. 중국에 대한 경험적 연구가 반드시 중국공산당의 공식 입장과 일치할 필요는 없다. 하지만 그는 분명한 적인 미국의 패권주의와 식민주의에 대항하기 위해서, 적의 적이 될 수 있는 중국에 대한 다분히 긍정적인 학문적 시각을 요구한다. 김희교에 따르면, 중국이 미국 중심적이고 미국 종속적인 연구에 대한 대안이 될 수 있는 근거는 중국이 우리에게 바람직하고 대안적인 자주적인 근대상을 제시하고 있다는 점에서 출발한다. 구체적인 예들 들면, 김희교는 중국공산당은 여전히 사회주의 정당이며 '부르주아를 대변하는 정당이 아니며(2002: 207) …… 탈식민주의라는 해방의 역사를 걸었다(2002:

1) 김희교는 '한국은 전형적인 미국의 신식민지로 철저히 미국의 속국'이라고 주장한다. 필자는 중국연구가 서구사회과학자들의 서구중심주의와 오리엔탈리즘의 환상에서 벗어날 수 있는 경험적 연구의 공간이 될 수 있는 가능성은 충분하다고 생각한다. 서구학자들과 중국학자, 한국의 중국연구자들 사이의 다양한 연구와 해석 그리고 토론을 통하여 새로운 연구방법과 기존에 가졌던 편견에서 벗어날 수 있는 새로운 가능성을 찾을 수 있을 것이다. 다시 말해, 중국연구는 중국연구로서 그치는 것이 아니라 사회과학의 식민주의를 극복할 수 있는 공간으로서의 잠재성을 가진다. 하지만, 이러한 잠재성은 보다 경험적인 학문연구의 축적과 학자 간, 학제 간의 교류에서 비롯되어야하며, 중국사회 역시 비판적으로 바라볼 수 있는 안목이 필요하다.

212)'고 주장한다. 이는 중국 내부의 지식인들 사이에서도 논란의 여지가 무척 많은 주장이며 다분히 일방적으로 중국 공산당정부의 입장을 지지하고 옹호하는 듯하다. 중국 내 다양한 지식인들 중 모택동주의자 등의 구좌파와 비슷한 시각을 보이는 김희교의 글은 현재 우리 학계 내 지역학의 한 특성을 보여준다. 이는 다분히 추상적이며, 이데올로기적이고 당파적인 성격이 강한 연구들이지만, 이를 뒷받침할만한 경험적인 근거가 충분하지 않으면 소모적인 논쟁에 그칠 위험이 있다.

이러한 연구들에 대해서 필자는, 문제제기 차원에서 식민주의를 극복하자는 점에는 동의하지만 그 이데올로기성과 당파적인 성격에 전적으로 동의하기 어렵다. 즉, 이러한 논문들이 주창하는 바는 다분히 정치적인 구호나 선전 · 선동구의 성격이 강하여 연구의 방향성과 이론적 관점을 제시하는 데는 실효성이 있을지는 모른다. 하지만, 구체적으로 그리고 경험적으로 어떤 내용성이 있으며 어떤 구체적인 방법과 자료들을 사용하는 중국연구 혹은 지역연구를 할 것인가에 대해서는 대답하기 어렵다. 또한 25여 년에 걸친 중국사회의 개혁개방과정에서 나타나는 부작용과 중국사회의 문제점에 대해서 무조건 침묵하기도 어렵다. '비판적' 시각을 갖고 식민주의를 극복하는 중국연구는 당연히 필요하지만, 어떻게(how) 할 것인가에 대해서는 구체적인 해답이 보이지 않는다.[2] 따

2) 비판적인 중국연구를 논함에 있어, 연구자 자신이 진보적이나 비판적인 시각을 가진다고 해서 연구 성과물 자체가 비판적이고 진보적이라고 말하기는 어렵다. 이에 대하여 고부응

라서 이러한 문제제기는 중국연구의 기본적인 출발점이 될 수 있을지는 모르지만, 수준 높은 학문적 연구과 성과를 보장하는 완결점은 결코 아닌 것이다. 본 논문은 이러한 맥락에서 '어떻게'라는 고민에 대한 구체적인 대답을 찾아보고자 한다.

다른 한편, 기존의 한국 학계에서의 경험적 중국연구는 경제학과 정치학을 중심으로 한 문헌적 연구와 설문 조사형의 통계적 연구가 중심을 이루고 있다 해도 과언은 아니다. 이들의 주된 학문적 관심분야는 주로 시장화와 제도개혁 등 거시적인 수준에서의 분석으로 국가, 시장 등의 체제개혁에 주로 관심을 가진다. 경제학 중심의 연구를 보면 (이근, 정영록, 김익수 등), 최근 중국의 경제개혁에 대한 현황보고와 동시에 한국기업의 중국 경제활동에 관련된 주제들을 다루고 있다. 가장 활발한 지역연구가 진행되고 있는 곳은 세종연구소 등 정치학 중심의 연구(이홍영, 정재호, 서진영, 이희옥, 이남주 등)로, 중국정치체제변동에 대한 고찰과 동시에 한중관계, 중국에 대한 한국의 외교정책에 대한 실제적이고 현실정책적인 요구를 충족시키는 역할을 하고 있다.[3] 이밖에 여

은 이렇게 말한다. '식민이데올로기를 강요한다고 해서 우리가 서양과의 관계를 단절해야 한다거나 서양문학을 읽지 말아야 한다는 주장은 있을 수 없다. 따라서 우리가 생각해야 할 점은 식민이데올로기를 강요하는 서양의 식민담론내지 문학을 어떻게 읽을 것인가의 문제이다(1995: 252).'

3) 영어권에서 출판된 최근 중국관련 정치학분야의 동향과 업적정리는 로우웰 디트머(Lowell Dittmer)와 윌리암 허스트(William Hurst)(2003)의 "Analysis in Limbo: Contemporary Chinese Politics Amid the Maturation of Reform"을 참고하길 바란다. 이 글에서는 정치학 분야의 중국연구 성과를 크게 지방정치, 중앙국가, 이데올로기와 정치문화, 국가/사회관계, 대외정책 등으로 정리하고 있다.

러 인류학자들(김광억, 정종호, 장수현, 장정아 등)의 현지조사연구를 통해 중국인민들의 삶을 미시적으로 엿볼 수 있으나, 일반적으로 질적인 지역연구는 한국사회의 중국연구에서 아직도 주변적인 위치에 지나지 않는다.4)

이에 사회학적인 지역연구는 과연 무엇이며, 또한 그 방법론적 정체성은 어떠하며, 마지막으로 다른 사회과학 분과학문들과는 어떤 차이가 있을까하는 이러한 질문에 대한 잠정적인 해답을 제공하고자 한다.

한국 사회학계에서의 지역연구, 특히 중국연구는 아직도 일부 소수학자들 만의 제한적인 관심에 지나지 않는 한계가 있다. 서울대의 장경섭, 중앙대의 백승욱, 성공회대의 장영석, 아주대의 최은영, 부경대의 이중희, 경북대의 이동진 등 아주 극소수에 지나지 않는다. 이는 중국 현지 유학생의 경우도 마찬가지로, 경제학, 정치학 유학생에 비해서 사회학을 전공하는 유학생은 매우 소수(북경대 1~2명)에 지나지 않는다. 필자는 이러한 사회학 내에서의 지역학의 미발전이 미국 중심의 계량적이고 실증주의적인 방법론에서 비롯되는 한계라고 생각한다. 다시 말해, 미국에서의 주류사회학은 목적론적으로 '법칙추구' 또는 보편적인 일반성을 추구하고 인식론적으로는 실증적인 계량적 연구를 지향하고 있기 때문에, 연구자 자신

4) 지역학에 있어서 또 다른 특징으로는 정치학/경제학의 헤게모니와 외대 중문과 출신들이 부상되고 있다는 점을 들 수 있다. 이는 우리 사회에서 전문적인 지역전문가를 배출해낸 경험이 상대적으로 적기 때문에, 현지 언어 실력이 뛰어난 외국어대 출신이 사회과학적인 지역연구에 많이 참여하였다는 점을 보여준다. 사회학의 상대적인 저발전과 경제학/정치학의 부상은 연세대에서도 예외는 아니다. 현재 지역학의 중심이라고 할 수 있는 국제학대학원, 지역학과정, 동서문제연구원 등도 정치학 연구자들이 압도적으로 우세한 실정이다.

과 언어와 문화가 다른 사회를 구체적이고 경험적으로 연구하는데 근본적인 한계를 갖게 된다. 이는 한국 사회학계 내에서 중국에 대한 상대적인 무관심과 그 사회학적 방법론적 지향과 연관이 있고 본다. 따라서 이에 대한 해결책은 주류 사회학의 방법론을 넘어서는 방법론적 다양화에서 찾을 수 있을 것이다.

본 논문은 다음과 같은 구성을 가진다. II장에서는 주류사회학의 방법론적 지향성에 대하여 논의하면서, 왜 지금까지 사회학과 지역학이 밀접하게 연관되지 않아 왔는지를 진단해 본다. 주류 사회학의 방법론적 지향인 일반화, 다수사례비교, 법칙추구와 지역학은 거리가 그다지 가깝지 않다. III장에서는 주류사회학적 방법론을 중국연구에 경험적으로 적용하였을 때 나타나는 현실적인 문제점에 대하여 자세히 이야기해 본다. 사회주의 사회인 동시에 또한 제도적인 차원에서의 민주화가 결여된 중국 상황에서 주류사회학의 방법만으로 경험적 연구를 수행하기는 쉽지 않다. 또한 자료 분석에 있어서도 사회학의 주된 자료들인 서베이자료, 문헌자료, 통계자료 모두 그 타당성과 신뢰성에 문제가 있다. 마지막으로 IV장에서는 앞서 논의한 주류사회학을 중국연구에 적용하였을 때 나타나는 문제점을 극복할 수 있는 대안적인 연구방법을 모색해 본다. 이 시도 자체가 완결되거나 한 가지 올바른 정답을 제시한다기보다는 다분히 실험적인 성격을 가지며, 한 연구방법론의 독점적 우위를 주장하는 것은 결코 아니다. 오히려 다양한 방법론적 접근을 통하여 중국연구에 있어 보다 풍부한 연구 성과를 달성할 수 있는 가능성을 모색하는 것이다.

II. 주류사회학의 방법론적 지향성

한국외대 지역학연구회에서 출판한 『지역학 연구의 과제와 방법』(2000)에는 “지역학과 인접학문”이라는 소제목이 있다. 이 부분에서 지역학과 정치학, 지역학과 국제관계학, 지역학과 문화학은 언급되고 있지만, 지역학과 사회학에 대해서는 전혀 언급하지 않는다. 이 책에서 지역학은 ‘지리적으로 분류된 한 지역 또는 국가의 언어, 문학, 역사, 사회, 정치, 경제, 국제관계 등을 종합적으로 연구하여 총체적으로 파악하는 학문’으로 정의된다. 그러나 그 방법론에 대해서는 구체적인 언급이 없어, 대개 지역학 하면 고대 언어를 공부하는 연구자와 현대 경제체계를 연구하는 학자가 같은 국가를 연구한다는 이유로 함께 분류가 된다. 다시 말하면, 한 국가에 대하여 모든 것(everything)을 연구하는 것이 넓은 의미의 지역학인 것이다.

그러면 사회학의 전통 안에서 왜, 그리고 어떻게 지역학적인 관심이 상대적으로 빈약해졌는지 살펴보도록 하자. 그 출발점은 사실 고전 사회학에서부터라고 할 수 있다. 서구 사회학의 창시자 중 한 명인 막스베버(Max Weber, 1976)는 『개신교윤리와 자본주의정신』에서 왜 서구에서만 근대적인 합리적 자본주의가 출현할 수 있는가에 대한 비교 사회학적인 질문을 던지고 있다. 바꾸어 말하면, 비서구 사회들 즉, 유교나 힌두교 혹은 이슬람교가 지배적인 종교 형태이던 아시아 사회에서는 왜 근대적인 자본주의가 존재하지 않았는가 하는 부정적인 질문(negative question)인 것이다. 이러한 아시아 사회에서는 합리적 자본축적이 결여되어 있었으며, 합리적인 경제활동을 보장해줄 종교나 윤리체계가 존재하지 않았다. 이는 베버에게 있어서 아시아 사회가 서구 사례의 특이성 증명을 위한 반증사례에 지나지 않았으며 기본적인 연구 관심은 서구사회에 있었다는 점을 보여준다. 하지만 베버는 아마추어 오리엔탈리스트이었다. 비서구 언어를 제대로 하지도 못하였고, 1차 자료를 해독할 수 있는 능력도 부족하였다. 하지만 이러한 점들은 후대 사회학자들에게 베버에 대한 평가에 있어 결코 중요한 점으로 부각되지 못하였다. 이것은 사회학자들에게 중국 혹은 아시아 사회에 대한 몰이해와 자료부족은 그다지 큰 문제점이 되지 못함을 보여준다.

사회주의 혁명을 기원하며 해방적, 실천적인 사회과학을 추구하였던 마르크스(Karl Marx)에게도 이는 예외가 아니다. 마르크스(1978)의 아시아 사회에 대한 인식이 드러난 "On Imperialism in India"라는 저작에서 그는 서구와는 구별되는 아시아 및 제3세계에서 혁명의 가능성에 대하여 상당히 부정적인 시각을 보여준다. 즉 인도를 비롯한 아시아 사회는 과거 서구유럽자본주의사회의 전자본주의 사회 모습을 보여주며, 서구유럽 자본주의 사회의 제국주의적 침략은 실제로 정체된 아시아 사회의 생산력을 증가시킨 혁명적이고 긍정적인 변화였다고 주장한다. 아시아 사회가 주체적으로 발전할 수 있는 잠재성이 결여되었다고 여긴 마르크스의 시각은 베버와 비슷하게 서구 중심주의적 이라고 할 수 있다.[5)] 진정한 혁명은 오직 생산력이 고도로 발달된 서구사회에서만 가능하며, 마르크스에게 인도와 같은 아시아사회는 서구에 비하여 상대적으로 저 발전된 정체된 사회였던 것이다. 최근 여러 사회학자들(Connell, 1997)이 지적한 것처럼 사회학은 그 출발부터 서구중심주의적인 시각을 가져왔다고 말할 수 있으며, 아시아 사회에 대한 지역연구의 관심은 그 시작부터 결여되어 있었다.

또한 최근의 사회학 동향은 거시적인 다국가 간 비교방법을 추구하며, 한 국가에 대한 사례 연구의 경우는 거시적 일반화의 한 사례에 그치는 한계가 있다. 역사사회학에서 수행된 중국에 대한 연구가 그 좋은 사례일 것이다. 미국사회학계에서 역사사회학이라는 새로운 하위분야를 개척한 스카치폴(Theda Skcopol)의 『국가와 사회혁명』(1979)에서도 중국에 대한 사례가 등장한다. 하지만 스카치폴의 이 저작에서도 중국은 사회혁명의 비교연구와 사회혁명에 대한 일반이론의 확립이라는 목적을 달성하기 위한 하나의 사례에 지나지 않는다. 스카치폴이 지향하는 거시인과분석과 혁명연구이론의 일반화를 위하여 중국사례는 그 역사적 맥락이나 혁명의 성격이 크게 차이가 남에도 불구하고 1776년의 프랑스 혁명과 비

5) 마르크스의 경우에 서구자본주의 발전을 비판적으로 생각했던 것도 사실이다. 하지만, 마르크스는 아시아 사회가 서구 부르주아 자본주의 문명에 대항할 수 있는 저항의 능력을 가졌다고 생각하지 않았으며 오히려 서구사회에서만 진정한 사회주의 혁명이 일어날 수 있다고 생각하였다.

교가 된다. 특별히 두 국가가 차지하는 문화, 지역, 역사적 차이를 단순화 하여 거의 200년에 달하는 시대적 차이를 무시하고 밀의 일치법을 사용한다는 점도 특이하며, 사용한 자료도 대부분은 영어권 2차 자료를 이용하였다. 스카치폴의 중국에 대한 연구는 거시적 일반화를 지향하는 사회학자들의 지역연구에 대한 기본적인 태도를 잘 보여준다. 즉, 혁명에 대한 구조주의적 시각과 거시인과분석이 한 사례의 경험적 특수성보다도 더 우선적인 중요성을 가진다고 하겠다. 비슷한 맥락에서 사회학은 한 국가에 대한 사례연구보다 비교연구를 지향하는데, 거이 스완슨(Guy Swanson)은 이와 관련하여 비교연구가 필수적이라며 'Thinking without comparison is unthinkable'이라는 유명한 말을 남겼다.[6)]

배링턴 무어(Barrington Moore) 역시 경험적인 사례연구에 대해서는 부정적이다. 그가 『독재와 민주주의의 사회적 기원』(1966)에서 제시한 근대화의 세 가지 다른 경로분석은 비교역사사회학에 있어서 하나의 고전으로 읽히고 있다. 그가 제시한 민주주의, 파시즘, 공산주의라는 세 가지 경로는 일반적으로 제3세계가 걸었던 식민주의에 대한 분석을 결여하고 있다는 비판을 받고 있다. 하지만 제3세계와 식민주의의 배제는 무어에게 있어서 다분히 의도적이다. 그는 제3세계 국가

6) 스탠포드대학 사회학자인 존 마이어(John Meyer) 등 세계체계론에 입각하여 사회학을 연구하는 학자들에게 있어서 스카치폴(Theda Skcopol)과 같은 거시비교사회학적 연구는 두 가지 혹은 세 가지 국가 간 비교연구만을 비교하기 때문에 그 사례수가 충분하지 않아 일반화할 수 없는 단점이 있다. 즉 이란혁명, 니카라과, 쿠바 등 더 많은 사례가 있어야 스카치폴의 연구를 일반화시킬 수 있다.

들은 경제, 정치, 문화적으로 커다란 중심국가에 의존적이기 때문에 굳이 언급할 가치조차 없다고 지적하고 있는 것이다. 중심부에 위치한 서구사회, 그리고 권력과 경제력이 상대적으로 강한 사회를 연구하고 분석함으로써 주변주에 위치한 비서구, 제3세계, 소규모 국가들에 대한 중요성을 상대적으로 도외시 하였다. 사회학 내부에서 대안적인 방법을 추구하며 역사성을 부각시켰던 비교/역사사회학의 전통에서 조차도 한 국가의 경험적 사례를 연구하는 지역학적 흐름이 그다지 환영을 받지 못했던 것이다.

한마디로 정의하기 어려운 개념을 단순화라는 위험을 무릅쓰고 언급하면, 현대 사회학은 '사회현상들을 과학적으로 이해하고 설명하는 학문(산사연, 2004)'으로 정의된다.[7] 사회과학의 하위학문분과로서의 사회학은 다분히 개인적인 것처럼 보이는 현상들의 이면에서 작동하는 사회적, 거시적 원인들을 찾아내기 위한 학문인 것이다. 즉, 경험적으로 발견 가능하며, 심리학과는 달리 개별적, 개인적 속성보다 큰 거시적 사회현상에 초점을 맞추어 과학적이고 세심한 관찰을 통해 경험적 자료를 획득하면서 분석하는 학문으로 규정된다.

이러한 사회학은 눈에 보이는 표출적인 현상이 아닌 다분히 깊은 구조 수준에서의 본질에 대한 고민을 한다(Sociology

7) 고전 사회학자 에밀 뒤르켐(Emile Durkheim, 1964)은 사회학을 사회적 사실에 대한 연구로 규정하고, 사회적 사실은 그 자체 인간의 외부에 존재하며 인간을 강압하는 하나의 물(sui generic)로 존재한다고 주장한다(Society is a reality sui generic, that is, a reality that could not be reduced to psychological or other factors on different levels of analysis). 따라서 사회는 각각 개개인의 합보다 더욱 거대하다고 말할 수 있으며, 개개인으로 환원될 수 없다.

goes beyond the obvious). 개개인들의 삶의 모습에 영향을 미치는 사회, 역사적 과정에 대한 관계적, 종합적, 그리고 거시적 분석을 시행하고자 한다. 이러한 사회학의 방법론은 에드가 카이저(Edgar Kiser)와 마이클 헥터(Michael Hechter)의 1991년 미국사회학회지 발표 논문에서 잘 나타난다.

이들의 연구에 따르면, 주류사회학은 인식론적으로 계량적이고 실증주의적인 방법론에서 비롯된다고 할 수 있다. 다시 말하면, 주류사회학은 목적론적으로 '법칙추구' 또는 보편적인 일반성(nomothetic)을 추구하고 인식론적으로는 실증적인 계량적 연구를 지향한다. 일반론을 추구하는 보편적인 주류사회학자들은 지역연구를 수행하는 연구자들이 과학적 개념에 대한 이해가 빈약하고 지역의 특수성에 매달려 큰 그림을 보지 못하는 한계가 있다고 언급한다. 즉, 지역학과 사회학 사이에서는 개별 기술적 지향(idiographic)과 법칙 정립적 지향(nomothetic) 사이의 대립이 발견된다.

이러한 일반성과 보편성을 추구하는 사회학은 일반적으로 비교연구나 세계체계중심의 연구를 지향하고, 분명한 인과관계를 찾는다는 가정 속에서 계량적으로 측정할 수 있는 통계자료를 우선적으로 다루게 된다. 이러한 관점에서 지역학에서 발간되는 글들은 대개 그 개념이 불분명하며 인과관계추론이 불가능하고, 일반화에 어려움이 많은 한계가 분명하다. 따라서 사회학에서의 지역연구는 주류가 아닌 주변적 위치에서 거대이론의 사례 증명 정도에 그치는 한계가 있다고 볼 수 있다.

사회학의 전통에서 중국에 관하여 출판된 글들의 경우에도 대개 거시적 사회변동, 중국공산당이나 국가정책 변동을 통계자료나 문헌자료를 통하여 언급하는 경우가 대부분이다. 즉 거시적인 체계 차원의 변동에 있어서 통계적 사실의 나열이나 서술을 하는 경우가 대다수라고 할 수 있다. 중국에서 오랜 시간을 보낸 연구자들도 미시적인 행위자에 관심을 가지고 심층면접이나 참여관찰을 한 경우를 찾아보기 어렵다. 홍콩과학기술대학교 사회학연구소 소장인 비엔 얀지에(Bian Yanjie, 2003)가 최근 출판한 *Sociological Research on Reform-Era China*에서도 대부분의 중국사회 연구는 서베이 분석(systematic sampling survey)을 하거나 통계자료를 사용한 연구에 제한된다. 다른 역사학, 인류학, 그리고 경제학, 정치학 등의 사회과학과 구별되는 사회학의 모습을 서베이 통계분석에서 찾고 있는 것이다. 그 대표적인 사례가 1990년대 전후 미국사회학계에서 큰 논란을 일으킨 빅터 니(Victor Nee, 1989; 1992; 1996)의 'Market Transition Theory'라 하겠다. 빅터 니는 복건성 지역에서 수행된 서베이 연구의 자료를 가지고 회귀분석을 시도하여 중국사회의 재분배경제에서 시장경제로의 전환을 경험적으로 확인한다. 재분배경제(redistributive economy)에서 점차적으로 시장에 기반을 둔 2차 경제(second economy)가 등장하면서, 재분배경제를 특징짓던 연성적인 예산제약(soft budget constraint)의 한계가 점차적으로 발현하게 된다는 주장이다. 따라서 탈사회주의 전환과정에서는 점차적으로 잉여가 시장영역에서 분배되며, 생산자들은 시장에서 새로운 동기를 얻으며, 새로운 기회 또한 시장에서 나타나게 된다, 과거 사회주의경제를 지배하였던 재분배경제는 점차 그 영향력을 잃어간다는 주장이다. 주류사회학 입장에서 중국의 탈사회주의 개혁을 설명하고자 했던 빅터 니의 'Market Transition Theory'는 그 이론적 명료함에도 불구하고, 그 이론적 야심에 비해 경험적 자료가 불충분하며 추상성이 너무 높아 중국의 경험적 현실을 제대로 설명해 내지 못했다는 비판을 받게 되었다. 또한 중국 연구자들 사이에서는 다분히 비경험적인 연구의 부정적인 실례로 간주되고 있으며, 시장체제로의 순조로운 전환은 하나의 희망사항(wishful thinking)에 지나지 않는다는 비판까지 듣게 되었다.

보다 최근에 와서는 중국의 '관시(關係)' 개념을 양적 연구와 서베이 연구를 통하여 이해하려는 시도들이 나타난다(Yang, 1994; Guthrie, 1999; Bian, 1994; Gold, Guthrie and Wank, 2002). 정(情), 의(義), 체면(面子) 등 다분히 감정적인 측면에 기반을 둔 가족적, 친족적 관계망을 최근 사회학에서 많이 언급되는 연결망(network)과 연줄(tie)라는 개념을 이용하여 그 형태와 구조분석에 초점을 맞추는 경우이다. 이들은 구체적으로 취업, 회사 간 이동 및 이직, 해고 후 재취업에 있어서의 관시의 역할을 경험적으로 연구한 논문들이다. 특별히 더글라스 거드리(Douglas Guthrie, 1999)는 관시에 대한 서베이/양적연구를 수행하며 야심찬 주장을 펼쳐서 중국연구자들 사이에 많은 논쟁을 불러 일으켰다. 그는 관시를 문화적으로 이해하기보다 도구적인 성격의 교환제도 체계로 파악하며, 시장화가 급속히 진행되는 중국의 현 상황 속에서 관시는 그 타당성을 잃어가고 있으며, 보다 경제적이고 합리적인 제도들이 관시를 대체하기 시작하였다고 주장한다. 그는 상해지역의 기업 매니저들에 대한 심층면접결과를 바탕으로 관시를 실제적으로 사용하였는가의 여부를 물어본 결과, 이들이 개인적 관계에 기반을 둔 관시를 사용하지 않았다는 결과를 얻어내었다.

그러나 거드리(Guthrie)의 연구는 중국연구자들 사이에서 맹렬한 비판을 받게 된다. 특히 메이페어 양(Mayfair Yang, 1994; 2002)은 중국 관시의 개념을 통계적 방법으로 연구할 경우 많은 방법론적, 인식론적 문제점이 드러난다고 주장한다. 그는 관시를 직접 당사자가 사용하였는지의 여부를 질문하였을 때 정말 사용하였다고 순순히 대답하는 인터뷰당사자들이 과연 어디 있겠는가라는 기본적인 인식론적 문제제기로부터 시작한다. 실제로 관시라는 다분히 문화적이고 역사적인 개념에 대해 단순히 yes/no로 대답을 얻어낼 수 있다는 거드리의 가정은 심각한 문제가 있다. 따라서 시장사회로의 전환과정을 경험한다고 해서 관시가 사라지고 시장기제로 대체된다고 쉽게 주장하기는 어려우며, 오히려 시장사회에서 새로운 형태의 관시가 나타날 가능성을 배제하기 어렵다. 중국사회에서 만연한 부패의 문제를 염두에 둘 때 관시의 존폐여부는 거드리가 예측한 것처럼 결코 간단한 것이 아니다. 거뜨리의 연구는 지나친 단순화와 관시의 존폐라는 이분논리에 기반을 두었으며, 중국사회의 역사적, 문화적 맥락에 대한 몰이해에서 비롯되었다는 비판을 받는다.

이상으로 논의한 점들이 중국연구에 있어서 나타나는 사회학적 연구 작업의 문제점들이다. 중국사회에서의 복잡 다양한 문화역사적인 현상을 단순한 평면적인 통계분석이나 서베이 만으로 이해하기는 무척 어렵다. 또한 이들 사회학적 연구에서 발견되는 특징은, 논문에서 사용되는 자료는 거시적인 통계자료나 문헌자료들을 주로 사용하지만, 그 글쓰기와 서술은 인과관계와 일반화가 분명치 않은 서술이나 묘사에 그치는 한계에서 비롯된다. 때문에 사회학적인 중국연구는 그 추상성과 자료부족에 대해 비판을 받고, 일반적인 중국연구는 주류사회학의 관점에서 볼 때 개념이 불분명하며 인과관계 추론이 불가능하고 일반화가 어렵다는 단점을 지적할 수 있다. 다음 장에서는 이러한 문제점들을 사회학적 연구에서 사용하는 여러 자료들을 통하여 자세히 살펴본다.

III. 중국연구에 있어서의 방법론적 문제점과 사회학적 자료의 한계

필자가 생각하기에 중국에 대한 기존 사회학적 연구에 있어서 그 첫 번째 문제는 중국에서 발간되는 공식적 문헌자료들에서 비롯된다. 미국 콜게이트(Colgate) 대학의 캐롤린 수(Carolyn Hsu)교수는 문헌자료를 통해 하얼빈(哈爾濱)의 과학기술경제특구 존재를 확인하고, 이를 위해서 현지연구를 목적으로 하얼빈을 방문하였다. 하지만 실제 현지를 방문했을 때 이런 경제특구는 존재하지 않았고 오직 문헌자료 상으로만 존재하였다. 중국의 문헌자료들은 마치 사막의 신기루와 같은 경우들이 매우 많다. 문헌조사에서 다분히 과장되어 나타나는 중국사회의 많은 긍정적인 사실들이 직접적인 현지조사에는 존재하지 않는 경우가 있는 것이다. 이것은 중국 공식문헌이 현실에 대한 반영이기보다는 미래에 대한 청사진 내지는 희망사항을 나타내는 경우가 많기 때문이다. 중국의 많은 문헌자료들은 미래지향적인 계획성을 보여준다. 또 다른 예로써, 1990년대 중후반 중국에서 발간되는 문헌자료들은 상하이(上海)가 전지구형도시(Global City)라고 주장했다(Won, 1997). 이는 상하이가 1990년대 중반 당시 런던, 뉴욕 혹은 동경과 같은 전지구형도시로 발전했다는 경험적 사실을 반영하고 있다기보다는, 중국 정부가 세운 국가발전계획 내에서 상하이가 미래 2010년 전지구형 도시로 성장할 것이라는 계획과 희망사항을 반영하는 것이다. 즉, 중국의 문헌자료는 현재 상황에 대한 반영이기도 하지만, 앞으로 실현하고자하는 미래에 대한 소망과 계획을 나타내기도 한다.

또한 필자가 박사논문을 통해서 현지조사를 수행했던 실업노동자 복지제도에 관한 연구에 있어서도, 많은 경우 문헌자료상의 실업노동자취업보장기구들이 실제로는 존재하지 않았다(Won, 2004). 현지조사에 앞서 필자는 실업노동자 복지기구인 '재취업복무중심(재취업센터)'의 방문을 계획하였으나, 길림성 장춘의 경우 재취업복무중심들은 대개 문을 닫아 버렸고, 연변의 경우는 재취업복무중심 대신 '재취업시장'이 존재하였다. 재취업시장은 실업노동자들이 나와서 자유롭게 물건을 팔 수 있는 장소이기는 하지만, 재취업복무중심에서 약속했던 모든 기능인 재취업교육, 양로/의료보험제공, 취업소개 등을 할 수 있는 복지공간은 결코 아니었다.

그리고 문헌자료 상에서는 정치적인 한계가 분명하기 때문에, 노동자들의 파업이라든가 독립적인 노조활동 등의 정치적으로 민감한 주제들은 대개 보도되지 않고 있다. 문헌자료 상에서는 실업이 단순히 경제적이고 단기적으로 해결 가능한 문제로 다루어진다. 예를 들어, 지방 관료의 부패와 이에 따른 실업복지자금부족 문제는 문헌자료 속에서 발견 가능하지만, 이러한 부패의 문제가 중국 중앙정부의 구조적 문제이거나 정책의 실패라고 언급하는 자료는 찾기는 어렵다. 중국 내의 연구자와 관료들도 실업과 같은 사회 문제들을 다분히 단기적이고 지엽적인 개혁의 부작용으로 다루는 연구는 발간하기가 상대적으로 쉬운 편이고 국가도 이러한 방향성의 연구는 지원을 해준다. 그러나 실업과 같은 사회문제를 보다 총체적이며 구조적으로 접근하여 더 많은 민주화, 다수정당제, 혹은 독립노조의 설립 등 보다 정치적인 문제로까지 연결시키는 방향의 연구 자료를 구하는 것은 무척 어렵다. 필자에게 많은 도움을 준 중국연구자의 경우도 그가 원하는 방향으로 글을 쓰고 출판하기가 어렵다고 고백했으며, 또한 주위의 동료들 중에 반동이나 반혁명이라는 이유로 비판받은 경우도 많다고 한다.[8)]

중국연구에 있어서 사회학적 연구 자료의 한계는 사회학자들이 즐겨 쓰는 서베이자료에서도 드러난다. 필자가 포스트닥터로 참여하고 있던 연구과제에 있어서도, 원래는 중국의 인권문제(human rights)에 초점을 맞추어 서베이 연구를 하려고 했지만, '인권'이라는 용어사용 자체가 불가능하여 대신 사회보장 혹은 사회복지 등의 개념으로 대체하였다. 인권연구를 목적으로 시작된 연구프로젝트가 그 성격을 바꾸어야 하는 상황이 벌어진 것이다. 또한 연구자들이 서베이 문항에 포함하려 했던 문항 중 다수 문항이 포함될 수 없었다. 그 중 한 가지 경우로, 사스(SARS, 급성호흡기증후군) 발생 당시 국가가 시행한 거주이동의 제한, 격리, 그리고 강제입원 등을 조사하려고 하였으나 모두 실제 서베이에는 포함시킬 수 없었다.[9)]

비단 중국뿐만은 아니겠지만, 이러한 문제는 주로 사회주의국가에서 분명하게 드러나는 이데올로기적인 왜곡과 정치선전에서 비롯된다. 그 한 예로, 하벨(Havel)은 사회주의 사회에서 살아가는 상인이 왜 상점에 '전 세계의 노동자여 단결하라.'는 구절을 붙여 놓을까라는 질문을 던진다. 이는 사회주의 사회에서 살아가는 사람들이 끊임없이 자신의 사상을 증명하고 그 순수성을 외부로 내보일 것을 요구 받는 압력 아래에서 살고 있음을 보여준다. '전 세계의 노동자여 단결하라'라는 구절과 그 사상을 사회주의사회를 살아가는 행위자

8) 중국실업전문가와의 심층면접, 북경, 2002년 6월.

9) 캐나다 UBC 아시아연구소에서 진행된 〈Asia-Pacific Dispute Resolution〉 연구프로젝트.

들이 진심으로 믿고 받아들이는가의 여부는 중요한 문제가 아니다. 다만 이러한 구호와 표어를 자신의 상점에 붙여 놓아야만, 본인의 삶이 공산당의 감시와 처벌 속에서도 별다른 어려움 없이 평범히 살아갈 수 있는 것이다(Havel, 1983). 사회주의사회에서는 여러 가지 이데올로기 구호들의 모습을 발견할 수 가 있는데, 그 이데올로기적 표현들이 반드시 사실에 대한 반영은 아니다. 오히려, 현실에 대한 왜곡과 사회문제에 대한 은폐를 반영하기도 한다.

이데올로기적인 왜곡과 정치선전 속에서 흔히들 중국연구에서 세 가지 금기된 학문주제가 있다고 한다. 학문적 금기사항으로서 '3Ts'가 있다고 하는데, 이는 각각 티벳(Tibet), 타이완(Taiwan), 천안문(Tiananmen)을 가리킨다. 이 세 가지 차원에서 연구자는 아직도 공식적으로 이러한 주제들에 대해 자유롭게 주장을 표출하기는 매우 어려우며, 대개의 경우 국가가 허용한 이데올로기적 범위와 한계 안에서만 토론하고 이야기할 수 있다. 따라서 1989년 천안문 민주화운동의 경우 아직까지도 '동란(動亂)'으로 규정되며, 타이완과 티벳은 중국의 일부분인 것이다. 천안문 민주화에 대한 새로운 수정적 해석이나 타이완과 티벳의 독립을 옹호하는 견해는 현실적으로 출판되기가 불가능하다. 그러므로 중국에 대한 사회학적 연구에 있어서 사회주의 사회에서의 사상공작과 선전과 그 허구성에 대하여 중국공산당의 공식적 입장을 뛰어넘는 성찰적 이해가 요청된다.

사회학적 중국연구에 있어 또 하나의 문제는 중국통계의

오류와 과장에서 비롯된다. 흔히들 중국에서는 'Officials create statistics and statistics create careers for officials.' 이라고 이야기하는데, 중국 통계자료에는 이만큼 왜곡과 오류가 많다고 볼 수 있다. 그 한 예는 사스(SARS) 보도에 있어서의 오류이다. 사스는 2002년 11월 광동지방으로부터 발생하였지만, 2003년 2월까지 공식적인 통계보고가 되지 않았다. 그 이유는 중앙정부의 감시와 처벌이 두려워 지방정부들이 통계자료를 수집, 보고하지 않은 데 있다.

중국의 경우, 개혁 · 개방 이전의 공식적 통계들은 존재하지 않는다. 최초의 공식적 통계연감은 1982년에 처음으로 발간되었으며, 1987년 노동통계연감이 발간되었고, 실업 및 정리해고자들에 대한 통계는 1996년부터 공식적으로 보고되었다.

통계자료에 있어서 구체적인 한 예로 필자가 공부하는 실업문제에 대한 중국통계연감의 문제를 들 수 있다. 중국통계연감에 따르면, 1997년부터 2002년까지 중국 공식 실업률은 3.1%로 보고되고 있다. 하지만, 이는 정리해고 노동자들이 포함되지 않은 수치로, 이들이 포함될 경우 실업률은 7.8%로 증가된다고 한다. 그러나 이는 또한 농촌출신 이주노동자들이 포함되지 않은 경우로, 이들이 포함될 경우 실업률은 20 30%까지 증가될 수 있다고 보고 있다. 이러한 통계수치의 불확실성과 혼동은 중국연구에서 흔히 발견된다. 도로시 솔린저(Dorothy Solinger)는 2001년 *China Quarterly*에 발표하였던 "Why We Cannot Count the 'Unemployed'"라는 논문에서 중국 실업통계의 타당성과 신뢰성을 비판하고 있다. 간략히 정리하면 중국의 실업/정리해고에 관한 통계적 판단은 근본적인 통계적 결함과 극단적인 정치성 때문에 불가능하다는 것이다.

중국의 경우 실업에 대한 공식적인 통계는 매우 모순적이며 신뢰하기 힘들다. 중요한 개념인 실업과 정리해고의 개념 또한 모호하고 그 차이가 불분명하여 결과적으로 두 개념에 속하게 분류된 통계는 실제와 다르게 나타난다. 실업(unemployment)은 일반적으로 두 가지가 부재한 현상, 즉, 새로운 직장과 현 직위 모두가 부재한 경우를 지칭하고, 정리해고(layoffs)는 세 가지 현상, 새로운 직장, 현 직위, 또한 현 직장과의 노동관계 해체가 부재한 경우를 뜻한다. 따라서 정리해고의 경우 이론상 현 직장과의 노동관계는 유지되며 적은 규모의 생활보조금을 받게 된다. 하지만 실업과 정리해고의 차이는 다분히 제도적이고 이론적인 차이에 지나지 않으며, 실제적인 차원에서 두 개념은 크게 구분되지는 않는다.

2001년 *China Economic Review*는 중국통계의 문제점을 가지고 심포지엄을 하였다. 경제학자인 토마스 라스키(Thomas Rawski)는 “China by the Numbers: How reform affected Chinese economic statistics”라는 글에서 중국에서 사용하는 공식통계의 신빙성에 대한 의문을 제기하였다. 중국 사회주의 역사를 돌이켜 보면 통계의 신빙성은 역사적으로도 끊임없이 문제시되었다고 할 수 있다. 그 한 예로, 대약진 시기인 1958년에서 1960년까지 중국은 심각하고 비참한 기아를 경험하였지만, 중국공산당은 풍작으로 창고에 곡식이 넘쳐난다고 선전하였으며, 어떤 지식인이나 저널리스트도 이러한 공식적인 주장에 이의를 제기하지 못하였다.

필자의 현지조사 경우에 있어서도 길림성 장춘시의 경우, 실업노동자의 실업보험참가율은 통계연감에 100%로 기록되었지만 이는 사실이 아님이 확인되었다.10) 즉, 중국연구에 있어서 타당성과 신뢰성을 모두 갖춘 통계자료를 구하기는 무척 힘들고, 통계자료만을 이용해서 학문적인 글을 쓰기도 힘들다. 통계자료는 중국연구에서 필수불가결하나, 좋은 연구자체의 필요충분조건은 결코 아니다.11) 중국이라는 거대한 국가가 가지는 한계 또한 무시하기 어렵다. 어떠한 연구를 하더라도 중국사회의 다양한 지역을 모두 포괄하는 거대한 일반화는 어려운 것이다.12) 주류사회학에서 추구하는 일반화와 다수사례분석은 중국연구에 적용하기가 상당히 어렵다. 또한 지역학적인 입장에서 발표한 많은 글들은 일반성, 대표성에 문제가 있는 경우가 대부분이다. 즉 방법론적인 측면에서 일관성이 없는 글들이 상당히 발견된다. 이러한 방법론적 한계는 중국이라는 특정 지역연구에서 그 문제점이 극명하게 나

10) 장춘시 사회보험국과 재정국 방문, 2000년 11월.

11) 이는 영국노동자계급의 형성이라는 책에서 톰슨(Thomson, 1963)이 주창한바와 유사하다. 양적연구를 지향하는 학자들은 노동자들의 영양상태, 노동시간, 음식물 칼로리 섭취여부 등을 조사하는 데 비하여, 질적 연구자들은 일기장을 본다든지 심층면접을 통하여 가까이 가서 일차적인 자료를 얻으려고 노력한다.

12) 서구 학계에서는 'Everything you say about China is true, but everything you say about China can be also untrue.'라고 말하곤 한다. 중국사회에 대한 사회과학적 일반화는 결코 쉬운 일이 아니며, 다분히 단순논리에 빠질 위험한 작업이기도 한 것이다.

타나며, 여기에서 방법론적인 인식의 전환이 필요하다고 생각된다.

IV. 대안적 방법론의 모색

중국에 대한 문헌, 통계, 서베이자료는 세계적으로 현재 홍콩중문대학의 대학복무중심(University Service Centre at the Chinese University of Hong Kong)이 가장 많이 소유하고 있는 것으로 알려져 있다. 또한 많은 자료들은 이미 CD화되어있거나, 우리나라 대학 도서관에서도 인터넷으로 열람이 가능하다. 이런 기술적인 환경에서 중국에 대한 경험적 연구를 한다는 것은 조금 다른 의미에서 바라볼 필요가 있는 것이다. 한국의 많은 중국연구자들이 중국에 가서 문헌자료나 서베이자료 혹은 CD자료 등을 구입하여 학문적 글을 쓰는 경우가 무척 많은데, 많은 자료들이 디지털화되어 있으며 인터넷으로 자료를 구할 수 있는 기술이 발달된 현 상황에서, 지역연구를 한다는 것 그리고 현지조사를 한다는 것의 의미를 조금 새롭게 생각할 필요가 있다.

따라서 중국연구에 있어서는 코페르니쿠스적인 인식의 전환이 요구된다. 중국연구에서는 발로 뛰는 현지조사가 필수적이기 때문에 이러한 방법은 사회학자들이 현지연구를 지향하는 인류학자들로부터 배울 점이기도 하다. 또한 이는 방법론적인 일관성을 획득하는 길이라고도 생각된다. 즉, 기존의 중국에 대한 지역학적 연구가 깊이 있는 서술에 장점이 있고, 일반화·인과관계 등에 문제가 있다면, 현실탐구의 장점을 최대한 활용할 수 있는 방법론의 채택이 필요하다.

1992년의 한중수교와 중국사회의 개혁개방은 새로운 대안적 연구방법을 통하여 지역연구를 수행할 가능성을 열었다. 한중수교이전의 중국사회에 관한 연구는 현재 북한에 관한 연구처럼 연구자료의 불충분성, 이데올로기적 제약, 그리고 현지조사 불가능 등의 여러 가지 근본적인 한계를 가졌다. 또한 영어권에서 출판된 중국연구 역시 1990년 이전에는 홍콩에 망명한 본토인에 대한 면접연구로 제한되어 드물게 실행되었다. 그러나 최근의 중국연구 경향은 현지조사와 면접조사의 폭발적 증가를 보여준다. 우리 학계에 있어서도 1992년의 한중수교는 이제 중국본토에서 장기간의 현지조사와 인터뷰, 참여관찰 등 질적 연구를 제한적인 범위 내에서나마 수행할 수 있게 만들었다. 하지만 앞서 언급한 것처럼 대만, 천안문사태, 티벳 문제 등 정치적으로 민감한 문제라던가 독립노동조합, 다수정당제, 종교의 자유와 민족, 인권문제 등에서는 아직도 많은 제약이 발견되는 것이 사실이다. 그럼에도 불구하고 기존의 주류사회학이 가지는 방법론적 문제와 자료의 한계를 극복하기 위해서는 현지조사 중심의 질적 연구가 필수적이다. 이러한 질적 접근과 현지조사를 통해 보다 성찰적이고 이해적인 '현실 지향적'인 연구를 소개하는 문헌들은 여럿이 있지만, 최근에 주목을 받는 것은 뷰러웨이(Burawoy, 1998; 2000)의 *Global Ethnography*와 버더리(Verdery, 1996)

의 *Ethnography of the state*라고 할 수 있다.

마이클 뷰러웨이(Michael Burawoy)가 주창하는 전 지구적 현지조사는 기존의 현지조사가 가지는 지역적 한계와 미시적인 환원론적 한계를 뛰어넘어 세계사적인 조류, 사회학이론과 현지조사를 연결하고자 하는 시도이다. 이는 미시적인 일상생활에서의 우리 삶의 산 경험과 거시적인 차원에서의 권력과 불평등구조를 연결하려는 시도인 것이다. 미시적 현지조사가 단순히 현지인들에 대한 삶의 서술과 묘사에 그치는 것이 아니라 보다 거시적인 권력관계와 불평등 상황을 반영해 주는 역할을 해야 하며, 전지구적 현지조사는 미시적인 일상과 거시적인 사회구조를 연결하는 시도를 하는 것이다. 그리고 버더리(Verdery)의 국가에 대한 현지조사는 주로 탈사회주의적인 전환(post-socialist transformation)에서 주목을 받는 것으로, 기존의 현지조사가 가지는 노동자, 농민, 여성, 소수민족 등 행위자에 대한 관심을 뛰어넘어, 국가의 정책과 이러한 정책이 행위자들에게 미치는 영향을 살펴보고자 한다. 버더리의 연구는 신자유주의적인 세계화 속에서도 변화하는 국가의 역할과 정책에 대한 경험적 연구를 목적으로 하며, 또한 탈사회주의 전환이라는 맥락 속에서 사회주의 국가의 변화를 이해하는 것을 목적으로 한다. 신자유주의적인 변화 속에서 국가의 역할에 커다란 변화가 나타나는 것은 사실이기는 하지만, 단순하게 국가의 역할이 약화된다고 말하기만은 어렵다. 즉, 경험적 연구를 통하여 연구자는 국가의 정책이 어떤 한계를 가지고 있으며, 이를 통하여 이데올로기와 현실사이의 차이를 엿볼 수 있는 기회를 갖는다. 현실정책을 집행하는 국가 관료들에 대한 인터뷰와 현실정책의 대상이 되는 일반인들의 인터뷰들은 국가정책의 실제 효과와 그 부작용을 살펴보는 기회이다. 이는 우리 일상성에 침투한 국가의 구체적인 정책에 대한 경험적 연구조사인 것이며, 공식영역 외부에서 발생하는 일상세계에 대한 연구인 것이다.

이러한 연구방법론은 사회학에서 지향하는 미시와 거시의 결합, 혹은 구조와 행위의 결합, 그리고 제도의 변화가 개인의 삶에 미치는 영향을 바라보는데 도움을 줄 수 있다. 이 점에서 이러한 연구방법은 국가정책, 정당제도 혹은 민주주의 등 다른 거시적 제도적 사회변화를 설명하는데 강점을 가지는 정치학과 시장과 경제행위를 설명하는데 특징이 있는 경제학, 그리고 미시적 일상과 행위자연구에 강점을 가지는 인류학과는 다른, 사회학적 지역연구의 새로운 정체성 찾기에 도움이 된다고 하겠다. 또한 경험적인 현지조사를 통하여, 중국연구에 있어서 많은 문제점이 드러나는 서베이자료, 문헌자료, 혹은 통계자료 등에서 나타난 사실들을 실제로 검증하고 재확인 혹은 반박할 수 있는 기회가 된다.

이러한 방법과 관련하여 보다 구체적으로 도로시 스미스(Dorothy Smith, 1981)는 "A Sociology for Women"이라는 논문에서 우리가 경험적으로 인식하고 연구하는 사실들이 객관적인 사실(facts)이 아니라 설명 양태(accounts)라는 것을 지적하며, 사회학적 연구에서 완벽한 객관성이나 가치중립성은 환상일 수 있음을 이야기한다. 이는 사회과학과 자연과학의 탐구방식에서 구분이 존재한다고 주장하는 이해/해석학적 구성론의 전통에 있다. 즉, 객관성이나 가치중립성은 권력관계에서 지배적인 위치에 있는 지배자의 주관성으로 변질된 위험이 있으므로, 대표성(representation)의 문제와 객관적인 것처럼 보이는 자료의 의미에 대한 해석과 독해가 중요하게 된다. 기존의 실증주의에 기반을 둔 사회과학은 여성과 같은 사회적 약자 혹은 소수자 등 하위주체의 경험을 제대로 다루기 어렵다. 특히 중국연구에 있어서 이들 하위 주체들의 생생한 모습, 목소리와 저항을 공식적인 통계자료나 서베이, 문헌자료에서 발견해 내기는 쉽지 않다. 가치중립이라는 이름 아래 기존의 주류사회학은 객관적으로 사회현상의 규칙성을 밝혀내려고 하였지만, 사회의 규칙성이 만들어내는 이데올로기를 극복하기 어려운 한계가 있으며, 중국연구에 있어서 그 한계는 더욱더 극명하게 나타난다. 다분히 이해/해석학적 연구방법에 기반을 둔 이러한 주장은 연구의 객관성이나 가치중립성이 가지는 이데올로기적 성격을 지적하여, 사회학도 사회에 의해서 구성된 것이며(socially constructed), 또한 이데올로기적일 수 있다는 사실을 언급한다. 주류사회학에서 재현되는 지식은 객관적이고 가치중립적인 것이 아니라 오히려 편파적이고 당파적이며, 그 지식활동에 참여하고 있는 사회학자 또한 그러한 비판에서 벗어나기 어렵다. 앞서 비판적이고 대안적인 중국학을 찾아보려 했던 김희교(2003)의 시도자체가 오히려 중국공산당의 공식입장과 별 차이가 나타나지 않는다는 사실도 비슷한 예로 볼 수 있다. 따라서 도로시 스미스는 대안적인 연구방법은 보편적이며, 과학적이고, 합리적인 학문적인 상부구조에 기반을 둔 연구가 아니라, 약자나 하위주체들이 생활하고 있는 일상세계에서 벌어지는 활동에 대한 질적 연구라고 주장한다.

중국과 같은 사회주의사회는 겉으로 혹은 제한된 자료만으로 보면 여러 가지 기적적이고 상상적인 '유토피아'적 요소가 많지만, 현지조사를 통해 직접 확인해보면 이 '유토피아'의 껍질을 넘어 '디스토피아'를 볼 수가 있게 된다. 즉, 유토피아의 두 가지 의미 – '이상사회'와 '존재하지 않는 사회'가 서로 뒤엉켜 있으면서, 공식자료 등에서 발견될 수 있는 이상사회의 유토피아의 모습은 실제로 존재하지 않는다는 유토피아의 두 번째 의미로 확인될 수 있는 것이다.

물론 필자가 주창하는 바는 어떤 방법론적인 독점을 주장하는 것은 결코 아니다. 다만, 중국연구에 있어서 방법론적인 다양화를 통하여 더 나은 성과를 거둘 수 있다는 것이다. 필자의 연구에 있어서도 인터뷰, 참여관찰 등의 질적 연구를 통하여 문헌자료, 통계자료, 서베이자료 등에서 나타난 중국 실업에 대한 복지대책을 확인하고 혹은 반증할 수 있는 기회를 가질 수 있었다. 물론 질적인 연구나 현지조사가 반드시 좋은 중국연구를 보장해 주는 것은 결코 아니다. 하지만 중국을 연구하는 사회학연구자들은 문헌, 통계, 서베이자료 등의 한계를 극복하는 노력이 절실히 필요하다. 일반적으로 사회학자들의 글쓰기에 나타나는 통계와 서베이자료에 대한 지나친 의존과 인용이 중국연구에 있어서는 보다 성찰적으로 검토되고 비판 · 검증되어야 할 것이다.

단순히 자료들을 있는 그대로의 사실로 받아들이는 것이 아니라, 그 의미에 대한 성찰적 이해가 필요하며, 연구자 자신의 오해와 편견을 발로 뛰는 현지연구를 통하여 극복하여야 한다. 연구자들이 가지는 '자민족중심주의'나 '오리엔탈리즘'을 극복하고, 보다 구체적으로 '방법' 차원에서 현재 지역학계에서 주로 채택하고 있는 문헌중심, 통계자료중심, 혹은 서베이 중심의 지역연구의 한계가 인식되어야 한다. 이런 점에서 사회학과 지역학의 만남은 '하나의 연구방법'을 모색하는 것이 아니라 연구방법의 다양화를 통하여 다양한 연구문제와 내용성을 확보할 필요가 있다. 아래의 [표 1]에서 필자의 방법론적인 다양화의 모습을 정리해 본다.

목적론 / 인식론	법칙추구	현실탐구
실증주의적 실재론	① 주류사회학	② 한국에서의 중국학
해석학적 구성론	③ 비주류사회학	④ 인류학

[표 1] 사회학과 지역학의 만남에서의 방법론적 다양화 ①+②+③+④

따라서 현재 주류사회학의 방법이 인식론적으로 실증주의적 실재론에 기반을 두어 법칙추구와 일반화를 그 목적으로 하고 있다면, 인식론적으로 해석학적 구성론을 기반으로 한 비주류의 사회학적 방법을 포괄하는 방법론적인 다양화가 가능할 것이다. 특별히 중국연구에 있어서 서베이자료, 문헌자료, 통계자료 등에 문제가 있어 실증주의적 실재론적의 인식론과 법칙추구의 목적론에 문제가 있다면, 이를 극복할 필요가 너무나도 절실하다. 또한 현재 한국사회에서의 중국학이 인식론적으로 실증주의적 실재론에 기반을 둔 통계적 자료에 그 초점을 맞추고 있으나, 목적론적으로 현실탐구에 그치는 한계가 있다면, 그 방법론적 일관성에 문제가 있다고 볼 수 있다. 이에 대하여 인식론적으로 해석학적 구성론에 기반을 두며 목적론적으로는 현실탐구를 추구하는 인류학적 방법을 통해 방법론을 다양화하는 방법도 있을 것이다. 사회학적 중국연구에서 어떤 좁은 특정방법에 우선권이나 독점권을 주는 것은 바람직하지 않다. 오히려 방법론에 있어서 인식론/목적론의 다양화, 즉 ①+②+③+④를 통해 오히려 풍부한 연구 성과를 얻을 수 있을 것이다. 영어로 흔히 'Think outside the box'라며 틀에 박힌 사고에서 벗어날 가능성을 찾는데, 필자는 사회학과 중국학의 만남에 있어서 이점이 더욱 절실하다고 생각한다.[13] 즉 기존의 연구들이 보여주는 방법론적으로 ①과 ②에 안주하는 모습은 극복되어야 하며, 보다 여러 가지 방법론적 가능성을 탐구하는 모습이 필요하다 하겠다.

13) 이 점이 월러스틴(Wallerstein, 1995) 이 "사회과학의 개방"에서 이야기 하는 학문의 재구조화와 학제 간 협력과도 일맥상통한다고 말할 수 있다. 이는 연구자들이 가지는 방법론적 지향을 경험적 현실에 맞게 유연하게 적용하는 시도라고 볼 수 있다.

V. 맺는말

여성학자 하이디 하트만(Heidi Hartmann, 1981)은 “The Unhappy Marriage of Marxism and Feminism”이라는 글에서 마르크스주의와 여성주의의 공존을 위해서는 좀 더 바람직하고 건강한, 더 나은 결혼이나 혹은 영원한 이혼과 같은 결별이 필요하다고 말했다. 즉, 마르크스주의와 여성주의는 결혼의 지속이냐 이혼이냐를 결정할 매우 중요한 단계에 와 있다는 주장이다. 이글도 최근 우리 사회학계에서 진행되고 있는 사회학과 중국학의 만남이라는 비슷한 맥락에서 시작한다고 볼 수 있다. 물론 우리 사회학계의 중국학연구전통은 아주 미미한 기초적인 단계에 지나지 않기 때문에 마르크스주의와 여성주의라는 두 가지 이론의 만남과는 조금 다른 단계에 서 있다고 할 수 있다. 사회학과 중국학의 만남은 갓 시작하였다고 볼 수 있는데, 앞으로 서로 공존할 수 있는 ‘Happy Marriage’를 지향할 것인가 아니면 이혼과 같은 영원한 결별로 치닫고 있는가를 진단해보고자 했던 것이 이 논문에서 수행하고자했던 작업이었다.[14] 사회학적 중국연구방법의 모색이라는 이 글은 이러한 새로운 맥락에서 사회학과 중국학사이의 차이를 극복하고 새로운 학문적 방법론을 모색하려는 시도에서 비롯되었다. 이는 필자가 사회학연구자로서 중국을

14) 최근 연세대학교에 새로운 학문적 경향이 나타나고 있다. 단순한 학과 중심의 연구 풍토에서 벗어나 학문 간 혹은 학제 간의 차이를 극복하고 협력과 상호보완을 도모하는 대학원/학과 간 겸직교수제도와 연계전공이라는 새로운 분야이다.

연구하면서 가졌던 고민들, 즉 '어떻게' 지역연구를 할 것인가, 그리고 사회학적인 지역연구는 과연 무엇이며, 그 방법론적 정체성은 어떠한가에 대해서 구체적인 해답을 찾아보고자 하는 시도였다. 이 글은 사회학적인 지역연구는 과연 무엇이고 그 방법론적 정체성은 어떠하며 다른 사회과학분과들과는 어떤 차이가 있을까 하는 질문에 대한 잠정적인 해답을 찾고자 하였다.

참고문헌

· 고부응. 1995. "맑스의 식민역사관과 싸이드의 '동양론' 비판 – 식민이데올로기와 식민지 지식인." 『역사비평』. 봄 통권 28호. pp. 247-268.

· 김경일. 1998. 『지역연구의 역사와 이론』. 서울: 문화과학사.

· 김성주, 차문석. 2004. 『근대 극복을 꿈꾸는 동아시아의 도전』. 서울: 청어람 미디어.

· 김희교. 2003. "한국학계의 신식민주의 – 중국담론을 중심으로." 『역사비평』 가을 통권 64호, pp. 193-220.

· 리영희. 1990. 『전환시대의 논리』. 서울: 창작과 비평.

· 산업사회연구회. 2004. 『사회학』. 서울: 한울아카데미.

· 이남주. 2002. "미국에서 '중국위협론'의 부상과 변화." 『역사비평』 겨울 통권 61호, pp. 343-359.

· 이매뉴엘 월러스틴 외. 1995. 『사회과학의 개방: 사회과학 재구조화에 관한 괼벤키안 위원회 보고서』. 서울: 당대.

· 이상섭, 권태환. 1998. 『한국의 지역연구: 현황과 과제』. 서울: 서울대학교 출판부.

· 이희옥. 2002. "한국에서 중국학을 어떻게 할 것인가." 『역사비평』. 겨울 통권 61호, pp. 360-374.

· 장영석. 2002. "중국 국유 기업 개혁과 노동관계 변화." 『한국사회학』. 제36집 3호, pp. 79-109.

· 정문길, 최원식, 백영서, 전형준. 2004. 『주변에서 본 동아

시아』. 서울: 문학과 지성사.

· 조효제, 박은홍. 2005. 『한국, 아시아 시민사회를 말하다』. 서울: 아르케.

· 지역학연구회. 2000. 『지역학연구의 과제와 방법』. 서울: 책갈피.

· Bian, Yanjie. 1994. "Guanxi and the allocation of urban jobs in China." *China Quarterly* No.140, pp. 971-999.

· Bian, Yanjie. 2003. "Sociological Research on Reform-Era China." *Issue and Studies* Vol.39, No.1. pp, 139-174.

· Burawoy, Michael. 1998. "The Extended Case Method." *Sociological Theory* Vol.16, No.1, pp. 4-33.

· Burawoy, Michael. 2000. *Global Ethnography*. Berkeley: University of California Press.

· Conel, Robert W. 1997. "Why is Classical Theory Classical." *American Journal of Sociology* Vol.102, No.6, pp. 1,511-1,557.

· Dittmer, Lowell & William Hurst. 2003. "Analysis in Limbo: Contemporary Chinese Politics Amid the Maturation of Reform." *Issue and Studies* Vol. 39, No. 1, pp. 11-48.

· Durkheim, Emile. 1964. *The Rules of Sociological Method.*

Free Press.

· Gold, Thomas, Douglas Guthrie, & David Wank. 2002. *Social Networks in China: Institutions, Culture and the Changing Nature of Guanxi*. Cambridge: Cambridge University Press.

· Guthrie, Douglas. 1998. "The Declining significance of Guanxi in China's economic transition." *China Quarterly* No. 154, pp. 254-282.

· Guthrie, Douglas. 1999. *Dragon in a Three-Piece Suit: The Emergence of Capitalism in China*. Princeton: Princeton University Press.

· Hanser, Amy. 2002. "The Chinese Enterprising Self: Young, Educated Urbanities and the Search for Work." in *Popular China: Unofficial Culture in a Globalizing Society*, P. Link, R. Madsen & P. Pickowicz (eds.). Rowman and Littlefield.

· Hartmann, Heidi. 1981. "The Unhappy Marriage of Marxism and Feminism." in *Women and Revolution*. Lydia Sargent (ed.). Montreal: Black Rose Books.

· Havel, Vaclav. 1989. "Power of Powerless." in *Living in Truth*. Havel (ed.). Amsterdam: Meulenhoff.

· Kiser, Edgar & Michael Hechter. 1991. "The Role of General

Theory in Comparative-Historical Sociology." *American Journal of Sociology* Vol. 97, No. 1, pp. 1-30.

· Lynch, Daniel C. 1999. *After the Propaganda State: Media, Politics and "Thought Work" in Reformed China*. Stanford: Stanford University Press.

· Marx, Karl. 1978. "On Imperialism in India." in *The Marx-Engels Reader*, Robert C. Tucker (ed.). New York and London: W. W. Norton and Company.

· Meyer, John W, John Boli, George M. Thomas, & Francisco O. Ramirez. 1997. "World Society and the Nation-State." *American Journal of Sociology* Vol 103, No. 1, pp. 144-181.

· Moore Jr, Barrington. 1966. *The Social Origins of Dictatorship and Democracy*. Boston: Beacon Press.

· Nee, Victor. 1989. "A Theory of Market Transition: From Redistribution to Markets in State Socialism." *American Sociological Review* Vol. 54, No. 5, pp. 663-681.

· Nee, Victor. 1992. "Organizational Dynamis of Market Transitions: Hybrid Forms, Property Rights, Mixed Economy in China." *Administrative Science Quarterly* Vol. 37, No. 1, pp. 1-27.

- Nee, Victor. 1996. "The Emergence of a Market Society: Changing Mechanism of Stratification in China." *American Journal of Sociology* Vol. 101, No. 4, pp. 908-949.
- Rawski, Thomas G. 2000. "China by the Numbers: How Reform Affected Chinese Economic Statistics." A paper presented for conference on Key Issues in China's Economic Development and the Use of Statistical Data, Beijing. May 9-10, 2000.
- Skocpol, Theda. 1979. *States and Social Revolution: A Comparative Analysis of France, Russia, China*. Cambridge: Cambridge University Press.
- Smith, Dorothy. 1987. "A Sociology for Women." in *The Everyday World as Problematic*. Dorothy Smith. Boston: Northeastern University Press.
- Solinger, Dorothy. 2001. "Why We Cannot Count the 'Unemployed'." *China Quarterly* NO. 167, pp. 671-688.
- Thompson, E. P. 1964. *The Making of the English Working Class*. London: Victor Gllacz Ltd.
- Verderly, Katherine. 1996. *What was Socialism, and What comes Next*? Princeton: Princeton University Press.
- Weber, Max. 1976. *The Protestant Ethic and the Spirit of*

Capitalism. New York: George Allen & Unwin.

· Won, Jaeyoun. 1997. “A Socialist City in Transformation: Shanghai’s Road to Global City?” MA paper for Sociology Department. University of California, Berkeley.

· Won, Jaeyoun. 2004. “Withering Away of the Iron Rice Bowl: The Reemployment Project of Post-Socialist China.” *Studies in Comparative International Development* Vol. 39, No. 2, pp. 71-93.

· Yang, Mayfair. 1994. *Gifts, Favors and Banquets: The Art of Social Relationship in China*. Ithaca: Cornell University Press.

· Yang, Mayfair. 2002. “The Resilience of Guanxi and its New Deployments: A Critique of Some New Guanxi Scholarship.” *China Quarterly*, Vol. 170, pp. 459-476.